Porzelt / Schimmel

Strukturbegriffe der Religionspädagogik

Festgabe für Werner Simon zum 65. Geburtstag
und anlässlich seiner Pensionierung

Burkard Porzelt
Alexander Schimmel
(Hrsg.)

Strukturbegriffe der Religionspädagogik

Verlag Julius Klinkhardt
Bad Heilbrunn • 2015

k

Die Herausgeber bedanken sich herzlich für einen großzügigen Druck- und Satzkostenzuschuss durch Karl Kardinal Lehmann.

Dieser Titel wurde in das Programm des Verlages mittels eines Peer-Review-Verfahrens aufgenommen. Für weitere Informationen siehe www.klinkhardt.de.

Bibliografische Information der Deutschen Nationalbibliothek
Die Deutsche Nationalbibliothek verzeichnet diese Publikation
in der Deutschen Nationalbibliografie; detaillierte bibliografische Daten
sind im Internet abrufbar über http://dnb.d-nb.de.

Umschlagillustration: © Kay Fretwurst, Spreeau, nach einer Idee von Alexander Schimmel.
Druck und Bindung: AZ Druck und Datentechnik GmbH, Kempten.
Printed in Germany 2015.
Gedruckt auf chlorfrei gebleichtem alterungsbeständigem Papier.

ISBN 978-3-7815-2027-1

Inhaltsverzeichnis

D Fokus ‚Christlichkeit‘
– theologische Strukturbegriffe der Religionspädagogik

E Fokus ‚Aspekte des Religiösen‘
– dimensionierende Strukturbegriffe der Religionspädagogik

F Fokus ‚Lernermöglichung‘
– didaktische Strukturbegriffe der Religionspädagogik

Einführung

In einem breiten Strom geschichtlich sich wandelnder Annäherungen reflektiert die wissenschaftliche *Religionspädagogik* religiöse Lern- und Lehrprozesse. Um dieses ihr Materialobjekt in intersubjektiv verantwortbarer Weise beschreiben, verstehen, bewerten und beeinflussen zu können, operiert die Religionspädagogik – wie jede andere Wissenschaft auch – mit spezifischen Begriffen. Das vorliegende Buch rückt ein bestimmtes Genus solcher Begriffe ins Zentrum. Vorgestellt und ergründet werden theorieleitende *Strukturbegriffe*, die dem religionspädagogischen Nachdenken eine übergreifende Ordnung und Ausrichtung zu geben suchten und suchen. Als *Struktur*begriffe durchweben und prägen die nachfolgend präsentierten Kategorien die wissenschaftliche Reflexion der Religionspädagogik. Alles in allem versammelt das vorliegende Werk 42 Strukturbegriffe der Religionspädagogik. In gemeinsamem Ringen suchten die Herausgeber, besonders prägnante Theorievokabeln auszuwählen, wobei sich drei Kriterien als entscheidend erwiesen, nämlich *historische* Bedeutsamkeit, *theoretische* Stimmigkeit und *aktuelle* Brisanz. Jeder der aufgenommenen Strukturbegriffe soll in der (bis in die Gegenwart reichenden) *Geschichte* der Religionspädagogik zumindest zeitweise wirkungsreich gewesen sein. Zudem soll er ein schlüssig abgrenzbares und keineswegs verwaschenes *Theorieprofil* aufweisen. Schließlich soll es ihn in seinem heutigen Potenzial zu bedenken lohnen – auch und gerade wenn solche *Gegenwartsrelevanz* auf den ersten Blick zu überraschen scheint.

Diese Auswahlkriterien aufnehmend, werden alle 42 Strukturbegriffe, die der vorliegende Band vorstellt, in ein und demselben *Dreischritt* erschlossen. Unter dem Titel ‚*Profil*‘ unternimmt jeder Artikel zunächst eine erste, hinführende Begriffsklärung. Diese nimmt ebenjene Bezugswissenschaften (z.B. Theologie, Psychologie oder Pädagogik) ins Visier, aus denen der jeweils ergründete Terminus in die Religionspädagogik übernommen wurde. Der zweite und zentrale Part jedes Beitrags ist mit dem Schlagwort ‚*Rezeption*‘ überschrieben. An markanten Stationen und Beispielen wird hier die spezifisch religionspädagogische Verwendungsgeschichte des jeweils betrachteten Strukturbegriffs erkundet und vor Augen gestellt. Unter dem Motto ‚*Potenzial*‘ folgt zuletzt ein pointiertes Statement zur heuristischen Leistungsfähigkeit des jeweiligen Strukturbegriffs für die gegenwärtige wie zukünftige Religionspädagogik.

Um grundlegende Perspektiven kenntlich zu machen, die für die wissenschaftliche Religionspädagogik konstitutiv sind, wurden jene Strukturbegriffe, denen sich unser Band widmet, nicht alphabetisch aneinandergereiht. Unter sechs Schwerpunkten haben die Herausgeber das Begriffsrepertoire des Bandes systematisch zu ordnen versucht:

- Der erste Fokus *‚Subjekt'* konturiert *anthropologische* Begriffe, in denen sich religionspädagogische Vorstellungen vom Menschen verdichten: *Religiosität* (Hans-Ferdinand Angel), *Spiritualität* (Anton A. Bucher), *Entwicklung* (Klaus Kießling), *Biografie* (Annegret Reese-Schnitker), *Geschlecht* (Angela Kaupp), *Identität* (Viera Pirker), *Person* (Gottfried Bitter) und *Mündigkeit* (Norbert Mette).
- Der zweite Fokus *‚Begegnung'* erschließt *relationale* Kategorien, die religiöses Lernen und Lehren in unterschiedlichster Hinsicht als spannungsreiches Beziehungsgeschehen begreifen lassen: *Konvergenz(argumentation)* (Andreas Benk), *Bildung* (Robert Schelander), *Erfahrung* (Ulrich Kropač), *Korrelation* (Burkard Porzelt), *Hermeneutik* (Franz W. Niehl), *Rezeption* (Joachim Theis), *Dialog* (Georg Langenhorst) und *Kommunikation* (Matthias Scharer).
- Der dritte Fokus *‚Welt und Wirklichkeit'* beleuchtet *kontextuelle* Strukturbegriffe, welche die raumzeitliche Situierung religiösen Lernens und Lehrens herausstellen: *Empirie* (Georg Ritzer), *Lebenswelt* (Michael Wermke), *Kultur(geschichte)* (Harald Schwillus), *Pluralität* (Guido Meyer), *Ideologiekritik* (Rudolf Englert) und *Problemorientierung* (David Käbisch).
- Der vierte Fokus *‚Christlichkeit'* entfaltet *theologische* Termini, die religiöses Lernen und Lehren im besonderen Horizont der christlichen Überlieferung profilieren: *Glaube(n)* (Alexander Schimmel), *Mystagogie* (Mirjam Schambeck), *Katechese* (Monika Jakobs), *Kerygma(tik)* (Wolfgang Pauly), *Evangelisierung* (Thomas Schreijäck), *Diakonie* (Martina Blasberg-Kuhnke*)*, *Konfession(alität)* (Monika Tautz) und *Ökumene* (Monika Scheidler).
- Der fünfte Fokus *‚Aspekte des Religiösen'* erschließt *dimensionierende* Vokabeln, welche sich der religiösen Domänenspezifik der betrachteten Lern- und Lehrprozesse aus unterschiedlichen Blickwinkeln annähern: *Religion* (Bernd Schröder), *Tradition* (Christian Cebulj), *Symbol* (Silvia Arzt), *Ästhetik* (Stefan Altmeyer), *Performanz* (Michael Domsgen) und *Ethik* (Bernhard Grümme).
- Der sechste Fokus *‚Lernermöglichung'* schließlich umschreibt *didaktische* Strukturbegriffe, die an jene konkrete Bildungspraxis heranrücken, welche die wissenschaftliche Reflexion der Religionspädagogik zu inspirieren sucht: *Lernen* (Hans Mendl), *Didaktik* (Klaus König), *Kompetenz* (Lothar Kuld), *Curriculum* (Georg Hilger), *Elementarisierung* (Franz-Josef Bäumer) und *Religionskunde* (Hans-Georg Ziebertz).

Mit der Konzentration auf den Typus der Strukturbegriffe geht einher, dass gegenstands*nähere* Termini der Religionspädagogik im vorliegenden Buch bewusst ausgespart bleiben. Außerhalb des Interesses sind somit Vokabeln, die entweder *konkrete* Inhaltsbereiche, Methoden und Medien oder aber *bestimmte* Lernorte, Kontexte und Akteure des religiösen Lernens und Lehrens bezeichnen. Stichworte wie ‚Bibel(didaktik)' oder ‚Gott(esfrage)' birgt der vorgelegte Band ebenso wenig wie etwa ‚Kind(heit)' oder ‚(Religions)Unterricht'.

Unser Projekt einer vielperspektivischen Erschließung der für die wissenschaftliche Religionspädagogik kennzeichnenden Strukturbegriffe erscheint anlässlich des 65. Geburtstages sowie der Pensionierung unseres hoch geachteten Kollegen *Werner Simon* im März 2015. Um ihm von Herzen zu danken für sein Jahrzehnte währendes, stets sachorientiertes, hoch präzises, verlässliches und rundum wertschätzendes Mitwirken in unserer scientific community, sei *Werner Simon* das vorgelegte Werk als Festgabe zugedacht.

Beide Herausgeber verdanken ihm Entscheidendes – als Lehrer, Doktorvater, Kollege und Freund. In unserem Dank wissen wir uns verbunden mit der großen Zahl der Autorinnen und Autoren aus unterschiedlichen Ländern und Konfessionen, die sich engagiert auf die Erstellung klar konturierter Artikel mit reglementiertem Umfang eingelassen haben. *Werner Simon* als einen Wissenschaftler schätzend, der Begriffe stets mit großer Achtung ihrer Nuancen und im kundigen Bewusstsein ihrer Genese verwendet, ohne sie polemisch umzumünzen, und die Wortschöpfung der religionspädagogischen Strukturbegriffe aufnehmend, die bereits im Vorfeld eines Hauptseminars im Sommersemester 1997 entstand, lag die Idee nahe, *Werner Simon* ein historisch grundiertes Kompendium ebensolcher Termini zu widmen.

Begünstigt wurde die vorliegende Publikation durch einen großzügigen Druckkostenzuschuss von *Karl Kardinal Lehmann*, der das akademische Wirken *Werner Simons* als Ortsordinarius seit vielen Jahren begleitet und wertschätzt. Unser Dank gilt schließlich auch dem *Klinkhardt-Verlag* für die Aufnahme dieses Werkes in sein profiliertes Programm und für die stets aufmerksame Begleitung unseres Projekts.

Regensburg/Mainz im Januar 2015

Burkard Porzelt und *Alexander Schimmel*

A Fokus ‚Subjekt'
– anthropologische Strukturbegriffe der
Religionspädagogik

A1 – Religiosität

Hans-Ferdinand Angel

1 Profil

‚Religiosität' ist ein Terminus von eigenartigem Schattendasein. Das erstaunt, da er auf die gleiche Wurzel wie der allgegenwärtige Ausdruck ‚Religion' zurückgeht, nämlich auf das lateinische ‚religio'. Für die Artikulation der subjektiven Seite einer Ausübung von ‚religio' standen andere Ausdrücke zur Verfügung, die nicht mit dem Stamm ‚religio' verwandt sind – z.b. ‚pietas'. Das dazugehörige Adjektiv ‚pius' wird meist sinnreduziert mit ‚fromm' übersetzt – eine Attribuierung, die man mittlerweile geradezu als peinlich empfindet. Dass der rechtsnahe Terminus ‚religio' Karriere machte, während das auf eine Haltung abzielende Wort ‚pietas' randständig wurde und zu Pietät degenerierte, ist Folge einer erstaunlichen Entwicklung der abendländischen Geistesgeschichte, die einer ausführlicheren macht- und mentalitätsgeschichtlichen Untersuchung wert wäre. Als Hintergrundfolie wäre dabei der Religionsbegriff im Auge zu behalten. Seine Bedeutung und Funktion hat sich im Verlauf der europäischen (Geistes-)Geschichte erheblich gewandelt, war zunehmend politisiert worden (cuius regio, eius et religio) und avancierte ab Ende des 19. Jahrhunderts zum Bestandteil zahlreicher neu entstehender Disziplinen und Ansätze wie z.b. *Religions*wissenschaft, *Religions*philosophie sowie *Religions*pädagogik samt *Religions*unterricht. Selbst eine explizit auf die subjektiven Prozesse abzielende Psychologie rekurrierte auf den Religionsbegriff und firmiert – höchst irritierend – als *Religions*psychologie. Im Gefolge der Umbrüche der 1968er Jahre avancierte gerade der Religionsbegriff in der jüngeren (insbesondere) katholischen *Religions*pädagogik zu einem zentralen Leitbegriff für die Fundierung des Gegenstandsbereiches (vgl. Feifel 1973). Das blieb zwar nicht unwidersprochen und die Sehweise wurde bisweilen als problematisch charakterisiert (vgl. z.B. Ritter 1982). Dennoch überwucherte der Religionsbegriff die religionspädagogische Diskussion: Es war die Rede von Individualisierung der Religion, Religion in der Schule, subjektiver Religion u.v.a. Selbst noch entwicklungspsychologische Fragen wurden als Religion des Kindes oder Religion in der Kindheit verhandelt.

Diese Monopolisierung des Religionsbegriffs ging mit seiner allmählich einsetzenden Korrosion einher. Schließlich ist aus heutiger Sicht unschwer erkennbar, dass mit Formulierungen wie den eben genannten implizit verschiedene Ausdrucks- und Entfaltungsformen von *Religiosität* zur Sprache gebracht werden sollen. Insofern ist die Abwendung vom Religionsbegriff und die Hinwendung zum Religiositätsbegriff eine logischerweise unvermeidliche Folge der allmählich einsetzenden Subjektorientierung religionspädagogischen Denkens: Gefühle, Lern- und Entwicklungsprozesse, pathologische Erscheinungsformen oder aggressives Verhalten ‚religiöser' Menschen sind nur schwer vom Religionsbegriff her zu verstehen.

Doch ‚*Religiosität*' (bzw. der *Religiositätsbegriff*) wurde von religionspädagogischer Seite nicht der Religionspädagogik, sondern der Religionspsychologie zugeordnet und man sah im Religiositätsbegriff gar deren Gegenstand (vgl. Fraas 1990, 9). Dass eine solche Bestimmung innerhalb der Religionspsychologie selbst nicht common sense sein kann, liegt schon daran, dass diese in Europa – anders als in Amerika – nicht akademisch verankert ist. Deswegen sind die Diskurse der *psychology of religion* weitestgehend englischsprachig. Im Englischen aber stehen für Religiosität mit ‚religiousness', ‚religiosity' und ‚spirituality' drei (nicht deckungsgleiche) Termini zur Verfügung. Ihren Gegenstand sieht die englischsprachige Religionspsychologie – im Gefolge von *William James* vor allem in der „variety of religious experiences". Die Ausdrücke ‚*religiosity*' und ‚*religiousness*' sind in der Alltagssprache kaum gebräuchlich. Sie fehlen etwa auch im Index der zweiten Auflage des ansonsten hervorragenden „Handbook of the Psychology of Religion and Spirituality" (Paloutzian/Park 2013). In den letzten Jahrzehnten begann der Ausdruck ‚*spirituality*', der im Kontext der Suchttherapie (‚spirituality instead of spirit') erstarkte, das Sprachverhalten zu dominieren; er wurde weitgehend ohne hermeneutische Reflexion aus dem Amerikanischen importiert und erfreut sich im Deutschen mittlerweile großer Beliebtheit. Übrigens richtet sich die verbreitete Selbstartikulation ‚*spiritual, but not religious*' (schon mangels sprachlicher Möglichkeit) nicht gegen ‚religiosity', sondern gegen institutionalisierte ‚religion'! Das Fehlen von Religiosität als theoretischer Leitbegriff zieht – nicht zuletzt in der englischsprachigen *psychology of religion* – erhebliche Probleme nach sich (vgl. Seitz/Angel 2014).

2 Rezeption

Aufgrund der genannten Zuordnung des Religiositätsbegriffs zum Gegenstandsbereich der Religions*psychologie* muss erwähnt werden, dass die Psychologie
von der Religionspädagogik generell kaum zur Kenntnis genommen wird – ein
längst beklagter Zustand (vgl. Grom 1992), der aber anhält. Es mag dahin gestellt bleiben, ob dies ursächlich verhinderte, dass der Begriff ‚Religiosität‘ in der
Religionspädagogik heimisch wurde. Jedenfalls trat ‚Religiosität‘ bis vor kurzem
in religionspädagogischen Nachschlagewerken kaum in Erscheinung. Eine frühe
Ausnahme ist das „Dizionairo di Catechetica". Hier findet sich ein von *Werner
Simon* verfasster Beitrag „Religione – Religiosità" (ders. 1986). Die Sehweise, dass
die Konzepte von Religion und Religiosität dasselbe Phänomen von verschiedenen Blickwinkeln aus beschreiben (ebd., 535: „i concetti di Religione e di Religiosità descrivono lo stesso fenomeno, però da angolature diverse"), mag aus heutiger
Sicht zu hinterfragen sein. Dennoch signalisierte *Simons* Beitrag frühe Sensibilität für jene Problemlage, die innerhalb der Religionspädagogik nur langsam ins
Bewusstsein trat, geschweige denn wissenschaftlich bearbeitet wurde. Der erste
explizit religionspädagogisch ausgerichtete Artikel „Religiosität" in einem Standardwerk findet sich erst im „Lexikon der Religionspädagogik" (Hemel 2001).
Seit den späten 1990er Jahren ist zu beobachten, dass der Terminus ‚Religiosität‘
– wenngleich zögerlich – in religionspädagogische Literatur Einzug hält. Im Jahre
2010 rief *Saskia Wendel* die Religiositätsthematik während der Tagung der AKRK
ausdrücklich ins Bewusstsein (vgl. dies. 2011).
Angesichts seines vermehrten Auftretens ist allerdings nicht zu übersehen, dass
der Religiositätsbegriff häufig in vorwissenschaftlichem Sinne und eher ‚naiv‘ verwendet wird. Dies scheint mit einem impliziten Vorurteil vermeintlicher Klarheit des Ausdrucks ‚Religiosität‘ zusammen zu hängen. Man kann den Eindruck
bekommen, schon die pure Verwendung des Wortes ‚Religiosität‘ werde gegenüber einer ansonsten dominierenden Verwendung von ‚Religion‘ oder ‚religiös‘
als Fortschritt empfunden. Der Beitrag von *Wendel* kann als in dieser Hinsicht
paradigmatisch angesehen werden, wobei zudem problematisch ist, dass sie Religiosität ausschließlich im Bewusstsein verankert.
Eine Sensibilisierung für diese Problemlage hatte schon ab dem Jahre 2000 zu
den Regensburger Symposien (2000-2006) geführt, die das Thema ‚Religiosität‘
ins Zentrum des Interesses stellten. Sie führten zur Einsicht, dass eine wissenschaftliche Auseinandersetzung mit dem Religiositätsbegriff – im Gegensatz zum
Religionsbegriff, dessen Bearbeitung Bibliotheken füllt – bislang nur ansatzweise
anzutreffen ist. Somit konnte damals – speziell auch für die Religionspädagogik –
berechtigterweise von der ‚Neuentdeckung eines Forschungsgegenstands‘ gesprochen werden. Erkennbar wurde allerdings auch, dass Religiosität implizit (etwa
unter dem Deckmantel ‚Religion‘) relativ häufig in unterschiedlichen Kontexten

präsent ist. Die Ergebnisse der Regensburger Symposien zu „Religiosität" sind in der gleichnamigen Publikation veröffentlicht (Angel u.a. 2006).

Mittlerweile kann beobachtet werden, dass sich die Notwendigkeit eines differenzierten Zugangs zum Phänomen des Religiösen, der zwischen Religion und Religiosität unterscheidet, Bahn zu brechen scheint. Eine diesbezügliche Differenzierung wird etwa hinsichtlich schöpfungstheologisch orientierter Lernprozesse gefordert (vgl. Hunze 2007) oder bei der Ausarbeitung eines religionspädagogisch tragfähigen Glaubenskonzeptes aufgegriffen (vgl. Schimmel 2011). Das sind wegweisende Impulse für die Formulierung einer integrativen theologisch tragfähigen Religiositätstheorie, die zukünftige Forschung beflügeln sollten.

3 Potenzial

Der Religiositätsbegriff ist (auch) für die Religionspädagogik unverzichtbar.

(1) Ohne ihn lässt sich das Verhältnis des Systembegriffs ‚Religion' zum anthropologischen Begriff ‚Religiosität' nicht artikulieren. Die Verwendung des Adjektivs ‚religiös', das sowohl auf den Pol Religion als auch auf den Pol Religiosität zu beziehen ist, wäre unspezifisch. Konzepte wie ‚religiöse' Kommunikation oder ‚religiöse' Entwicklung müssten in Folge schwammig bleiben. Eine zentrale religionspädagogische Frage ist, wie sich individuelle Religiosität im Kontext von Religion bzw. auch von *civil religion* (*Robert N. Bellah*) entfaltet. Hier ist insbesondere der Gefahr fundamentalistisch-aggressiver Ausprägungen von Religiosität höchste Aufmerksamkeit zu widmen.

(2) Ohne Religiositätsbegriff fehlen Anknüpfungspunkte an Themen der Religionspsychologie und Religionssoziologie (wobei beide Disziplinen ihrerseits von einer Präzisierung des Religiositätsbegriffs und seiner Funktion in psychologischen und soziologischen Kontexten profitieren könnten). Es ist somit nicht erstaunlich, dass soziometrische Konzepte zur Erhebung von Religiosität wie z.B. Modelle der Dimensionalität von Religiosität (z.B. *Gordon W. Allport, Charles Y. Glock, Ulrich Hemel*) religionspädagogisch wenig Anwendung finden und Konzepte einer Zentralität von Religiosität (vgl. Huber 2003) bzw. einer ‚impliziten Religiosität' (Schnell 2004) kaum rezipiert werden.

(3) Der Religiositätsbegriff ist geeignet, das religionspädagogische Gespräch mit der Human- und Naturwissenschaft (wieder) positiv zu befördern, zumal von neurowissenschaftlicher Seite (teils problematisches) Interesse besteht. Zwar haben die Auswüchse einer sog. ‚Neurotheologie' das Interesse der Neurowissenschaft an religiösen Fragen desavouiert, doch die Verwerfungen lassen sich gerade mithilfe des Religiositätsbegriffs auflösen: ‚Neurotheologie' lässt sich adäquat als ‚Neurobiologie bzw. Neuropsychologie der Religiosität' verstehen.

(4) Der Religiositätsbegriff eröffnet der Religionspädagogik zudem gesellschaftlich hoch relevante Gesprächsmöglichkeiten, da er auch in politischem und juristischem Sinn ein wichtiges Korrektiv zum vorherrschenden Religionsbegriff darstellt – ob im Zusammenhang mit Fragen des Verhältnisses Staat und *Religion(en)*, der Menschenrechte, der (religiösen) Nicht-Diskriminierung oder der Anerkennung von *Religions*gemeinschaften. Sowohl für die religionsrechtliche Thematik (vgl. Weninger 2007) wie auch für die vom Europäischen Gerichtshof für Menschenrechte (EGMR) geforderte (religiöse) Nichtdiskriminierung ist zu betonen, dass der Bezug auf ‚Religion‘ nicht jede Form destruktiver bzw. aggressiver Entfaltung von *Religiosität* legitimieren kann.

(5) Das Verhältnis von Glaubensinhalt bzw. Dogma zum subjektiven Verarbeiten derselben ist nicht im Rahmen des Religionsbegriffs zu verhandeln. Hingegen lassen sich im Religiositätsbegriff all jene Aspekte des Glaubensprozesses verorten, die mit Lernen, Erfahrung, Entwicklung oder Sozialisation zu tun haben. In der Auseinandersetzung mit dem Religiositätsbegriff wurde insbesondere erkennbar, welche Bedeutung dem Ablauf mentaler Glaubensprozesse zukommt. Für diese anthropologisch zentralen Vorgänge, die in religiösem wie profanem Kontext stattfinden (vgl. Angel 2013), wurde während der Regensburger Symposien der Terminus ‚Credition‘ eingeführt (vgl. ders. u.a. 2006, insb. 71ff.). Das Interesse an der Erhellung ihrer Struktur belebt gegenwärtig eine dynamische Forschungsaktivität (vgl. http://credition.uni-graz.at/). Das *credition research project* dient nicht zuletzt der Erhellung menschlicher Religiosität und kann neue Impulse für eine der zentralen religionspädagogischen Aufgaben setzen: Es wird in einer postsäkularen Umwelt mehr denn je darum gehen, Religiosität als individuell subjektive Aneignung von Religion(en) mit eben dieser bzw. diesen in Beziehung zu setzen und dabei gegen aggressiv-destruktive Ausprägungen bzw. Entfaltungen von Religiosität in einem soteriologischen Sinn positiv (lebens- und gesundheits-)fördernd und konfliktmindernd Einfluss zu nehmen.

Literatur

Angel, Hans-Ferdinand u.a. (2006), Religiosität. Anthropologische, theologische und sozialwissenschaftliche Klärungen, Stuttgart – Ders. (2013), Credition, the process of belief, in: Runehov, Anne L.C. / Oviedo, Lluis (Hg.), Encyclopedia of Sciences and Religion 1, Dordrecht, 536-539 – Feifel, Erich (1973), Die Grundlegung der Religionspädagogik im Religionsbegriff, in: HRP 1, 34-48 – Fraas, Hans-Jürgen (1990), Die Religiosität des Menschen. Ein Grundriß der Religionspsychologie, Göttingen – Grom, Bernhard (2002), Für eine Religionspädagogik ohne Psychologiedefizit, in: KatBl 127 (4/2002) 293-297 – Hemel, Ulrich (2001), Religiosität, in: LexRP, 1839-1844 – Huber, Stefan (2003), Zentralität und Inhalt. Ein neues multidimensionales Messmodell der Religiosität, Opladen – Hunze, Guido (2007), Die Entdeckung der Welt als Schöpfung. Religiöses Lernen in naturwissenschaftlich geprägten Lebenswelten, Stuttgart – Paloutzian, Raymond F. / Park, Crystal

L. (Hg.) (2013), Handbook of the Psychology of Religion and Spirituality, New York – Ritter, Werner (1982), Religion in nachchristlicher Zeit. Eine elementare Untersuchung zum Ansatz der neueren Religionspädagogik im Religionsbegriff, Frankfurt/M. – Bern – Schimmel, Alexander (2011), Einstellungen gegenüber Glauben als Thema des Religionsunterrichts. Didaktische Überlegungen für die gymnasiale Oberstufe, Ostfildern – Schnell, Tatjana (2004), Implizite Religiosität – Zur Psychologie des Lebenssinns, Lengerich – Seitz, Rüdiger J. / Angel, Hans-Ferdinand (2014), Psychology of religion and spirituality: meaning-making and processes of believing, in: Religion, Brain & Behavior (http://dx.doi.org/10.1080/2153599X.2014.891249 [22.11.2014]) – Simon, Werner (1986), Religione – Religiosità, in: Gevaert, Joseph (Hg.), Dizionario di Catechetica, Turin, 535-537 – Wendel, Saskia (2011), Wieder mal eine Grundsatzdiskussion?! Ein systematisch-theologischer Blick auf zentrale Begriffe der Religionspädagogik, in: RpB 66/2011,17-30 – Weninger, Michael (2007), Europa ohne Gott? Die Europäische Union und der Dialog mit den Religionen, Kirchen und Weltanschauungsgemeinschaften, Baden-Baden

A2 – Spiritualität

Anton A. Bucher

1 Profil

Noch anfangs der 1980er Jahre ließ Spiritualität an Nonnen denken, die in abgeschiedenen Klöstern den Rosenkranz beten; an Alumni, die sich in den Priesterseminaren kopfnickend ihrem Spiritual unterordnen; an Askese, Exerzitien, geistliches Leben. Doch in den letzten Jahren machte der Begriff ‚Spiritualität' eine „atemberaubende Karriere" (Grom 2011, 12), nicht nur bezüglich seiner Popularität, sondern auch seiner Reichweite, bis dahin, ‚alles' als ‚spirituell' zu qualifizieren, Mountainbiken ebenso wie das Singen in Taizé.

Etymologisch vom lateinischen ‚spiritus' hergeleitet, was nicht nur ‚Geist' bedeutet, sondern auch ‚Atem' und ‚Wind', wurde der Fachbegriff ‚Spiritualität' in der französischen Ordenstheologie des 19. Jahrhunderts geprägt. Er stand für geistliches Leben und Frömmigkeit und als Antipode der ‚Fleischlichkeit' (carnalitas). Für eine Erweiterung votierte – kurz vor dem Zweiten Vaticanum – *Hans Urs von Balthasar*: Spiritualität sei die subjektive Sicht der Dogmatik. Es war jedoch weniger die Theologie, die dem Begriff zu einem Höhenflug verhalf, als vielmehr der vom New-Age-Gedankengut geprägte Diskurs, so die voluminösen Bestseller von *Ken Wilber*, neuerdings auch die Psychologie. Für zusehends mehr Menschen, die Religion als reglementierend, dogmatistisch und ausgrenzend empfinden, erweist sich Spiritualität als attraktive Alternative. „Spiritual, but not religious" avancierte in den USA zu einem geflügelten Wort (Fuller 2001) und wird auch für die sozioreligiöse Situation in Deutschland konstatiert (vgl. Streib/Hood 2011). Spiritualität gilt als individuell, erfahrungsgesättigt, ökumenisch und verbindend, sie wird gesehen als geistige Suche in einer offenen Landschaft und alles andere als Zuflucht hinter beengenden Kirchenmauern, die aber auch schützen können.

Akademische Psychologie, die seit ihren Anfängen und bis vor wenigen Jahrzehnten Religiosität tabuisierte oder kritisierte, avancierte mittlerweile zu einer wichtigen Bezugsdisziplin für Spiritualität. *Michael Utsch* (1998, 100f.) prognostizierte, Spiritualität werde der Religiosität alsbald den Rang ablaufen, weil sie inhaltlich unbestimmter, infolgedessen offener sei. Er behielt Recht. In dem wohl wichtigsten Handbuch „Psychology of Religion. An empirical approach" kam in der Erstauflage (1985) ‚Spiritualität' überhaupt nicht vor. In der aktuellsten Auflage werden ihr umfangreiche Kapitel gewidmet (vgl. Hood/Hill/Spilka 2009). Obschon die Forschung intensiviert wurde, theoretisch wie empirisch, ist eine konsensfähige Definition von ‚Spiritualität' nicht in Sicht. Aber in den letzten Jahren gewann an Zuspruch, ihre Kernkomponente als ‚Verbundenheit' (connectedness) zu bestimmen (vgl. Bucher 2014; Burkhardt/Nagai-Jacobson 2002). Diese kann ausdifferenziert werden in eine *horizontale*, mit Natur bzw. Kosmos und sozialer Mitwelt, sowie eine *vertikale*, mit einem höheren, transzendenten Wesen, das in aller Regel nicht als personal aufgefasst wird, sondern als entgrenzt, etwa kosmische Liebe, Licht oder Geist. Verbundenheit kann schwerlich eingehen, wer stark auf sein Ego fixiert ist, beispielsweise ein Hypochonder, für den ein Schnupfen die keimende Pneumonie ist. In der Psychologie der Spiritualität gut etabliert ist denn auch die von *Viktor E. Frankl* hochgehaltene Selbsttranszendenz, die Fähigkeit des Menschen, vom Ego abzusehen und sich voll und ganz Anderem (speziell Tätigkeiten) und Anderen (Mitmenschen) zuzuwenden. Genau dadurch geschieht die Verwirklichung des Selbst, das – auch gemäß der Tiefenpsychologie von *Carl Gustav Jung* – umfassender ist als das Ich.

Zahlreiche Skalen intendieren, dergestalt konzeptualisierte Spiritualität zu messen, beispielsweise die Skala „Spirituelle Transzendenz" von *Ralph L. Piedmont* (1999), die Items wie folgende enthält: „Alles Leben ist miteinander verbunden", „Auch wenn einige Menschen schwierig sind, fühle ich ein emotionales Band mit der gesamten Menschheit". In (interkulturellen) Studien zeigte sich, dass Spiritualität eine eigenständige Persönlichkeitseigenschaft ist, vergleichbar mit Extraversion oder Gewissenhaftigkeit, aber auch, dass sie eine menschliche Universale ist, in gleicher Struktur nachweisbar in unterschiedlichsten soziokulturellen Kontexten. Oft eingesetzt wird auch die Skala „Spirituelles Wohlbefinden" von *Rapson Gomez* und *John W. Fisher* (2003). Spiritualität sei die Beziehung des Menschen zu seinem Selbst, zu sozialer Mitwelt, Natur und Kosmos sowie zu einem Transzendenten, Göttlichen. Auch *Gomez* und *Fisher* bestätigten Spiritualität in diesem Sinne als eigenständige Persönlichkeitseigenschaft.

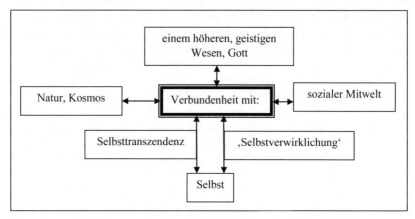

Abb. 1: Spiritualität als horizontale und vertikale Verbundenheit (Bucher 2014, 40)

In welchem Verhältnis steht Spiritualität zu Religiosität? Dies wird rege und kontrovers diskutiert. Während der Religionspsychologe *Kenneth I. Pargament* (1999) dafür votierte, Religiosität als umfassender zu bestimmen – als Suche des Menschen nach Sinn –, plädieren die meisten Autoren dafür, Spiritualität als breiter zu sehen (vgl. Del Rio/White 2012). Dafür spreche, dass sich Menschen als spirituell begreifen können, ohne einer Religion anzugehören, was noch vor kurzem in traditionell katholischen oder evangelischen Milieus undenkbar gewesen wäre. Konsensfähig scheint, Spiritualität und Religiosität als zwei sich überlappende Konstrukte aufzufassen, dies umso mehr, wenn letztere intrinsisch motiviert praktiziert wird und von Begeisterung durchdrungen ist. Problematisch wäre es, Spiritualität gegen Religiosität auszuspielen – zahlreiche spirituelle Schätze wurden und werden von Religionen tradiert.

2 Rezeption

Explizite ‚Spiritualität' gewinnt auch in der deutschsprachigen Religionspädagogik vermehrt an Renommee. Das „Handbuch religionspädagogischer Grundbegriffe" von 1986 widmete ihr noch kein Kapitel, das „Neue Handbuch" hingegen sehr wohl (vgl. Grethlein 2002). Aber implizit hat die Religionspädagogik schon seit jeher Themen bearbeitet, die heute als spirituell charakterisiert zu werden pflegen, beispielhaft Meditation, für viele die spirituelle Praxis schlechthin. Erinnert sei an *Klemens Tilmann* (1971), der schon in den 1950er Jahren fundierte Anregungen gab, um zur Meditation hinzuführen, auch in religionspädagogischen Handlungsfeldern. Oder an *Günter Stachel* (1989), der „Schritte der Spiritualität" ging, längst bevor ‚Spiritualität' in Mode kam. Insofern er Spiritualität als ‚Geistigkeit' bestimmte und als Gebet, Achtsamkeit und Meditation konkretisierte, die idealiter in mystischer Einheitserfahrung gipfelt, vertrat er, speziell an *Meister Eckhart* orientiert, ein klassisches Konzept.

Mittlerweile gilt – so *Joachim Kunstmann* (2004, 325) – „spirituelle Kompetenz" als „religionspädagogische Grundkompetenz". Spiritualität habe die traditionelle Frömmigkeit abgelöst, sie sei „persönliche religiöse Ausdruckshaltung, Suche, Entfaltung" und Gegenpol zu einer hypertechnisierten Lebenswelt, in der der Mensch ungeboren und unbehaust sei. Sie konkretisiere sich in Achtsamkeit (etwa auf den Atem), in ästhetischen Erfahrungen (auch übersinnlichen) und erfordere unabdingbar regelmäßige Übung. Bedauerlicherweise beachte die akademische Theologie diesen „Kern gelebter Frömmigkeit kaum" (ebd.).

Neuerdings vermehrt rezipiert wird das Spiritualitätskonzept von *David Hay* und *Rebecca Nye* (2006). Die britischen Spiritualitätsforscher attestieren dem Kind, ein spirituelles Wesen zu sein, und wenden sich gegen dessen Geringschätzung als vorspirituell, ja ‚archaisch'. Spiritualität sei eine ‚naturgegebene, angeborene Kapazität', die in der Erfahrung gründe, als Säugling getragen worden zu sein, und konkretisiere sich als ‚relationales Bewusstsein', und zwar hin zur Natur – die Kinder in der animistischen Phase regelrecht beseele –, den Mitmenschen und, sofern ihnen das Wort angeboten wird, ‚Gott'. Nachdem *Hay* und *Nye* das Vertrauen jüngerer Kinder gewonnen hatten, führten sie mit ihnen einfühlsame Gespräche über Gott und die Welt und hörten vom sechsjährigen John unter anderem: „Gott ist in allen von uns. Er ist alles, was um uns ist. Er ist dieses Mikrophon." (ebd., 104) Auch verfügten schon jüngere Kinder über die Gabe, intensive Erfahrungen der Verbundenheit zu machen – mit Tieren, Pflanzen – und im Mysterium des Hier und Jetzt zu verweilen. *Rainer Möller* und *Reinmar Tschirch* (2009, 225) raten denn auch, biografisch zu bedenken, wo solche Erfahrungen in der eigenen Kindheit gemacht werden konnten, aber auch, wo und wie sie mit heutigen Kindern möglich sind.

Einen wichtigen Stellenwert erhielt Spiritualität auch in der Zeitschrift „Religionspädagogische Praxis" von *Franz Kett*, die vielfältige konkrete Impulse gibt, um Kinder anzuregen, ihre spirituellen Grundkräfte zu entfalten, etwa indem sie mit Tüchern und weiteren Materialien die Schöpfung nachgestalten. Allem Anschein nach wird ‚Spiritualität' in der Religionspädagogik der nächsten Jahre eine zusehends wichtiger werdende Rolle spielen.

3 Potenzial

Welches sind Potenziale von Spiritualität für die Religionspädagogik? Als eines ihrer Merkmale gilt, dass sie individuell *erfahren* werden muss. Erfahrung ist zwar auch eine unverzichtbare Dimension von Religiosität. Aber von einem breiten Verständnis von Spiritualität aus werden auch Erfahrungen der Verbundenheit religionspädagogisch relevant, die Kinder in und mit der Natur machen, mit ihren Bezugspersonen, Haustieren, und nicht nur die mit substanzieller Religiosität, etwa in Kirchenräumen, oder mit Gott. Freilich, im religionspädagogischen Diskurs war es oft problematisch, dass Intensiverfahrungen – etwa von Jugendlichen – als religiös etikettiert und so vereinnahmt wurden. Nichtsdestoweniger bleibt wahr, was der große *William James* (1997, 63) in seiner „Vielfalt religiöser Erfahrung" festhielt: Dass sich „persönliche Religion" – die er heute gewiss ‚Spiritualität' nennen würde – als grundlegender erweise als Kirchen und Theologien, weil letztere „aus zweiter Hand auf dem Boden ihrer Überlieferung" leben, wohingegen erstere sich der persönlich erfahrenen Gemeinschaft mit dem Göttlichen verdanke.

Und nicht zuletzt hat das entfaltete Konzept von Spiritualität den Vorzug, dass diese nicht segmenthaft ist, sondern das gesamte Sein und Dasein umfasst. In diese Richtung votierte, in seiner Besinnung über künftige Spiritualität, bereits *Karl Rahner* (1982, 40): Diese werde „auch eine gesellschaftliche, politische, der *Welt* zugewandte, für diese nur scheinbare profane Welt eine Verantwortung tragende Dimension haben", die noch stärker akzentuiert werden müsse. Auch *Teilhard de Chardin*, einer der größten Mystiker des 20. Jahrhunderts, votiert für eine umfassende Sicht von Spiritualität, weil Geist überall sei. Ihm wird der wunderschöne Satz zugeschrieben: ‚Wir sind keine Menschen, die eine spirituelle Erfahrung machen, sondern wir sind spirituelle Wesen, die erfahren, Mensch zu sein!'

Literatur

Bucher, Anton ([2]2014), Psychologie der Spiritualität, Weinheim – Burkhardt, Margaret / Nagai-Jacobson, Mary Gail (2002), Spirituality. Living our connectedness, Albany – Del Rio, Carlos M. / White, Lyle J. (2012), Separating spirituality from religiosity: A hylomorphic attitudinal perspective, in: Psychology of Religion and Spirituality 4 (2/2012) 123-142 – Fuller, Robert (2001), Spiritual, but not religious. Understanding unchurched America, Oxford – Gomez, Rapson / Fisher, John W. (2003), Domains of spiritual well-being and development and validation of the Spiritual Well-Being Questionnaire, in: Personality and Individual Differences 35 (8/2003) 1975-1991 – Grethlein, Christian (2002), Spirituelle Bildung – Gebet – Meditation – in: NHRPG, 252-255 – Grom, Bernhard (2011), Spiritualität – die Karriere eines Begriffs. Eine religionspsychologische Perspektive, in: Frick, Eckhard / Roser, Traugott (Hg.), Spiritualität und Medizin, Stuttgart, 12-18 – Hay, David / Nye, Rebecca (2006), The spirit of the child, London – Hood, Ralph W. / Hill, Peter C. / Spilka, Bernhard ([4]2009), The psychology of religion. An empirical approach, New York – James, William (1997), Die Vielfalt religiöser Erfahrungen. Eine Studie über die menschliche Natur, Frankfurt/M. – Kunstmann, Joachim (2004), Religionspädagogik. Eine Einführung, Tübingen – Möller, Rainer / Tschirch, Reinmar (Hg.) (2009), Arbeitsbuch Religionspädagogik für ErzieherInnen, Stuttgart – Pargament, Kenneth I. (1999), The psychology of religion and spirituality? Yes and no, in: The International Journal for the Psychology of Religion 9 (1/1999) 3-16 – Piedmont, Ralph L. (1999), Does spirituality represent the sixth factor of personality? Spiritual transcendence and the five-factor model, in: Journal of Personality 67 (6/1999) 985-1013 – Rahner, Karl (1982), Praxis des Glaubens. Geistliches Lesebuch (hg. von Lehmann, Karl / Raffelt, Albert), Freiburg/Br. u.a. – Stachel, Günter (1989), Gebet – Meditation – Schweigen. Schritte der Spiritualität, Freiburg/Br. u.a. – Streib, Heinz / Hood, Ralph W. (2011), Spirituality as privatized experience-oriented religion, in: Implicit Religion 14 (4/2011) 433-453 – Tilmann, Klemens (1971), Die Führung zur Meditation, Einsiedeln – Utsch, Michael (1998), Religionspsychologie. Voraussetzungen, Grundlagen, Forschungsüberblick, Stuttgart

A3 – Entwicklung

Klaus Kießling

1 Profil

Der Entwicklungsbegriff kennt organologische Wurzeln, lässt an Wachstum und Entfaltung dessen denken, was eingefaltet ist und seiner Explikation harrt oder was zu einem Knäuel verdichtet ist und auf sein Entrollen, seine Evolution wartet. Soweit Entwicklung die Ausbildung eines Organismus vom formlosen Keim bis zu seiner Vollendung umfasst, ist menschliche Entwicklung mit dem Erreichen des Erwachsenseins nicht abgeschlossen. Darum setzt sich Entwicklungspsychologie mit der gesamten Lebensspanne auseinander. Sie widmet sich der Aufgabe, intra- und interindividuelle Veränderungen im menschlichen Erleben und Verhalten lebensalterbezogen zu beschreiben, zu erklären und vorherzusagen.

Lernen lässt sich als ein offener Prozess der Erfahrungsbildung bezeichnen, der zwar auf Unterstützung und Begleitung angewiesen ist, aber im *Lehren* nicht vorweggenommen werden kann. Lernen kann kurzfristig geschehen, Entwicklung dagegen braucht Zeit. Insofern stehen in der Psychologie Entwicklung und Lernen einander gegenüber; zugleich aber können Lernprozesse nachhaltig wirken und Entwicklung in Gang setzen. Menschen entwickeln *sich*, sie kennen nicht nur entwicklungsbezogene Risiken, sondern auch Entwicklungsaufgaben (vgl. Havighurst 1972), die Auseinandersetzung mit und die Bewältigung von kritischen Lebensereignissen wie den Verlust eines nahestehenden Menschen.

1.1 Jean Piaget und seine Entwicklungstheorie

Jean Piaget kann gewiss als der bedeutendste Entwicklungspsychologe des 20. Jahrhunderts gelten und zugleich wird ihm der Titel ‚Entwicklungspsychologe' allein gar nicht gerecht. Es war sein wissenschaftstheoretisches Interesse, das ihn als Biologen von zunächst phylogenetischen, also stammesgeschichtlichen, zu ontogenetischen Fragestellungen führte – und dazu, individuelle Denkwege nachzuzeichnen und für die kognitive Entwicklung von Menschen ein Stufenmodell vorzulegen.

Zu den Grundbegriffen seiner Entwicklungstheorie zählt das *Schema*. Es bezeichnet eine kognitive Struktur, in der verschiedene Handlungssequenzen straff miteinander verkoppelt sind, etwa im Greifschema. Schemata bilden sich dank organismischer Anpassungsprozesse, die der fortwährenden Selbstregulation eines Lebewesens in seinem jeweiligen Milieu dienen. Wenn sich die Umwelt dem organismischen Bedarf anpassen lässt, so spricht *Piaget* von *Assimilation*. Sie erlaubt eine Bewahrung organismischer Strukturen, wohingegen *Akkommodation* deren Veränderung mit sich bringt.

Assimilation und Akkommodation als die beiden Formen der *Adaptation* zielen auf Äquilibration, auf einen Ausgleich zwischen Bewahrung und Veränderung. Ohne Akkommodation findet keine Entwicklung statt; die Widerständigkeit einer Umwelt, die sich der Assimilation entzieht, setzt den Anreiz zur Entwicklung auf ein neues Niveau, eine andere Stufe. Entwicklung bezeichnet *keinen* automatisierten, gleichsam endogen ablaufenden Reifungsprozess, der sich umweltunabhängig vollziehen könnte. Vielmehr kommt Entwicklung dann in Gang, wenn Assimilation scheitert und der Organismus auf dem Wege der Akkommodation ein neues Äquilibrium sucht.

1.2 Symbolfähigkeit, Artifizialismus und Animismus

Piaget hebt in seiner Entwicklungstheorie auf die *Symbolfähigkeit* ab, die Kinder entwickeln. Diese macht sich an einer gleichsam aufgeschobenen Nachahmung fest, also an einem Vorgang, bei dem ein Kind eine bestimmte Handlung wahrnimmt und zu einem anderen Zeitpunkt und in einer anderen Situation nachahmt. Aus der zeitlichen Verschiebung und der Indirektheit des Zusammenhangs schließt *Piaget* auf ein inneres Vorstellungsbild, das die zum Zeitpunkt der Nachahmung nicht mehr gegebene Situation repräsentiert. Dieses innere Vorstellungsbild entspricht nach *Piaget* einem Symbol. So werden im Kindergartenalter Spiele konjunktivisch ausgehandelt, etwa auf einem am Boden ausgebreiteten Autoteppich: „Du wärst die Busfahrerin gewesen, du hättest nicht gemerkt, dass das eine Einbahnstraße wär', und ich wär' der Polizist, und ich hätt' dich verhaftet, Mama, aber du bist ja jetzt nicht die Mama!"

Piaget bindet zudem zwei ursprünglich religionswissenschaftliche Konzepte in seine Entwicklungspsychologie ein (vgl. ders. 1996). Als *Artifizialismus* bezeichnet er die kindliche Tendenz, die Herkunft verschiedener Phänomene auf eine konkrete Fabrikation zurückzuführen, etwa: „Wie kommt es, dass die Baumstämme braun sind?" – „Gott hat sie mit brauner Farbe angestrichen!" Hinzu kommt der *Animismus*, die kindliche Neigung, toten Gegenständen Leben, Absichten und moralische Qualitäten zuzuschreiben, etwa dem Mond, der nach einer nächtlichen Autofahrt auch da angekommen zu sein scheint, wo die Kinder aussteigen, oder dem bösen Tisch, an dessen Kante sich das Kind verletzt hat. In diesen Zusammenhang gehört *Piagets* Überzeugung, dass Kinder sich unter Gott einen Menschen vorstellen, Gottesbilder also anthropomorph gestalten, etwa mit einem erkennbaren Gesicht oder in einer Gestalt mit menschlichem Körper.

2 Rezeption

Versuche, moralische (vgl. Kohlberg 2000) und religiöse (vgl. Goldman 1968) Prozesse nachzuvollziehen, lehnen sich mehr oder minder deutlich an *Piagets* Entwicklungspsychologie an und modellieren diese wiederum in Stufen.

2.1 Stufenmodelle religiöser Entwicklung

Im Gefolge von *Piaget* sind zwei Stufenmodelle entstanden, die in der Religionspädagogik zentrale Rollen spielen. Das eine stammt von *James W. Fowler* (2000). Halboffene Interviews mit Menschen aller Altersstufen bilden dafür die empirische Basis. *Fowler* unterscheidet *faith* und *belief* – faith als sinnstiftendes Vertrauen auf letzte Werte und belief als Für-wahr-Halten von Auffassungen, wie sie in den Lehren der verschiedenen Religionen entwickelt wurden. Sein Stufenmodell zur menschlichen Suche nach Sinn setzt vor jeder kognitiven Strukturierung mit einer affektiv geprägten Grundstimmung ein, die sich treffend als Vertrauen umschreiben lässt, in und aus dem jede weitere Entwicklung erwächst. *Fowlers* Schüler *Heinz Streib* (2005) konzipiert ein weiterführendes Modell der *religiösen Stile* und versteht gegenüber der in Stufentheorien gängigen Annahme einer strukturierten Ganzheit des Denkens Entwicklung als domänenspezifisch, sodass religiöse Kompetenzen anders ausgeprägt sein können als etwa mathematische.

Das andere Modell geht auf die Mitglieder der Forschergruppe um *Fritz Oser* (vgl. ders./Gmünder 1996) zurück und stellt sich der Frage, welches subjektive Muster die Beziehung eines Menschen zu einem *Letztgültigen* kennzeichnet. Kinder, Jugendliche und Erwachsene werden mit Dilemmasituationen konfrontiert und dazu befragt – mit dem Ziel, aus ihren Argumentationen auf eine der Stufen schließen zu können, in denen ultimate und menschliche Kräfte jeweils anders zusammenspielen.

2.2 Anthropomorphe und symbolische Gottesbilder

Helmut Hanisch (1996) unterscheidet bei der zeichnerischen Entwicklung des Gottesbildes von Heranwachsenden anthropomorphe von symbolischen Darstellungen. Zu letzteren zählt er Gott als Licht oder biblische Geschichten wie die vom brennenden Dornbusch. In einer Untersuchung vergleicht er 1471 christlich-religiös mit 1187 nicht-religiös erzogenen Heranwachsenden im Alter von 7-16 Jahren. Anthropomorphe Gottesbilder zeichnen insgesamt 57,8% der religiös Erzogenen und 87,5% der nicht-religiös Erzogenen (vgl. ebd., 33 bzw. 120). Eine leicht rückläufige Tendenz ab dem 13. Lebensjahr fällt vor allem bei religiös Erzogenen auf, weniger deutlich bei nicht-religiös Erzogenen. Ob die Entwicklung von symbolischen Gottesbildern gelingt, hängt offenbar mit der religiösen Erziehung und dem religiösen Milieu zusammen, in welchem die an der Untersuchung beteiligten Kinder aufwachsen. Dabei neigen Mädchen ab dem 12. Lebensjahr stärker als Jungen zu symbolischen Darstellungen und unter den religiös Erzogenen lebt ein vergleichsweise zugewandter, weitgehend männlicher Gott. Insgesamt konstatiert *Hanisch* in beiden Stichproben nahezu gleiche Attribuierungen Gottes, deren Ursprünge in Kunst und Ikonographie liegen.

3 Potenzial

3.1 Gottes Andersartigkeit

Manuela Wiedmaier (2008) führt Feinanalysen filmisch dokumentierter Malprozesse bei Kindern im Grundschulalter durch. Mädchen und Jungen bearbeiten die Frage nach Gott. Für die Interpretation der Malprozesse kommt dem Kategorienpaar ‚anthropomorph – symbolisch' jedoch kein Erklärungswert zu. „Gott in personalen Bildern zu symbolisieren, drückt ein menschliches Grundbedürfnis aus, das weder bei Erwachsenen noch bei Kindern im Widerspruch zu dem Wissen um die Andersartigkeit Gottes steht" (ebd., 304). Außer Frage steht für die zeichnenden Mädchen und Jungen, dass personale Darstellungen eine symbolische Auseinandersetzung mit der Unsichtbarkeit oder mit der Durchsichtigkeit Gottes ins Bild setzen – und gewiss kein Abbild Gottes.

Zweifel an einer von *Piaget* inspirierten Idealentwicklung von anthropomorphen zu nicht-anthropomorphen Gottesvorstellungen erhalten weitere Nahrung durch Belege aus dem anglophonen Raum, wonach bereits drei- bis siebenjährige Kinder Gotteskonzepte unabhängig von Menschenkonzepten entwickeln (vgl. Richert/ Barrett 2005). Umgekehrt zeigen Untersuchungen bei Erwachsenen, dass nicht nur Kinder je nach Situation und Lebensphase auf die eine oder die andere Art der Gottesdarstellung zurückgreifen (vgl. Barrett/Keil 1996) und gerade in Krisen ein anthropomorph daherkommender Retter gesucht wird, mögliche frühe religiöse

Stile also lebenslang fortdauern – neben anderen neu hinzutretenden Stilen, deren Krisenfestigkeit sich offenbar noch nicht bewährt hat.

3.2 Entwicklung in Stufen oder Mustern?

Vor diesem Hintergrund initiierte *Anna-Katharina Szagun* eine Langzeitstudie zur Gottesbeziehung und zum Gottesverständnis von Kindern, die in mehrheitlich konfessionsfreiem Kontext aufwachsen (vgl. dies. 2014; dies./Fiedler 2014). Während das Gottes*verständnis* auf kognitiv fassbare Inhalte eines Gotteskonzepts anspielt, gilt die Gottes*beziehung* als vorrangig: Ein Kind kann in der Beziehung zu seinen Eltern gleichsam hineinwachsen in deren Gottesbeziehung, sodass es möglicherweise – und dann auf ganz eigene Weise – zur Geburt Gottes im Kinde kommt.

Traditionsabbrüche und -ausfälle bringen die Wirklichkeitskonstruktionen, die Kinder vollziehen, erst in ihrer Unterschiedlichkeit ans Licht – und lassen viele Fragen laut werden, die sich auf Stufenmodelle und ihren weitreichenden Geltungsanspruch richten (vgl. Szagun/Bucher 2009): Kann religiöses Wachsen darauf setzen, Stufe um Stufe hinter sich zu bringen, ‚niedrigere‘ Stufen zu verlassen und ‚höhere‘ zu erklimmen? Laufen Stufenmodelle nicht Gefahr, Kinder in ihrer je eigenen Originalität zu unterschätzen? Gehen diese Modelle nicht mit einem spezifisch christlich geprägten Anspruch einher, der gerade von den höchsten Stufen her auf alle anderen normativ wirkt? Und was trauen sie anders oder gar nicht religiös geprägten Kindern zu?

Dafür, dass Kinder Bilder Gottes oft wörtlich auffassen, lassen sich empirische Nachweise führen. Aber auch für die kindliche Fähigkeit zu metaphorischem Verstehen und Sprechen liegen heute zahlreiche Forschungsbelege vor – in kreativen Zeugnissen von Kindern, die sich mit Fragen auseinandersetzen, die größer sind als sie selbst.

Die Erhebung der Daten der *Rostocker Langzeitstudie* auf methodisch innovativen Wegen (zur Kritik vgl. Bucher 2008) sowie deren Aufbereitung und Auswertung zielen nicht allein auf die exemplarische Nachzeichnung von Bildungsverläufen einzelner Kinder und ihrer Spiritualität (vgl. Kießling 2010), sondern auch auf pädagogische Theoriebildung und didaktische Konzepte, die den Befunden Rechnung tragen (vgl. Szagun 2013). Es zeigt sich, dass menschliche Entwicklung sich nicht schlicht Stufe um Stufe vollzieht; demnach würden sich Menschen allein noch darin unterscheiden, wie viele dieser Stufen sie auf der Treppe ihres Lebens erklimmen. Vielmehr kommt der *Sozialisation* eine konstitutive und bisher offenbar zu wenig beachtete Rolle zu, wenn konfessionsfrei aufwachsende Kinder ganz andere Entwicklungen nehmen und ganz andere Übergange schaffen oder auch nicht schaffen als Mädchen und Jungen, die mit dem kirchlichen Leben von klein auf vertraut sind. Sozialisatorische Verwicklungen prägen Entwicklungen.

Eltern können ihre Kinder darin unterstützen, dass sie zu einem symbolischen Gottesverständnis finden, in der Grundschule also gar nicht erst mit anthropomorph geformten Vorstellungen ankommen, an denen sie sich in ihrer weiteren Entwicklung mühsam abarbeiten müssen: Denn ein aus regressiven Bedürfnissen gespeistes wunschfixiertes Konstrukt erweist sich als äußerst hartnäckig und leistet bei erbetenem, aber ausbleibendem Eingreifen eines göttlichen Übervaters eher einem Enttäuschungsatheismus Vorschub als einer existenziell tragenden Gottesbeziehung.

Mehr Potenzial als das Bild einer Treppe mit vorgegebener Stufenfolge bietet die Ausbildung von religiösen und spirituellen (vgl. Büttner/Dieterich 2013, 125ff.) Mustern, die vielfältiger aufeinander verweisen, aufeinander folgen und ineinander übergehen können, als es eine Stufenfolge erlaubt, die sich naturwüchsiger gibt, als sie gemacht ist.

Literatur

Barrett, Justin L. / Keil, Frank C. (1996), Conceptualizing a Nonnatural Entity. Anthropomorphism in God Concepts, in: Cognitive Psychology 31 (3/1996) 219-247 – Bucher, Anton (2008), Rezension zu Anna-Katharina Szagun, Dem Sprachlosen Sprache verleihen, in: RpB 60/2008, 113f. – Büttner, Gerhard / Dieterich, Veit-Jakobus (2013), Entwicklungspsychologie in der Religionspädagogik, Göttingen – Fowler, James W. (2000), Stufen des Glaubens. Die Psychologie der menschlichen Entwicklung und die Suche nach Sinn, Gütersloh – Goldman, Ronald ([4]1968), Religious Thinking from Childhood to Adolescence, London – Hanisch, Helmut (1996), Die zeichnerische Entwicklung des Gottesbildes bei Kindern und Jugendlichen. Eine empirische Vergleichsuntersuchung mit religiös und nicht-religiös Erzogenen im Alter von 7-16 Jahren, Stuttgart – Havighurst, Robert J. (1972), Developmental Tasks and Education, New York – Kießling, Klaus (2010), „Gott is' so wie heilige Luft". Versuche zu einer Spiritualität im Kindesalter, in: WzM 62/2010, 219-248 – Kohlberg, Lawrence (2000), Kognitive Entwicklung und moralische Erziehung, in: Büttner, Gerhard / Dieterich, Veit-Jakobus (Hg.), Die religiöse Entwicklung des Menschen. Ein Grundkurs, Stuttgart, 50-66 – Oser, Fritz / Gmünder, Paul ([4]1996), Der Mensch. Stufen seiner religiösen Entwicklung. Ein strukturgenetischer Ansatz, Gütersloh – Piaget, Jean ([4]1996), Nachahmung, Spiel und Traum, Stuttgart – Richert, Rebekah A. / Barrett, Justin L. (2005), Do You See What I See? Young Children's Assumptions about God's Perceptual Abilities, in: The International Journal for the Psychology of Religion 15 (4/2005) 283-295 – Streib, Heinz (2005), Faith Development Research Revisited. Accounting for Diversity in Structure, Content, and Narrativity of Faith, in: The International Journal for the Psychology of Religion 15 (2/2005) 99-121 – Szagun, Anna-Katharina (2013), Glaubenswege begleiten – Neue Praxis religiösen Lernens, Hannover – Dies. ([3]2014), Dem Sprachlosen Sprache verleihen. Rostocker Langzeitstudie zu Gottesverständnis und Gottesbeziehung von Kindern, die in mehrheitlich konfessionslosem Kontext aufwachsen, Jena – Dies. / Bucher, Anton (2009), Wie „misst" man Gotteskonzepte von Kindern?, in: KatBl 134 (5/2009) 368-378 – Szagun, Anna-Katharina / Fiedler, Michael ([3]2014), Religiöse Heimaten. Rostocker Langzeitstudie zu Gottesverständnis und Gottesbeziehung von Kindern, die in mehrheitlich konfessionslosem Kontext aufwachsen, Jena – Wiedmaier, Manuela (2008), Wenn sich Mädchen und Jungen Gott und die Welt ausmalen … Feinanalysen filmisch dokumentierter Malprozesse, Münster

A4 – Biografie

Annegret Reese-Schnitker

Der Blick auf das Individuum und die damit einhergehende Berücksichtigung einer Vielfalt an Lebensentwürfen sind grundlegend für religionspädagogische Theoriekonzepte geworden. Aktuell basieren diese auf der Grundannahme, dass heutzutage jedes sinnvolle (religiöse) Lernen ein biografisches Lernen ist. Lernend schreiben die Menschen den gemachten Erlebnissen Sinn zu, sie deuten das neu Erlebte und verknüpfen es mit ihrer Lebensgeschichte. Ohne die lebensgeschichtliche Relevanz des zu Erlernenden und eine vom Subjekt selbst aktiv herzustellende Einschreibung in die eigene Lebensgeschichte findet somit kein nachhaltig religiöses Lernen statt.

1 Profil

‚Biografie' übersetzt mit ‚Lebensgeschichte' (griech. βιογραφία, von βίος – Leben / γράφω – ritzen, malen, schreiben) kann ein Buch bezeichnen, in dem über die Lebensgeschichte eines Menschen berichtet wird, oder die erzählte Lebensgeschichte, in der ein Mensch seine Erlebnisse zu Erfahrungen verdichtet, verarbeitet und zu einem sinnvollen Ganzen zusammenfügt. In biografischen Erzählungen muss unterschieden werden zwischen den tatsächlichen Erlebnissen und den nachträglich konstruierten Erfahrungen.

Die wissenschaftliche Rede von der Biografie ist kaum 200 Jahre alt. Es gab sicher vorher die Vorstellung, dass Menschen einen eigenen Werdegang haben, etwa in antiken Lebensbeschreibungen oder christlichen Heiligengeschichten. Allerdings „steht in diesen vormodernen biographischen Schilderungen nicht die Entwicklung konkreter Individuen, nicht die Entfaltung subjektiver Einzigartigkeit im Vordergrund, sondern die Präsentation möglichst idealer Charaktertypen." (Allheit 2008, 17) Das Neue in der religionspädagogischen Auseinandersetzung mit der Biografie des einzelnen Menschen ist, dass der Fokus auf die lebenslange Glauben*sentwicklung* innerhalb der Lebensgeschichte gerichtet ist, und nicht, wie in den ersten christlichen Gemeinden, auf die Glauben*sentscheidung*.

Insgesamt ist die religionspädagogische Aufnahme des Strukturbegriffs ‚Biografie‘ eingebettet in die seit den 1960er Jahren in der Theologie sich vollziehende ‚anthropologische Wende‘. Die Religionspädagogik greift damit auch eine Entwicklung in der Sozial- und Erziehungswissenschaft auf, die bereits zuvor die Relevanz der Biografie sowohl für die Planung und Durchführung konkreter Lernprozesse als auch für die Erforschung einzelner Lebensgeschichten entdeckt hatte.

2 Rezeption

Die ‚biografische Wende‘ in der Religionspädagogik fußt auf der Prämisse, dass christlicher Glaube der Dynamik der menschlichen Lebensgeschichte unterliegt und dieselbe prägt. Die Lebensgeschichte gerät als zentraler Lernort des Glaubens in den Blick und wird in der Folge auch im Zusammenhang mit religiösen und kognitiven Entwicklungstheorien thematisiert.

Dass ‚Biografie‘ zu einem Strukturbegriff wurde, der auch religionspädagogisches Denken und Handeln entscheidend prägt, verdankt sich maßgeblich zwei praktisch-theologischen Grundlagenwerken Anfang der 1990er Jahre: Im Werk *Henning Luthers* (1992) wird grundlegend die Lebensgeschichte als Ort der Religion reflektiert und deren Relevanz für praktisch-theologisches Handeln herausgestellt. *Stephanie Klein* (1994) legitimiert die Bedeutung der Lebensgeschichte für die Theologie und würdigt den gelebten Glauben als theologische Erkenntnisquelle. Zudem verdanken wir ihr grundlegende Übersetzungsarbeiten zur sozialwissenschaftlichen Biografieforschung und zu empirischen Zugängen zur Lebens- und Glaubensgeschichte sowie ihre Fruchtbarmachung in der exemplarischen Durchführung einer Fallanalyse zu einer Glaubensbiografie. Dieser Forschungsansatz ermöglicht einen bisher so nicht vorhandenen Zugang zum faktisch gelebten Glauben. Wenig später erscheint das Buch von *Lothar Kuld* (1997), der eine theologische Rekonstruktion von autobiografischen Glaubensgeschichten mit Konzepten der (Glaubens-)Entwicklung vorlegt. Knapp zehn Jahre später zeigt *Angela Kaupp* (2005), dass Biografieforschung sich mit einigen Modifikationen als geeignete Methode erweist, die Identitätsentwicklung junger Erwachsener im Kontext von Religiosität und Geschlecht zu erforschen.

Die Bedeutung der biografischen Perspektive für die *Fachdidaktik* wurde explizit erstmalig von *Peter Biehl* herausgestellt – mit der Intention, Theologie aus seinem lebens- und zeitgeschichtlichen Kontext verständlich zu machen (vgl. ders. 1987, 273). Er betont besonders die didaktische Relevanz des biografischen Ansatzes bei der Konzeption von Unterricht. Zehn Jahre später hat *Hans-Georg Ziebertz* daran anknüpfend biografisches Lernen zum religionsdidaktischen Prinzip erklärt (vgl. ders. 2001, 355).

Die biografische Perspektive ist in folgenden Schwerpunkten religionspädagogischer Forschung relevant:

(1) *Fachdidaktische Analyse und Planung religiöser Lernprozesse*: Lernen verläuft biografisch unterschiedlich! Die Heterogenität der Lebensgeschichten heutiger Menschen muss bedacht werden, damit Lernprozesse initiiert werden, die an gegenwärtigen oder vergangenen, lebensgeschichtlich geprägten Erfahrungen anknüpfen. Biografisches Lernen eignet sich in besonderer Weise für Lernprozesse innerhalb der Gemeinde und der Erwachsenenbildung (vgl. Kaupp 2011, 166f.). *Werner Simon* hat die lebensweltlich-biografische Komponente zu einem grundlegenden „Strukturprinzip des Religionsunterrichts" (ders. 2003, 151f.) erklärt. „Gesucht wird dabei eine erfahrungsbezogene Einsichtigkeit und die praktische Bewährung im eigenen Lebenszusammenhang." (ders. 1993, 427) Konkrete Vorschläge für die religionsunterrichtliche Umsetzung solcher Art des Arbeitens durch autobiografische Reflexion etwa von Einstellungen, durch Anknüpfen an schulische Lerngeschichten oder die Arbeit mit Biografien als Medien u.a. wurden von ihm zusammengestellt (vgl. ders. 2003).

Unter dem Begriff ‚Vorbildlernen' hat die religionsunterrichtliche Arbeit mit biografischen Modellen in den letzten zehn Jahren eine breite Rezeption erfahren. Angestoßen wurde dies durch *Hans Mendl* (2005), der verschiedene Modelle mit beispielhaftem Praxisbezug vorstellt und der Frage nachgeht, welche attraktiven (religiösen) Vorbilder zur Entwicklung des eigenen Glaubens beitragen können. Ebenso profitiert die religionspädagogische Praxis von den verschiedenen, oft kirchengeschichtsdidaktisch spezifizierten Beiträgen von *Konstantin Lindner*, der zur Arbeit an der eigenen Biografie durch die *Arbeit an fremden* (meist kirchengeschichtlichen) *Biografien* anregt (vgl. zuletzt ders. 2014). *Lindner* grenzt biografisches Lernen sowohl vom Modell-Lernen als auch vom Vorbildlernen ab (vgl. ebd., 287).

Biografisches Lernen erfolgt meist unbewusst. Deshalb ist es sinnvoll, die eigene Biografie hin und wieder in den Vordergrund zu stellen und zu *explizitem biografischem Lernen* zu ermutigen, indem dazu aufgefordert wird, lebensgeschichtliche Erfahrungen zu erinnern, zu artikulieren und zu reflektieren. Dies gelingt in besonderer Form am Ort der Gemeinde und in der Jugendarbeit, da hier ausreichend Zeit und Ruhe ist, sich den komplexen, ganzheitlichen biografischen Lernprozessen zu öffnen.

(2) *Untersuchungen zur Geschichte der Religionspädagogik*: Die Erforschung der Geschichte der Religionspädagogik profitiert ebenfalls von der biografischen Perspektive, etwa wenn autobiografische Äußerungen als Quelle zur Rekonstruktion und Verdeutlichung historischer Gegebenheiten und Entwicklungen innerhalb religiöser Erziehung oder der Konzeption religionspädagogischer Entwürfe genutzt

werden (exemplarisch vgl. Lachmann/Rupp 1989/2000 bzw. Rupp 2011/2014). Biografische Quellen helfen, die zeitliche Distanz zu überwinden, das Vergangene zu vergegenwärtigen und kollektive Erfahrungen aufzubereiten.

(3) *Biografieforschung zur Erschließung religionspädagogisch bedeutsamer Altersgruppen und Lebenswelten*: Wenn die Biografie bzw. biografisches Erleben Gegenstand der Forschung ist, wird die Struktur der subjektiven Orientierungen, Deutungen und Handlungen erforscht (vgl. Klein 2001, 202) und vielfältiges qualitativ-empirisch Datenmaterial erhoben: Erzählungen, Fotos, Tagebücher, gemalte Bilder. Das narrative Interview nach *Fritz Schütze* stellt als Erhebungsmethode den Klassiker biografischen Forschens dar und wurde von *Klein* (1994) aufbereitet. Weil der Zusammenhang zwischen Individuum und Gesellschaft sich im Medium der Biografie konstituiert, kann man „eine konkrete Gesellschaft betrachten und studieren, indem man eine einzige Biografie betrachtet und studiert." (Fischer-Rosenthal 1996, 149)

In der Religionspädagogik sind in den letzten beiden Jahrzehnten etliche empirische Forschungsarbeiten entstanden, die erzählte und berichtete Lebensgeschichten unterschiedlichster Personengruppen zum Forschungsgegenstand haben. Auch bei der Analyse der Religionslehrerschaft spielen berufsbiografische Untersuchungen eine wachsende Rolle.

3 Potenzial

Gerade angesichts steigender Ineffizienz vieler Bemühungen in der Glaubensvermittlung bei jungen Menschen und einer zunehmenden Ungleichzeitigkeit von Leben und Glauben angesichts der beschleunigenden gesellschaftlichen Entwicklungen werden die Fragen nach dem individual- und zeitgeschichtlichen Horizont der Lernenden und dem Kairos religionspädagogischer Bemühungen dringlich. Christlicher Glaube, christliche Deutungsmuster, christliches Handeln müssen sich im faktischen Leben bewähren. Zentrale Aufgabe einer zeitgemäßen Religionspädagogik ist es, Menschen zu einem biografiefähigen Glauben zu verhelfen, einem Glauben, der sowohl anpassungsfähig gegenüber den wechselnden Herausforderungen des Lebens ist als auch beständig und verlässlich, um Lebenskrisen zu bestehen.

Biografisches Lernen fordert teilnehmerorientierte, ganzheitliche, an den aktuellen Herausforderungen orientierte individuelle Lernprozesse und eine individualisierte Lernbegleitung. Biografisches Lernen grenzt sich von rein kognitiven Lernprozessen ab und trägt der Einsicht Rechnung, dass wir Abschied nehmen müssen von der Vorstellung, Menschen lernen auf die gleiche Weise.

Biografisches Lernen als Lernen an (fremden) Biografien hat Spiegelungs- und Irritationspotential. Fremde Lebensgeschichten können Lernenden unaufdringlich Orientierungshilfen für die eigene Lebensgestaltung anbieten. Gleichzeitig können diese aber auch Differenzerfahrungen ermöglichen, den eigenen Lebensentwurf kritisch anfragen und zu neuer Positionierung herausfordern. Entgegen einer vielfach bevorzugten Anknüpfung an gegenwärtige Erfahrungen der Lernenden ist es für manche Themen von Bedeutung (etwa bei der Frage im Umgang mit (sexueller) Gewalt), dass diese nicht unmittelbar lebensbezogen bearbeitet werden. Um diese sensiblen biografischen Erlebnisse zu Wort kommen zu lassen, ist es notwendig, sie zunächst aus der Distanz zu betrachten; dafür ist die Arbeit an fremden Biografien als indirekte Arbeit an der eigenen Biografie eine große Hilfe.

Im Vergleich zum schulischen Kontext sind Gemeinde und Erwachsenenbildung vorzuziehende Orte biografischen Lernens (vgl. Kaupp 2011, 157-172). Die Konstruktion der eigenen Biografie ist eine unverfügbare subjektive Leistung, die lebensgeschichtliche Erzählungen und intensive Reflexionsprozesse verlangt. Sie gedeiht nur auf dem Hintergrund einer vertrauensvollen Atmosphäre und mit genügend Zeit. Am Ort der Schule sind die Grenzen biografischen Lernens zu achten. Unter Leistungsdruck kann biografisches Lernen zu gefährlichen Fehlformen führen. Immer wieder sind daher genügend Distanz und eine kritische Reflexion in der biografischen Arbeit notwendig, um keine vereinnahmenden Lernprozesse anzustoßen. ‚Erfolge' biografischen Lernens zeigen sich häufig erst mit zeitlichem Abstand zur Lernsituation. In einer vorgegebenen, nicht frei wählbaren Lerngruppe – wie in der Schule – kann nur respektvoll (ohne Veröffentlichungszwang!) und vorzugsweise indirekt biografisch in dieser Tiefe gearbeitet werden.

Die Kategorie ‚Biografie' erweist sich für die Zukunft als vielversprechend, weil sie „den Zugang zu subjektiven, gesellschaftlichen und zeitgeschichtlichen Prozessen in ihrer wechselseitigen Verwobenheit und zeitlichen Aufschichtung ermöglicht" (Klein 2001, 201). ‚Biografie' ist ein soziales Konstrukt, in dem die Frage nach dem Verhältnis von Individuum und Gesellschaft zentral bearbeitet wird und die sinnhafte Strukturierung des lebensgeschichtlichen Materials unter dem maßgeblichen Einfluss kulturell verfügbarer (auch christlicher) Deutungsmuster erfolgt. Religionspädagogische Biografieforschung steckt noch in den Kinderschuhen. Die empirisch-biografische Erforschung religiöser Entwicklungsläufe über einen längeren Zeitraum hinweg steht weitgehend aus. Ebenso fehlt die Erforschung von männlichen Lebens- und Glaubensbiografien. Zur Ausdifferenzierung und Fortführung religionspädagogischer Biografieforschung ist zu ermutigen, damit ein empirisch fundierter Zugang zu gelebtem Leben und Glauben nicht eine kurzlebige, flüchtige und phlegmatische Strömung innerhalb der Religionspädagogik um die Jahrtausendwende bleibt.

Literatur

Allheit, Peter (2008), ‚Biografizität' als Schlüsselkompetenz, in: Kirchhof, Steffen / Schulz, Wolfgang (Hg.), Biografisch lernen und lehren. Möglichkeiten und Grenzen zur Entwicklung biografischer Kompetenz, Flensburg, 15-28 – Biehl, Peter (1987), Der biographische Ansatz in der Religionspädagogik, in: Grözinger, Albrecht / Luther, Henning (Hg.), Religion und Biographie. Perspektiven zur gelebten Religion, München, 224-246 – Fischer-Rosenthal, Wolfram (1996), Strukturale Analyse biographischer Texte, in: Brähler, Elmar u.a. (Hg.), Qualitative Einzelfallanalysen und qualitative Verfahren, Gießen, 147-208 – Kaupp, Angela (2005), Junge Frauen erzählen ihre Glaubensgeschichte. Eine qualitativ-empirische Studie zur Rekonstruktion der narrativen religiösen Identität katholischer junger Frauen, Stuttgart – Dies. (2007), Der (empirisch-)biografische Blick: Welche Bedeutung hat der Einzelfall für die Religionspädagogik?, in: Boschki, Reinhold / Gronover, Matthias (Hg.), Junge Wissenschaftstheorie der Religionspädagogik, Berlin, 176-192 – Kaupp, Angela (2011), Biographisches Lernen in der Katechese, in: dies. / Leimgruber, Stephan / Scheidler, Monika (Hg.), Handbuch der Katechese. Für Studium und Praxis, Freiburg/Br., 157-172 – Klein, Stephanie (1994), Theologie und empirische Biographieforschung. Methodische Zugänge zur Lebens- und Glaubensgeschichte und ihre Bedeutung für eine erfahrungsbezogenen Theologie, München – Dies. (2001), Biographieforschung, in: LexRP, 201-204 – Kuld, Lothar (1997), Glaube in Lebensgeschichten. Ein Beitrag zu theologischer Autobiographieforschung, Stuttgart u.a. – Lindner, Konstantin (2014), Biografisches Lernen. Kleine Leute und große Gestalten, in: Hilger, Georg u.a. (Hg.), Religionsdidaktik Grundschule. Handbuch für die Praxis des evangelischen und katholischen Religionsunterrichts, München, 264-280 – Luther, Henning (1992), Religion und Alltag, Bausteine zu einer praktischen Theologie des Subjekts, Stuttgart – Mendl, Hans (2005), Lernen an (außer-)gewöhnlichen Biografien. Religionspädagogische Anregungen für die Unterrichtspraxis, Donauwörth – Lachmann, Rainer / Rupp, Horst F. (Hg.) (1989/1989/2000), Lebensweg, religiöse Erziehung und Bildung. Religionspädagogik als Autobiographie, Bde. 1-3, Weinheim – Rupp, Horst F. (Hg.) (2011/2014), Lebensweg, religiöse Erziehung und Bildung. Religionspädagogik als Autobiographie, Bde. 4-5, Weinheim – Simon, Werner (1993), Biographisch vom Glauben sprechen. Die „Confessiones" des Augustinus als Zeugnis eines lebensgeschichtlich ausgelegten Glaubens, in: Geist und Leben 66 (1/1993) 429-442 – Ders. (2003), Die biographisch-lebensweltliche Perspektive als ein Strukturprinzip des Religionsunterrichts. Didaktische Skizzen und Impulse, in: rhs 46 (3/2003) 151-153 – Ziebertz, Hans-Georg (2001), Biographisches Lernen, in: Hilger, Georg / Leimgruber, Stephan / Ziebertz, Hans-Georg, Religionsdidaktik. Ein Leitfaden für Studium, Ausbildung und Beruf, München, 349-360

A5 – Geschlecht

Angela Kaupp

1 Profil

Das Wort ,Geschlecht' kann im Deutschen das biologische bzw. physiologische Geschlecht (engl. *„sex'*), die sozialisierte bzw. kulturelle Geschlechtszuschreibung (*„gender'*), aber auch Adel oder gemeinsame Familienherkunft bezeichnen. Zur Differenzierung werden im wissenschaftlichen Bereich meist die englischen Begriffe verwendet. Grundsätzlich ist das Geschlecht als anthropologische Grundgegebenheit in allen Wissenschaften von Bedeutung. Die Religionspädagogik rezipiert geschlechtsbezogene Konzeptionen v.a. aus Theologie, Philosophie, Erziehungswissenschaften und humanwissenschaftlichen Gender Studies.

1.1 Theologische Anthropologie

Schon die beiden Schöpfungserzählungen (Gen 1f.) zeigen exemplarisch die geschlechtliche Verschiedenheit und Bezogenheit als zentrale Dimensionen des biblischen Menschenbildes auf. Frau und Mann sind gleichermaßen Geschöpfe und Ebenbild Gottes und daher gleichrangig. Das *II. Vatikanische Konzil* versteht die Gleichwertigkeit von Mann und Frau nicht nur als philosophisch-theologische Tatsache, sondern sieht hierin auch eine Frage der sozialen Gerechtigkeit (vgl. GS 29). Trotz dieser grundlegenden Bedeutung von Geschlecht in seiner Verschiedenheit wurden in den Betrachtungen ,des Menschen' in philosophischen und theologischen Entwürfen mögliche Geschlechterdifferenzen lange Zeit nicht thematisiert.

1.2 Philosophie und Erziehungswissenschaften

Im Kontext der sog. ,zweiten Frauenbewegung' in den 1960er und 1970er Jahren werden sowohl philosophische als auch erziehungswissenschaftliche Theoriekonzepte aus emanzipatorischer Perspektive geprüft. Die Kritik des vorherrschenden Androzentrismus arbeitet heraus, dass sich scheinbar geschlechtsneutrale Bezeichnungen wie ,Mensch' oft nur auf die Lebenswirklichkeit von Männern beziehen. Obwohl eine Geschlechterdifferenzierung in der Pädagogik tradiert wird, z.B. durch Mädchen- und Jungenschulen, fehlt über Jahrhunderte hinweg eine empirische Untersuchung der Bedeutung des Geschlechts für Erziehungs- und Sozialisierungsprozesse. Bis ins 20. Jahrhundert werden „geschlechtstypische Kontinuitäten" (Rendtorff 2011, 40) vorausgesetzt und tradierte Geschlechtsrollen als natürlich gegeben interpretiert. Der Wahrnehmung ungleicher Bildungschancen von Mädchen und Jungen ab den 1970er Jahren folgt eine kritische Reflexion der Koedukation, der Mädchen- bzw. Frauenrollen in Schulbüchern und eine Untersuchung schulischer Interaktionsprozesse unter geschlechtlicher Perspektive (vgl. ebd. 103-109).

1.3 Feministische Theologien als Option für die Perspektive der Frauen

Mit dem Zugang von Frauen zum Theologiestudium im 20. Jahrhundert entwickelt sich zunächst in den USA, dann in Europa die ‚Feministische Theologie'. Im Unterschied zur Frauenforschung, deren Forschungsgegenstand Frauen sind, vertritt Feministische Theologie eine gesellschaftspolitische Option, mit deren Hilfe sie Geschlechterungerechtigkeiten benennen und überwinden möchte. Aufgrund der Vielfalt der feministischen, theologischen und kontextuellen Selbstverortungen ist es – im Unterschied zum üblichen Sprachgebrauch – angemessener, von ‚Feministischen Theologien' im Plural zu sprechen.

1.4 Gender Studies als pluriforme Wissenschaftskategorie

Im deutschsprachigen Raum etablieren sich seit den 1990er Jahren die sog. Gender Studies als Querschnittdisziplin in Natur-, Geistes- und Humanwissenschaften. Ihr Ziel ist es, das Zueinander der Geschlechter und deren Veränderungsprozesse aus der jeweiligen Fachperspektive zu untersuchen. Die Kategorie ‚gender' ermöglicht es, eine Kausalverbindung zwischen (weiblichen und männlichen) Körpern und bestimmten Rollenzuweisungen kritisch zu hinterfragen und eine Relation zwischen der „Struktur der Beziehungen der Geschlechter mit anderen kulturellen Kontexten und gesellschaftlichen Organisationsformen" (Hof 1995, 20) herzustellen. Forschungsgegenstand sind Geschlechter*verhältnisse* und deren Entstehungs- und Reproduktionsprozesse. Der von *Candace West* und *Don Zimmerman* (1987) geprägte Begriff des *‚doing gender'* bezeichnet den Prozess der Rollenerwartung, -zuschreibung und -übernahme, der Geschlechterverhältnisse konstruiert und in individuellen, interaktionalen und institutionellen Kontexten reproduziert. Diese Konstruktionsprozesse werden je nach Bezugstheorien sehr unterschiedlich beschrieben (vgl. Pemsel-Maier 2013; Kaupp 2013).

2 Rezeption

Fragen der religiösen Mädchen- und Frauenbildung werden bereits seit Ende des 19. Jahrhunderts thematisiert, sind jedoch weitgehend an traditionellen Rollenbildern orientiert (vgl. Hötger/Wuckelt 2002, 138f.). Ab den 1980er Jahren wird die Kategorie ‚Geschlecht' im Rahmen des Gleichheitsdiskurses in der Religionspädagogik rezipiert. Inzwischen ist die Relevanz der Geschlechterperspektive in der Religionspädagogik einerseits unbestritten, andererseits kann Geschlecht im wissenschaftlichen Diskurs nicht als allgemein beachtete Querschnittskategorie bezeichnet werden, denn immer noch messen z.T. auch einschlägige Studien dieser Dimension keine oder eine untergeordnete Bedeutung zu.

Die Religionspädagogischen Beiträge 43 (1999) mit dem Themenheft „Religionspädagogik feministisch" und der Sammelband von *Sybille Becker* und *Ilona Nord* (1995) zeigen das breite Themenspektrum am Ende des 20. Jahrhunderts auf. Überblick über den damaligen Forschungsstand geben *Annebelle Pithan* und *Helga Kohler-Spiegel* (2001) sowie *Andrea Hötger* und *Agnes Wuckelt* (2002). Die Thematik wird in der geschlechtsbezogenen bzw. feministischen Reflexion der eigenen (Berufs-)Rolle, der Inhalte und Arbeitsformen in Elementarerziehung, Religionsunterricht, geschlechterbezogener Jugendarbeit und Erwachsenenbildung aufgegriffen. Inhaltliche Schwerpunkte sind Fragen der Sozialisation und Identitätsbildung, die Analyse des Religionsunterrichts unter der Perspektive des geschlechtsbezogenen Verhaltens von Lehrkräften und Schüler/innen in Unterrichtsprozessen sowie die Rollen- und Gottesbilder in Bibel und Religionsbüchern.

Die Phasen und Ziele der religionspädagogischen Rezeption der Kategorie ‚Geschlecht' werden im Folgenden unter vier Punkten dargestellt, wobei eine zeitliche und inhaltliche Überlappung der Phasen zu konstatieren ist.

2.1 Frauen und ihre Bedeutung sichtbar machen

Seit den 1980er Jahren sensibilisiert der feministisch-theologische Blick für die Wahrnehmung der häufigen Unterrepräsentanz von Frauen in kirchlichen und religionspädagogischen Arbeitsfeldern. Obwohl Frauen als (Religions-)Lehrerinnen tätig sind, bringen Lehrpläne und Religionsbücher Frauen kaum zur Sprache. Wie Text- und Bildanalysen belegen, werden Frauen und Mädchen in traditionellen Geschlechtsrollen präsentiert. Biblische und historische Frauengestalten – mit Ausnahme von Maria – fehlen weitgehend, ebenso wie weiblich konnotierte Gottesvorstellungen. In der Folgezeit findet eine deutliche Überarbeitung von Lehrplänen und Schulbüchern statt und Frauen treten aus dem Schatten.

2.2 Geschlechterdifferente Sichtweisen benennen

Die Kritik der Unsichtbarkeit von Frauen und der Geschlechterstereotype führt seit den 1990er Jahren zu einer Zunahme geschlechter-differenzierender Darstellungen wissenschaftlicher Ergebnisse. Diskutiert werden Vorkommen und Entstehungsbedingungen von typisch weiblichen und typisch männlichen Formen von Religiosität. Untersucht werden auch das Selbstverständnis von Lehrkräften und die Erfahrungen, die Frauen im kirchlichen Kontext machen.

2.3 Prozesse der Geschlechterkonstruktion untersuchen

Mit der Rezeption der Gender Studies seit Ende des 20. Jahrhunderts steht der Zusammenhang von gender und Religion im Mittelpunkt praktisch-theologischer Reflexion. Auch wenn die religionspädagogische Diskussion noch nicht den Status einer umfassenden Grundlagentheorie erreicht hat, ist davon auszugehen, dass die Lebenswirklichkeit von Frauen und Männern nicht natürlich vorgegeben ist, sondern aus sozialen Interaktionen erwächst, und dass Geschlecht und religiöse Bildungs- bzw. Lehr-/Lernprozesse im Laufe der Lebensgeschichte in Wechselwirkung miteinander stehen. Die Mehrzahl vorliegender Monographien beleuchtet Aspekte der *weiblichen* religiösen Identitätsentwicklung, Sozialisation oder Religiosität in unterschiedlichen Kontexten (vgl. Büchel-Thalmaier 2005; Kaupp 2005). Außerdem wird das Verhältnis von Gottesbild und Geschlecht erforscht (vgl. Riegel 2004; Wiedmaier 2008). Eine explizite Männerforschung steht in der deutschsprachigen Theologie noch am Anfang (vgl. Knauth 2009). Schließlich untersuchen die theologischen Gender Studies, wo geschlechter-differenzierte Rollenfestlegungen an Sozialisationsorten zu Abwertungsprozessen eines Geschlechts stattfinden.

2.4 Geschlecht als Aspekt von Diversität beschreiben

Zu einer weiteren Differenzierung trägt die Rezeption des Begriffs „sex category' im Anschluss an Candace West und Don H. Zimmerman (1987) bei: Zusätzlich zur Differenzierung zwischen biologischem und kulturellem Geschlecht kann auch zwischen Geschlechterrolle (‚gender') und der Zuordnung zu einem Geschlecht (‚sex category') unterschieden werden. Dies ermöglicht die Erstellung eines mehrdimensionalen Geschlechtskonzepts zur Analyse von Gottesbildern und von Religion bzw. Religiosität (vgl. Riegel/Kaupp 2006).

Dekonstruktivistische Theorieansätze kritisieren die bipolare Struktur (männlich-weiblich) der Zuordnungen von sex und gender und es entwickelt sich in den Gender Studies ein pluraler Geschlechtsbegriff, dessen theologische Anschlussfähigkeit im Einzelnen zu prüfen ist.

Zunehmend findet der Begriff ‚Geschlechtersensibilität' Eingang in die Diskussion, um nicht nur Unterschiede zwischen den Geschlechtern, sondern auch die Variationen innerhalb eines Geschlechts zur Sprache bringen. Geschlechtersensibilität setzt voraus, dass Menschen in ihrer jeweiligen Einzigartigkeit und Differenz ernstgenommen werden (vgl. Kaupp/Kaupp-Herdick 2012). Einen differenzierten Überblick über die unter 2.3 und 2.4 beschriebenen Phasen geben Pithan u.a. 2009 und Qualbrink/Pithan/Wischer 2011.

3 Potenzial

Geschlecht ist nicht nur ein anthropologisches Merkmal, sondern strukturiert auch Kultur mit ihren historischen Wandlungsprozessen. Hierdurch unterliegen auch Geschlechterverhältnisse Veränderungsprozessen, die es theologisch bzw. religionspädagogisch zu reflektieren gilt. Eine kontextuelle Religionspädagogik kann nicht von ‚dem Menschen' oder ‚den Kindern und Jugendlichen' sprechen. Geschlecht ist ebenso wie Alter oder Kultur eine der zu berücksichtigenden Differenzkategorien. Die vier dargestellten Phasen der religionspädagogischen Begriffsrezeption beschreiben jeweils eine spezifische Stärke der geschlechtsbezogenen Differenzierung: (1) Feministische Religionspädagogik macht die Bedeutung von Frauen sichtbar und weist auf Ungerechtigkeiten hin. (2) Die Betonung der Geschlechterdifferenz arbeitet Unterschiede im Erleben und der Rollengestaltung heraus. (3) Die Unterscheidung von ‚sex' und ‚gender' spezifiziert die Analyse der Wirklichkeit und verhindert eine essenzialistische Verengung von Geschlechterverhältnissen. (4) Geschlechtersensibilität nimmt die/den Einzelne/n mit seiner und ihrer unverwechselbaren Lebensgeschichte und Würde ernst.

Unter der Perspektive von *gender* sind die Funktionen von Geschlechterdifferenzen in religiösen Erziehungs- und Sozialisationsprozessen im Rahmen des jeweiligen geschichtlichen und kulturellen Zusammenhangs zu untersuchen. Wie Prozesse des *doing gender* in religionspädagogischen Handlungsfeldern stattfinden, ist bisher noch weitgehend unerforscht.

Geschlecht als Querschnittskategorie bringt die Diversität von Menschsein zur Sprache, zeigt unreflektierte Geschlechtervorstellungen auf und kann zu einer Religionspädagogik beitragen, welche die ‚Zeichen der Zeit' deutet und ein von Gott gewolltes gelingendes Menschsein beschreibt.

Literatur

Becker, Sybille / Nord, Ilona (1995), Religiöse Sozialisation von Mädchen und Frauen, Stuttgart – Büchel-Thalmaier, Sandra (2005), Dekonstruktive und rekonstruktive Perspektive auf Identität und Geschlecht. Eine feministisch-religionspädagogische Analyse, Münster – Hötger, Andrea / Wuckelt, Agnes (²2002), Feministische Religionspädagogik, in: Gössmann, Elisabeth u.a. (Hg.), Wörterbuch der Feministischen Theologie, Gütersloh, 138-144 – Hof, Renate (1995), Die Entwicklung der Gender Studies, in: Bußmann, Hadumod / Hof, Renate (Hg.), Genus. Zur Geschlechterdifferenz in den Kulturwissenschaften, Stuttgart, 6-33 – Kaupp, Angela (2005), Junge Frauen erzählen ihre Glaubensgeschichte. Eine qualitativ-empirische Studie zur Rekonstruktion der narrativen religiösen Identität katholischer junger Frauen, Ostfildern – Dies. (2013), Gender Studies – ein Mehrwert für die Praktische Theologie?, in: Pemsel-Maier, Sabine (Hg.), Blickpunkt Gender. Anstöß(ig)e(s) aus Theologie und Religionspädagogik, Frankfurt/M., 215-243 – Kaupp, Angela / Kaupp-Herdick Markus (2012), Katechetische Lernprozesse geschlechtersensibel durchbuchstabieren – ein Beitrag zur religiösen Identitätsfindung, in: Lebendiges Zeugnis 67 (3/2012)

188-198 – Knauth, Thorsten (2009), Jungen in der Religionspädagogik. Bestandsaufnahmen und Perspektiven, in: Pithan u.a. 2009, 72-94 – Pemsel-Maier, Sabine (2013), Von den Anfängen des Feminismus zur Gender-Forschung: Stationen und Entwicklungen, in: dies. (Hg.), Blickpunkt Gender. Anstöß(ig)e(s) aus Theologie und Religionspädagogik, Frankfurt/M., 13-30 – Pithan, Annebelle u.a. (Hg.) (2009), Gender – Religion – Bildung. Beiträge zu einer Religionspädagogik der Vielfalt, Gütersloh – Dies. / Kohler-Spiegel, Helga (2001), Feministische Theologie, Religionspädagogik, in: LexRP, 556-569 – Qualbrink, Andrea / Pithan, Annebelle / Wischer Mariele (Hg.) (2011), Perspektiven für einen genderbewussten Religionsunterricht, Gütersloh – RpB 43/1999: Themenheft „Religionspädagogik feministisch" – Rendtorff, Barbara (2011), Bildung der Geschlechter, Stuttgart – Riegel, Ulrich (2004), Gott und Gender. Eine empirisch-religionspädagogische Untersuchung nach Geschlechtsvorstellungen in Gotteskonzepten, Münster – Ders. / Kaupp, Angela (2006), Sex Category und Gender – Geschlecht aus praktisch-theologischer Perspektive, in: Theo-Web 4 (1/2006) 78-93 – West, Candace / Zimmerman, Don H. (1987), Doing Gender, in: Gender and Society 1 (2/1987) 125-151 – Wiedmaier, Manuela (2008), Wenn sich Mädchen und Jungen Gott und die Welt ausmalen... Feinanalysen filmisch dokumentierter Malprozesse, Münster

A6 – Identität

Viera Pirker

1 Profil

‚Identität' hat sich im 20. Jahrhundert zu einem Schlüsselbegriff im wissenschaftlichen und alltäglichen Sprachgebrauch entwickelt. Mit Leichtigkeit hat er die Barrieren zwischen den Fachgrenzen von Philosophie, Psychologie und Soziologie, Theologie und Pädagogik überschritten und dient der Beschreibung von Prozessen der Subjektkonstruktion in der Verwobenheit von Individuum und Gesellschaft. ‚Identität' beschreibt Abgrenzung und Zugehörigkeit, innere Vielfalt und äußere Kohärenz, im Blick auf Entwicklung, Geschlecht, Ethnizität, Religion, Nation u.a.m. Als ‚Containerwort' vermag Identität viel zu fassen, entzieht sich in seiner Beweglichkeit jedoch definitorischem Zugriff. Der Begriff ist wissenschaftlich grundsätzlich interdisziplinär zu betrachten.

Zwei Hauptströme haben seine Entwicklung maßgeblich geprägt: *Erik H. Erikson* (1973) hat seit den 1950er Jahren Identität als psychosoziales Entwicklungsthema des Jugend- und jungen Erwachsenenalters konturiert und vorangebracht. *Heiner Keupp u.a.* (2006, 26) siedeln Identität auch in sozialpsychologischer Forschung

„auf den ‚Schultern des Riesen'" *Erikson* an. Der zweite und ältere Strom geht auf den Sozialpsychologen *George Herbert Mead* (1973) zum Zueinander von Individuum und Gesellschaft zurück; sein Ansatz wurde v.a. im Blick auf Person und Rolle (Sozialer Interaktionismus) weiter entwickelt.

Keupp versteht Identität als ein individuelles, ‚selbstreflexives Scharnier' zwischen der Innen- und Außenwelt, in einer nach innen (‚Wer bin ich für mich?') und nach außen (‚Wer bin ich für Andere?') gerichteten Blickrichtung. Da Identitätstheorien jeweils aktuell diesen Balanceakt entschlüsseln, wandeln sie sich beständig. Sie ermöglichen Aufschluss darüber, wie Menschen sich verstehen, worum sie kämpfen, wofür sie leben und woran sie leiden und scheitern. Im Nachdenken über Identitätskonzepte liegt immer wieder neu ein gegenwartsbezogenes, hermeneutisches Potenzial für einen Einblick in das Selbst- und Weltverhältnis des Individuums (vgl. Pirker 2013a, 57–243).

Die Entstehung von Identität ist frühkindlich in Spiegelungsprozessen mit signifikanten Anderen grundgelegt, sie prägt sich in Rückmelde- und Anerkennungsprozesse, die in alltäglichen Beziehungen meist unbewusst verlaufen. Nach außen bildet Identität die Summe der eigenen sozialen Rollen innerhalb der Kontexte und Konstellationen, in denen sich ein Mensch bewegt und die er mit Identifikationen und Abgrenzungen reguliert. Hier finden Zuschreibungs- und Einschreibungsprozesse statt. Je weiter die Identitätsfrage ‚nach außen' gerät, desto stärker kommt die Frage nach Kollektividentitäten in den Blick, deren Felder bspw. anhand von Herkunft, Milieu, Religion, Kultur, Geschlecht oder sexueller Orientierung gegliedert werden.

Jeder Mensch hat Identität und lebt alltäglich mit ihr. Ihre Konstruktion geschieht individuell, doch in Co-Konstruktion mit Anderen und Gruppen: Sie ist in hohem Maße interaktionell abhängig. Sie wird im Identitätsgefühl spürbar und prägt das individuelle Selbstkonzept. Sie entsteht als eine Balanceleistung des Individuums, das sich ständig in einem Aushandlungsprozess rund um Kohärenz, Kontinuität, Autonomie bzw. Anerkennung und Authentizität befindet. Auch wenn die Patchwork-Metapher (vgl. Keupp u.a. 2006) bedeutsam geworden ist, sind Menschen weiterhin an einer einheitlichen Identität interessiert. Ein erster ‚Status' der Identität bildet sich i.d.R. zum Ende der Adoleszenz, doch sie verändert sich im Lauf des Lebens. Identität ist subjektiv, weshalb auch in der Forschung die Perspektive der Ersten Person im Zentrum steht. Nach außen zeigt sich Identität im Handeln. Identität formt sich fließend und zerbrechlich, in einem beständigen Akt des Aushandelns, als eine Grenz- und Entwicklungslinie zwischen Individuum und Gesellschaft, zwischen außen und innen, personal und sozial, impulsiv und reflexiv, zwischen bewusst und unbewusst.

2 Rezeption

Pädagogik beschäftigt sich seit den 1970er Jahren mit Identitätskonzepten. Bis heute bedenkenswert ist die Dissertation von *Lothar Krappmann* (1971), der „soziologische Dimensionen der Identität" als „strukturelle Bedingungen für die Teilhabe an Interaktionsprozessen" untersucht. Seine identitätsfördernden Grundqualifikationen – nämlich Rollendistanz, Empathie und role taking, Ambiguitätstoleranz und Identitätsdarstellung – haben einen auf Partizipation gerichteten Impetus, den *Krappmann* als Bildungsforscher weiter verfolgt und vertieft hat. Die Pädagogik hat sich vor allem solche Aspekte der Identitätsentwicklung zu Eigen gemacht, die bei der rationalen Verfügungsgewalt des Subjekts ansetzen und Identität als ein Konzept der Autonomieentwicklung, der Mündigkeit und Selbst-Bildung sowie einer kritisch-reflexiven Rollendistanz betrachten.

Die Religionspädagogik hat die Frage nach Identität schon in der Phase ihrer human- und sozialwissenschaftlichen Neuausrichtung in den 1970ern Jahren rezipiert und angewendet (vgl. Stachel 1979).

Religionspädagogisch zunehmend bedeutsam werden theologisch-anthropologische Reflexionen auf das Verhältnis von Glauben und Leben, die grundlegend für die Entwicklung einer korrelativ ansetzenden Glaubensdidaktik wirken: *Wolfhart Pannenberg* (1983) ordnet psychologische und soziologische Identitätsdiskurse auf Gott als Zentrum der Identität; *Hans-Jürgen Fraas* (1983) lokalisiert die Gottesfrage in Identitätsvergewisserungsprozessen und spricht dem Menschen Identität von Gott her zu, inhaltlich weitab von Identitätskonzeptionen der Psychologie und Soziologie; *Helmut Peukert* (1983) integriert in seine als kommunikative Handlungstheorie konzipierte Fundamentaltheologie sozialinteraktionistische Ansätze; *Jürgen Werbick* (1983) arbeitet die Freiheit als bedeutsame identitätsbezogene Thematik des Glaubens heraus und zieht glaubensdidaktische Konsequenzen (vgl. ders. 1989).

Praktische Theologie greift die religionskritischen Anfragen von *Jürgen Habermas* (1976) auf, der entlang der Frage „Können komplexe Gesellschaften eine vernünftige Identität ausbilden?" (ebd., 92) die Höchstform einer reflektierten und autonomen ‚Ich-Identität' so versteht, dass Religion als kollektive Größe auf sie keinen Einfluss mehr habe. Dagegen richtet sich u.a. *Norbert Mette* (1989).

Friedrich Schweitzer bescheinigt Theologie und Religionspädagogik eine „erstaunlich weit reichende positive Rezeption" (2002, 192f.) verschiedener Identitätstheorien. Sie bieten die Chance, Theologie ‚erfahrungsbezogen-korrelativ' (ebd.) zu entwickeln, wie es die Systematiker im Kontext einer als Entwicklung gedachten Glaubensbildung getan haben, jedoch mit einer tendenziell unhinterfragten Übernahme einer optimistischen Anthropologie der Identitätstheorien.

(Religions-)Pädagogische Arbeit mit dem Identitätskonzept kommt mit der bildungstheoretisch-emanzipatorischen Weiterführung, die am Ideal einer gelingenden Ich-Identität orientiert ist, an eine Grenze: Diese Weiterführung steht in einem nicht aufzulösenden Spannungsverhältnis zur entwicklungs- und sozialpsychologischen Genese und Intention des Identitätsbegriffs. Hinzu kommt, dass die Pädagogik etwa ab den 1990er Jahren zunehmend Fragen der Gruppenzugehörigkeiten im Sinne von Kollektividentitäten verhandelt, zumeist ungeachtet der Frage, ob der am Individuum entfaltete Begriff überhaupt analogisierend aufs Kollektive übertragen werden kann (vgl. Niethammer 2000). Auch kirchliche Dokumente vermischen individuelle und kollektive Ansätze der Identität, wenn sie das Bildungspotenzial der Ich-Identität in einem biographisch ansetzenden Religionsunterricht neben das Bild einer fehlenden sozialen Identität (gemeint ist soziale Zugehörigkeit) stellen (vgl. DBK 1996, 66) und die konfessionelle Trias als Identität des katholischen Religionsunterrichts beschreiben (ebd., 78).

Wegweisend hat *Henning Luther* (1992) die praktisch-theologische Identitätsdebatte weitergeführt. Indem er die Fragmentarität der menschlichen Existenz beschreibt, erinnert er an Gebrochenheit und fehlende Vollendung als Grunderfahrungen des Lebens. Er befragt das Bildungsverständnis einer (Religions-)-Pädagogik, die Identität als Status denkt. Mit der Intention, ihren emanzipatorischen Gehalt offen zu halten, beschreibt er Identität als eine fortschreitende Bewegung im Sinne des unabschließbaren Prozesses der Bildung. „Identität ist nicht Grund und Bedingung gelingenden Lebens, sondern seine Vision. [...] Die Idee der Identität beschreibt eine Aussicht und als solche zugleich eine Kritik an dem, was diese Aussicht verstellt. Insofern ist der Begriff der Identität – wie Pädagogik überhaupt – eine Provokation" (ebd., 151). *Luther* plädiert dafür, „gegen ein Identitätskonzept, das Identität als herstellbare und erreichbare versteht [...,] die Momente des Nicht-ganz-Seins, des Unvollständig-Bleibens, des Abgebrochenen" (ebd., 159) in Stellung zu bringen. Damit gelingt ihm, die Identität aus der pädagogischen Sackgasse des Ich-Ideals zu befreien, allerdings um den Preis, den Begriff nicht relational und interaktionell, sondern einstellig existenziell zu überhöhen. Bei aller Weite ist *Luthers* Ansatz zeitgebunden und bedarf angesichts eines im psychologischen und soziologischen Diskurs inzwischen weit vorangeschrittenen Verständnisses von Identität auch praktisch-theologischer Aktualisierung für eine gegenwartssensible Konzeption menschlicher Erfahrung und Reflexion (vgl. Pirker 2013, 344-362).

Aktuell wendet religionspädagogische Forschung den Identitätsbegriff theoretisch und empirisch weiterhin besonders als Instrument zur Reflexion des Jugendalters an (vgl. Pirker 2013, 13; 338–344). Sie hat die Engführung auf *Erikson* und *Mead* durchbrochen und bezieht verschiedene Identitätskonzeptionen um Fragen nach Alterität, narrativer und sozialer Konstruktion, Kultur und Geschlecht empirisch und insbesondere zeitdiagnostisch ein (vgl. Oertel 2004; Hämel 2007).

3 Potenzial

Abschließend seien zwei Felder konturiert, in denen der Identitätsbegriff religionspädagogisch aufschlussreich wirken kann.

(1) In einem *politischen Bildungszusammenhang*: Identität ist nicht problematisch, solange Menschen sie nicht unter problematischen Bedingungen konstruieren müssen. Religionspädagogik nutzt den Identitätsbegriff emanzipatorisch auf religiöse Mündigkeit und Handlungsfähigkeit hin ausgerichtet. Jedoch zeigen sich die Subjekte widerständig, wenn sie Vermeidungsstrategien und Gegenbewegungen zum Bildungsideal einer reflektierten Ich-Identität praktizieren. Bildung, die für alle identitätsfördernd wirken möchte, muss auch alle in den Blick nehmen – insbesondere diejenigen, die Abwehrstrategien ausbilden wollen oder müssen. Eine politisch bewusste Religionspädagogik, die identitätsbegleitend ansetzt, agiert in gesellschaftlicher Mitverantwortung und trifft ihre Option für Kinder, Jugendliche und Erwachsene, die ihre Identität mit einschränkenden Voraussetzungen konstruieren. Wenn Religionspädagogik identitätsbegleitend arbeiten will, orientiert sie sich weniger an Fragen der religiösen Identität, als vielmehr an human- und sozialwissenschaftlichen Erkenntnissen. Sie weiß um Auswirkungen fehlender Anerkennung und um den Einfluss eingeschränkter materieller und sozialer Ressourcen auf Prozesse der Identitätskonstruktion (vgl. Keupp u.a. 2006, 276–281). Religion bildet den handlungsleitenden Kontext dieses befreiungspädagogischen Ansatzes im Glauben an die Entfaltung des Einzelnen, im Eintreten für den Anderen und für seine Rechte sowie im unbedingten Ernstnehmen des Subjekts.

(2) Auf *grundsätzlicher Ebene*: Ist eine so verstandene Identitätsbildung überhaupt eine religionspädagogische Aufgabe? Müsste sich die Religionspädagogik nicht vielmehr auf die Ausbildung *religiöser Identität* beschränken? Doch was bedeutet das? Ist religiöse Identität ein Grundmuster der Persönlichkeit oder ein Teilaspekt unter vielen? Bildet der Glauben das Zentrum religiöser Identität? Kann ein solches Zentrum überhaupt pädagogisch erreicht werden? Ist religiöse Identität ein kollektiver oder ein individueller Begriff? Wie wird sie für Andere sichtbar und erfahrbar? Wie geben Kinder, Jugendliche und Erwachsene subjektiv Auskunft über ihre religiöse Identität? Unter jeder Perspektive müsste Religionspädagogik anders ansetzen, müssten neue fundamentaltheologische Gespräche geführt werden. Identität als Differenzbegriff lebt aus der Unterscheidung. Theologische, pädagogische und anthropologische Unterscheidungen sind an der Zeit, um handlungs-, zukunfts- und entwicklungsorientierte Felder der Identitätsbegleitung religionspädagogisch fruchtbringend bearbeiten zu können.

Literatur

Sekretariat der DBK (Hg.) (1996), Die bildende Kraft des Religionsunterrichts. Zur Konfessionalität des katholischen Religionsunterrichts, Bonn – Erikson, Erik H. (1973),

Identität und Lebenszyklus. Drei Aufsätze [1959], Frankfurt/M. – Fraas, Hans-Jürgen (1983), Glaube und Identität. Grundlegung einer Didaktik religiöser Lernprozesse, Göttingen – Habermas, Jürgen (1976), Zur Rekonstruktion des Historischen Materialismus, Frankfurt/M. – Hämel, Beate (2007), Textur-Bildung. Religionspädagogische Überlegungen zur Identitätsentwicklung im Kulturwandel, Ostfildern – Keupp, Heiner u.a. (³2006), Identitätskonstruktionen. Das Patchwork der Identitäten in der Spätmoderne, Reinbek – Krappmann, Lothar (1971), Soziologische Dimensionen der Identität. Strukturelle Bedingungen für die Teilnahme an Interaktionsprozessen, Stuttgart – Luther, Henning (1992), Religion und Alltag. Bausteine zu einer praktischen Theologie des Subjekts, Stuttgart – Mead, George H. (1973), Geist, Identität und Gesellschaft. Aus der Sicht des Sozialbehaviorismus [1934] (hg. v. Charles W. Morris, Frankfurt/M.) – Mette, Norbert (1989), Identität ohne Religion? Eine religionspädagogische Herausforderung, in: Arens, Edmund (Hg.), Habermas und die Theologie. Beiträge zur theologischen Rezeption, Diskussion und Kritik der Theorie kommunikativen Handelns, Düsseldorf, 160–178 – Niethammer, Lutz (2000), Kollektive Identität. Heimliche Quellen einer unheimlichen Konjunktur, Reinbek – Oertel, Holger (2004), „Gesucht wird: Gott?" Jugend, Identität und Religion in der Spätmoderne, Gütersloh – Pannenberg, Wolfhart (1983), Anthropologie in theologischer Perspektive, Göttingen – Peukert, Helmut (1983), Wissenschaftstheorie, Handlungstheorie, fundamentale Theologie. Analysen zu Ansatz und Status theologischer Theoriebildung, Frankfurt/M. – Pirker, Viera (2013), Fluide und fragil. Identität als Grundoption zeitsensibler Pastoralpsychologie, Ostfildern – Schweitzer, Friedrich (2002), Entwicklung und Identität, in: NHRPG, 188–193 – Stachel, Günter (Hg.) (1979), Sozialisation, Identitätsfindung, Glaubenserfahrung. Referate und Protokolle des 2. Kongresses der Arbeitsgemeinschaft Katholischer Katechetikdozenten, Zürich u.a. – Werbick, Jürgen (1983), Glaube im Kontext. Prolegomena und Skizzen zu einer elementaren Theologie, Zürich u.a. – Ders. (1989), Glaubenlernen aus Erfahrung. Grundbegriffe einer Didaktik des Glaubens, München

A7 – Person

Gottfried Bitter

1 Profil

1.1 Ein vorläufiger Personbegriff

‚Person' will die Besonderheit der Menschen benennen im Unterschied zu anderen Lebewesen und Sachen. Das Person-Sein der Menschen spricht sich durch die Erfahrung aus: Die Person ist eine Einheit (Identität), sie hat Selbstbewusstsein, Vernunft und Freiheit. Diese vielgestaltige Erfahrung wird wahrgenommen (durch die Sinne), gedeutet und erkannt im Fühlen und Wollen und Denken und endlich im Handeln der Person. In diesen Erfahrungen entdeckt sich die Person in Kontakt, in Beziehung zur *umgebenden Welt*, zu *anderen Personen* und zu *sich selbst*. In dieser *dreifachen Beziehungsstruktur* des Mit-Seins spricht sich das spezifisch Personhafte der Menschen aus. Menschen können diese (konstitutiven) Beziehungen zur Welt, zu Anderen, zu sich selbst in ihren Wahrnehmungen, Erlebnissen und Erfahrungen reflektieren und synthetisieren. Hier deutet sich schon die Begabung der Person zum Befragen, zum Erkunden eines Mehr als des unmittelbar Greifbaren, zum Übersteigen, zum Transzendieren an. Vielleicht kann man sagen: Die Personhaftigkeit der Menschen als Selbstbesitz des *Subjekts* wächst heran in der lebenslangen Teilnahme und Teilhabe an ihrer Welt ringsum, an nahen und fernen Sachen und Menschen, an ihrem unauffälligen Alltag (Weltoffenheit).

1.2 Zur Geschichte des Personbegriffs

Die etymologische Herkunft des Begriffs ‚Person' ist unsicher. Vielleicht liegt die Wurzel im etruskischen ‚persu' für die Maske der Theaterspieler. So lässt sich auch die spätere lateinische Ableitung von ‚personare' – ‚hindurchklingen' erklären. Auch im Griechischen ist πρόσωπον schon bei *Homer* zuerst das Nomen für ‚Gesicht', aus dem später auch die Ableitung entsteht: πρόσωπον als Maske des Schauspielers; im gesprochenen Text und in seiner typischen Maske ist die unverwechselbare Gestalt und ihr geistiges Profil samt ihrer eigenen Würde zu erkennen: eine individuelle Figur, nämlich diese Person. In der *frühchristlichen Theologie* wird die Frage nach dem Spezifischen der Person von dem Problem angetrieben: Wie kann im Glaubensgeheimnis des dreieinen Gottes das Verständnis von Vater und Sohn und Geist als Einzelwesen und in ihrem Zueinander näher bestimmt werden? Nach langem Suchen kommen die Ostkirche und die Westkirche darin überein: Vater, Sohn und Geist sind eine göttliche Einheit (göttliche Natur), aber sie unterscheiden sich in den drei göttlichen Personen (Vater, Sohn, Geist) entsprechend ihrer heilsgeschichtlichen Sendung. *Boethius*, ein Brückenbauer zwischen Ost und West, zwischen Antike und Frühmittelalter, bringt einen ausdrücklichen Definitionsvorschlag ins Spiel: Person ist die ungeteilte Wesenheit der vernunftbegabten Natur. *Thomas von Aquin* nimmt diese Bestimmung auf und verbindet den Gedanken der Substanzorientierung des Personbegriffs mit der Einzigartigkeit und der Beziehungsfähigkeit, mit Vernunft und Freiheit.

1.3 Der Personbegriff in der Philosophie des 19. / 20. Jahrhunderts

Zum Ende des 18. Jahrhunderts beginnen sich die verschiedenen Humanwissenschaften von ihren antiken und mittelalterlichen Wurzeln in der ontologisch argumentierenden Philosophie und Theologie zu lösen. *Immanuel Kant* begründet die Personalität der Menschen nicht in einer theoretischen, sondern in einer praktischen Vernunft: in der Fähigkeit der Menschen, in ihrem alltäglichen Leben dem ‚kategorischen Imperativ‘ zu folgen. Die Person bringt sich so in ihrem Handeln ins Spiel. Der hier erkennbare Personbegriff – grundgelegt in der Vernunft- und Handlungsautonomie – macht Wissenschaftsgeschichte – bis in unsere Tage in seinen beiden Folgethemen ‚Freiheit‘ und ‚Identität‘ (vgl. *Kant* 1975, 677).

Einen kräftigen Auftrieb bekommt die Nachfrage nach dem Spezifischen der Person zunächst durch den *Personalismus* der französischen Philosophie, *Gabriel Marcel* ist hier zu nennen. Er will das gängige Systemdenken überwinden und findet einen gangbaren Weg mit *Søren Kierkegaards* Begriff der *Existenz* als Selbstsein, die wesentlich die Person heranreifen lässt. Im Lebensvollzug nimmt die Person an der Welt teil, die aber nicht in ihren Wurzeln erfasst werden kann (‚ontologisches Geheimnis‘). Erst in der Anerkennung dieser unübersteigbaren Grenze erkennt sich die Person als ein Geschenk, das auf ein absolutes schenkendes Du verweist, das Gott genannt werden kann. Dieser philosophisch begründete neue Personbegriff wird höchst fruchtbar in der Philosophie des *Existentialismus* und des *Dialogischen Personalismus,* in der *Dialogischen Theologie* genauso wie in der *Geisteswissenschaftlichen Pädagogik,* in der *Wissenssoziologie* und in den *Psychologischen Persönlichkeitstheorien.*

Nach der menschlichen und kulturellen Katastrophe des Ersten Weltkriegs suchen viele Köpfe nach neuen Fundamenten für das menschliche Leben. So will *Edmund Husserl* die Übermacht des Empirismus und des Positivismus abwehren und die Fundamente der Philosophie als apriorische Wissenschaft neu grundlegen. *Husserls* zentrale Grundeinsicht hat Schule gemacht: Der Mensch als Person ist nicht Produkt seiner Umwelt, sondern der Mensch *wird* Person im Umgang mit seiner Umwelt, ‚mit den Sachen (Phänomenen) selbst‘, mit der er in ständiger Beziehung (Korrelation) steht. Gerade die phänomenologische Methode *Husserls* hat ein gründliches Weiterdenken in der Philosophie und Theologie, in der Pädagogik und in der Soziologie angestoßen. *Max Scheler* treibt *Husserls* Denkhorizont weiter voran, ausgerichtet auf Wert und Mensch, Welt und Gott. *Scheler* erkennt in den Sachen und Personen *Werte.* Werte sind Urphänomene. Werte tun sich auf. Der höchste Wert kommt dem Heiligen in der Person zu. Wie angedeutet dringt der Personalismus *Husserls* und *Schelers* tief in die Philosophie und Theologie ein, vor allem in der Form des *Dialogischen Personalismus.* Hier steht die ‚Person im Gespräch‘ in der Mitte der Überlegungen: im Ansprechen der anderen Person und im Vernehmen der Antwort, eben im *Dialog.* Die Sprache stiftet die dialogische Beziehung im Raum der Freiheit. Der Dialogische Personalismus *Martin Bubers* ist sehr breitenwirksam geworden. Personwerdung ereignet sich in der Beziehung, in der Begegnung mit dem Du; im Gespräch mit dem Du kommt die Person zu sich selbst. Nicht über das Wahrnehmen der fremden Sachen und Subjekte wächst die Person heran (wie bei *Scheler*), sondern im wachsamen Horchen auf die Person des Anderen. *Buber* vermutet sogar, dass im Anderssein der anderen

Person, eben in der offenen Erfahrung der Interpersonalität, der Anspruch Gottes zu vernehmen ist. *Romano Guardini* sucht als Religionsphilosoph und Theologe in einer nachreligiös geprägten Welt nach einem neuen Blickpunkt auf seine Zeit aus der christlichen Überzeugung der Einheit und Verschiedenheit von Weltlich und Christlich. Seine Denkwurzeln liegen einerseits in der theologischen Anthropologie und anderseits in der Phänomenologie und im Dialogischen Personalismus. Dies wird unmittelbar an seinem Personbegriff einsichtig: „Die Dinge entstehen aus Gottes Befehl; die Person aus seinem Anruf. Dieser aber bedeutet, daß Gott sie zu seinem Du beruft – richtiger, daß er sich selbst dem Menschen zum Du bestimmt. Gott ist das schlechthinnige Du der Menschen. Darin, daß es so ist, besteht die geschaffene Personalität" (ders. 1939, 133). Hier wird eine Balance zwischen der neuzeitlichen Übermacht des Subjekts und dem Anderen erkennbar. Die Breitenwirkung von *Guardinis* Denken ist für die 1930er bis 1970er Jahre ungewöhnlich hoch – besonders für die Religionspädagogik.

1.4 Personbegriff in der Erziehungswissenschaft

Der Anti-Humanismus der Nazi-Diktatur und die Gräuel des Zweiten Weltkriegs zwingen die Pädagogik zum Neudenken des Menschen- und Erziehungsbildes; sie knüpfen an die phänomenologischen und personalistischen Entwürfe der 1920er und 1930er Jahre an. So inspiriert *Hermann Nohl* in seinem Theorem des ‚Pädagogischen Bezugs‘, in dem er die personale Dimension des Lehrer-Schüler-Verhältnisses in die Mitte stellt, nicht nur die ‚Theorie der Bildung‘, sondern er gibt der personal geformten Pädagogik neuen Auftrieb. Gerne beruft sich die sogenannte *Reformpädagogik* (als Sammelbegriff für die neue Aufmerksamkeit für die Anliegen der Jugend und ihre Erziehung und Bildung) auf *Nohl* und seinen Schüler *Wilhelm Flitner*, einen Schüler Nohls. *Helmut Peukert* nimmt das Anliegen der personalen Grundorientierung auf und erweitert sie im Gefolge von *Emmanuel Lévinas* hin auf einen ‚Humanismus des anderen Menschen‘ als Gegenentwurf zum gängigen Humanismus der Selbstbehauptung.

Auch die *Psychologie* nimmt in ihren Einzeldisziplinen das Nachdenken über Person und Personwerden auf. So erklärt die Persönlichkeitspsychologie – vor allem in ihren interaktionistischen Theorien – das menschliche Verhalten und Erleben aus dem Wechselspiel von Personen und Situationen (*Jean Piaget, Lawrence Kohlberg, James W. Fowler*). Gegen die Versuche, Psychologie vorab als Wissenschaft des von der Gesellschaft konstituierten Subjekts zu verstehen, wendet sich die sogenannte Humanistische Psychologie, sie stellt wieder die Beziehung von Person zu Person in die Mitte der Aufmerksamkeit (*Carl R. Rogers, Viktor E. Frankl*).

1.5 Personbegriff in der Soziologie

Aus der *Soziologie* werden hier aus dem Blickwinkel des Personbezugs seit 1960 nur drei Namen aufgenommen: *Jürgen Habermas* bemüht sich als Soziologe und

Philosoph um eine kritische Gesellschaftstheorie. Er beruft sich auf die Praxis der Sprache als Praxis der Verständigung, um seine Leitidee der ‚kommunikativen Rationalität' zu begründen. In der Sprache wird die Sicht des Einzelnen und die oft mitgegebene Subjekt-Objekt-Sicht überwunden zugunsten einer intersubjektiven Weltsicht und eines kommunikativen Handelns; so tun sich Möglichkeiten auf, eine interdisziplinäre Gesellschaftstheorie zu entwerfen, in der durch soziokulturelle Lernprozesse Verständigungen erreicht werden können. Gerade durch die Aufmerksamkeit für Gleichrangigkeit der Teilnehmer am idealen Diskurs tritt der Rang und der Wert der Einzelperson nach vorne – eben in der kommunikativen Verständigung im Sinn einer Diskursethik. Die *Wissenssoziologie* erforscht das Interdependenz-Geflecht zwischen gesellschaftlichen Wissenssystemen und dem Heranwachsen der Individuen zu Personen: im Prozess der Personalisation. Schon der Titel des Hauptwerkes von *Peter L. Berger* und *Thomas Luckmann* markiert die Richtung ihres Denkens: „Die Gesellschaftliche Konstruktion der Wirklichkeit" (dies. 1984). Die Wirklichkeit und das Lebenswissen, in die Menschen zunächst hineingegeben sind, lassen den Menschen zur Person heranwachsen. Menschen sind aber keine passiven Produkte ihrer jeweiligen gesellschaftlichen Wirklichkeit, sondern auch immer Erbauer, Erneuerer und Veränderer eben dieser Wirklichkeit: durch die Objektivierung ihrer Erfahrungen als Personen im gesellschaftlichen Handeln.

2 Rezeption

Nach diesem Durchmustern zahlreicher humanwissenschaftlicher Denkgebäude und Entwürfe – immer bezogen auf ihre offenen und verborgenen Einwirkungen auf die Religionspädagogik – wird man überrascht von der Abstinenz in Sachen ‚personaler Orientierung' in der *Religionspädagogik* (Ausnahmen ausgenommen). Auch ‚Persönlichkeit' – teilweise als Nachfolgebegriff für ‚Person' verwendet, ähnlich wie ‚Ich', ‚Subjekt', ‚Individuum' – gewinnt selten den Rang eines Leitbegriffs. Dies überrascht umso mehr, als doch jede Religionspädagogik zuerst auf die Personen schaut, um ihnen eine personal bestimmte religiöse Selbstbestimmung anzubieten. Über das Warum dieser Abstinenz lässt sich nur spekulieren. Gewiss ist ein gewichtiger Faktor für das Zurücktreten des Begriffs und der Sache ‚Person' die allgemeine ‚empirische Wende' innerhalb der Religionspädagogik: die ausdrückliche Hinwendung zu den Schüler/innen, zu ihrem Leben, zu ihrer Zukunft. Erst bei näherem Nachprüfen sind Anstöße aus der evangelischen und katholischen theologischen Anthropologie erkennbar. Während in der evangelischen Religionspädagogik gestern die Gottesebenbildlichkeit als Grundbestimmung des Menschen in seinem Person-Sein erkennbar war, tritt heute die Offenheit für Religion als Entdeckungsraum für die Persönlichkeitsentwicklung in den

Vordergrund (*Jürgen Moltmann, Karl Ernst Nipkow, Wolfhart Pannenberg, Gerhard Sauter, Martin Stallmann, Klaus Wegenast*). In der eher katholisch orientierten Religionspädagogik werden Menschen in ihrer Transzendenzbegabung herausgestellt, die aufgrund ihres vom Gott der biblischen Überlieferung Erschaffen-Seins ihre göttliche Herkunft entdecken können: als persönliche Partner Gottes – in ihrer Grenze und Freiheit. In dieser ihrer transzendentalen Befähigung gestalten Menschen ihr Person-Sein (*Reinhold Boschki, Rudolf Englert, Adolf Exeler, Erich Feifel, Bernhard Grümme, Günter Stachel*). Deutlich sind hier die Einflüsse der theologischen Anthropologie von *Karl Rahner* zu erkennen.

3 Potenzial

3.1 Menschen im Zwischen von Stoff und Geist

Menschen leben in einem geheimnisvollen Zwischen: im Zwischen von Natur und Kultur, zwischen Ich und dem Anderen, zwischen Freiheit und Zwang, zwischen Endlich und Unendlich. Jede und jeder ist eingebunden in die Spannung des Zwischen. So ist menschliches Leben im Zwischen unausweichlich. Zugleich ist dieses Leben im Zwischen ein Geschenk. Denn gerade im Denken und Handeln im Zwischen der Zeit und der Endlichkeit erkennen Menschen ihr Ich, die Einheit, die innere Konstanz dessen, was gestern und heute gedacht und erkannt, geplant und ausgeführt wird, bei gleichzeitiger Bezogenheit meines Ich auf die Anderen und die Welt. Diese Einheit, diese Konstanz mitten in der ständigen Veränderung kann *Identität* genannt werden, anders gesagt: Das Ich bleibt immer dasselbe Ich. Und noch etwas: Das Ich agiert nicht nur nach eigenem Plan, das Ich wird angesprochen, gerufen: durch seine Sinne und seine Geistbegabung, durch einen Anderen. In dieser Anrede und ganz eigenen Antwort wird das Person-Sein erkannt. Person ist Selbstbesitz und Selbstvollzug, die im Gespräch erfahrbar werden.

3.2 Personen leben in Beziehungen

Gleichsam im Gespräch in den drei Beziehungsdimensionen – mit der umgebenden Natur und Kultur, mit den nahen und fernen Anderen und mit sich selbst – wächst der Selbstbesitz der Person nach und nach heran – zusammen in dem sich formenden Selbstbewusstsein. Personen entdecken sich in ‚interpersonalen' Bezügen, sie formen lebenslang ihre Persongestalten. Person-Sein bzw. Person-Werden liegt in ihrer geschaffenen Anlage. In mythischen Bildern sprechen Juden und Christen von der Erschaffung der Menschen durch die Hand und nach dem Bild Gottes (Gen 1,26) aus dem Stoff der Schöpfung durch den göttlichen ‚Atem' (Gen 2,7) und ‚Geist' (Ps 104,29). Eine ganz besondere Bezogenheit (Sehnsucht) der Personen in Freiheit ist ihre Bezogenheit auf unendlichen Sinn, auf eine gesuchte, geheimnisvolle Mitte, auf einen möglichen Jemand, der das tranzendierende Suchen und Rufen empfängt und auch beantwortet. Viele Hochreligionen nennen diesen Jemand ‚Gott‘. Diese endliche Bezogenheit auf eine alles einende Mitte, auf einen geglaubten Gott, zeichnet Personen als einzigartig aus: Sie sind als menschliche Personen Gesprächspartner des Ewigen, des Göttlichen. Diese Dialogfähigkeit mit dem Ewigen übersteigt jeden Dialog mit dem Zeitlichen und vor allem mit sich selbst. Die Gabe des möglichen Gesprächs mit dem Ewigen ist ein ausdrückliches Geschenk an die Personen, die sich hier endgültig im Zwischen erleben: zwischen dem Kosmos und ihrem Schöpfer und Vollender. Solche Gespräche anzuregen, ist die dringliche Aufgabe der Religionspädagogik heute (vgl. Grümme 2012, 135-154).

Literatur

Berger, Peter L. / Luckmann, Thomas (1984), Die gesellschaftliche Konstruktion der Wirklichkeit. Eine Theorie der Wissenssoziologie, Frankfurt/M. – Biehl, Peter (2001), Mensch, Menschenbild, in: LexRP, 1314-1320 – Fuhrmann, Manfred u.a. (1989), Person, in: HWP 7, 269-338 – Grümme, Bernhard (2012), Menschen bilden? Eine religionspädagogische Anthropologie, Freiburg/Br. u.a. – Guardini, Romano (1939), Welt und Person, Versuche zur christlichen Lehre vom Menschen, Würzburg – Kant, Immanuel (1975), Kritik der reinen Vernunft II (Werke in zehn Bänden, hg. von Wilhelm Weischedel; Bd. 4), Darmstadt – Pannenberg, Wolfhart (1983), Anthropologie in theologischer Perspektive, Göttingen – Rahner, Karl (1966), Grundentwurf einer theologischen Anthropologie, in: HPTh 2/1, 20-38 – Welte, Bernhard (1967), Im Spielfeld von Endlichkeit und Unendlichkeit, Gedanken zur Deutung des menschlichen Daseins, Frankfurt/M.

A8 – Mündigkeit

Norbert Mette

1 Profil

Der Begriff ‚Mündigkeit‘ leitet sich vom althochdeutschen Wort ‚Munt‘ ab. Damit wurde die Stellung des Hausherrn gegenüber seinen Familienangehörigen und dem gesamten Gesinde bezeichnet. Mündig zu sein, heißt, sich aus der Herrschaft und Fürsorge, der Haftung und dem Schutz des Hausherrn gelöst zu haben, „also ein Subjekt zu sein, das seine Handlungen selbst bestimmt und sie sich rechtlich zurechnen lassen will und muß. […] So schließt ‚Mündigkeit‘ zwei Bedeutungskomponenten in sich: Unabhängigkeit als Negation eines vergangenen und Selbständigkeit als Behauptung eines gegenwärtigen Zustandes." (Sommer 1984, 225) In diesem Sinne ist der Begriff ‚Mündigkeit' in die Rechtssprache eingegangen und bezeichnet „die altersmäßig gestufte Fähigkeit, bestimmte Rechtshandlungen zu vollziehen." (Simon 2009, 527)

Die philosophische Karriere des Begriffs ‚Mündigkeit' nahm ihren Ausgang von seiner negativen Variante: Unmündigkeit. In einem Aufsatz in der „Berliner Monatsschrift" (1783) beantwortete *Immanuel Kant* die Frage „Was ist Aufklärung?" mit dem programmatischen und viel zitierten Satz: „Aufklärung ist der Ausgang des Menschen aus seiner selbst verschuldeten Unmündigkeit." (ders. 1964, 53) Die beiden zentralen Begriffe definierte *Kant* wie folgt: „Unmündigkeit ist das Unvermögen, sich seines Verstandes zu bedienen. Selbstverschuldet ist diese Unmündigkeit, wenn die Ursache derselben nicht am Mangel des Verstandes, sondern der Entschließung und des Mutes liegt, sich seiner ohne Leitung eines andern zu bedienen." (ebd.) Dabei ging es *Kant* nicht nur darum, dass jemand für sich privat seine vorherige Unmündigkeit überwindet. Von Aufklärung zu sprechen, heißt nach ihm, „von seiner Vernunft in allen Stücken öffentlich Gebrauch zu machen" (ebd., 55). Als einen Bereich, der vorzüglich der Aufklärung bedürfe, nannte *Kant* die „Religionssachen" (ebd., 60). 1827 wurden *Kants* Schriften in den Index der vom katholischen Lehramt verbotenen Bücher aufgenommen.

Was aus späterer Sicht nahe gelegen hätte, nämlich das Postulat der Mündigkeit auch auf die Erziehung zu übertragen, hat *Kant* in seiner Pädagogik-Vorlesung nicht getan. *Friedrich D.E. Schleiermacher* gebrauchte in seinen Pädagogik-Vorlesungen (1826) den Begriff ‚Mündigkeit' im Zusammenhang mit der Frage, wann das Ende der Erziehung – im Verlauf der lebenslang andauernden Entwicklung des Menschen – gegeben sei. Seine Antwort lautete: „Wenn der Mensch mündig wird, [...] d.h. wenn die jüngere Generation, auf selbständige Weise zur Erfüllung der sittlichen Aufgabe mitwirkend, der älteren Generation gleich steht; es gibt dann bloß ein Zusammenwirken beider." (ders. 1983, 15) Wann genau dieser „Zeitpunkt eintritt, daß die Selbsttätigkeit der Einwirkung anderer übergeordnet wird" (ebd., 28), ist nach *Schleiermacher* von Person zu Person unterschiedlich. Soll Erziehung zur Selbstständigkeit führen, muss sie die Heranwachsenden sukzessive mit ihrer zu übernehmenden „sittlichen Aufgabe" vertraut machen und zu deren verantwortlichen Wahrnehmung „im Staate, in der Kirche, im allgemeinen freien geselligen Verkehr und im Erkennen oder Wissen" (ebd., 29) befähigen. Was es speziell mit dem Mündigwerden und -sein in der Kirche auf sich hat, hat *Schleiermacher* als Ziel und Aufgabe des gemeindlichen Religionsunterrichts wie folgt umrissen: „… daß nach der Aufnahme in die Gemeine, die christliche Jugend soll selbständig sein im religiösen Leben, daß sie für sich selbst verantwortlich sein und im Stande sein muß, sich das Maaß ihrer Handlungen zu setzen, sich die Norm zu geben; sie muß reif sein, um überall ein christliches Urtheil zu fällen über Recht und Unrecht in ihrem eigenen Gebiet. Es muß eine Klarheit sein in der Seele über die Prinzipien des christlichen Lebens und eine Uebung in der richtigen Subsumtion des einzelnen unter die Prinzipien." (ders. 1850, 395) Die Zielsetzung, alle Gläubigen zur „religiösen Selbständigkeit" (ebd., 396) zu befähigen, macht nach *Schleiermacher* eine wesentliche Differenz zwischen der evangelischen und der katholischen Kirche aus: „Sich selbst zu beurtheilen in religiöser Hinsicht ist also in der protestantischen Kirche das Ziel; in der katholischen Kirche nicht, wo der einzelne sein religiöses Bewußtsein nicht in sich, sondern im Beichtvater hat." (ebd.)

Zum ausdrücklichen Gegenstand des pädagogischen Diskurses sind die Begriffe der Mündigkeit und Selbständigkeit als Maßstab der Erziehung (vgl. Nipkow 1998, 109f.) nach 1945, also dem Ende der absoluten Gehorsam verlangenden Nazi-Diktatur, geworden, als man neu über Sinn und Zweck pädagogischer Bemühungen nachzudenken sich herausgefordert sah (vgl. Sommer 1984, 231f.). So war für *Theodor W. Adorno* nach den schrecklichen Folgen, die eine Erziehung zur Autoritätshörigkeit gezeitigt habe und die immer noch fortdauere, die Aufforderung *Kants* „Habe Mut, dich deines eigenen Verstandes zu bedienen!" (ders. 1964, 53) aktueller denn je (vgl. Adorno 1970, 140). Genau darum, um die Befähigung zu kritischer Selbstreflexion, muss es nach ihm der Erziehung zu tun sein (vgl. ebd., 94). Kritische Selbstreflexion bezieht sich nach *Adorno* sowohl auf das jeweilige Individuum als auch auf die Gesellschaft insgesamt. Gefördert wird ihr Erwerb – hier greift *Adorno* auf die psychoanalytische Entwicklungstheorie von *Sigmund Freud* zurück – durch das Vorhandensein einer Autorität, mit der sich die Heranwachsenden identifizieren können, ohne auf sie fixiert zu bleiben, sondern von der sie sich im Laufe ihrer Entwicklung lösen können. Die psychologischen Mechanismen, die diesen Prozess des Autonom-Werdens erschweren oder verhindern, würden verstärkt durch den eklatanten Widerspruch, „dass kein Mensch in der heutigen Gesellschaft wirklich nach seiner eigenen Bestimmung existieren kann" (ebd., 152). Zu überwältigend sei die Kraft des Bestehenden. Ihr könne nur mit einer „Erziehung zum Widerspruch und zum Widerstand" (ebd., 153) begegnet werden.

Widerspruch und Widerstand wurden dann zu zentralen Begriffen der sog. ‚emanzipatorischen Pädagogik', wie sie Anfang der 1970er Jahre aufkam. Sie erhob die Mündigkeit des Subjekts, die aus dem Kampf gegen die aufoktroyierten gesellschaftlichen Zwänge erwächst, zum Zweck von Erziehung und Bildung und damit zum konstitutiven Prinzip der Erziehungswissenschaft (vgl. Sommer 1984, 231f.; Ruhloff 1989). Aufzuzeigen, wie das konkret umgesetzt werden kann, war das theoretische und praktische Anliegen eines Pädagogen (und ist dessen bleibender Verdienst), der seinen Ansatz im Kontext von extremer politischer Unterdrückung und ökonomischer Ausbeutung auf der südlichen Hemisphäre erarbeitete und weltweit bekannt geworden ist: *Paulo Freire*, angefangen von seinen Alphabetisierungskampagnen in der armen Bevölkerung (vgl. ders. 1971) bis hin zu seinem Leitfaden für Lehrer/innen, wie sie Lernprozesse so gestalten können, dass dadurch die Schüler/innen ihre Autonomie und Handlungsfähigkeit ausbilden können und sich nicht dem Diktat des sich allenthalben ausbreitenden neoliberalen Kapitalismus beugen (vgl. ders. 2008).

2 Rezeption

Der Begriff ‚Mündigkeit' ist mit unterschiedlichen Akzentuierungen in der Theologie aufgenommen worden. Großen Einfluss hatte *Dietrich Bonhoeffers* Rede von der mündig gewordenen Welt, die zu einer völlig neuen Rede von Gott und dem Glauben an ihn herausfordere (vgl. Sommer 1984, 232f.). Innerhalb der katholischen Moraltheologie ist in jüngerer Zeit der Ansatz der ‚autonomen Moral' ausgearbeitet worden (vgl. Höver 1998).

Nachhaltig im Bereich der religiösen Erziehung hat sich der Vorbehalt ausgewirkt, der insbesondere im katholischen Raum gegenüber dem Begriff ‚Mündigkeit' vorgeherrscht hat. So zitiert etwa *Adorno* den Pädagogen *Ernst Lichtenstein*, für den „der Gedanke an eine absolut gesetzgebende souveräne Vernunft" und damit des „autonomen Menschen" für einen Christen nicht nachvollziehbar sei (Adorno 1970, 144). Als einer der ersten im katholischen Raum machte sich nach dem Zweiten Weltkrieg *Josef Thomé* den Begriff ‚Mündigkeit' für sein theologisches und pastorales Programm zu eigen. „Der mündige Christ" lautet der Titel seiner Hauptschrift, die kirchlicherseits indiziert wurde (vgl. Thomé 1949; Mette 1998). Sowohl von der ureigenen Sache des Glaubens her als auch angesichts der im Gang befindlichen gesellschaftlichen Entwicklung mit dem Brüchigwerden der Volkskirche galt es für *Thomé* als sicher, dass nur ein Christsein mit den Merkmalen Mündigkeit und Freiheit und nicht Abhängigkeit und Untertänigkeit Zukunft habe. Es gelte, die Ebene des nur Gesetzlichen zu überschreiten und zu einer höheren Ebene vorzustoßen, auf der Glaube in Freiheit gelebt und in Liebe praktiziert werde. Nach *Thomé* durchläuft der Weg der Gewinnung von Mündigkeit und Freiheit drei Phasen: von einer urtümlichen Frömmigkeit und Kirchlichkeit über das Aufkommen eines kritischen und aufgeklärten Bewusstseins mit einem Hang zum Individualismus hin zu einer neuen und bereichernden Gemeinschaftsfähigkeit (Kirchlichkeit). Das gelte für den Einzelnen wie für die Kirche insgesamt.

1982 veröffentlichte *Karl Rahner* einen Aufsatz ebenfalls mit dem Titel „Der mündige Christ" (ders. 1983). Darin ging er von der heutigen Situation aus, in der die Ansprüche an die Mündigkeit der Menschen enorm gewachsen seien. Als zentrale Eigenschaften des Wesens der Mündigkeit führt er an: Mut und Entschlossenheit, „Entscheidungen zu treffen und zu verantworten, die nicht mehr von allgemeinen und allgemein anerkannten Normen her allein legitimiert werden können" (ebd., 123); Wille und entschlossene Mühe, „sich über die bei einer Entscheidung anzuwendenden Normen, auch in deren Vielfalt und Komplexheit, zu unterrichten und abzuwägen" (ebd.); Mut, „eine ehrlich getroffene Entscheidung, die nicht endlos aufgeschoben werden kann, durchzutragen, auch wenn sie innerlich oder von außen angefochten bleibt" (ebd.). Diese Eigenschaften gelten nach *Rahner* auch für die Mündigkeit des Christen in der Kirche. Schon allein aufgrund der komplex gewordenen profanen Wirklichkeit hätten sich auch in ihr die Anforderungen an die Mündigkeit des einzelnen Gläubigen erhöht. „Mündigkeit", so schließt er seine Ausführungen realistisch und zugleich zuversichtlich, „ist Last der Verantwortung, hohe Aufgabe im Reifungsprozeß des Christen und ein Stück der Befreiung der Freiheit zu ihrem vollen Wesen, das die Gnade Gottes schenkt." (ebd., 132) Trotz dieser programmatischen theologischen Plädoyers für Mündigkeit auch für Christ/innen begegnet der Begriff selbst eher selten in religionspädagogischen Abhandlungen, der Sache nach allerdings durchaus. Wesentlich befördert wurde Letzteres auf katholischer Seite durch das *Zweite Vatikanische Konzil* und die in seinen Beschlüssen sich niederschlagende ‚anthropologische Wende' der Theologie. U.a. führt sie dazu, dass als ausschlaggebend für theologische, pastorale und katechetische bzw. religionspädagogische Überlegungen nicht länger die Belange des kirchlichen Systems gelten, sondern die der Menschen. Religiöse Erziehung und Bildung werden verstanden und konzipiert als Hilfe zur Mensch- bzw. Subjektwerdung aus dem und im Glauben. Geleitet wird dies von der Überzeugung, dass „Gottes Gnadenwirken[...] die Freiheit zur Selbstbestimmung nicht" aufhebt, sondern „sie vielmehr zu ihrer authentischen Selbstentfaltung" (Simon 2009, 528) führt. Daraus ergeben sich durchaus Anknüpfungsmöglichkeiten an die Emanzipations- und Autonomie-Debatte in der Pädagogik, vor allem mit Blick auf die konkrete, von psychogenetischen und soziohistorischen Gegebenheiten abhängige Vermittlung der „Mündigkeitserklärung von seiten Gottes (Gal 4,1 bis 11)" (Siller 2009, 1297), aber auch Unterschiede etwa in Bezug auf das Begründungsproblem von Freiheit (vgl. Zilleßen 2001). Ein Effekt dieser Neuorientierung war, dass die Aufmerksamkeit der Religionspädagogik sich nicht länger allein auf die Kinder und Jugendlichen richtet, sondern verstärkt auch auf die Erwachsenen; gilt es doch, gerade sie zu einem ‚reflektierten Glauben' (Exeler/ Emeis 1970) zu befähigen.

3 Potenzial

Von ihrer Geschichte her hat die katholische Kirche ein stärker belastetes Verhältnis zu den aufklärerischen Ideen der Freiheit und Mündigkeit als die evangelische Kirche. Erstere wirkte weithin als ‚Gehorsams-Religion', in der allein der Klerus das Sagen hatte und die Laien gegenüber dessen Vorgaben gefügig zu sein hatten. Das zeitigt bis heute Nachwirkungen. Aber immer größere Teile des ‚Kirchenvolkes' zeigen sich nicht länger gewillt, sich als unmündig abspeisen zu lassen. Entscheidend gerade für die katholische Kirche wird darum auf Zukunft hin sein, wie sie auch in ihren eigenen Reihen die auf dem *Zweiten Vatikanischen Konzil* verabschiedete Erklärung über die Religionsfreiheit *Dignitatis humanae* ernst nimmt und die damit unweigerlich aufkommende Pluralität von Glaubensstilen nicht nur zulässt, sondern fördert.

Doch es würde sich um eine Verkürzung handeln, würde sich der Einsatz der Religionspädagogik für Mündigkeit nur auf die Kirche erstrecken. Der Ernstfall des Christseins spielt sich nicht in der Kirche ab, sondern in der Welt, in der es das Reich Gottes gegenwärtig zu machen gilt (vgl. *Evangelii Gaudium* 176) in Form des Einsatzes für ein gedeihliches Leben- und Zusammenleben-Können aller Menschen in Gerechtigkeit, Frieden, Freiheit und Nachhaltigkeit gemäß dem göttlichen Schöpfungs- und Erlösungswerk. Zu einem entsprechenden Bewusstseinsbildungsprozess beizutragen, ist der Punkt, der an der Spitze der aktuellen religionspädagogischen Agenda steht (vgl. Peukert 2015).

Literatur

Adorno, Theodor W. (1970), Erziehung zur Mündigkeit (hg. von Gerd Kadelbach), Frankfurt/M. – Exeler, Adolf / Emeis, Dieter (1970), Reflektierter Glaube, Freiburg/Br. – Freire, Paulo (1971), Pädagogik der Unterdrückten, Stuttgart – Ders. (2008), Pädagogik der Autonomie, Münster – Höver, Gerhard (1998), Autonomie. Theologisch-ethisch, in: LThK³ 7, 1296f. – Kant, Immanuel (1964), Beantwortung der Frage: Was ist Aufklärung?, in: ders., Werke 11 (hg. von Wilhelm Weischedel), Frankfurt/M., 51-61 – Mette, Norbert (1998), Mündiger Christ in mündiger Gemeinde. Zur Erinnerung an Josef Thomé, in: Bärenz, Reinhold (Hg.), Theologie, die hört und sieht, Würzburg, 138-147 – Nipkow, Karl Ernst (1998), Bildung in einer pluralen Welt. Bd. 2. Religionspädagogik im Pluralismus, Gütersloh – Peukert, Helmut (2015), Bildung in gesellschaftlicher Transformation, Paderborn – Rahner, Karl (1983), Der mündige Christ, in: ders., Schriften zur Theologie 15, Zürich u.a., 119-132 – Ruhloff, Jörg (1989), Emanzipation, in: Lenzen, Dieter (Hg.), Pädagogische Grundbegriffe. Bd. 1, Reinbek, 390-395 – Schleiermacher, Friedrich (1850), Die praktische Theologie nach den Grundsätzen der evangelischen Kirche im Zusammenhang dargestellt (hg. von Jacob Frerichs), Berlin – Ders. (1983), Pädagogische Schriften. Erster Band: Die Vorlesungen aus dem Jahre 1826 (hg. von Erich Weniger), Frankfurt/M. – Siller, Hermann Pius (2009), Autonomie. Religionspädagogisch, in: LThK³ 1, 1297 – Simon, Werner (2009), Mündigkeit, in: LThK³ 7, 527f. – Sommer, Manfred (1984), Mündigkeit, in: HWP 6, 225-235 – Thomé, Josef (1949), Der mündige Christ. Katholische Kirche auf dem Wege der Reifung, Frankfurt/M. – Zilleßen, Dietrich (2001), Emanzipation, in: LexRP, 394-401

B Fokus ‚Begegnung'
– relationale Strukturbegriffe der
Religionspädagogik

B1 – Konvergenz(argumentation)

Andreas Benk

1 Profil

Wo nichts zwingend bewiesen werden kann, bedarf es anderer Formen der Begründung. Konvergenzargumentation (von lat. *convergere* – sich zueinander neigen) ist eine dieser Formen und diente ursprünglich v.a. zur Begründung ethischer Normen. Schon *Aristoteles* führt zu Beginn der *Nikomachischen Ethik* aus, dass bei der Darlegung des Guten und Gerechten keine strenge Beweisführung erwartet werden dürfe, sondern man zufrieden sein müsse, „wenn sie denjenigen Grad von Bestimmtheit erreicht, den der gegebene Stoff zuläßt" (ders. 1995, 2). Im *Probabilismusstreit* des 16. Jahrhunderts wurde diskutiert, inwieweit bei ethisch nicht eindeutig entscheidbaren Fragen auch nur wahrscheinlichen Ansichten gefolgt werden dürfe. *John Henry Newman* entwickelte dann eine Argumentationsstrategie, deren Überzeugungskraft durch Kumulation voneinander unabhängiger, aber konvergierender Argumente gewährleistet werden soll. *Newman* spricht von einer „Häufung von Wahrscheinlichkeiten [...], die einzeln nicht hinreichen, Gewißheit zu geben, zusammengenommen aber unumstößlich sind" (ders. 1958, 63). Er illustriert dies an einem Kabel, „das aus einer Anzahl einzelner Drähte verfertigt ist, jeder an sich schwach, zusammen aber so stark wie eine Eisenstange" (ebd.). Bis in die Gegenwart wird die Methode der Konvergenzargumentation für moralisches Argumentieren genutzt (vgl. z.B. Honecker 2010, 61, 80, 153).

2 Rezeption

Im religionspädagogischen Kontext wurde die Methode der Konvergenzargumentation insbesondere im Rahmen der Begründung des Religionsunterrichts bedeutsam (vgl. Gemeinsame Synode 1976). Die *Würzburger Synode* sieht den von ihr konzipierten Religionsunterricht „in der Schnittlinie von pädagogischen und theologischen Begründungen, Auftrag der öffentlichen Schule und Auftrag der Kirche" (ebd., 131). Entsprechend folgt auf die kulturgeschichtliche, anthropologische und gesellschaftliche Begründung des Religionsunterrichts aus pädagogischer Sicht eine Begründung, bei der die „behandelten Argumentationsstränge […] unter theologischem Aspekt erneut aufgegriffen" (ebd., 135) werden. Dabei geht die *Synode* nicht davon aus, dass pädagogische und theologische Begründungen stets konvergieren müssen, denn der theologischen Begründung wird auch eine kritische Funktion zugewiesen: Sie soll verhindern, „daß der Religionsunterricht sich blind jeglicher Schultheorie, Strömung oder Mode ausliefert." (ebd.)
Schon einige Wochen vor Verabschiedung des *Würzburger Beschlusses* war auf der Jahrestagung der Arbeitsgemeinschaft katholischer Katechetikdozenten Konvergenzargumentation Gegenstand eines Referats von *Hubertus Assig*. Er bestimmt dort im Anschluss an *Siegfried Vierzig* Religionspädagogik als „Verbundwissenschaft" und fährt fort: „Der Auffassung der Religionspädagogik im Sinne einer Verbundwissenschaft entspricht als adäquates methodisches Instrumentarium Konvergenzargumentation." (Assig 1975, 40) Anders als bei einzelmethodischen Ansätzen, die unvermeidlich eine „perspektivische Verkürzung" (ebd., 41) enthielten, setze Konvergenzargumentation Aspektreichtum, Komplexität und Perspektivität voraus. Diese Argumentationsform erweise sich dadurch „als theoretische und praktische Anleitung zum Erlernen und zur Rückgewinnung jener kommunikativen Kompetenz, die Religion im Zusammenhang gesamtgesellschaftlicher Motivationskrisen weitgehend eingebüsst hat." (ebd., 42) *Assigs* Überlegungen zeigen sich deutlich von Gedanken der Kritischen Theorie beeinflusst, wenn er feststellt, Konvergenzargumentation sprenge methodologische Selbststabilisierung auf und sichere das „Moment größtmöglicher Herrschaftsfreiheit bis in die Methode" (ebd.). In das Instrumentarium der Religionspädagogik werde derart ein „permanente[r] Störfaktor" eingeschleust, „der die wohlvertrauten und routinierten Weisen religionspädagogischen Verstehens und Argumentierens immer wieder entsichert" und „die mit dem Geschäft der Religionspädagogik notwendig verbundene Zeitangepasstheit durchkreuzt" (ebd., 43). „So erscheine […] in der Konvergenzargumentation jenes Moment ‚gefährlich-subversiver Erinnerung' wieder, das christlichem Glauben konstitutiv anhaftet." (ebd.)
Ohne den Begriff zu verwenden, begegnen Anliegen einer Konvergenzargumentation auch in der evangelischen Religionspädagogik. So heißt es in der Denkschrift *Identität und Verständigung*, in der gegenwärtigen Lage dürfe man für das Exis-

tenzrecht des Religionsunterrichts „nicht vorschnell theologische Gesichtspunkte hervorheben [...]. Zunächst sollte allen an der Schule Beteiligten und für sie Verantwortlichen *pädagogisch* einleuchten, warum die *ethisch-religiöse Dimension ein tragendes Element des Erziehungs- und Bildungsauftrags der Schule* ist." (EKD 1994, 31)

Bis heute wird der Konvergenzargumentation in der Religionspädagogik Bedeutung beigemessen. Eine Religionspädagogik, die als Handlungswissenschaft „begründete Orientierungen für zukünftiges Handeln [...] entwickeln" will, bleibt „auf eine Form der Reflexion verwiesen, in der sich die Blickwinkel und Erkenntnisse verschiedener Wissenschaften verbinden, ergänzen und korrigieren." (Porzelt 2013, 131) „Für die Religionspädagogik als Interaktionswissenschaft", so *Burkard Porzelt*, „sind Konvergenzargumentationen zentral und unverzichtbar" (ebd., 125).

3 Potenzial

3.1 Die Überzeugungskraft von Konvergenzargumentationen ist an Voraussetzungen gebunden. Anders als Formulierungen von *Newman* nahelegen, kommt einer Einsicht, die auf Konvergenzargumentation beruht, keine unumstößliche Beweiskraft zu, sondern nur (mehr oder weniger große) Plausibilität in Abhängigkeit vom jeweiligen zeit- und wissenschaftsgeschichtlichen Hintergrund. Mit der unvermeidlichen Auswahl aus der Vielfalt teils divergierender pädagogischer und humanwissenschaftlicher Erkenntnisse und ihrer jeweiligen Gewichtung werden wesentliche Vorentscheidungen für das Ergebnis einer Konvergenzargumentation getroffen.

3.2 Die Konvergenzargumentation der Würzburger Synode *beruht auf Voraussetzungen, deren Plausibilität schwindet.* Die Überzeugungskraft einer Konvergenzargumentation ist im religionspädagogischen Kontext darauf angewiesen, dass sie nichttheologische Argumente vorbringen kann, die die theologische Sicht stützen. Bei der anthropologischen Argumentationslinie zählt es die *Gemeinsame Synode* zur „unabdingbaren Aufgabe des Religionsunterrichts, die humanen und religiösen Voraussetzungen für den Glauben zu fördern und Blockierungen zu lösen." (dies. 1976, 137) Diese Aufgabenstellung gründet in einem Menschenbild, für das die religiöse Dimension unverzichtbar für gelingendes Menschsein ist. Dazu konvergente nichttheologische Sichtweisen zu finden, wird zunehmend schwerer. „Will man Menschen ernst nehmen, die nach ihrem eigenen Urteil sich als areligiös oder religionslos erleben", stellt *Hans-Martin Barth* fest, „und will man die Hypothesen von Hirnforschern, Evolutionstheoretikern und Soziologen nicht übergehen, wird man nicht umhin können, die scheinbar bewährte Rede von der ‚unheilbaren', für den Menschen konstitutiven Religiosität zu hinterfragen" (ders. 2013, 72f.).

3.3 Die Religionspädagogik muss Optionen, die ihrer Argumentation vorausliegen, ausweisen. Da die gewünschte Konvergenz nicht voraussetzungslos erreichbar ist, sondern auf Optionen und entsprechender Auswahl der Argumente beruht, muss die Religionspädagogik ihre Optionen eigens ausweisen und rechtfertigen. Die damit gegebene unvermeidliche Parteilichkeit der Religionspädagogik gründet in dem Moment gefährlich-subversiver Erinnerung, das christlichem Glauben konstitutiv anhaftet (vgl. Assig 1975, 43; Metz 2006). Die Pluralität christlicher Theologien bringt es allerdings mit sich, dass Religionspädagogik ihre vorentscheidenden Optionen deutlich unterschiedlich akzentuieren kann.

3.4 Konvergenzargumentationen sind geeignet, Anliegen der Religionspädagogik in einem religionskritischen bzw. religionslosen Umfeld verständlich werden zu lassen. Schon *Dietrich Bonhoeffer* sah die Notwendigkeit, in einer zunehmend religionsloser werdenden Zeit den christlichen Glauben nichtreligiös zu interpretieren (vgl. ders. 2011, 402-406). Damit könnten wesentliche christliche Intentionen auch religiös unmusikalischen Menschen verständlich werden. Entsprechend bietet Konvergenzargumentation – verstanden als pädagogische Interpretation religionspädagogischer Anliegen – der Religionspädagogik die Möglichkeit, sich nichttheologischen Dialogpartnern verständlich zu machen. Dies kann eine engere Kooperation ermöglichen, aber u. U. auch eine stärkere Abgrenzung notwendig machen.

3.5 Globale Krisen mit krasser sozialer Ungerechtigkeit, latenter und offener Gewalt, verantwortungslosem Ressourcenverbrauch etc. stellen den Religionsunterricht vor Herausforderungen, die neue Konvergenzen notwendig und möglich machen. Im Hinblick auf Nachhaltigkeit und globale soziale Gerechtigkeit stehen Bildungsaufgaben an, die konvergenzargumentativ begründet werden können. Dies betrifft beispielsweise in Schule und Religionsunterricht verstärkt zu fördernde Fähigkeiten: fremdes Leid wahrzunehmen, entmenschlichende Strukturen und Ausbeutungsmechanismen zu identifizieren, systematische Verschleierung von Interessen zu entlarven, verdeckten Bemächtigungsstrategien zu widerstehen usw. Religionsunterricht, der dazu befähigt, steht quer zu allen gesellschaftlichen Entwicklungen, die auf verschärfte Konkurrenz, wirtschaftliche Selbstbehauptung und Leistungssteigerung setzen und dabei von Bildungseinrichtungen die Förderung entsprechend angepasster Kompetenzen erwarten. Religionsunterricht, der statt dessen „auf Proteste gegen Unstimmigkeiten und auf verändernde Taten" (Gemeinsame Synode 1976, 135) angelegt ist, setzt zwar seinen Status als „ordentliches Lehrfach" (Art. 7.3 GG) aufs Spiel, lässt sich aber mit Blick auf die Widerstands- und Protestbewegungen unserer Zeit samt der sie begleitenden Literatur (vgl. als ein Beispiel für viele: Welzer 2013) leicht ‚konvergenzargumentativ' begründen – allerdings mit Bezug auf gegenwärtig in der Religionspädagogik noch wenig geläufige Referenzquellen.

3.6 Konvergenzen von Befreiungstheologie und Befreiungspädagogik bergen ein Potenzial, das längst noch nicht ausgeschöpft ist. Im Hinblick auf die o.g. Parteilichkeit und ihre gesellschaftskritischen Implikationen gab es Konvergenzen zwischen lateinamerikanischer Befreiungstheologie und der von *Paulo Freire* ausgehenden Befreiungspädagogik. Die enge Kooperation von Pädagogik und Theologie kam dort zustande, „wo menschliches Leben auf unserem Globus massenhaft entwertet und gefährdet und Tag für Tag in unvorstellbarer Zahl vernichtet wird" (Mette 2005, 98). Da „die durch Werbung, Medien etc. betriebene sanfte Verblödung das ihre dazu beiträgt, dass gesehene Bilder schrecklichen Elends schnell wieder vergessen werden" (ebd., 99), ist Bewusstseinsbildung (,*Conscientização*'), die unsere Verstrickung in die tatsächlichen Unrechtszusammenhänge aufdeckt, religionspädagogische Aufgabe. Der ursächliche Zusammenhang zwischen wachsender Verelendung anderswo und den Verhältnissen hier bei uns bedeutet eine radikale Herausforderung für die europäische Theologie und Pädagogik (vgl. ebd.). Anders gewendet: Die noch ausstehende Konzeption unseres Religionsunterrichts in der Schnittlinie von befreiungstheologischen und befreiungspädagogischen Begründungen ist kein Programm aus der Mottenkiste des vergangenen Jahrhunderts, sondern eine angemessene religionspädagogische Reaktion auf die gegenwärtigen globalen Krisen.

Literatur

Aristoteles (1995), Nikomachische Ethik (nach der Übersetzung von Eugen Rolfes bearb. von Günther Bien), Hamburg – Assig, Hubertus (1975), Religionspädagogik als Verbundwissenschaft und die Methode der Konvergenzargumentation, in: Stock, Alex (Hg.), Religionspädagogik als Wissenschaft. Gegenstandsbereich – Probleme – Methoden, Zürich u.a., 37-44 – Barth, Hans-Martin (2013), Konfessionslos glücklich. Auf dem Weg zu einem religionstranszendenten Christsein, Gütersloh – Bonhoeffer, Dietrich (2011), Widerstand und Ergebung. Briefe und Aufzeichnungen aus der Haft (Werke Bd. 8), Gütersloh 2011 – Gemeinsame Synode der Bistümer der Bundesrepublik Deutschland (1976), Beschluß: Der Religionsunterricht in der Schule, in: Bertsch, Ludwig u.a. (Hg.), Gemeinsame Synode der Bistümer in der Bundesrepublik Deutschland. Beschlüsse der Vollversammlung. Offizielle Gesamtausgabe I, Freiburg/Br. u.a., 123-152 – Honecker, Martin (2010), Evangelische Ethik als Ethik der Unterscheidung, Münster – Kirchenamt der EKD (Hg.) (1994), Identität und Verständigung. Standort und Perspektiven des Religionsunterrichts in der Pluralität. Eine Denkschrift der Evangelischen Kirche in Deutschland, Gütersloh – Mette, Norbert (2005), Theologie im Gespräch mit der Pädagogik. Ein Lagebericht, in: Kuld, Lothar / Bolle, Rainer / Knauth, Thorsten (Hg.), Pädagogik ohne Religion? Beiträge zur Bestimmung und Abgrenzung der Domänen von Pädagogik, Ethik und Religion, Münster, 81-105 – Metz, Johann Baptist ([2]2006), Memoria passionis. Ein provozierendes Gedächtnis in moderner Gesellschaft, Freiburg/Br. u.a. – Newman, John Henry (1958), Brief an Kanonikus Walter vom 6.7.1864, in: ders., Glaubensbegründung aus dem Persönlichen, Freiburg/Br., 63f. – Porzelt, Burkard ([2]2013), Grundlegung religiöses Lernen. Eine problemorientierte Einführung in die Religionspädagogik, Bad Heilbrunn – Welzer, Harald (2013), Selbst denken. Eine Anleitung zum Widerstand, Frankfurt/M.

B2 – Bildung

Robert Schelander

1 Profil

Erörterungen zum Begriff ‚Bildung' haben ihren ursprünglichen disziplinären Ort in der Allgemeinen Pädagogik. Blickt man in einschlägige Lehrbücher und Lexika, so zeigen sich jedoch Unsicherheiten, was Gehalt und Aufgabe des Begriffs und seine Bedeutung für die Pädagogik anbelangt. ‚Bildung' wird häufig als Zentralbegriff bezeichnet, anderswo aber fehlt das Stichwort oder es wird in Kombination mit ‚Erziehung' abgehandelt bzw. in vielfältige Komposita aufgelöst. Diese Unschärfe wird problematisiert, wobei auf die Singularität des Begriffs in der deutschen Sprache hingewiesen oder ‚Bildung' zum Containerbegriff erklärt wird. Letzteres ist insofern unpräzise, da die inhaltlichen Bezüge nicht beliebig sind, sondern ihre Mannigfaltigkeit grundlegende Spannungen benennt, welche den Bildungsvorgang charakterisieren: Bezeichnet Bildung ein Produkt und/oder einen Prozess? Sind beteiligte Personen aktiv und/oder passiv? Beschreibt sie einen Vorgang und/oder eine Norm? Diese Heterogenität ist zugleich das Potenzial des Bildungsbegriffs.

Ein zweites fällt auf: Der Bildungsbegriff wird nicht systematisch, sondern historisch durch Bezug auf klassische Texte bei *Johann Gottfried Herder* und *Wilhelm von Humboldt* entfaltet. Vereinzelt werden Texte der Antike (*Platon*), die ‚Einbildung Gottes' in die Seele des Menschen bei *Meister Eckhart* sowie Klassiker der entstehenden Pädagogik, allen voran *Johann Amos Comenius*, vorangestellt. Als pädagogischer Begriff entsteht ‚Bildung' in der Spätaufklärung. In Auseinandersetzung mit pädagogischen Bewegungen der Aufklärung (Philanthropismus) hat der Neuhumanismus den Begriff der (Menschen-)Bildung für sich entdeckt. „Der wahre Zweck des Menschen [...] ist die höchste und proportionirlichste Bildung seiner Kräfte zu einem Ganzen" (Humboldt 2002, 64). Der Gebrauch des Bildungsbegriffs in dieser ‚klassischen Epoche' ist begrifflich uneinheitlich, zugleich aber mit ethischem Pathos erfüllt und setzt hohe Erwartungen in die Bildung des Menschen für die gesellschaftliche Entwicklung.

Der Begriff der Bildung erlebte in der Folge seine Konjunkturen und Tiefpunkte, bildungskritische Einwürfe begleiten seine Geschichte. Nach einer Phase der Nichtbeachtung erfolgte in der 2. Hälfte des 20. Jahrhunderts seine Wiederentdeckung, wobei auf klassische Texte von *Herder*, *Humboldt* u.a. rekurriert wurde. Dieser primär historische Zugang hat dazu geführt, dass die Geschichte des Bildungsbegriffs selbst als systematische Bewegung verstanden worden ist. Während eine voraufklärerische Pädagogik Bildung als Aneignung der ganzen Welt (*Comenius*) versteht, die alle Menschen in gleicher Weise unter Gebrauch einer allen gemeinsamen Vernunft vollziehen können, um zu einer guten und gerechten Weltordnung handelnd beizutragen, so richtet sich in den Bildungskonzeptionen des deutschen Idealismus der Fokus auf das erkennende Subjekt. In ihm liegen ‚allseitige‘ Kräfte, mit denen der einzelne Mensch sich seine Welt erschließt bzw. erschafft. Der Weg zu gesellschaftlichem Handeln führt über die gebildete Persönlichkeit. Die Kritik an dieser idealistischen Position sieht in solcher Bildungspraxis jedoch nur Unbildung (*Friedrich Nietzsche*) bzw. Halbbildung (*Theodor W. Adorno*). *Ludwig Pongratz* erkennt im historischen Dreischritt des Bezugs auf Bildung bei *Comenius, Humboldt* und der Kritischen Theorie „wesentliche Dimensionen" (ders. 2001, 196) des Bildungsbegriff: den Anspruch kritischer Sachkompetenz, die Notwendigkeit individueller Aneignung und das Potenzial zu gesellschaftlicher Veränderung.

„Die Bedeutung der klassischen Bildungstheorien für ein zeitgemäßes Konzept allgemeiner Bildung": So formuliert *Wolfgang Klafki* (1991) sein Anliegen, welches ihn zum folgenreichsten bildungstheoretischen Konzept der jüngeren Geschichte führt – der kategorialen Bildung. Bildung ist – die aufklärerische Forderung nach Autonomie aufgreifend – die Befähigung zu vernünftiger Selbstbestimmung, welche *Klafki* um Mitbestimmungs- und Solidaritätsfähigkeit ergänzt. Der Bildungsbegriff ermöglicht es ihm, zwei pädagogische und didaktische Spannungsfelder aufzugreifen und fruchtbar zu vermitteln: die Polarität von Individualität und Gemeinschaftlichkeit im Bildungsvorgang und die Dualität von materialen und formalen Bildungsprozessen. Das Subjekt ‚bildet sich‘ in Aneignungs- und Auseinandersetzungsprozessen mit objektiv-allgemeiner Inhaltlichkeit. In zweifacher Hinsicht werden Entgrenzungen durch den Bildungsbegriff vorgenommen: Einerseits gilt Bildung ‚für alle‘, niemand darf ausgeschlossen werden, dies verweist jede Bildungsreflexion auf gesellschaftliche und politische Machtverhältnisse. Andererseits bezeichnet Bildung die umfassende Ausbildung menschlicher Fähigkeiten. *Klafkis* Lösung des Kanonproblems in der Allgemeinbildung, die Bestimmung derjenigen Inhalte, welche bildend seien, hat vielfach Schule gemacht: die epochaltypischen Schlüsselprobleme.

Diese eher systematischen Blicke auf die Geschichte des Bildungsbegriffs zeigen, dass die in ihr zutage tretenden begrifflichen Divergenzen nicht auf historische Kontexte oder fachlich-positionelle Unterschiede (allein) zu reduzieren sind, sondern pädagogische Grundspannungen benennen. Dies macht ihn attraktiv für die pädagogische Theorie. Jüngere Bildungstheorien zeigen eine Pluralität der Ansätze (vgl. Dörpinghaus/Poenitsch/Wigger 2009, 116ff.): von Bildung als plurale Kritikfähigkeit (*Dietrich Benner*) über Bildung als offene Identität (*Klaus Mollenhauer*) bis hin zu Bildung als Umgang mit Widerständigkeiten (*Käte Meyer-Drawe*).

2 Rezeption

2.1 Religion und Bildung

Wenn *Friedrich D.E. Schleiermacher* seine Reden an die „Gebildeten" richtet, so gibt er damit das Stichwort vor, unter welchem in der Folge die Rezeption des Bildungsbegriffs in den theologischen Wissenschaften steht: das Verhältnis von Religion und Bildung. Auffällig ist, dass der ältere *Schleiermacher* wenig Gebrauch vom Bildungsbegriff macht. Während die einen in ihm deshalb einen klassischen Erziehungstheoretiker sehen (vgl. Preul 1980) bzw. eine deutliche Absage an das „Recht des Subjektes auf Selbstbildung und Selbstbestimmung" (Lämmermann 1985, 73) zu erkennen meinen, versuchen andere (zumeist unter Bezug auf seine jüngeren Schriften), ihn für eine Bildungskonzeption wiederzugewinnen (vgl. Rupp 1994). Damit gibt *Schleiermacher* (zumindest in der Rezeption) die Ambivalenz im Umgang mit Bildung, welche protestantische Theologie und Religionspädagogik kennzeichnet, vor.

Meine Ausführungen haben eine deutliche konfessionelle Prägung. Dies entspricht der unterschiedlichen Bezugnahme auf Bildung in den Konfessionen. Genuine Beiträge aus katholischer Perspektive zum Thema Bildung sind selten. Eine eigenständige Bildungstheorie ist kaum auszumachen, geradezu klassisch ist die These „Erziehung als Bildung" im Bischofswort *Die bildende Kraft des Religionsunterrichts* von 1996. Der Bildungsbegriff erscheint als korrigierende und begrenzende Maßnahme an der eigentlichen Aufgabe der Erziehung. *Paul Platzbecker* weist in seiner Studie zum „Freiheitsgeschehen" als Grundlage religiöser Bildung darauf hin, dass Bildung und Erziehung wechselseitig aufeinander verweisen und „praktisch nicht getrennt werden" (ders. 2013, 221) können. In seiner eigenen kurzen Entfaltung des Bildungsbegriffs folgt er in den Argumentationen bezeichnenderweise hauptsächlich den protestantischen bzw. pädagogischen Positionen. Auf *Bernhard Grümmes* Bemühungen um den Bildungsbegriff werde ich unten eingehen. Eine Entfaltung von Bildung in einer ökumenischen und interreligiösen Perspektive ist eine Herausforderung für die Zukunft.

2.2 Glaube oder Bildung

Der Wiederaufnahme des Bildungsbegriffs in der jüngeren protestantischen Theologie und Religionspädagogik ging eine Phase heftiger Polemik gegen den Bildungsbegriff und seiner Ablehnung (bzw. Umformulierung) in der Theologie voraus. Bis in die 1960er Jahre war Bildung in der evangelischen Theologie negativ besetzt. Bildung und Glauben wurden als Gegensätze gesehen. „Das Evangelium [...] widersteht allen in Selbstgenügsamkeit und Grenzenlosigkeit vom Menschen her unternommenen Bildungsversuchen", so lautet die Kritik am Bildungsbestreben bei *Karl Barth* (1938, 15). Bildung sei eine Gestaltungsaufgabe, die dem Menschen aufgegeben ist, anstatt sie aber durch das Evangelium und auf das Evangelium hin auszuführen, versuche der Mensch diese Aufgabe selbst zu lösen, durch selbstgewählte Zielvorstellungen.

Was sich hier als Kritik am zeitgenössischen pädagogischen Bildungsgebrauch äußerte, war im Grunde eine anachronistische Auseinandersetzung mit der theologischen Rezeption des neuhumanistischen Bildungsbegriffs im 19. Jahrhundert, welche religiöse Bildung und Persönlichkeitsbildung ineinander verschwimmen ließ. Diese enge Verbindung von Religion und Bildung, welche im Begriff der religiös-sittlichen Persönlichkeit sich symbolisch verdichtete, wurde durch protestantische Theologie in der ersten Hälfte des 20. Jahrhunderts kritisiert. Das Bild des Bildungsbürgers vor dem Ersten Weltkrieg, mit seiner engen Verbindung von Religion und kultureller Bildung, dem Kulturprotestanten, wurde in der folgenden Epoche zum Feindbild.

Diese Bildungskritik hat insofern nachgewirkt, als sich fast alle Neuansätze in der zweiten Hälfte des 20. Jahrhunderts von diesen als ‚verhängnisvoll‘ beschriebenen Positionen der Dialektischen Theologie distanziert haben. Ein genauerer Blick zeigt zwar die vielfältigen Positionen und Divergenzen von Autoren wie *Gerhard Bohne, Martin Doerne* oder *Oskar Hammelsbeck* im Einzelnen, dennoch verbindet sie eine gemeinsame Kritik an einem bestimmten ‚Bildungsdenken‘. Jüngere Untersuchungen haben diese theologischen Auseinandersetzungen als Scheingefechte erkannt, da aktuelle zeitgenössische Bildungstheorien kaum in den Blick genommen werden, und stattdessen eine (als Bildungskritik getarnte) „Selbstexplikation dogmatisch begründeter Erziehungslehren" (Preul 1980, 53) analysiert wird. Der Bildungsbegriff wird „durch seine Unterordnung unter den Begriff Erziehung" (ebd., 61) degradiert oder wie bei *Barth* und *Hammelsbeck* durch eine eigene theologische Bildungslehre ersetzt.

2.3 Religion braucht Bildung

Demgegenüber ist es erstaunlich, dass in der protestantischen Religionspädagogik sich in den letzten Jahrzehnten die Formel „Religion braucht Bildung – Bildung braucht Religion" (Bednarz/Kühl-Freudenstein/Munzert 2009) durchgesetzt hat. *Karl Ernst Nipkow* hat in seinen religionspädagogischen Beiträgen immer wieder auf den Bildungsbegriff zurückgegriffen, vielleicht am deutlichsten in seiner Darlegung der kirchlichen Bildungsverantwortung (vgl. ders. 1990). Er versteht ihn als regulativen Begriff, der vor Fehlentwicklungen ‚warnen‘ kann. Seine inhaltliche Füllung erhält er durch fünf Grundmerkmale, welche *Nipkow* in der Geschichte des Nachdenkens über Bildung, insbesondere aber in der klassischen Bildungsphilosophie des Neuhumanismus findet. Bildung wird definiert durch jeweils spezifische Bezüge auf Politik, Utopie, Subjektivität, Tradition und Verständigung. Ein schneller Blick zeigt die Spannungen zwischen jeweils zweien dieser Begriffe: Politisch-gesellschaftliche Gegebenheiten sind für die Möglichkeit von Bildung essenziell und doch können sie überholt werden durch die Sehnsucht nach dem noch Ausstehenden. Wird diese Spannung aufgelöst und werden diese Pole isoliert, so zeigen sich spezifische Gefahren: Anpassung an die vorfindliche, gesellschaftliche Wirklichkeit oder ‚Vertröstung' auf eine nie einholbare Sehnsucht. In ähnlicher Weise stehen Subjektivität und Tradition in einem spannungsreichen Wechselverhältnis. Beide Aspekte sind auf die Korrektur durch den jeweils anderen angewiesen. Der kommunikative Aspekt der Verständigung wird bei *Nipkow* zuletzt ausgeweitet: Es geht um ein Friedensprojekt als Voraussetzung für wechselseitige Verständigung und damit Bildung überhaupt. Am Bildungsbegriff schätzt er dessen kritisch subjektiven Sinn, da er in besonderer Weise geeignet ist, „davor zu warnen, dass überindividuelle Institutionen wie Staat, Kirche und Gesellschaft ihre Interessen am einzelnen Menschen vorbei durchsetzen wollen." (ebd., 21)

Für *Horst F. Rupp* ist es eine „erstaunliche Entdeckung", dass der Bildungsbegriff „ursprünglich im Bereich der Religion zuhause" war und von hier einen „Ortswechsel" in die Pädagogik übernommen hat (ders. 1994, 20). Er möchte die vernachlässigte „religiös-theologische Dimension" (ebd., 322) des Bildungsbegriffs in einem Diskurs über pädagogisch-anthropologische Entwürfe einbringen.

Peter Biehl führt vor, wie ein solcher Beitrag aussehen kann. Er ist einer der wenigen religionspädagogischen Autoren, welche weniger historisch, sondern systematisch-theologisch für die Bestimmung des Verhältnisses von Religion und Bildung ansetzen. Der Bildungsbegriff setzt dem Menschen die eigene Subjektwerdung zur Aufgabe und zugleich würdigt er die Rolle des Subjektes für und in dieser Aufgabe. *Biehl* ergänzt aus theologischer Perspektive (unter Bezug auf *Eberhard Jüngel*) einen zweiten Begriff: die Person. „Subjekt muss der Mensch im Prozess seiner Bildung erst werden, Person ist er immer schon." (Biehl 1991, 156) Aufgabe einer theologischen Bildungstheorie ist es, dieses Personsein als (anthropologische) Grundlage, welche der menschlichen Verfügbarkeit entzogen ist und der Subjektwerdung vorausgeht, für den Bildungsprozess fruchtbar zu machen. Das Verständnis von Freiheit, die Rechtfertigungslehre und die eschatologische Vorstellung vom Reich Gottes benennen für *Biehl* jene Perspektiven, unter denen Bildung auch theologisch interpretiert werden kann und die zugleich offen sind für eine pädagogische Bildungstheorie. Unter Bezug auf die oben angesprochene Aufnahme des Bildungsbegriffs bei *Klafki* zeigt *Biehl* die Gesprächsfähigkeit einer so verstandenen theologischen Bildungstheorie.

3 Potenzial

Überblicken wir die Rezeptionsgeschichte, so muss man leider feststellen, dass religionspädagogische Beiträge zu einem Gespräch um Bildung mehr eingemahnt als ausgeführt worden sind. Auch die im Folgenden benannten Potenziale können dies nicht leisten, aber dazu anregen.

Der Bildungsbegriff macht deutlich, das sich in dem Bestreben, Subjekt zu werden und eine Individualität auszubilden, das Menschsein entscheidet – daher die Hoffnungen, welche sich mit ihm verbinden, aber auch nahebei: die Hybris.

Von *Klafki* ist zu lernen, dass Bildung als didaktischer Vorgang auf die Vermittlung von Subjekt und Objekt zielt, die doppelseitige Erschließung von Wirklichkeit und Subjekt. Im Gegensatz zur neuhumanistischen Bildungsidee, die eine stabile und geordnete Welt voraussetzt, sehen wir heute deutlicher, dass diese Welt selbst vorläufig ist. Ja, dass sie verändert werden muss, um Zukunft zuallererst zu ermöglichen, und dass die Entwicklung des Subjektes sich in Vielfalt und mit Brüchen und Diskontinuitäten vollzieht.

Wenn *Henning Luther* im Nachdenken über den Menschen in der gegenwärtigen Gesellschaft dessen Existenz als Fragment versteht, so benennt er Spannungsverhältnisse, welche auch den Bildungsbegriff kennzeichnen. Das Subjekt ist gerade durch jene Institutionen gefährdet, welche seine Ausbildung und Entwicklung unterstützten sollen: Gesellschaft, Kultur und Tradition. *Luther* tritt für die Unabschließbarkeit der Identitätsentwicklung ein. Er möchte gegenüber einem Bildungsoptimismus, welcher seinen Blick nur nach vorne auf die Zukunft (Utopie) richtet, dazu nötigen, auch die Geschichte des Subjektes ernst zu nehmen. Zu ihr gehören auch die Verletzungen, die „Ruinen der Vergangenheit" (ders. 1992, 168). Dies ist ein wesentlicher Aspekt des Bildungsgedankens. Die Sehnsucht nach Utopie, das Prinzip Hoffnung, lässt sich nicht auf Dauer stellen. Stellt sich das Nachdenken über Bildung solchen Herausforderungen, dann öffnet es sich auch für Erfahrungen, wie *Luther* sie für den Glauben in Anspruch nimmt: die Unruhe, die Furcht, das Fremdsein.

Religion kommt hier als Grenzerfahrung in Bildungsprozessen in den Blick. Bildung thematisiert die Konstituierung von Subjektivität, aber auch die Erfahrung von gebrochener Identität, das Zerbrechen und die Nicht-Identität. Religion und Bildung verweisen aufeinander und Bildung „hält die Sehnsucht wach, dass die Ankunft des ganzen Menschen noch aussteht" (Pongratz 2001, 197).

Im Bildungsbegriff kommen polare Sachverhalte zu Sprache, welche dialektisch zusammenzuhalten sind und nicht einseitig auseinandergehen dürfen. Bildung ist das lebenslange ‚sich-selbstbilden' des Menschen in der Begegnung mit der Welt. In diesem Prozess verändern sich beide: das Subjekt und die Welt.

Standardisierungen und deren vergleichende Überprüfung wollen zu mehr Bildungsgerechtigkeit beitragen. Diese Praxis ist umstritten. Ein fruchtbares Thema im Überschneidungsfeld von Pädagogik und Theologie eröffnet sich: Bildungsgerechtigkeit. Die Unterscheidung von Anerkennungs- und Verteilungsgerechtigkeit führt hier weiter. Damit rückt der Vorgang der Anerkennung nicht nur in Erziehungsverhältnissen, sondern auch in seinem Beitrag zur Bildungstheorie, für die Reflexion der Subjektentwicklung, ins Blickfeld.

Bernhard Grümme hat aus katholischer Perspektive eine religionspädagogische Anthropologie vorgelegt und zuletzt das Bildungsthema zugespitzt auf das Menschenrecht auf Bildung. Auch für ihn liegt dem Bildungsbegriff eine spannungsvolle Doppelstruktur zugrunde: die „Spannung von indukativer und edukativer Dimension, von Vorgabe und Transformation, von Affirmation und Kritik" (ders. 2014, 103).

Zu guter Letzt sei nochmals die Frage nach der konfessionellen Schlagseite des Bildungsbegriffs thematisiert. *Ralf Koerrenz* (2013) hat „Bildung als protestantisches Modell" bezeichnet. Bildung hätte in der Zeit der Spätaufklärung keinen Ortswechsel vorgenommen, sondern wäre im Orte der Religion geblieben: als eine – auf den ersten Blick nicht erkennbare – Bewältigungsstrategie mit religiösen Hintergrund. Das Prinzip der Unmittelbarkeit des Menschen zu sich selbst, welches im Bildungsprojekt vorausgesetzt ist, verweist möglicherweise auf theologische Wurzeln. Das Verhältnis von Religion und Bildung wäre dann tiefergehend und intensiver als vermutet.

Literatur

Barth, Karl (1938), Evangelium und Bildung, Zollikon – Bednarz, Lars / Kühl-Freudenstein, Olaf / Munzert, Magdalena (Hg.) (2009), Religion braucht Bildung – Bildung braucht Religion. Festschrift für Horst F. Rupp, Würzburg – Biehl, Peter (1991), Erfahrung, Glaube und Bildung. Studien zu einer erfahrungsbezogenen Religionspädagogik, Gütersloh – Dörpinghaus, Andreas / Poenitsch, Andreas / Wigger, Lothar ([3]2009), Einführung in die Theorie der Bildung, Darmstadt – Grümme, Bernhard (2014), Bildungsgerechtigkeit. Eine religionspädagogische Herausforderung, Stuttgart – Humboldt, Wilhelm von (2002), Ideen zu einem Versuch, die Gränzen der Wirksamkeit des Staates zu bestimmen [1792], in: ders., Werke in fünf Bänden. Bd. 1: Schriften zur Anthropologie und Geschichte (hg. von Flitner, Andreas / Giel, Klaus), Darmstadt, 56-233 – Klafki, Wolfgang ([2]1991), Die Bedeutung der klassischen Bildungstheorien für ein zeitgemäßes Konzept allgemeiner Bildung, in: ders., Neue Studien zur Bildungstheorie und Didaktik. Zeitgemäße Allgemeinbildung und kritisch-konstruktive Didaktik, Weinheim, 15-41 – Koerrenz, Ralf (2013), Bildung als Kultur des Protestantismus, in: ders. (Hg.), Bildung als protestantisches Modell, Paderborn, 17-39 – Lämmermann, Godwin (1985), Religion in der Schule als Beruf. Der Religionslehrer zwischen institutioneller Erziehung und Persönlichkeitsbildung, München – Ders. (2005), Religionsdidaktik. Bildungstheologische Grundlegung und konstruktiv-kritische Elementarisierung, Stuttgart – Luther, Henning (1992), Religion und Alltag. Bausteine zu einer Praktischen Theologie des Subjektes, Stuttgart – Nipkow, Karl Ernst (1990), Bildung als Lebensbegleitung und Erneuerung. Kirchliche Bildungsverantwortung in Gemeinde, Schule und Gesellschaft, Gütersloh – Platzbecker, Paul (2013), Religiöse Bildung als Freiheitsgeschehen. Konturen einer religionspädagogischen Grundlagentheorie, Stuttgart – Pongratz, Ludwig (2001), Bildung, in: LexRP, 192-198 – Preul, Reiner (1980), Religion – Bildung – Sozialisation. Studien zur Grundlegung einer religionspädagogischen Bildungstheorie, Gütersloh – Rupp, Horst F. (1994), Religion – Bildung – Schule. Studien zur Geschichte und Theorie einer komplexen Beziehung, Weinheim

B3 – Erfahrung

Ulrich Kropač

Es dürfte nur wenige religionspädagogische Termini geben, deren Bedeutung regelmäßig durch eine geradezu superlativische Wortwahl gewürdigt wird, wie dies bei ‚Erfahrung' der Fall ist. So bezeichnete *Werner H. Ritter* Erfahrung als „religionspädagogische Grund- und Fundierungskategorie"; sie sei nicht weniger „als Zentrum und Angelpunkt, Ausgangspunkt und Zielpunkt der Religionspädagogik" (ders. 1989, 301). Nochmals steigernd formuliert er: „*Erfahrungen* sind […] in einem fundamentalen Sinn das ‚*Eigentliche'* und also die ‚*Gegenstände'* der *Religionspädagogik*. Andere haben wir nicht." (ebd., 319) Dass die gegen Ende der 1980er Jahre geäußerte Auffassung *Ritters* nicht Episode geblieben ist, belegen spätere Einschätzungen. So konnte *Peter Biehl* zu Beginn des 21. Jahrhunderts feststellen: „Seit Mitte der 70er Jahre ist Erfahrung *die Schlüsselkategorie der Religionspädagogik*." (ders. 2001, 421) *Bernhard Grümmes* Urteil einige Jahre später liegt auf derselben Linie. Er konstatierte, dass die gegenwärtige Religionsdidaktik der Erfahrung „einen nachgerade axiomatischen Rang" einräume: „In Konvergenz mit dem Prinzip der Subjektorientierung liegt in der Erfahrungsorientierung ihr zentrales inhaltliches wie formales Strukturprinzip und ihre integrale Zielbestimmung" (ders. 2007, 269). An dieser Hochschätzung von Erfahrung hat sich bis heute nichts geändert, auch wenn sich seit dem Jahr 2000 vermehrt kritische Stimmen zu Wort gemeldet haben. Diese fordern aber weniger eine Abolition als vielmehr eine alteritätstheoretische Revision des Erfahrungsbegriffs.

1 Profil

1.1 Strukturelemente von ‚Erfahrung'

Erfahrung „erschließt, strukturiert und ‚konstituiert' Wirklichkeit" (Ritter 1989, 158). In dieser knappen Formulierung wird das enorme Spektrum dessen verdichtet, was Erfahrung leistet. Demnach besteht ihre Funktion nicht nur darin, dem Subjekt eine ihm vorgängige Wirklichkeit zugänglich und durch die Einprägung von ordnungsstiftenden Kategorien fassbar zu machen, sondern auch darin, selbst Wirklichkeit hervorzubringen. Dieser komplexe Prozess lässt sich analytisch in verschiedene Strukturelemente aufgliedern (vgl. ebd., 184-189; Porzelt 2013, 90-92).

Die Grundkonstellation, aus der Erfahrung hervorgeht, ist, abstrakt formuliert, die *Begegnung* zwischen einem *Ich* und einem *Nicht-Ich*. Anders gesagt: Ein Subjekt trifft in einer bestimmten Situation auf einen Ausschnitt der inneren oder äußeren Welt. Diese Begegnung, die präziser als *Wider*fahrnis zu bezeichnen ist, weil sich die Realität als imponderabel, widerständig, ja gefährlich erweisen kann, spiegelt sich auf der sinnlich-psychischen Ebene in Form von Wahrnehmung und Erlebnis. Zu beidem steht das Subjekt in einem unmittelbaren, ganzheitlichen und unreflektierten Verhältnis.

Meist verlieren sich Erlebnisse im Strom der vielfältigen Eindrücke, denen Menschen täglich ausgesetzt sind. Wird allerdings ein Erlebnis vergegenwärtigt, bewusst gemacht und gedanklich verarbeitet, erlangt es den Status einer *Erfahrung*: „Erfahrung ist somit gedeutetes Erleben!" (Porzelt 2013, 91) Der Übergang vom Erlebnis zur Erfahrung wird also durch eine reflexive Leistung bewerkstelligt, die als Interpretation und Integration in einen größeren Deutungs- und Erfahrungshorizont zu charakterisieren ist. Damit kommt die *Sprache* ins Spiel. Ohnehin eng mit dem Denken verwoben, stellt sie das entscheidende Instrument dar, dem Erlebten eine Deutung zu geben und es mit Bedeutung zu versehen. Erst durch die Sprache wird ein zur Erfahrung geronnenes Widerfahrnis für das Subjekt geistig fassbar und zugleich intersubjektiv kommunikabel im Horizont einer bestimmten Sprach- und Kulturgemeinschaft.

Die Transformation eines Erlebnisses in eine Erfahrung geschieht vor dem Hintergrund von Deutungshorizonten. Die Summe der Lebenserfahrungen einer konkreten Person bildet den *individuellen* Deutungshorizont. Von ihm zu unterscheiden – aber nicht zu trennen – ist der *kollektive* Interpretationsrahmen, der geschichtliche und kulturelle Grunderfahrungen einer bestimmten Gesellschaft versammelt. In beiden Fällen kann der Deutungshorizont auch religiös imprägniert sein. Das Verhältnis zwischen Einzelerfahrung und Interpretationshorizont ist fließend: Wie ein Deutungsrahmen eine Einzelerfahrung ‚formatieren' kann, so vermag umgekehrt eine Einzelerfahrung den bislang existierenden Deutungsrahmen partiell oder – in seltenen Fällen – grundstürzend (‚vom Saulus zum Paulus') zu verändern.

1.2 Religiöse Erfahrung

Auf der Basis der bisher erarbeiteten Strukturelemente von ‚Erfahrung' ist es möglich, den Begriff der religiösen Erfahrung näher zu bestimmen. Eine Erfahrung wird zuallererst dadurch zu einer *religiösen*, dass sie in einen religiösen Deutungshorizont eingeordnet wird. Dies ist eine individuelle Leistung, die allerdings Teilhabe an tradierten kollektiven religiösen Deutungsmustern voraussetzt. In der Postmoderne ist vermehrt damit zu rechnen, dass der individuelle religiöse Deutungshorizont nicht mehr nur durch eine einzige religiöse Tradition geprägt wird, sondern an unterschiedlichen religiösen Überlieferungen partizipiert.

Biehl weist darauf hin, dass es noch weitere Merkmale gibt, die religiöse Erfahrungen von Alltagserfahrungen abgrenzen, ohne sie von diesen zu trennen (vgl. ders. 2001, 424f.). So beziehen sich religiöse Erfahrungen auf Grenzsituationen menschlichen Lebens (z.b. große Freude, intensives Glück, tiefes Leid). Sie haben erschließende Qualität: Auf die bisherigen Erfahrungen fällt ein neues Licht, eine neue Sicht der Wirklichkeit tut sich auf. Religiösen Erfahrungen ist ferner ein markanter Widerfahrnischarakter zu eigen, d.h., der betroffene Mensch erfährt die Unverfügbarkeit dessen, was auf ihn zukommt. In ihnen verbinden sich schließlich dialektisch Strukturen der Vergewisserung und der Verheißung, sodass religiöse Erfahrungen zugleich in die Vergangenheit zurück- und auf die Zukunft vorausweisen.

Von *christlichen* Erfahrungen ist da zu sprechen, wo das Gottesbild der christlichen Überlieferung und der gelebte Glaube christlicher Gemeinschaften den Referenzrahmen für religiöse Erfahrungen konstituieren.

1.3 Offenbarung und Erfahrung

In der Neuzeit avancierte der Offenbarungsbegriff zu einer umfassenden theologischen Kategorie, die es erlaubt, das Spezifikum des christlichen Glaubens im Gegenüber zu einem wissenschaftlich konfigurierten Weltbild herauszuarbeiten und systematisch zu erschließen. Abhängig von der Konzeption von Offenbarung bestimmt sich der Stellenwert von Erfahrung. Er ist gewissermaßen ein Schattenwurf des je herrschenden Offenbarungsmodells. Dies zeigt sich deutlich an den beiden folgenden Beispielen:

- Das *I. Vaticanum* begriff Offenbarung als eine autoritative göttliche Belehrung über übernatürliche Sachverhalte, der die Gläubigen unbedingten Glaubensgehorsam entgegenzubringen haben. In einem solchen instruktionstheoretischen Offenbarungsmodell sind menschliche Erfahrungen im Grunde irrelevant. Sie können allenfalls als Anknüpfungspunkte für Prozesse der Glaubensunterweisung herangezogen werden, ein legitimer theologischer Ort innerhalb des Offenbarungskonzepts kommt ihnen aber keinesfalls zu.
- Der reformierte Theologe *Karl Barth* wiederum grenzte Erfahrungen des Glaubens von allgemeinen Erfahrungen scharf ab. Glaubenserfahrung geschieht im unmittelbaren Betroffensein durch das Wort Gottes. Angerufen durch Gott soll der Mensch sich diese Bestimmung widerfahren lassen. Erfahrungen des Glaubens stehen quer zu allen übrigen menschlichen Erfahrungen. Letztere taugen weder als Kriterium für die Gewissheit der Gotteserkenntnis noch als Bewährungsinstanz für den Glauben.

Dass Begriff und Idee von Erfahrung in der Theologie und der Religionspädagogik tief verwurzelt sind und breit ausstrahlen, hat seine entscheidende Ursache in einem offenbarungstheologischen Paradigmenwechsel. Dieser bahnte sich sowohl in der katholischen als auch in der protestantischen Theologie etwa seit der

Mitte des 20. Jahrhunderts an und ist verbunden mit Namen wie *Karl Rahner, Paul Tillich, Gerhard Ebeling, Wolfhart Pannenberg, Eilert Herms, Eberhard Jüngel* und *Edward Schillebeeckx*. Zentral für deren Ansätze ist die Integration der Erfahrungsthematik. An diese systematisch-theologischen Entwürfe knüpfte die religionspädagogische Rezeption an.

2 Rezeption

2.1 Modelle einer Zuordnung von Glaube und Erfahrung

Zu Beginn der 1970er Jahre wurde die Erfahrungsthematik in der Religionspädagogik relativ unvermittelt aufgegriffen, und zwar fast gleichzeitig von katholischen und protestantischen Religionspädagogen, ohne dass dabei konfessionelle Differenzen besonders zu Buche geschlagen hätten. Ihren Höhepunkt erreichte die religionspädagogische Auseinandersetzung um eine Verhältnisbestimmung von Offenbarung bzw. Glaube und Erfahrung etwa zehn Jahre später. Ertragreicher als eine detaillierte Nachzeichnung der Chronologie dieser Entwicklung ist eine Systematisierung der unterschiedlichen Ansätze. Drei Grundtypen lassen sich unterscheiden (vgl. Ritter 1989, 197-259):

- *Disjunkte Modelle*: Hier liegt eine deutliche Trennung zwischen Glauben und Erfahrung vor. Glaube wird ausschließlich von der Offenbarung her verstanden, nicht aber mit Erfahrung in Verbindung gebracht, d.h., Überlieferung und Situation bzw. Glaube und Erfahrung stehen nebeneinander. Diese Zuordnung repristiniert im Grunde das traditionelle Schema einer Anknüpfung der Glaubensüberlieferung an die aktuelle Situation, nur dass der Pol ‚Situation' nun durch den Pol ‚Erfahrung' ersetzt wird. Vertreter dieser Konzeption waren *Karl Dienst, Heinz Schmidt* und *Fritz Weidmann*.
- *Relationale Modelle*: In solchen Modellen wird das Gegenüber von Glaube und Erfahrung durch einen positiven Zusammenhang zwischen beiden Größen abgelöst: Glaube konstituiert sich in, mit und unter Erfahrungen. Dies impliziert eine religionspädagogisch bedeutsame Neubewertung von Erfahrung. Gleichwohl bleiben ihr gegenüber gewisse theologische Vorbehalte, insofern zwar gedacht werden kann, dass sich Offenbarung und Glaube *in* Erfahrungen, nicht aber dass sie sich *als* Erfahrungen äußern. Relationale Modelle wurden von *Dietrich Zilleßen, Erich Feifel, Peter Jansen* und *Theodor Eggers* entworfen.
- *Integrierte Modelle*: Die volle theologische und religionspädagogische Nobilitierung von Erfahrung geschieht in Modellen, in denen sich Offenbarung bzw. Glaube und Erfahrung durchdringen. Das bedeutet, dass Offenbarung und Glaube *als* Erfahrung ausgelegt werden. So kann von Offenbarung gesagt werden, dass sie „in menschlichen Erfahrungen [geschieht], in denen sich ein

transzendenter, die Selbstverständlichkeiten unserer Welt überschreitender Sinn manifestiert und zugleich bejahend angenommen wird." (Rolinck 1986, 660) Glaube wiederum wird – mit *Jüngel* und *Ebeling* – als ‚Erfahrung mit der Erfahrung' gedeutet, d.h., er ist eine bestimmte Erfahrung in, mit und unter Welterfahrung. Glaube leitet sich von Erfahrungen her, Glaube greift aber auch auf neue Erfahrungen aus. Evangelischerseits legten *Karl Ernst Nipkow* und *Peter Biehl* integrierte Modelle vor, katholischerseits wurden und werden sie in der Korrelationsdidaktik realisiert.

In der Religionspädagogik beider Konfessionen hat sich, von Ausnahmen abgesehen, der dritte Typ durchgesetzt. In dieser Gestalt erlangte der Erfahrungsbegriff den Status einer *theologischen* Kategorie.

2.2 Erfahrungskritische Positionen

Im Jahr 2000 erschienen gleich zwei Publikationen, die massive Einwände, teils polemisch zugespitzt, gegen den religionspädagogischen Erfahrungsbegriff vorbrachten. Dabei stand weniger die Kritik an einem hypertrophen Gebrauch dieser Kategorie im Vordergrund, als vielmehr ein theologisch motivierter Protest gegenüber einem Normativitätsanspruch von Erfahrung, der nur das als Wahrheit gelten lässt, was „das Nadelöhr der Erfahrung passiert hat" (Lenhard 1996, 272). *Ulrike Greiner* machte das „Zauberwort" Erfahrung als „die ‚Crux' der ganzen Korrelationsdebatte" aus (dies. 2000, 266). Unter dem Eindruck der Philosophie der Andersheit des Anderen von *Emmanuel Lévinas* geht es *Greiner* um eine neue religionspädagogische Theorie der Fremdheitserfahrung und eine Differenzhermeneutik, deren erstes Ziel nicht das Verstehen, sondern das Ernstnehmen von Fremdheit und das Aushalten von Nicht-Verstehen ist. In Kontraposition zum etablierten religionspädagogischen Verständnis von Glauben als Erfahrung *mit* der Erfahrung begreift sie Glauben als Erfahrung *gegen* die Erfahrung (vgl. ebd., 267). Es ist die durch die Begegnung mit dem Fremden und Anderen ausgelöste Irritation, die überhaupt erst eine Öffnung auf Gott hin und von Gott her ermöglicht, welche „der neuzeitliche Erfahrungsbegriff verloren hat" (ebd., 271).

Noch stärker als *Greiner* schlug *Thomas Ruster* ins Kontor des religionspädagogischen Erfahrungsbegriffs. Er fordert eine Revision des „Erfahrungsdogma[s] der Religionspädagogik", weil „den Erfahrungen der Schülerinnen und Schüler [...] in einer christlichen Religionspädagogik nicht mehr zu trauen" (ders. 2000, 200) ist. Mit seiner scharfen Kritik an der fundamentalen Erfahrungsorientierung der Religionspädagogik intendiert *Ruster* aber nicht die Abschaffung der Erfahrungsthematik, sondern deren Neuausrichtung: Biblische Texte sind nicht nach der Maßgabe der von den Schüler/innen schon gemachten Erfahrungen zu vermitteln, sondern in ihrer ganzen Fremdheit zu exponieren (vgl. ebd.). Damit gewinnen die Schüler/innen Anteil an den in der Schrift verwahrten fremden Erfahrungen vom fremden Gott.

In die aufgebrochene Diskussion um den Erfahrungsbegriff schaltete sich 2007 *Bernhard Grümme* ein. Auch er erhebt Einwände gegenüber dem in der Religionspädagogik verwendeten Erfahrungsbegriff. Dieser sei „entgegen der eigenen Intention mehr von einer identitätsorientierten als einer differenzorientierten, stärker von einer monologischen als einer wahrhaft dialogischen Hermeneutik geleitet" (ders. 2007, 19). Um den diagnostizierten Mangel zu beheben, profiliert *Grümme* einen *alteritätstheoretischen* Erfahrungsbegriff. Dessen Leistung soll in erster Linie darin bestehen, den Widerfahrnischarakter von Erfahrung umfassend zu würdigen, was bedeutet, dass das Neue, Überraschende, Fremde, Unterbrechende und Fragmentarische im Erfahrungsgeschehen unverkürzt zur Geltung gebracht werden soll. Damit rückt *Grümme* Glaube und Erfahrung wieder deutlicher auseinander, ohne sie aber – wie *Ruster* – völlig zu isolieren.

Die drei genannten Positionen kommen darin überein, dass sie das Andere, das Fremde und schließlich auch Gott vor einem Zugriff einer identitätslogischen Einheitsvernunft schützen wollen. Fraglich bleibt aber, wie sich dieser gleichermaßen hohe wie berechtigte Anspruch didaktisch bis hin zur Unterrichtspraxis realisieren lässt.

3 Potenzial

Wie sehr ‚Erfahrung' zu einer Schlüsselkategorie in der Religionspädagogik geworden ist, zeigt sich darin, dass nahezu alle religionsdidaktischen Konzeptionen, Prinzipien und Ansätze nach der Ablösung des kerygmatischen Paradigmas – beginnend mit dem hermeneutischen Religionsunterricht bis hin zu performativen Theorien – unter einem erfahrungshermeneutischen Vorzeichen stehen. Dies hängt damit zusammen, dass der Begriff in vielfältiger Weise leistungsfähig ist (vgl. Rothgangel 2003, 26):

* *Theologisch* ermöglicht er Brückenschläge zu unterschiedlichen theologischen Disziplinen. Der Ursprung der Neubestimmung des Verhältnisses zwischen Offenbarung, Glaube und Erfahrung liegt in der Systematischen Theologie. Mit ihr bleibt die Religionspädagogik über den Erfahrungsbegriff verbunden. Soweit in der Exegese heute hermeneutische und methodische Ansätze diskutiert werden, die erfahrungssensibel sind, ergeben sich auch hier gemeinsame Arbeitsfelder.
* *Didaktisch* ist ‚Erfahrung' eine Erschließungskategorie von historischen und gegenwärtigen Erfahrungen sowie eine Vermittlungskategorie von Alltags-, Grund-, Grenz-, Transzendenz- und Glaubenserfahrungen. Aufgrund dieser Funktionen kann sie eine Basis für Lernprozesse legen, in denen Subjekt (Schüler/innen) und Objekt (Glaube und Religion) wechselseitig füreinander aufgeschlossen werden.

- *Empirisch* besteht ihre Qualität in einer Horizonterweiterung der Religionspädagogik für die faktische Situation ihrer Adressaten: Kinder, Jugendliche und Erwachsene. Deren Alltagserfahrungen und deren Vorstellungen von Glauben und Religion werden nun mit dem gesamten Repertoire empirischer Forschung erhoben und für religiöse Bildungsprozesse fruchtbar gemacht. Dies hat zu einer Fülle von religionssoziologischen Studien geführt und der Religionspädagogik überhaupt eine nicht mehr wegzudenkende empirische Kontur eingetragen.

- *Unterrichtspraktisch* hat ,Erfahrung' Formen ganzheitlichen Unterrichts begünstigt, in denen Schüler/innen mit ,Kopf, Herz und Hand' lernen. Ein differenzierter Erfahrungsbegriff (vgl. 1.1) macht aber darauf aufmerksam, dass ganzheitliches Lernen im Religionsunterricht nur dann sein Ziel erreicht, wenn es mit Hilfe von Reflexion über bloßes Erleben hinauskommt.

In jüngerer Zeit kristallisieren sich zwei weitere religionspädagogische Arbeitsfelder heraus, in denen der Erfahrungsbegriff sein Potenzial entfalten kann:

- Die fundamentale Aufgabe einer christlichen Religionspädagogik, den christlichen Glauben in pluraler Welt als bestimmte Wirklichkeitserfahrung anzubieten (vgl. Ritter 1989, 14f.), lässt sich *bildungstheoretisch* reformulieren. Im Bildungsmodell des *Deutschen PISA-Konsortiums* (2001, 21) erscheint Religion als ein spezifischer Modus der Welterschließung, auf den allgemeine Bildung nicht verzichten kann. Der religiöse Weltzugang kann Schüler/innen jedoch ohne Rückgriff auf ,Erfahrung' weder im Hinblick auf die Sache noch im Hinblick auf die Lernenden selbst transparent oder als zu wählende Option plausibel gemacht werden.

- Dass die kirchliche Bindung junger Menschen stark abnimmt, ist ein lange bekanntes Phänomen. Mühsamer hat sich die Erkenntnis durchgesetzt, dass dieser Rückgang nicht mit einer Preisgabe des Religiösen überhaupt gleichzusetzen ist (vgl. Kropač/Meier/König 2012). Für ,subjektive' Religiosität vermag ,objektive' Religion bedeutsam zu werden, allerdings nur in dem Maße, in dem junge Menschen diese *biografisch* verorten können. Damit wächst dem Erfahrungsbegriff sowohl in pastoralen als auch in religionspädagogischen Zusammenhängen neue Relevanz zu.

Trotz der überragenden Bedeutung des Erfahrungsbegriffs empfiehlt es sich, Religionspädagogik heute nicht als Theorie religiöser Erfahrung, sondern als Theorie religiöser Bildung zu konzipieren (vgl. Rothgangel 2003, 27). In dieser aber nimmt ,Erfahrung' den Status einer fundamentalen religionspädagogischen Kategorie ein.

Literatur

Biehl, Peter (2001), Erfahrung, in: LexRP, 421-426 – Deutsches PISA-Konsortium (Hg.) (2001), Pisa 2000. Basiskompetenzen von Schülerinnen und Schülern im internationalen Vergleich, Opladen – Greiner, Ulrike (2000), Der Spur des Anderen folgen? Religionspädagogik zwischen Theologie und Humanwissenschaften, Münster u.a. – Grümme, Bernhard (2007), Vom Anderen eröffnete Erfahrung. Zur Neubestimmung des Erfahrungsbegriffs in der Religionsdidaktik, Freiburg/Br. u.a. – Kropač, Ulrich / Meier, Uto / König, Klaus (Hg.) (2012), Jugend, Religion, Religiosität. Resultate, Probleme und Perspektiven der aktuellen Religiositätsforschung, Regensburg – Lenhard, Hartmut ([3]1996), Mit Schülerinnen und Schülern von Gott reden – eine unmögliche Aufgabe?, in: ders., Arbeitsbuch Religionsunterricht. Überblick – Impulse – Beispiele, Gütersloh, 269-280 – Porzelt, Burkard ([2]2013), Grundlegung religiöses Lernen. Eine problemorientierte Einführung in die Religionspädagogik, Bad Heilbrunn – Ritter, Werner H. (1989), Glaube und Erfahrung im religionspädagogischen Kontext. Die Bedeutung von Erfahrung für den christlichen Glauben im religionspädagogischen Verwendungszusammenhang. Eine grundlegende Studie, Göttingen – Rolinck, Eberhard (1986), Offenbarung/Erfahrung, in: HRPG, 654-661 – Rothgangel, Martin (2003), Religionspädagogik heute – Trends und Tendenzen, in: Lernort Gemeinde 21 (4/2003), 26-30 – Ruster, Thomas (2000), Der verwechselbare Gott. Theologie nach der Entflechtung von Christentum und Religion, Freiburg/Br. u.a. – Schillebeeckx, Edward (1980), Offenbarung, Glaube und Erfahrung, in: KatBl 105 (2/1980) 84-95 – Werbick, Jürgen (1989), Glaubenlernen aus Erfahrung. Grundbegriffe einer Didaktik des Glaubens, München

B4 – Korrelation

Burkard Porzelt

1 Profil

Im sozialwissenschaftlichen Sprachgebrauch bezeichnet ‚Korrelation' den statistisch quantifizierbaren Zusammenhang zwischen zwei Variablen. Scharf davon zu unterscheiden ist das Bedeutungsspektrum der Korrelationsvokabel in Theologie und Religionspädagogik. Nachdem sie – besonders durch *Paul Tillich* und *Edward Schillebeeckx* – als theologische Kategorie profiliert worden war, um die Eigenart religiöser Offenbarung zu beschreiben, behauptet sich ‚Korrelation' seit den 1970er Jahren – im katholischen Raum – als ebenso zentraler wie kontroverser Strukturbegriff der Religionspädagogik.

Tillich gebraucht den Korrelationsbegriff, um die Selbstbekundung Gottes mit der menschlichen Existenz zusammenzudenken, ohne (supranaturalistisch) die menschliche Immanenz oder (naturalistisch) die göttliche Transzendenz zu entwerten oder beide Größen (dualistisch) gegeneinander auszuspielen (vgl. ders. 1987, 79f.). Um Gott wie den Menschen gerecht zu werden, postuliert er ‚Korrelation' als Frage-Antwort-Relation zwischen Mensch und Gott (vgl. ebd., 75). Den Menschen als Fragenden und Gott als Antwortenden verstehend, sind „die im Offenbarungsereignis liegenden Antworten" für *Tillich* „nur sinnvoll, sofern sie in Korrelation stehen [...] mit existentiellen Fragen." (ebd., 76) Dies voraussetzend fordert er eine Theologie, welche die „menschliche Situation, aus der die existentiellen Fragen hervorgehen" (ebd.), ebenso ernstnimmt wie „die von der christlichen Botschaft gegebene Antwort." (ebd., 77) *Tillich* fasst somit sowohl Offenbarung als auch – ihr nachgehend – Theologie im Muster einer als ‚Korrelation' bezeichneten „gegenseitige[n] Abhängigkeit von Frage und Antwort" (ebd., 78).

Wie *Tillich* reflektiert auch *Schillebeeckx* die Bedingungen und Wege einer göttlichen Offenbarung. Er setzt voraus, dass sich Gott im Modus menschlicher Erfahrungen zu erkennen gibt: „‚Das Menschliche' ist Medium möglicher Gottesoffenbarung." (ders. 1990, 33). Inmitten menschlicher Geschichte treten dabei überlieferte Gotteserfahrungen in Relation zu stets neuen Gegenwartserfahrungen. In der Dualität von menschlicher Frage und göttlicher Antwort ist diese Begegnung nicht angemessen beschreibbar. Vielmehr verschränken sich überlieferte Glaubenserfahrungen und je neue Gegenwartserfahrungen in einem *wechsel*seitigen Prozess, den *Schillebeeckx* als ‚Korrelation' bezeichnet. ‚Korrelation' ist für ihn keineswegs nur Frage und Antwort, sondern eine reziproke Begegnung (vgl. ebd., 62), in der sich differente Erfahrungen ‚kritisch' auf die Probe stellen und ‚produktiv' auf Neues hin öffnen (vgl. ders. 1980, 94). Das wechselseitige Korrelationsverständnis von *Schillebeeckx* fasst Offenbarung als dynamisches Geschehen in der Zeit. Eine befreiende – und damit erst gottgemäße – Lebenspraxis vorausgesetzt (vgl. ders. 1990, 226f.), muss sich der überlieferte Gottesglaube in der Auseinandersetzung mit aktuellen Erfahrungen je neu bewahrheiten. Gelingt diese Bewährung, was keineswegs selbstverständlich ist (vgl. ebd., 49), dann prüfen und wandeln sich Glaube wie Gegenwart – und Gott wird neu erkennbar im Horizont überlieferter Erzählungen, Bilder, Riten und Argumente.

2 Rezeption

Gleich einem Paukenschlag etabliert der *Zielfelderplan für die Grundschule* von 1977 das Wort und die Sache einer wechselseitigen Korrelation in der Religionspädagogik. Einige Jahre zuvor klang die Korrelationsvokabel erstmalig im religionspädagogischen Zusammenhang bei *Wolfgang G. Esser* (1970) an, allerdings mit der Sinnspitze, einem einseitigen „Traditionsunterricht" einen gegenwartsnahen „Daseinsunterricht" zur Seite zu stellen. Ganz ohne Rekurs auf die Korrelationsvokabel formulierte *Peter Jansen* (1971) bahnbrechende Überlegungen zum „gleichen Stellenwert" (ebd., 21) von Glaubens- und Lebenserfahrungen. Weder das Wort noch

die Sache einer wechselseitigen Korrelation kennt schließlich der 1974 verabschiedete *Synodenbeschluss zum Religionsunterricht*, der durchgängig mit einem Frage-
Antwort-Schema operiert, um die Relation zwischen Schüler/innen und Christentum zu beschreiben. Dem Religionsunterricht weist dieses Dokument die Aufgabe
zu, die Schüler/innen für die Fraglichkeit des Daseins zu sensibilisieren und ihnen
gegenüber den christlichen Glauben als eine bewährte Antwortmöglichkeit zu plausibilisieren, die sie in eigener Freiheit annehmen, aber auch verwerfen können (vgl.
Porzelt 1999, 20-23). Trotz dieser Frage-Antwort-Logik bahnte der *Synodenbeschluss*
den Weg zum religionspädagogischen Korrelationsbegriff, zumal seine versprengte
Forderung, „der Glaube soll im Kontext des Lebens vollziehbar, und das Leben soll
im Licht des Glaubens verstehbar werden" (ebd., 136), nachträglich zur Stützung
des Korrelationsgedankens diente. Indem der *Synodenbeschluss* die Zentralität der
Schülererfahrungen herausstellt und zugleich einräumt, dass ebendiese Erfahrungen mit der Glaubenstradition konfligieren, wirft er die grundsätzliche Frage auf,
wie denn nun Glaube und Erfahrung einander zuzuordnen sind, damit beide sich
sinnvoll im Religionsunterricht begegnen können.

Das fraglich gewordene Verhältnis von Glaubenstradition und Gegenwartserfahrungen fokussiert der *Zielfelderplan für die Grundschule* von 1977. Ausgehend von
der Diagnose, dass sich Glaube und Erfahrung ‚entzweit' haben (vgl. Zentralstelle
Bildung 1977, 14), unterscheidet er mit rhetorischem Geschick drei idealtypi-
sche Reaktionen von Seiten des Christentums. Während das „Sich-Abgrenzen und
Beharren" (ebd., 15) die Selbst*isolation* und das „Kurzschlüssig Sich-Anpassen"
(ebd.) die Selbst*preisgabe* des christlichen Glaubens zur Folge hätte, sichere ausschließlich der dritte „Weg der ‚Korrelation'" (ebd., 16) eine Kommunikabilität
des christlichen Glaubens auch in nachchristlichem Kontext. Was ‚Korrelation'
bedeutet, erläutert der *Zielfelderplan* zunächst theologisch. Seit jeher teilt sich
Gott mit in menschlichen Erfahrungen – und nicht an diesen vorbei. Was Glauben ausmacht, ist somit „nicht irgendwann einmal fix und fertig vom Himmel
gefallen, sondern es wurde in einer langen Geschichte von Auseinandersetzungen
erarbeitet, erbetet und erlitten." (ebd. 17) Damit die in der Glaubenstradition
verdichteten Erfahrungen weiterwirken und neuen Glauben entfachen können,
bedarf es ihrer „Wechselbeziehung (Korrelation)" (ebd.) mit je aktuellen Erfahrungen. „Es muß also das Verhältnis von Offenbarung und Erfahrung nach dem
Modell eines dialogischen Geschehens gesehen werden, bei dem beide ‚Partner' in
ihrer jeweiligen Besonderheit und Eigenart zu Wort kommen und gewürdigt bleiben." (ebd., 16) Aus der theologischen Einsicht, dass sich Offenbarung und Glaube im Modus beständiger Korrelation vollziehen, zieht der *Zielfelderplan* didaktische Konsequenzen. Sollen Lehr- und Lernprozesse der Domäne von Glauben
und Religion gerecht werden, so müssen sie korrelativ strukturiert sein! Für den
Religionsunterricht bedeutet dies konkret, dass Glaubenstradition wie Gegenwart
„unter der Perspektive der Erfahrung beleuchtet und reflektiert" (ebd., 55) wer-

den, um sie in ein Gespräch zu verwickeln, das beider „unbedingte Freiheit und ‚Widerständigkeit'" (ebd., 18) achtet und darauf setzt, dass sie „sich gegenseitig gerade nicht nur bestätigen oder ausschließen, sondern schöpferisch in Bewegung bringen." (ebd.). Auch wenn er dieses Ideal nur schwerfällig zu operationalisieren vermag, entdeckt der *Zielfelderplan* den Korrelationsbegriff für die Religionspädagogik und umreißt einen korrelativen Unterricht, der durch doppelte Erfahrungsorientierung, wechselseitige Kommunikation, durch Achtung der Verschiedenheit und schöpferischen Elan gekennzeichnet ist. Als problematisch erwies sich, dass der *Zielfelderplan* das eigene Ideal eines wahrhaftigen Dialogs unterläuft, indem er die Glaubensüberlieferung gegen gegenwärtige Kritik abschirmt.

Die dergestalt ausgeblendete Autorität heutiger Erfahrungen im korrelativen Geschehen stand im Zentrum der *Brixener Tagung* von 1979, auf der auch *Schillebeeckx* referierte. Wird Korrelation als ein Dialoggeschehen verstanden, in dem sich zwei Partner *wechsel*seitig korrigieren und bereichern, so erschüttert dies notwendigerweise jeden fraglosen Superioritätsanspruch der Glaubenstradition gegenüber der Gegenwart: „Die Autorität der Tradition ist in der Theologie gesichert. Aber darf es auch umgekehrt gelten? Kann die Erfahrung die gebende und die Überlieferung die nehmende Seite sein? Das ist die Frage der Fragen. Es geht bei der Korrelationsfrage im engsten Sinn um den theologischen Stellenwert von Erfahrung und um die Veränderlichkeit der Glaubensüberlieferung" (Lange 1980, 152). Ob der Gegenwart gegenüber der Tradition ein genuiner Erkenntniswert zugesprochen wird, ließ sich in *Brixen* nicht konsensuell klären. Die bis heute höchst diffuse Verwendung der religionspädagogischen Korrelationsvokabel spiegelt wider, dass diese „Frage der Fragen" nach wie vor strittig ist. Somit aber besteht ein ungebrochener Dissens, ob ‚Korrelation' eine Strategie zur raffinierten Durchsetzung eines vordefinierten Wahrheitsanspruchs meint oder aber ein hermeneutisches Geschehen, in dem allen Beteiligten Wahrheitsfähigkeit und damit auch Recht auf Kritik eingeräumt wird. Die inhaltliche Schlüssigkeit dieser zweiten Lesart untermauert das kommunikationstheoretische Axiom, dass die Ebenbürtigkeit des Anderen die implizite Voraussetzung jeglichen kommunikativen Handelns darstellt. „Würde ich [...] nur so mit ihm reden wollen, daß er nicht ebenbürtig zum Zuge kommen kann, so schädige ich nicht nur ihn, sondern auch mich selber; denn ich bringe mich um jenen Partner, den ich doch suche, wenn ich überhaupt kommuniziere. Jede Kommunikation ist in sich ja bereits das Eingeständnis, daß ich ein Gegenüber brauche, um mich selber zu verwirklichen. Manipulativer Umgang mit dem anderen bringt mich daher in einen Widerspruch zu mir, zu meinen elementarsten Bedürfnissen." (Zerfaß 1987, 32)

Ungeachtet des aufgezeigten Dissenses gelangt der Korrelationsbegriff mit dem *Grundlagenplan für die Sekundarstufe I* von 1984 zu seiner bis heute klassischen – und viel zitierten – Ausformulierung. Was ‚Korrelation' bedeutet, entfaltet dieser *Grundlagenplan* aus theologischer, anthropologischer und didaktischer Perspektive. Wie schon der *Zielfelderplan* setzt auch der *Grundlagenplan* mit theologischen Überlegungen ein, um ein existenzielles Offenbarungsverständnis zu entfalten, demzufolge sich Gottes- und Welterfahrungen seit jeher „durchdringen" (Zentralstelle Bildung 1984, 241). In anthropologischer Optik bezeichnet ‚Korrelation' das für jegliches Verstehen konstitutive Wechselspiel zwischen Einzelerfahrung und Deutehorizonten. Dass überdies – wie schon im *Zielfelderplan* (vgl. dies. 1977, 21f., 60f.) – eine auf *Günter Lange* zurückgehende Hierarchisierung von empirischer, religiöser und christlicher Erfahrung referiert wird, deutet allerdings eher auf eine induktive denn auf eine korrelative Glaubenshermeneutik. Nachdem der *Grundlagenplan* ‚Korrelation' als theologisches und anthropologisches Prinzip ausgewiesen hat, erhebt er die unvermittelte Forderung, „im Religionsunterricht [...] eine kritische, produktive Wechselbeziehung herzustellen zwischen dem Geschehen, dem sich der überlieferte Glaube verdankt, und dem Geschehen, in dem Menschen heute [...] ihre Erfahrungen machen" und damit „*Korrelation als didaktisches Prinzip*" zu verwirklichen (dies. 1984, 242). Bar jeglicher Beachtung der Gegebenheiten von Lehren und Lernen wird somit – analog zum *Zielfelderplan* – ‚Korrelation' als didaktische Norm verordnet. Diese Norm ausbuchstabierend, beschreibt der *Grundlagenplan* ‚Korrelation' unmissverständlich als ein ebenbürtiges Geschehen. Dessen Urmoment ist – wie schon bei *Schillebeeckx* – die „kritische, produktive Wechselbeziehung" (ebd.). Zeitgerechter Religionsunterricht baut demnach auf eine ernsthafte Begegnung von Tradition und Gegenwart, die das Recht auf gegenseitige Prüfung einschließt. Leitend ist der Optimismus, dass dieses Gespräch für alle Beteiligten fruchtbar ist. Indem sie sich radikal aufeinander einlassen, können sie aneinander wachsen, ohne ihre Identität preiszugeben. Orientiert an der Norm eines idealen Gespräches umschreibt der *Grundlagenplan* ‚Korrelation' als einen „Interpretationsvorgang, in dem sich zeigt, daß Gegenwartserfahrung und Glaubensüberlieferung sich gegenseitig etwas zu sagen haben, sich befragen, sich anregen. Eine Korrelation entdecken, erproben, herstellen heißt also, einen Prozeß der wechselseitigen Durchdringung zwischen Glaubensüberzeugungen und Lebenserfahrungen in Gang setzen; dieser Prozeß setzt seinerseits neue Erfahrungen frei und läßt Glauben und Leben in eine neue Beziehung zueinander treten." (ebd., 243).

Während die evangelische Religionspädagogik den Korrelationsterminus bis dato – von wenigen Ausnahmen (z.B. *Werner H. Ritter* oder *Carsten Gennerich*) abgesehen – kollektiv ignoriert, was maßgeblich seiner schöpfungstheologischen Grundierung geschuldet sein mag, und während die Korrelationsvokabel inzwischen in offiziellen Dokumenten der katholischen Kirche gemieden wird, wohl weil sie die Kritisierbarkeit der Glaubenstradition nahelegt, bildet ‚Korrelation' für die katholische Religionspädagogik seit den 1980er Jahren einen trügerischen Identitätsmarker. Hatten *Zielfelder-* wie *Grundlagenplan* unter dem Label der ‚Korrelation' einer reziprok-kritischen Glaubenshermeneutik den Weg gebahnt, so verbindet den nachfolgenden, inflationären Wortgebrauch lediglich der minimale Nenner einer – wie auch immer gearteten – Erfahrungsorientierung (vgl. Englert 2011, 298f.). Seinem inhaltlichen Profil enteignet, wirkt der Korrelationsterminus bis heute weithin als religionspädagogisches Sedativum, das grundlegende Dissense verschleiert.

Die inhaltliche Spur des religionspädagogischen Korrelationsbegriffes aufnehmend, formulieren *George Reilly* (1993) und *Rudolf Englert* (1993) gewichtige Anfragen. *Reilly* kritisiert dessen theologische Schlagseite, die am *Zielfelder-* wie *Grundlagenplan* ablesbar ist. Ohne Reflexion auf Bedingungen, Möglichkeiten und Ziele konkreten Lehrens und Lernens deduzieren beide Dokumente das didaktische Korrelationsprinzip aus binnentheologischen Überlegungen. Damit aber sei das Scheitern einer korrelativen Unterrichtspraxis besiegelt. Neben der Theologie sind pädagogische, didaktische und empirische Erkenntnisquellen unabdingbar, um die korrelative Idee in einer Weise um- und auszubuchstabieren, die mit der Inszenierung realer Lehr- und Lernprozesse ineins geht. Nicht die innere Schlüssigkeit dieser Idee, sondern deren geschichtliche Passung problematisiert *Englert* (1993). Fruchtbar in ein Gespräch mit der christlichen Glaubenstradition treten könne nur, wer mit deren Aktualisierung in gemeinschaftlicher Lebenspraxis vertraut ist. Da ebendiese Verstehensbedingung in posttraditionalem Kontext kaum mehr gegeben sei, verlöre der christliche Glaube ganz generell seine inhaltliche Kommunikabilität. Auch die Korrelation laufe somit als „das ‚beste Konzept zur falschen Zeit‘“ (ebd., 102) ins Leere, weil sie die Bedingungen ihrer eigenen Realisierung nicht herstellen könne.

Dreh- und Angelpunkt der folgenden Auseinandersetzungen ist die Frage, wie der Korrelationsbegriff jenseits einer vagen Religionszuschreibung, die sich als obsolet erwiesen hat (vgl. Tiefensee 2008), in theologisch wie hermeneutisch schlüssiger, zeitgerechter und didaktisch tatsächlich konkretisierbarer Weise gefasst werden kann. Das Modell der *abduktiven Korrelation* (vgl. Prokopf/Ziebertz 2000) verneint einen Hiatus zwischen christlicher Überlieferung und heutigen Lebensdeutungen, indem es deren latente Verwobenheit postuliert, die es didaktisch „aufzudecken" (ebd., 37) gelte. Dagegen besinnt sich das Modell der *respektierenden Konfrontation* (vgl. Porzelt 1999) auf das ‚tertium comparationis‘ grundmenschlicher Erfahrungen als Basis eines wechselseitigen Dialogs zwischen Glaubenstradition und Gegenwart. Den christlichen Glauben selbst als – auf Gott als Grund und Ziel des Daseins ausgreifende – ‚Erfahrung mit der Erfahrung‘ (vgl. Schillebeeckx 1990, 48f.) verstehend, bezeichnet ‚Korrelation‘ hier einen vielstimmigen Dialog, in dem säkulare und religiöse Wirklichkeitsdeutungen in ihrer Differenz zur Geltung kommen, um von den Lernenden in ihrer Plausibilität für die eigene Lebensbewältigung erprobt zu werden.

3 Potenzial

Im Sinne eines wechselseitig-kritischen Erfahrungsdialogs und nicht als Aller-
weltswort oder gar als Verschleierung bloßer Gegenwartsanknüpfung ist ‚Korrelation' als urtheologischer Begriff anschlussfähig an philosophische Hermeneutik,
Diskurstheorie und die Idee einer Bildung als „doppelseitige[r] Erschließung"
(Klafki 1959, 410) von Subjekt und Sache. So gefasst, eröffnet der Korrelationsbegriff Räume, um die fremde und befremdliche Gottesbotschaft authentisch zur
Sprache zu bringen und zugleich die eigenen – zumeist säkularen – Lebensdeutungen heutiger Menschen zu respektieren. ‚Korrelation' als ernsthaftes und offenes Dialoggeschehen zu denken und ebenso tatkräftig wie fantasievoll zu ermöglichen (vgl. Porzelt 2012), würde der christlichen Überlieferung ebenso gerecht wie
der Jetztzeit. Insofern sich weder der Prozess noch die Resultate eines korrelativen
Lehr- und Lerngeschehens vorausbestimmen lassen, gestaltet sich korrelative Didaktik als riskante Herausforderung. Sie anzunehmen und zu bestehen lohnt gerade heute, wo zumindest von katholischer Seite versucht wird, unter der Flagge
einer verengten ‚Kompetenzorientierung' zur „Weltlosigkeit" eines „einseitig auf
Themen der dargebotenen religiösen Tradition" (Jansen 1971, 19) fixierten Unterrichts zurückzulenken.

Literatur

Englert, Rudolf (1993), Die Korrelationsdidaktik am Ausgang ihrer Epoche. Plädoyer für
einen ehrenhaften Abgang, in: Hilger, Georg / Reilly, George (Hg.), Religionsunterricht
im Abseits? Das Spannungsfeld Jugend – Schule – Religion, München, 97-110 – Englert, Rudolf (2011), Bloß Moden oder mehr?, in: KatBl 136 (4/2011) 296-303 – Esser,
Wolfgang G. (1970), Religionsunterricht = Traditionsunterricht? Daseinsunterricht in
Korrelation, in: ders. (Hg.), Zum Religionsunterricht morgen. Perspektiven künftiger Religionspädagogik, München – Wuppertal, 212-236 – Gemeinsame Synode der Bistümer in
der Bundesrepublik Deutschland (1976), Beschluß: Der Religionsunterricht in der Schule,
in: Bertsch, Ludwig u.a. (Hg.), Gemeinsame Synode der Bistümer in der Bundesrepublik
Deutschland. Beschlüsse der Vollversammlung. Offizielle Gesamtausgabe I, Freiburg/Br.
u.a., 123-152 – Jansen, Peter (1971), Zur Begründung des situativen Religionsunterrichts,
in: ders. (Hg.), Erfahrung und Glaube. Handreichung zu einem Lehrplan für den katholischen Religionsunterricht an Grundschulen, Zürich u.a., 12-21 – Klafki, Wolfgang
(1959), Kategoriale Bildung. Zur bildungstheoretischen Deutung der modernen Didaktik, in: ZfP 5 (4/1959) 386-412 – Lange, Günter (1980), Zwischenbilanz zum Korrelationsprinzip, in: KatBl 105 (2/1980) 151-155 – Porzelt, Burkard (1999), Jugendliche
Intensiverfahrungen. Qualitativ-empirischer Zugang und religionspädagogische Relevanz,
Graz – Ders. (2012), Geborgen nach dem Tod? Konkretionen korrelativer Didaktik, in:
Regensburger RU-Notizen 32 (2/2012) 16-20 – Prokopf, Andreas / Ziebertz, Hans-Georg
(2000), Abduktive Korrelation – eine Neuorientierung für die Korrelationsdidaktik?, in:
RpB 44/2000, 19-50 – Reilly, George (1993), Süß, aber bitter. Ist die Korrelationsdidaktik
noch praxisfähig?, in: Hilger, Georg / Reilly, George (Hg.), Religionsunterricht im Abseits?

Das Spannungsfeld Jugend – Schule – Religion, München, 16-27 – Schillebeeckx, Edward (1980), Erfahrung und Glaube, in: CGG 25, 73-116 – Ders. (1990), Menschen. Die Geschichte von Gott, Freiburg/Br. u.a. – Tiefensee, Eberhard (2008), Die Frage nach dem „homo areligiosus" als interdisziplinäre Herausforderung, in: Dirscherl, Erwin / Dohmen, Christoph (Hg.), Glaube und Vernunft. Spannungsreiche Grundlage europäischer Geistesgeschichte, Freiburg/Br. u.a., 210-232 – Tillich, Paul (1987), Systematische Theologie I/II, Berlin – New York – Zentralstelle für Bildung der DBK (Hg.) (1977), Zielfelderplan für den katholischen Religionsunterricht in der Grundschule. Teil I: Grundlegung, München – Dies. (Hg.) (1984), Lernfelder des Glaubens. Grundlagenplan für den katholischen Religionsunterricht im 5.-10. Schuljahr. Revidierter Zielfelderplan, München – Zerfaß, Rolf (1987), Grundkurs Predigt 1. Spruchpredigt, Düsseldorf

B5 – Hermeneutik

Franz W. Niehl

1 Profil

1.1 Das kulturelle Erbe und sich selbst verstehen – Stichworte zur allgemeinen Hermeneutik

Hermeneutik (von griech. ἑρμηνεύειν – übersetzen) ist ursprünglich die Lehre von der sachgerechten Auslegung maßgeblicher Texte (klassische Überlieferungen, Bibel, Gesetze, Urkunden). In der späten Neuzeit – und besonders im 20. Jahrhundert – wird der Begriff erheblich erweitert: *Martin Heidegger* und *Hans-Georg Gadamer* (1965) entwerfen geradezu eine hermeneutische Anthropologie. Verstehen ist nun der universale Dialog zwischen den Symbolen, Bildern und Texten der kulturellen Tradition und den Erkennenden. In diesem Dialog konstituiert sich das Verhältnis des Menschen zu sich selbst, zu den Anderen und zur Welt. Das historisch verfasste Verstehen stellt sich dabei heraus als Prozess einer doppelten Verwandlung: Im Gespräch mit der Überlieferung ändern sich nämlich Vor- und Selbstverständnis des Rezipienten. Durch die Wirkungsgeschichte ändert aber auch die Überlieferung ihren Charakter: Sie gewinnt Bedeutungen, die sie in der Entstehungssituation nicht hatte.
Nach *Paul Ricœur* (1974) lassen sich dabei zwei Zugangsweisen unterscheiden: Die *Hermeneutik des Einverständnisses* geht davon aus, dass kulturelle Traditionen Einsichten und Haltungen überliefern, die Zustimmung verdienen. Dagegen un-

terstellt die *Hermeneutik des Verdachts*, dass hinter dem unmittelbar Sichtbaren das Verborgene und Eigentliche liegt, etwa vertuschte Interessen und Herrschaftsansprüche.

Der universalistische hermeneutische Weg verliert seit den 1970er Jahren an Geltung. Den Anfang der Korrektur machte *Jürgen Habermas*, der betonte, dass Verstehen ein Verständigungsprozess sei, der immer gesellschaftlich verfasst ist. Deshalb könne Verstehen auch verfälscht werden durch Interessen, Machtverhältnisse und unbewusste Deformationen. Anzustreben sei daher ein herrschaftsfreier Diskurs, der idealerweise zu verantwortlicher Konsensbildung führe.

1.2 Wie können wir das Wort Gottes verstehen? –
Stichworte zur theologischen Hermeneutik

Das junge Christentum musste ein schwieriges Problem lösen: Wie lässt sich eine systematische christliche Theologie, die sich an Erlösungsvorstellungen der (neu-)platonischen Philosophie orientiert, mit den Überlieferungen der Bibel verknüpfen? Gestützt auf *Origenes* und *Johannes Cassianus* begründete *Augustinus* die Lehre vom vierfachen Schriftsinn, die schulbildend blieb für die mittelalterliche Exegese. Er erklärt, „man müsse im Bibeltext unterscheiden, was er an Ewigem nahelegt, an Geschehenem erzählt, an Zukünftigen voraussagt, an Gesolltem vorschreibt." (Flasch 2003, 307)

Damit wurden die Weichen gestellt für eine Bibelauslegung, die bis ins 20. Jahrhundert hinein nachwirkte. Hermeneutisch folgenreich sind dabei zwei Merkmale: (1) Die narrative Tradition der Bibel wird eingegliedert in philosophische Denkmuster. Dabei wird das Unbegriffliche, d.h. Metaphern, Erzählungen, Gleichnisse, Mythen usw., – verlustreich – konvertiert in begriffliche Kategorien. (2) Biblische Texte verlieren ihren Eigenwert. Erst durch die Lehre der Kirche, also durch dogmatische Glaubensaussagen, gewinnt die Bibel ihre Bedeutung. Nach diesem Vorverständnis hat die Bibel vor allem die (pädagogische) Aufgabe, die Wahrheiten des Glaubens zu veranschaulichen.

Vor diesem Hintergrund wird das lebhafte Echo verständlich, das *Martin Luthers* Schlachtruf *Sola scriptura!* auslöst. *Luther* will die Bibel aus der Vormundschaft des Dogmas befreien und er will den Gläubigen einen unverstellten Zugang zum Wort Gottes eröffnen. Unter dem Einfluss der Aufklärung geht die protestantische Theologie einen entscheidenden Schritt weiter: Die Bibel wird jetzt als historisch gewachsenes Buch gelesen, das nach den Methoden der Literaturwissenschaft erforscht werden soll, damit die ursprüngliche Aussageabsicht der biblischen Autoren rekonstruiert werden kann. So entwickelt sich das differenzierte Instrumentarium der historisch-kritischen Exegese, das auch die katholische Kirche – nach beschämendem Abwehrkampf – seit der Mitte des 20. Jahrhunderts akzeptiert. Seit den 1960er Jahren wird die Bibelarbeit erweitert durch kontextuelle Bibelauslegungen, etwa (tiefen-)psychologische, politisch-soziale, feministische, sozial-geschichtliche, wirkungsgeschichtliche und interaktionale.

Das Glück einer so differenzierten und zugleich weithin anerkannten Hermeneutik müssen andere Disziplinen der Theologie leider entbehren. Vielleicht hat sich aber auch der Problemhorizont verschoben. Die Theologie befindet sich heute insgesamt in einem Prozess wachsender Differenzierung und Pluralisierung (vgl. Häring 2005). Eine theologische Hermeneutik sollte dabei Lösungen für drei Probleme suchen: Wie kann zwischen den theologischen Wissenschaften ein ertragreicher und möglichst herrschaftsfreier Lernprozess gelingen? Wie kann angesichts der Globalisierung der Dialog mit fremden Kulturen und Religionen gefördert werden? Und nicht zuletzt: Wie gelingt es, jene Sprachformen zu finden und jene Übersetzungsprozesse zu leisten, die theologische Einsichten in einer profan denkenden Kultur vernehmbar und diskursfähig machen? (vgl. ebd., 278f.)

Eine neue hermeneutische Konstellation entsteht ja in dem Augenblick, in dem ein Teil der Gesellschaft – auch der Christen – Abschied genommen hat von einer supranaturalen Weltdeutung. Das hermeneutische Axiom lautet dann: Es gibt nur innerweltliche Phänomene, die auch nur innerweltlich interpretiert werden können. Die theologischen Disziplinen hätten dann die anspruchsvolle Aufgabe, Aussagen, die in einem metaphysischen bzw. theozentrischen Weltbild beheimatet waren, anthropozentrisch, und damit innerweltlich, zu interpretieren. Glaubensüberlieferungen werden dadurch zu einem Element der geschichtlichen Selbstauslegung des Menschen.

2 Rezeption

Hermeneutische Fragen lagen eher im Aufmerksamkeitsschatten der Religionspädagogik, dennoch sind einige markante Stimmen zu nennen.

Eine Pionierleistung gelingt *Günter Stachel*, der schon 1967 die Hermeneutik *Gadamers* zum Angelpunkt seiner Bibeldidaktik macht (vgl. Stachel 1967). Er läutet darin den katholischen Abschied von einem dogmatisch-kerygmatischen Bibelunterricht ein.

Hubertus Halbfas und *Peter Biehl* haben seit den 1980er Jahren die Symboldidaktik begründet. Dabei bezieht sich *Biehl* ausdrücklich auf hermeneutische Einsichten von *Ricœur*. Das Fazit daraus lautet: „An der Symbolinterpretation wird [...] exemplarisch deutlich, dass es den kurzen Weg unmittelbarer Selbsterkenntnis nicht geben kann; es gibt nur den langen Weg der Vermittlung durch Zeichen, Symbole und Texte. [...] Sich verstehen bedeutet, sich *vor* den Zeichen, Symbolen und Texten zu verstehen. Sie eröffnen dem Selbst eine Welt, in die hinein es sich entwerfen kann." (Biehl 1991, 149f.)

Den Pluralismus der Auslegungen demonstriert *Horst Klaus Berg* in seinem weithin beachteten Werk „Ein Wort wie Feuer" (1991). In dreizehn Auslegungsmodellen umkreist er die Erzählungen von Kain und Abel und von der Heilung des Besessenen von Gerasa. Er präsentiert damit eine Vielfalt zeitgenössischer Zugangsweisen zur Bibel und legt so das Fundament für ein integratives Konzept, dessen Ziel die erfahrungsbezogene Auslegung der Bibel ist.

Einsichten am Ende der 1980er Jahre bündelt die Aufsatzsammlung „Praktisch-theologische Hermeneutik. Ansätze – Anregungen – Aufgaben" (Zilleßen u.a. 1991), eine Fundgrube, deren Anregungsreichtum kaum überschätzt werden kann. Deutlich wird auch, dass hermeneutische Fragen binnentheologische Klärungen weit überschreiten. Der Austausch mit benachbarten Wissenschaften, aber auch mit Musik, Kunst, Literatur und modernen Medien muss gesucht werden, wenn eine theologische Hermeneutik welthaltig und gegenwartsgerecht sein soll.

„Verstehen lernen" lautet der Titel eines Sammelbandes, der Grundfragen der Hermeneutik wieder aufgreift (Müller/Dierk/Müller-Friese 2005). Das Buch argumentiert praxisnah und vertritt dabei eine vermittelnde Position in hermeneutischen Streitfragen. In einem zusammenfassenden Beitrag umreißt *Peter Müller* die hermeneutische Leitvorstellung: Es geht darum, „in einen Verstehensprozess einzutreten, der intuitives Verstehen ebenso einschließt wie methodisch überprüfbare Klärungsschritte und der zugleich in der Lage ist, diese Klärungsschritte kritisch zu betrachten und – wo es nötig ist – weiterzuentwickeln" (ders. 2005, 219). Nach diesem Ansatz wird hermeneutische Kompetenz fächerübergreifend erworben in der methodisch reflektierten Arbeit mit Texten und anderen Lebensäußerungen. Endgültige Ergebnisse werden dabei nicht angestrebt, weil alles Verstehen fragmentarisch bleibt.

3 Potenzial

Die Glanzzeit der hermeneutischen Debatten liegt hinter uns; geblieben sind aber einige unerledigte Aufgaben. Und vielleicht helfen aus heutiger Sicht drei praktische Fragen weiter:

(1) *Wie kann das Verstehen des Verstehens gelehrt und gelernt werden?* Konkreter: Wie kann im Religionsunterricht bewusst gemacht werden, welcher hermeneutische Weg und welcher Auslegungshorizont die Interpretation geleitet haben? Dabei sollten Argumentationsmuster transparent werden: Wie haben wir jetzt gedacht? Auf welchen Wegen sind wir zu unseren Denkergebnissen gekommen? Ideal wäre es, wenn Schüler/innen altersgemäß und milieugerecht dabei Grundbegriffe des Interpretierens lernen könnten (z.B. identifikatorische versus analytische Lektüre; supranaturale versus existentiale, theologische versus anthropologische

Auslegung; erfahrungsbezogen-biographische, psychologische; politisch-soziale, feministische Kontexte).

(2) *Wie kann im Religionsunterricht die ‚hermeneutische Illusion' vermieden werden?* Wer beispielsweise den Mythos von der Vertreibung aus dem Paradies interpretiert, vollbringt eine bemerkenswerte kognitive Leistung. Deshalb hält er die Auslegung – also das Ergebnis seiner Mühe – für wertvoll. Psychologisch gesehen ist die Auslegung für ihn jetzt wertvoller als die biblische Mythe. Ein Zweites kommt hinzu: Wer eine Deutung für einen Text gefunden hat, liest danach den Text durch die Brille dieser Deutung. Der Text und die Deutung werden füreinander plausibel. Aus diesen Prozessen erwächst die hermeneutische Illusion, nämlich die Überzeugung, man stehe über der (biblischen) Erzählung, man besitze sie endlich, weil man sie ja verstanden hat. Was geschieht aber tatsächlich bei der Auslegung eines Textes? Durch die Interpretation wird ein uneindeutiger Text in einen eindeutigen Text überführt, aus einem polyvalenten wird ein monovalenter, aus einem mehrdimensionalen ein eindimensionaler Text. Zugleich wird aus einem anschaulichen ein abstrakter Text. Somit bedeutet jede Auslegung eine qualitative Reduktion, denn Symbole, literarische Texte und Bilder sind größer als ihre Interpretationen! Daraus folgt: Die Begrenztheit jeder Auslegung sollte den Lehrenden und Lernenden bewusst sein und das Unterrichtsklima prägen. Praktisch kann das auch heißen, dass der Übergang vom Unbegrifflichen ins Begriffliche deutlich markiert wird. Ein weiteres Heilmittel ist das ‚umkreisende Verstehen'. Dabei wird eine Auslegung durch (mindestens) eine weitere, konkurrierende ergänzt und relativiert (vgl. Niehl 2006, 127f.). Und nicht zuletzt sollten immer wieder die offen gebliebenen Fragen in Erinnerung gerufen werden.

(3) *Wie kann reflektierter Umgang mit Pluralität gelehrt und gelernt werden?* Die Wahrnehmung der Pluralität beginnt mit der weit reichenden Einsicht, dass die Lehrenden und die Lernenden häufig mit unterschiedlichen Vorverständnissen in die Erkenntnisprozesse eintreten: Was geschieht, wenn die Lehrenden die Inhalte aus kirchlich-theologischem Erkenntnisinteresse verstehen, während die Lernenden profan-erfahrungsbezogen denken? Was geschieht, wenn die Lehrenden ihre Interpretation zur Norm erheben und die Lernenden nötigen, diese Interpretation zu übernehmen? Wenn im Unterricht Positionen sichtbar werden, die einander widersprechen, sollte die Frage gestellt werden: Warum kommt A zu einer anderen Deutung als B? Dann kann (kognitiv) rekonstruiert werden, warum der Andere anders denkt. Geht man davon aus, dass die Aufklärung eine irreversible Wasserscheide des europäischen Denkens bleibt, dann ist es darüber hinaus notwendig, dass die Lernenden Wege zu theozentrischen und zu anthropozentrischen Auslegungen in gleicher Qualität kennenlernen. Beispielsweise können an einem repräsentativen Dokument der Glaubensüberlieferung (Bibeltext, Glaubensaussage, Bild, ...) theologische und anthropologische Deutungen parallel erarbeitet

werden. Dann sollten die Ergebnisse verglichen werden und die Erkenntniswege und die Überzeugungskraft der jeweiligen Deutung diskutiert werden.

Dabei könnte ein geradezu utopisches Ziel des Religionsunterrichts angestrebt werden: die ‚religiöse Mehrsprachigkeit‘. Falls nämlich der Glaubenssatz der Postmoderne stimmt, dass die ‚großen Erzählungen‘ sich erschöpft haben, ist die Fähigkeit hilfreich, von einem Auslegungsmodell in ein anderes zu wechseln und den Gewinn oder den Verlust des einen wie des anderen einzuschätzen. Also: Was bringt es, wenn ich im Mythos bleibe? Welchen Ertrag zeigt eine supranaturale Sicht? Was gewinnen wir, wenn wir anthropozentrisch argumentieren? Freilich behält auch die Postmoderne nicht das letzte Wort. Längst beschäftigen uns neue Fragen: Was heißt Verstehen der Anderen angesichts der Globalisierung? Woran scheitert und wann gelingt der Dialog zwischen den Religionen und Kulturen?

Wenn Lernwege der Pluralität didaktisch und methodisch gesichert sind, verlangt eine neue Frage Aufmerksamkeit: Wie kann Verbindlichkeit entstehen angesichts der Meinungs- und Methodenvielfalt? Die hermeneutische Klärung, ob eine Interpretation angemessen oder unangemessen ist, genügt dann keineswegs. Vielmehr müssen jetzt übergeordnete Setzungen ins Spiel kommen, die das erkenntnisleitende Interesse benennen und die dadurch ein Urteil über den Wert von Überlieferungen und Interpretationen ermöglichen: Welche Auslegungen fördern Autonomie und Freiheit der Lernenden? Was unterstützt den Respekt vor dem Andern? Was macht empfänglich für Leiden und Unrecht? Was stärkt die Fähigkeit, sich selbst anzunehmen und den andern zu lieben?

Literatur

Berg, Horst Klaus (1991), Ein Wort wie Feuer. Wege lebendiger Bibelauslegung, München – Stuttgart – Berensmeyer, Ingo (2010), Methoden hermeneutischer und neohermeneutischer Ansätze, in: Nünning, Vera / Nünning, Ansgar (Hg.), Methoden der literatur- und kulturwissenschaftlichen Textanalyse, Stuttgart – Weimar, 29-50 – Böhl, Meinrad / Reinhard, Wolfgang / Walter, Peter (Hg.) (2013), Hermeneutik. Die Geschichte der abendländischen Textauslegung von der Antike bis zur Gegenwart, Wien – Biehl, Peter (1991), Symbole geben zu verstehen. Zur praktisch-theologischen Bedeutung der Symbolhermeneutik Paul Ricœurs, in: Zilleßen u.a. 1991, 141-160 – Flasch, Kurt (³2003), Augustin. Einführung in sein Denken, Stuttgart – Gadamer, Hans-Georg (²1965), Wahrheit und Methode. Grundzüge einer philosophischen Hermeneutik, Tübingen – Häring, Hermann (2005), Theologie / Disziplinen, in: NHthG 4, 273-282 – Hörisch, Jochen (1988), Die Wut des Verstehens, Frankfurt/M. – Müller, Peter (2005), Hermeneutische Kompetenz, in: ders. / Dierk / Müller-Friese 2005, 221-226 – Müller, Peter / Dierk, Heidrun / Müller-Friese, Anita (2005), Verstehen lernen. Ein Arbeitsbuch zur Hermeneutik, Stuttgart – Niehl, Franz W. (2006), Bibel verstehen. Zugänge und Auslegungswege. Impulse für die Praxis der Bibelarbeit, München – Oeming, Manfred (1998), Biblische Hermeneutik. Eine Einführung, Darmstadt – Ricœur, Paul (1974), Hermeneutik und Psychoanalyse. Konflikt der Interpretationen II, München – Stachel, Günter (1967), Der Bibelunterricht. Grundlagen und Beispiele, Einsiedeln u.a. – Zilleßen, Dietrich u.a. (Hg.) (1991), Praktisch-theologische Hermeneutik. Ansätze – Anregungen – Aufgaben, Rheinbach – Zwergel, Herbert A., (1995), Hermeneutik und Ideologiekritik in der Religionspädagogik, in: Ziebertz, Hans-Georg / Simon, Werner (Hg.), Bilanz der Religionspädagogik, Düsseldorf, 10-27

B6 – Rezeption

Joachim Theis

1 Profil

Der *Rezeptionsbegriff* hat in seiner langen Geschichte sehr unterschiedliche Deutungen erfahren. Das Wort leitet sich von lateinisch ‚receptio‘ (Aufnahme; Verb: ‚recipere‘ – annehmen, aufnehmen, empfangen) ab. Im umgangssprachlichen Bereich steht der Begriff ‚Rezeption‘ für eine Vielzahl von Bedeutungen: Bspw. kann ‚Rezeption‘ einen Empfangsbereich im Vorraum eines Gebäudes bezeichnen oder die Aufnahme einer Botschaft in Kommunikationsprozessen, aber auch die Übernahme von Rechtsvorschriften aus einer anderen Rechtsgemeinschaft sowie die bewusste Aufnahme von Informationen durch die Sinnesorgane von Lebewesen über Rezeptoren. Alltagssprachlich bezeichnet ‚Rezeption‘ die Aufnahme und die Übernahme von fremden Gedanken, Handlungsweisen, Wertvorstellungen oder kulturellen Normen. Der Begriff setzt ins Bild, dass ein Werk empfangen wird, das man aufzunehmen bemüht ist. Insofern bezeichnet ‚Rezeption‘ den Empfang eines Werkes durch den Betrachter, Leser, Hörer etc. Mit dem Begriff sind vielfältige Prozesse angesprochen, die von der Wahrnehmung über die Verarbeitung bis hin zum Verstehen von Werken durch ein Individuum führen. Zugleich werden diese Prozesse nicht nur durch den Einzelnen, sondern auch durch Reaktionen der Gesellschaft oder durch religiöse Institutionen sowie deren Kritiker geprägt. Die wissenschaftliche Beschreibung des Begriffes verweist darauf, dass Rezipient/innen beim Wahrnehmen und Verstehen (Rezipieren) immer eine aktive Rolle spielen. Das bedeutet zugleich, dass Werke in viele verschiedene Richtungen aufgenommen und folglich auch interpretiert werden können. Damit wird mit dem Begriff ‚Rezeption‘ ein vielschichtiger Prozess beschrieben. Er betrifft sowohl das Werk als auch den wahrnehmenden und verstehenden Menschen mitsamt den unterschiedlichen Perspektiven auf diesen Wahrnehmungs- und Verstehensvorgang und dessen Produkt. Rezeptionsforschung beschäftigt sich sowohl mit dem rezipierten Werk als auch mit dem rezeptiven Akt selbst.

Die *Rezeptionsforschung* beruht auf der Grundannahme, dass der Sinn eines Werkes weder vom Produzenten (Künstler/in, Autor/in, ...) noch von einer anderen Instanz festgelegt wird, sondern grundsätzlich offen und wandelbar ist. Bereits die Phänomenologie und die Hermeneutik hatten betont, dass der Rezipient mit seinen Bewusstseinsinhalten und seiner historischen Bedingtheit das Gelesene interpretiert. *Hans-Georg Gadamer* (1960, 286) sprach von der „Verschmelzung" zweier Horizonte: dem des Textes und dem des Lesers. Insbesondere die sog. Konstanzer Schule (*Wolfgang Iser, Hans Robert Jauß*) hat aus literaturwissenschaftlicher Perspektive den Rezeptionsbegriff neu geprägt und auf das ‚Wer' und ‚Wie' des Verstehens sowie die entsprechenden Bedingungen verwiesen. *Jauß* fordert, den Sinn eines Werkes weder aus der bloßen Widerspiegelung gesellschaftlicher Realität (Produktionsästhetik) noch allein aus den Textstrukturen abzuleiten (Darstellungsästhetik). Vielmehr weist er in seinem rezeptionsgeschichtlichen Modell darauf hin, dass der ‚ästhetische Gehalt' in einem ‚dialogischen' Kommunikationsprozess zwischen Text und Leser hervorgebracht wird. Demzufolge gibt es kein richtiges oder falsches Verstehen und keinen objektiv-zeitlosen Sinn eines Werkes. Für *Jauß* hat Rezeption dabei eine „geschichtsbildende Energie" (ders. 1994, 127), die vermittels „fortgesetzter Horizontstiftung und Horizontveränderung" (ebd., 131) über die ästhetische Erfahrung hinausreicht. Dagegen legt *Iser* in seinem wirkungsästhetischen Konzept eine umfassende Theorie des Leseprozesses vor. Nicht das Werk, sondern der kommunikative Akt kennzeichne den ästhetischen Gegenstand, – ein Akt, der von der Textstruktur gelenkt wird.

Mit diesen Überlegungen wird die kreative und produktive Rolle des *Rezipienten* zur Geltung gebracht. Er verfügt bezüglich der zu lösenden Handlungen und Probleme bereits über ein Vorverständnis. Im Rezeptionsprozess werden Orientierungen gesucht, (lebens-)relevantes Wissen zu entdecken, um das Werk in den eigenen Verstehenshorizont einverleiben zu können. Das Ergebnis dieses kommunikativen Prozesses ist die Aktualisierung eines Werkes. In der Praxis fällt diese Konkretisierung im Rezipienten oft verblüffend vielfältig und manchmal sogar widersprüchlich aus.

Während naturwissenschaftliches Wissen sich hinsichtlich seiner Verwendung in messbaren Veränderungen des praktischen Umgangs mit der Naturwelt manifestiert, gibt es ein solches Grund-Folge-Verhältnis zwischen Werk und Rezipient für religiöses Wissen und Verstehen nicht. Darauf hat schon *Thomas von Aquin* hingewiesen: „Was aufgenommen wird, wird gemäß des Aufnehmenden aufgenommen" (De veritate 12,6). Doch die Sprengkraft dieser Einsicht wird erst deutlich, beachtet man die Erkenntnis, dass Sinn und Gehalt der Werke sich nicht in einer objektiven Interpretation entfalten, sondern an eine Interpretationsgemeinschaft zurückgebunden sind. Die daran Beteiligten aktualisieren die Werke nicht nur in intellektuellen, kognitiven Prozessen, sondern sie greifen auf pragmatische und emotionale Konstellationen zurück. Dabei spielen Aspekte eine Rolle, die die physiologische Seite des Rezeptionsprozesses betreffen: Wie bewegen sich unsere Augen beim Lesen? Wie fassen Menschen Buchstaben zu Worten und dann zu Sätzen zusammen? Warum empfinden wir etwas, wenn wir ein Werk wahrnehmen. Gerade Emotionen spielen sowohl in der Entstehungsgeschichte eines Werkes als auch in der Rezeptionsgeschichte eine nicht zu unterschätzende Rolle. Die Rezeptionsforschung macht darauf aufmerksam, dass im jeweiligen Akt des Rezipierens Sinn und Bedeutung konstituiert werden (vgl. Schöttler 2006, 16). Dabei wählen die Rezipierenden aus ihrem Bezugs- und Vorwissen sowohl die im Werk angebotenen als auch die in ihnen selbst vorliegenden Wissensbestände aus, bewerten sie, wehren sie ab oder nehmen sie auf. Der eigene (je persönliche) begriffliche, normative und religiöse Bezugsrahmen klärt mit ab, was auf diesem Hintergrund ‚brauchbar' ist. Brauchbar ist, was zum Verstehen führt, was eine Lösung konkreter (religiöser) Lebensfragen erwarten lässt und was mit (Alltags- bzw. Gebrauchs-)Wissen verknüpfbar ist. Verstehen und Rezipieren entsteht also nicht dadurch, dass ich zu meinem Vorverständnis ‚neues' Wissen addiere, sondern dadurch, dass dieses ‚neue' Wissen in Interaktion mit meinem Vorverständnis tritt und sinnvoll transformiert wird. Solches Wissen hat (zumindest eine mögliche) Potenz, Alltagsprobleme und Lebensfragen lösen zu können. Die Rezeption von religiösen Werken muss also potenziell lebensbedeutsam sein – aus Sicht des Rezipienten. Deshalb werden auch religiöse Werke von möglichen Rezipient/innen genau dann rezipiert, wenn sie mit ihren subjektiven Theorien in eine konstruktive Auseinandersetzung treten und einen „Horizontwandel" (Jauß 1994, 133) fordern.

2 Rezeption

Im Mittelpunkt der Rezeptionsforschung in der Religionspädagogik steht die Annahme, dass die Rezipient/innen als ‚implizite' Leser (Iser 1972) eine umfassende Rolle im Rezeptionsprozess spielen. Sie realisieren und aktualisieren das in religiösen Aussagen angebotene Sinnpotenzial. Von daher stellt die Auseinandersetzung mit und Aufnahme von theologischen Werken keine bloße Adaption dar, sondern ist als eine Umformung und Übersetzung in die eigene subjektive Theorie zu beschreiben. Die eigene Biographie mit all ihren Hoffnungen und Enttäuschungen sowie das eigene (Bezugs-)Wissen sind konstitutiv für diesen Prozess.
In der Religionspädagogik ist der Begriff ‚Rezeption' vor allem im Kontext der Rezeptionsästhetik einflussreich geworden. Für *Anton Bucher* (1990, 9) ist es die „Entdeckung des Lesers", welche zu einem Paradigmenwechsel in der Religionspädagogik beitrug. *Bucher* und im Anschluss katholische wie evangelische Bibeldidaktiker/innen haben unterschiedliche Rezeptionsweisen durch Kinder und Jugendliche reflektiert. Dabei gehen sie von der Offenheit des Bedeutungs- und

Sinnangebots einer religiösen Aussage aus und stellen sich die Frage, was mit den Rezipient/innen geschieht, wenn sie ein Werk zum Leben erwecken. Werk und Rezipient werden hier als zwei Pole eines Kommunikationsprozesses verstanden: Der ‚schöpferische' Pol ist das vom Kreativen (Künstler/in, Autor/in, ...) geschaffene Werk, während der ‚ästhetische' Pol die vom Rezipienten geleistete Aktualisierung (‚Konkretisation') bezeichnet. Dieses Zusammenspiel von Text und Leser/in eröffnet die Frage nach der Wirkung eines Werkes. Dies hat man vor allem in der *Bild*didaktik (z.b. *Günter Lange, Rita Burrichter, Claudia Gärtner*) und in der *Bibel*didaktik (z.b. *Thomas Meurer, Michael Fricke*) aufgegriffen. Die Offenheit des Werkes und die jeweils neuen Bedingungen kultureller und gesellschaftlicher Entwicklung geben den Menschen in jeder Zeit die Chance und die Aufgabe, sich die Werke der Vergangenheit anzueignen und der eigenen Zeit selbst einzuverleiben.

In der weiteren Entwicklung kam es durch die Einflüsse des Konstruktivismus und Dekonstruktivismus zu einer Verschärfung und es wurde die Frage gestellt, ob überhaupt eine Grenze zwischen Werk und Rezipient festzulegen ist. Dabei wird die Auffassung vertreten, dass das Werk keine festzulegende Bedeutung hat, sondern dass seine (vielen) Bedeutung(en) erst beim Rezipieren des Werkes entstehen. Hier wird das Werk als Konstruktion eines Individuums beschrieben. Für *Klaus* und *Philipp Wegenast* (1999) ergibt sich aus diesen Überlegungen, dass Kinder biblische Geschichten „auch ‚unrichtig'" verstehen dürfen – entgegen der traditionellen Gewissheit, es gäbe eine für biblische Texte zeitlose objektive Auslegung. Insbesondere hat diese Auffassung die sog. *Kinder- und Jugendtheologie* befruchtet. Nun tritt das Problem von zwei gegenläufigen Bewegungen im Rahmen der Vermittlung auf: Einerseits gilt es ein Werk im Kontext einer Gemeinschaft zu ‚vermitteln' und andererseits ist die Aktualisierung und Konkretisierung der einzelnen Schüler/innen aufzugreifen (auch wenn sie gegebenenfalls gegen den ‚Sinn' des Werkes stehen). Beide ‚Pole' müssten bedacht und in ihrem Verhältnis zueinander gesehen werden. Die sachtheoretische Frage nach der Interpretation des Werkes wird mit der je eigenen Rezeption im Vermittlungsprozess verknüpft (vgl. Theis 2005, 242ff.).

Empirische Erkenntnisse belegen z.B. für Bibeltexte, dass in solchen Rezeptionsprozessen das (Vor-)Wissen eine grundlegende Rolle spielt. Religiöses Wahrnehmen und Verstehen tritt gewissermaßen in eine Konkurrenz mit einem geschichtlich bedingten Vorverständnis. Aus diesem Konkurrenzverhältnis ergeben sich aber nicht zu unterschätzende Probleme: Können aus der Interaktion mit dem religiösen Werk Antworten auf Lebens-und Sinnfragen gefunden werden? Welches Vorverständnis wird aktiviert? Hilft mir das dort entdeckte Wissen, das Werk zu verstehen und gar meine Alltagspraxis zu bewältigen? Sichert mich dieses erworbene Wissen in Lebenskrisen und Glaubensbedrängnissen ab? Um herauszufinden, wie Menschen religiöse Werke rezipieren, ist es notwendig, den Fragen nachzugehen, wie subjektive religiöse Theorien entstehen, wie sie zu beschreiben sind und wie sie sich verändern. Diese Fragen sind in der Theologie bzw. Religionspädagogik zum gegenwärtigen Zeitpunkt jedoch noch nicht umfassend beantwortet.

Im Verstehen heute spiegeln sich sowohl die Wirkungsgeschichte des Werkes als auch die Rezeptionsvorgaben der Interpretationsgemeinschaft. Diese Rahmenbedingungen sind in einem gesellschaftlichen und kulturellen Netzwerk verflochten. Sie bilden den sozialen Rahmen für das Verstehen und wirken einer willkürlichen Interpretation entgegen.

3 Potenzial

Eine religionspädagogische Rezeptionstheorie muss drei Fragerichtungen beachten:

* *Wirkungs*forschung: Wie wirken die religiösen und christlichen Inhalte, Formate und Wissensbestände auf die Rezipient/innen?
* *Verstehens*forschung: Welche religiösen und christlichen Inhalte, Formate und Wissensbestände werden wie transformiert und adaptiert? Wie sehen die subjektiven Theorien und Konstrukte aus, die die religiösen bzw. christlichen Inhalte, Formate und Wissensbestände aufnehmen, transformieren und adaptieren? Wie verstehen einzelne Individuen bestimmte Werke? Wie wirken sich die unterschiedlichen Haltungen und Einstellungen auf die Konstruktion von Sinn aus?
* *Nutzungs*forschung: Welche Rezipienten/innen greifen auf welche religiösen oder christlichen Inhalte, Formate und Wissensbestände zurück? Wer nutzt wie christliche oder konfessionelle Inhalte und Formate? Wie oft, wann und wie lange werden sie von wem genutzt?

Rezeption fordert die ganze Persönlichkeit der Beteiligten. Hier geschieht religiöses Lernen in kommunikativen Aneignungsprozessen, die durch die Verschmelzung von Werk und Erwartungshorizont des Rezipienten gekennzeichnet sind. Dazu gehört dessen grundsätzliche Verständigungsbereitschaft. Die im Rahmen von rezeptiven Prozessen erzielten Lerneffekte sind vielschichtig, tiefgehend und resistent gegen das Vergessen.

Das Verdienst rezeptionstheoretischer Forschungen liegt darin, dass es inzwischen eine große Zahl von Untersuchungen gibt, welche die Beziehung zwischen religiösem bzw. theologischem Werk einerseits und Rezipient/innen andererseits zum Gegenstand haben und die dieses Verhältnis für Lernprozesse fruchtbar machen. Damit werden Lebensnähe, Problembewusstsein und Kooperationsbereitschaft angestrebt.

Literatur

Backhaus, Knut (1998), „Die göttlichen Worte wachsen, mit dem Leser" – Exegese und Rezeptionsästhetik, in: Garhammer, Erich / Schöttler Heinz-Günther (Hg.), Predigt als offenes Kunstwerk. Homiletik und Rezeptionsästhetik, München, 149-167 – Bucher, Anton A. (1990), Gleichnisse verstehen lernen. Strukturgenetische Untersuchungen zur Rezeption synoptischer Parabeln, Freiburg/Üe. – Fricke, Michael (2005), „Schwierige" Bibeltexte im Religionsunterricht: Theoretische und empirische Elemente einer alttestamentlichen Bibeldidaktik und Hermeneutik für die Primarstufe, Göttingen – Gadamer, Hans-Georg (1960), Wahrheit und Methode. Grundzüge einer philosophischen Hermeneutik, Tübingen – Iser, Wolfgang (1972), Der implizite Leser. Kommunikationsformen des Romans von Bunyan bis Beckett, München – Ders. (1976), Der Akt des Lesens. Theorie ästhetischer Wirkung, Göttingen – Jauß, Hans Robert (1992) Rezeption, Rezeptionsästhetik, in: HWP 8, 995-1008 – Ders. (⁴1994), Literaturgeschichte als Provokation der Literaturwissenschaft, in: Warning, Rainer (Hg.), Rezeptionsästhetik, München, 126-162 – Meurer Thomas (2004), Bibeldidaktik als ästhetische Rekonstruktion. Zum Konzept einer ästhetischen Bibeldidaktik und ihres kritischen Potentials für eine Religionspädagogik in der Moderne, in: rhs 47 (2/2004) 79-89 – Schöttler, Heinz-Günther (2006), „Die göttlichen Worte wachsen, indem sie gelesen werden" (Gregor d. Gr.). Rezeptionsästhetik und Schriftauslegung, in: ders., „Der Leser begreife!" Vom Umgang mit der Fiktionalität biblischer Texte, Berlin, 13-33 – Theis Joachim (2005), Biblische Texte verstehen lernen. Eine bibeldidaktische Studie mit einer empirischen Untersuchung zum Gleichnis vom barmherzigen Samariter, Stuttgart – Wegenast, Klaus / Wegenast, Philipp (1999), Biblische Geschichten dürfen auch „unrichtig" verstanden werden. Zum Erzählen und Verstehen neutestamentlicher Erzählungen, in: Bell, Desmond u.a. (Hg.), Menschen suchen – Zugänge finden. Auf dem Weg zu einem religionspädagogisch verantworteten Umgang mit der Bibel, Wuppertal, 246-263

B7 – Dialog

Georg Langenhorst

Kaum ein Leitbegriff der zeitgenössischen Religionspädagogik stößt auf mehr zustimmende Beipflichtung. Gegen Dialog kann man eigentlich gar nichts haben. Dialogisch zu sein, das heißt ja aufgeschlossen, kommunikativ offen, zeitgenössisch wach zu sein. So muss man heute religionspädagogisch arbeiten, keine Frage. Und mit welchen Partnern wähnt sich die Religionspädagogik nicht alles im Dialog: mit anderen Religionen, der Allgemeinen Pädagogik und Schulpädagogik, mit der Entwicklungspsychologie, mit der empirischen Sozialforschung, mit den anderen Fachdidaktiken, mit den Naturwissenschaften, mit allen Sparten der Kunst … Eine zeitgenössische Religionspädagogik, die sich nicht dialogisch versteht, die nicht im Dialog stünde mit ihren Bezugswissenschaften und den Künsten, das scheint unmöglich. Umgekehrt findet sich als ständiger Nebenton der selbsterklärten Dialogoffenheit das Klagelied, dass man die Religionspädagogik als Partner oft genug nicht ernst nehme, nicht so anerkenne, wie man sich das wünschen würde. So bleibt der folgende Doppeleindruck: Einerseits ist die gegenwärtige Religionspädagogik eine Wissenschaft, die sich selbst als dialogisch definiert, die Dialoge anbietet, die auch dialogisch-rezeptiv arbeitet. Andererseits jedoch kehrt oft genug Ernüchterung ein, wenn man diese Parameter bei den angeblichen Dialogpartnern überprüft. Dialoge bleiben einseitig, Rezeptionswege verlaufen primär in einer Richtung. Angebote werden kaum entsprechend aufgegriffen oder wenn, dann unter anderen Vorzeichen als erwartet. Zeit für eine kritische Selbstüberprüfung!

1 Profil

Dialog, darunter versteht man „das Geschehen des Gesprächs, in welchem der Andere als er selbst zu Wort kommt wie ich selbst" (Casper 1995, 192), ein „sprachlich verfaßtes interpersonales Mitteilungs- und Austauschgeschehen" (Kruttschnitt 1995, 192), eine Weise des „voraussetzungsfreien, auf unmittelbare Begegnung zielenden Umgangs des Menschen mit dem Menschen, bei dem keiner den anderen als Mittel mißbraucht" (Hunold 1995, 194), so einige Definitionen aus den fachspezifischen Beiträgen zur Neuausgabe des LThK. *Karl Rahner* und *Herbert Vorgrimler* betonen in ihrem Eintrag zu „Dialog" im „Kleinen Theologischen Wörterbuch" zudem, Dialog setze „voraus, dass *beide* Teile voraussetzen und anstreben, etwas vom anderen lernen zu können." (dies. 1975, 81) Dialog ist also nicht nur eine einseitige Programmatik, sondern setzt eine von beiden Seiten zumindest ähnliche Begegnungs- und Kommunikationswilligkeit und -fähigkeit voraus.

Geprägt wurde dieses moderne, schon seit der griechischen Philosophie entwickelte Verständnis von Dialog maßgeblich von den Arbeiten der jüdischen Religionsphilosophen *Martin Buber* und *Emmanuel Lévinas*. *Buber* legte 1923 seine wirkmächtige Abhandlung zur Philosophie des Dialogs vor: „Ich und Du". Er ist davon überzeugt, dass das Ich sich immer nur im Verhältnis zum Du dialogisch entwickelt und entfaltet. Dabei unterscheidet er weitsichtig drei verschiedene, real immer wieder anzutreffende Spielarten dessen, was Dialog ganz praktisch bedeuten kann. So gibt es den „dialogisch verkleideten Monolog", bei dem „mehrere im Raum zusammengekommene Menschen auf wunderlich verschlungenen Umwegen jeder mit sich selber reden und sich doch der Pein des Aufsichangewiesenseins entrückt dünken" (ders. 1962, 166) können. Daneben kann man den „technischen Dialog" identifizieren, „der lediglich von der Notdurft der sachlichen Verständigung eingegeben ist" (ebd.). Dem gegenüber besteht der ‚echte

Dialog' daraus, dass „jeder der Teilnehmer den oder die anderen in ihrem Dasein und Sosein wirklich meint und sich ihnen in der Intention zuwendet, daß lebendige Gegenseitigkeit sich zwischen ihm und ihnen stifte" (ebd.). Während *Buber* mit dem dialogischen Prinzip auf echte Begegnung und wirkliches Verständnis unterschiedlicher Partner abzielt, betont *Lévinas* in seiner ‚Philosophie der Begegnung‘ die bei aller Annäherung bleibende Fremdheit des Anderen, die grundlegende Asymmetrie jeglicher Begegnung. Zweierlei verbindet ihre Ansätze: die nachdrückliche Betonung der Dringlichkeit von Dialog und die Überzeugung, dass jeder echte Dialog zum Ort transzendentaler Öffnung wird. Zunächst bestätigt *Lévinas*: „Der Dialog ist die Nicht-Gleichgültigkeit des *Du* für das *Ich*." Es geht also um weit mehr als nur um „eine Art und Weise des Redens". Dialog „*ist* die Transzendenz", genauer: „Das Sprechen im Dialog ist nicht eine der möglichen Formen der Transzendenz, sondern ihr ursprünglicher Modus. Mehr noch, sie bekommt erst einen Sinn, wenn ein Ich Du sagt. Sie ist das *Dia* des *Dia*logs." (ders. 1981, 78)

Dieses doppelt gewichtete Verständnis wurde für die Hauptströme zeitgenössischer Theologie und Religionspädagogik zentral: Erst im Dialog lässt sich Identität aufbauen und gestalten. Im Dialog ereignet sich zugleich ein Geschehen, in dem Transzendenz erfahrbar und Gott spürbar wird.

2 Rezeption

In der Theologie der 1960er und 1970er Jahre diente der Dialogbegriff als Synonym für das neu gewonnene Selbstverständnis: Theologie wurde begriffen als ‚Dialog mit der Welt von heute‘. Das *Zweite Vatikanische Konzil* rückte dieses Perspektive in den Mittelpunkt. Vor allem die Pastoralkonstitution *Gaudium et Spes* betont mehrfach die „Verbundenheit, Achtung und Liebe gegenüber der ganzen Menschheitsfamilie", sodass die Kirche „mit ihr in einen Dialog eintritt über all" die „verschiedenen Probleme" (GS 3). Sie leitet zu einem „wahren und fruchtbaren Dialog" (GS 56) an, einem Dialog „geführt einzig aus Liebe zur Wahrheit", der „unsererseits niemanden" (GS 92) ausschließt. Das Dekret über die Missionstätigkeit *Ad Gentes* betont noch einmal nachdrücklich, dass es um einen „Dialog mit den nichtchristlichen Religionen und Kulturen" (AG 34) geht, explizit auch ganz grundsätzlich „mit den Nichtchristen" (AG 41).

Kaum überraschend: Dialog ist so zu einem Paradigma des Theologietreibens geworden: Dialog ist ein „zwingendes Grundmuster praktisch-theologischer Kommunikation" (Spendel 1995, 196), so das LThK. Mehr noch: Die „Dialog-Verwiesenheit hat ihren letztlichen Grund im Wesen des christlichen Glaubens" (Kruttschnitt 1995, 193). Ohne Dialog keine moderne Theologie, keine Religionspädagogik, keine Zeitgenossenschaft! Diese Prozesse waren bahnbrechend, weichenstellend, zukunftsermöglichend – und sind unumkehrbar. So haben sich gleich mehrere Richtungen einer ‚dialogischen Religionspädagogik' entwickelt. Ganz allgemein kann man damit eine *lebensweltlich und erfahrungsorientierte Religionspädagogik* bezeichnen, die sich kontextuell und interkulturell versteht und sämtliche Formen der Öffnung zu Phänomenen der Gegenwart integriert (vgl. Knauth 1996), bei *Helmut Peukert* verbunden mit einem politischen Impuls zur gesellschaftsverändernden und gerechtigkeitsfördernden Option (vgl. ders. 1994). Dialogische Religionspädagogik kann aber auch die *interdisziplinäre Zusammenarbeit*, die Chancen und Grenzen der Kooperation von Religionsunterricht mit anderen Schulfächern betonen (vgl. Pirner/Schulte 2010). Von dialogischem Religionsunterricht kann schließlich in einem engeren Verständnis auch hinsichtlich des spezifisch ökumenischen, *konfessionell-kooperativen Religionsunterrichts* geredet werden (vgl. Schweitzer u.a. 2006).

Meistens wird das Schlagwort ‚Dialog' jedoch im *interreligiösen Kontext* aufgerufen. Im engeren Sinne bezeichnet dieser Begriff das direkte Lernen *zwischen* den Religionen, basierend auf Zusammenleben, Austausch und gegenseitiger Verständigung. Immer wieder wird dabei die „Begegnung" als vermeintlicher „Königsweg" (Leimgruber 2007, 101) interreligiösen Lernens betrachtet, wird „dialogisches Lernen" vor allem als ein „Lernen in der Begegnung und durch die Begegnung" (Lähnemann 2005, 20) charakterisiert. Speziell die sog. Komparative Theologie versteht sich dabei als herausragende Variante interreligiöser Dialogizität, ist sie doch ihrem Selbstverständnis nach nicht als „Theologie für den Dialog" konzipiert, sondern als dynamische Theologie „aus dem Dialog heraus" (Stosch 2009, 27).

3 Potenzial

Bei näherem Hinsehen relativiert sich freilich die inflationäre Rede vom Dialog. Unübersehbar ist, dass dieser Begriff fast ausschließlich von der *einen* Seite des anvisierten Dialogs verwendet wird: von Seiten der christlichen Theologie und Religionspädagogik. Gewiss, es gibt Beispiele echter gelingender und gleichberechtigter Dialoge im Sinne *Bubers*. Aber sie sind die Ausnahme. Oft genug bleibt die Einsicht: Die vermeintlichen Partnerdisziplinen oder konkrete potenzielle Partner teilen das an sie herangetragene Dialog-Verständnis nur zum Teil oder gar nicht. „Was nützt es" – fragen stellvertretend die österreichischen Theologen *Clemens Sedmark* und *Peter Tschuggnall* (1998, 114) –, „wenn wir uns bereit erklären zu einem Dialog, uns aber nicht vergewissern, ob mein Gegenüber die gleiche Auffassung darüber hat, was der ‚Dialog' eigentlich soll?" Oder verschärfend: Was nützt es, wenn es sich bei der einen Seite eines ‚Dialogs' nur um imaginäre Partner handelt, denen ein einseitiges Angebot gemacht wird, zum Teil ohne ihr Wissen, ohne ihr Interesse, geschweige denn ihre Zustimmung?

Von vornherein liegt oft eine Schieflage der Interessen vor, die es zu benennen und zu korrigieren gilt. Das durchaus vorhandene Interesse von ‚Dialog-Partnern' an Theologie, Religion oder Religionspädagogik steht meistens auf einer anderen Erkenntnis- und Motivationsebene als die theologische oder religionspädagogische Begegnungsmotivation. Interesse aneinander und Gespräche miteinander bleiben ein sinnvolles Ziel, aber unter der klaren Vorgabe strukturell *unterschiedlicher* Erwartungen, Fragen und Standpunkte.

Der Begriff des Dialogs ist also zunächst als hilfreicher, zeitgeschichtlich strategisch unbedingt sinnvoll bestimmter Zielbegriff zu sehen. Sein künftiger Gebrauch sollte jedoch sehr bewusst, sehr differenziert und eher zurückhaltend erfolgen. Der Einsatz des Begriffs ‚Dialog' verschleiert oft eher das Anliegen und die angezielten hermeneutischen Verfahren. Meistens geht es nicht um Begegnungen von ‚fremd' und ‚eigen', sondern um ein komplexes, in sich vielfach verwobenes Feld von Beziehungen und Interessen, die in jedem Einzelfall transparent aufzudecken sind.

Diese Differenzierung des inflationär herbeizitierten Dialog-Paradigmas führt gleich zu mehreren programmatisch entscheidenden Klärungen. Wenn man eine Begegnung als Dialog deklariert, versucht man diese Begegnung auf seine Vorstellungen festzulegen. *Die eigene* Begriffsbestimmung soll die Begegnung prägen. Das ist fast schon eine Anmaßung, häufig genug ganz unbewusst gesetzt. Ein wirklicher Dialog setzt jedoch voraus, dass im Vorhinein geklärt wird, ob das Gegenüber, ob die Dialogpartner die Erwartungen und Einstellungen zu dieser Begegnung überhaupt teilen. Wenn er oder sie ganz anderes erwartet, ganz andere Kommunikationsmuster einbringt, ganz andere Grenzen setzt, handelt es sich nicht um einen – im *Buberschen* Sinne – ‚echten Dialog'. Die transparente vorgängige oder zumindest begleitende Aufarbeitung der wechselseitigen Erwartungen und Möglichkeiten ist so Voraussetzung für jede ernsthafte Begegnung.

‚Dialog' bleibt jedoch insofern eine grundlegende Schlüsselkategorie, als dass sie die grundlegende Verwiesenheit der Religionspädagogik betont, ihr eigenes Selbstverständnis in Auseinandersetzung mit heutigen Wissenschaften und Künsten ständig neu zu überprüfen und zu formulieren. Unbestritten ist: Religionspädagogik ist von ihrem *unverzichtbaren Selbstanspruch* her *dialogisch*. Dialogisch zu sein heißt, sich mit der Welt von heute auseinanderzusetzen. Dialog in diesem Sinne ist ein Eigeninteresse theologischer und religionspädagogischer Selbstbesinnung und als solches unverzichtbar.

Der von *Buber* eingeführte Begriff der „Vergegnung" als Kategorie für das „Verfehlen einer wirklichen Begegnung" (ders. 1960, 6) mahnt allerdings genauso zu Bescheidenheit wie der Hinweis von *Lévinas* im Blick auf bleibende Asymmetrien und Fremdheit. Dialog als echter, gleichberechtigter Austausch von Partnern mit vergleichbaren Interessen, vergleichbaren Erwartungen, vergleichbarer Sprachebene wird man in der Religionspädagogik eher selten finden. Deshalb drei Perspektiven:

1. Im Bereich der Religionspädagogik sollte der Begriff ‚Dialog' selbstkritisch verwendet werden, sparsam, reflektiert.

2. Im religionspädagogischen Diskurs sollte eine kritische Wahrnehmung vorherrschen, wer, wann, wo und mit welchen Zielen und Machtansprüchen den Dialogbegriff benutzt.

3. Und schließlich: Der dialog*ische* Grundzug von Religionspädagogik als Wissenschaft sollte weiter ausgebaut werden, aber eben im Wissen, dass es sich dabei um eine Charakterisierung ihres Selbstverständnisses handelt, nicht primär um eine Beschreibungskategorie von Begegnung und Austausch.

Literatur

Buber, Martin (1960), Begegnung. Autobiographische Fragmente, Stuttgart – Ders. (1962), Das dialogische Prinzip, Heidelberg – Casper, Bernhard (1995), Dialog. Philosophisch, in: LThK³ 3, 191f. – Hunold, Gerfried W. (1995), Dialog. Theologisch-ethisch, in: LThK³ 3, 194f. – Knauth, Thorsten (1996), Religionsunterricht und Dialog. Empirische Untersuchungen, systematische Überlegungen und didaktische Perspektiven eines Religionsunterrichts im Horizont religiöser und kultureller Pluralisierung, Münster u.a. – Kruttschnitt, Elke (1995), Dialog. Systematisch-theologisch, in: LThK³ 3, 192f. – Lähnemann, Johannes (2005), Religionsbegegnung als Perspektive für den Unterricht – Einleitende Thesen, in: ders. / Haußmann, Werner (Hg.), Dein Glaube – mein Glaube. Interreligiöses Lernen in Schule und Gemeinde, Göttingen, 9-24 – Langenhorst, Georg (2012), Juden, Christen, Muslime – verbunden als Erben Abrahams? Trialogische Perspektiven des konfessionellen Religionsunterrichts, in: ders. / Kropač, Ulrich (Hg.), Religionsunterricht und der Bildungsauftrag der öffentlichen Schulen. Begründung und Perspektiven des Schulfaches Religion, Babenhausen, 113-130 – Leimgruber, Stephan (2007), Interreligiöses Lernen. Neuausgabe, München – Lévinas, Emmanuel (1981), Dialog, in: CGG 1, 61-85 – Peukert, Helmut (1994), Bildung als Wahrnehmung des Anderen. Der Dialog im Bildungsdenken der Moderne, in: Lohmann, Ingrid / Weiße, Wolfram (Hg.), Dialog zwischen den Kulturen. Erziehungshistorische und religionspädagogische Gesichtspunkte interkultureller Bildung, Münster – New York, 1-14 – Pirner, Manfred L. / Schulte, Andrea (Hg.) (2010), Religionsdidaktik im Dialog – Religionsunterricht in Kooperationen, Jena – Rahner, Karl / Vorgrimler, Herbert (¹⁰1975), Kleines Theologisches Wörterbuch, Freiburg/Br. u.a. – Schweitzer, Friedrich u.a. (2006), Dialogischer Religionsunterricht. Analyse und Praxis konfessionell-kooperativen Religionsunterrichts im Jugendalter, Freiburg/Br. u.a. – Sedmak, Clemens / Tschuggnall, Peter (1998), Sie haben nur ihre Zeichen. Semiotik – Literaturwissenschaft –Theologie, Anif/Salzburg – Spendel, Stefanie (1995), Dialog. Praktisch-theologisch, in: LThK³ 3, 196 – Stosch, Klaus von (2009), Komparative Theologie als Hauptaufgabe der Theologie der Zukunft, in: ders. / Bernhardt, Reinhold (Hg.), Komparative Theologie. Interreligiöse Vergleiche als Weg der Religionstheologie, Zürich, 15-33

B8 – Kommunikation

Matthias Scharer

1 Profil

Kommunikation (von lat. *communis, communicare, communicatio*) bedeutet im wörtlichen Sinn „gemeinsam (machen), vereinigen, (mit-)teilen, teilnehmen (lassen), Anteil haben oder Verständigung" (Blanz 2014, 15). Ein einheitliches Kommunikationsverständnis gibt es nicht.

1.1 Der Mensch, ein kommunikatives und kommunizierendes Wesen

Grundlage menschlicher Kommunikation ist die anthropologische Gegebenheit, dass Menschen als relationale Subjekte von Anfang an zu ihrer menschlichen Entfaltung der Kommunikation bedürfen. *Pränatale* Forschungen zeigen, dass sich der Mensch bereits vorgeburtlich in Kommunikationsprozessen vorfindet: „Bereits im Mutterleib hat der Säugling begonnen, sensomotorische Abläufe einzuüben und die Körpergeräusche sowie die Stimme seiner Mutter zu hören, wenn auch etwas anders als nach seiner Geburt. Für diese und einige andere Wahrnehmungen aus der Zeit im Mutterleib sind beim Säugling bereits Netzwerke angelegt." (Bauer 2008, 63)

Nachgeburtlich kommuniziert der Mensch zunächst körpersprachlich. Die Gebärdensprache ist aus der Evolution der Menschen ebenso bekannt wie aus der individuellen Entwicklung. Schon beim sehr jungen Kind wird die Gebärden- und Körpersprache Schritt für Schritt durch die gesprochene Sprache ergänzt und teilweise durch sie abgelöst. Der Mensch lernt sprechen; er kann *sich* und Anderen *etwas* mitteilen. Spezifisches Kennzeichen menschlicher Kommunikation ist die mit dem Heranwachsen verbundene Möglichkeit zur Realisierung wachsender Freiheit in Verantwortung.

1.2 Kommunikation als Verständigung

Kommunikation als zwischenmenschliches Phänomen kann als intentionale soziale Handlung, als eine *„symbolisch* vermittelte Interaktion"* (Burkart 2002, 61), verstanden werden, die auf Verständigung und „gemeinsame Aktualisierung von Sinn" (Luhmann 1971, 42) ausgerichtet ist. Nach *Paul Watzlawick* kann der Mensch, „wie immer man es auch versuchen mag, nicht *nicht* kommunizieren" (ders./Beavin/Jackson 2011, 59). Doch menschliche Kommunikation ist nicht einfach ein unausweichliches Verhalten mit ‚Mitteilungscharakter', sondern sie impliziert Anlässe und intendiert Interessen. *Jemand*, der etwas mitteilen will, kommuniziert eine *Aussage/Botschaft* durch ein *Medium* an *jemanden*, an den sich die Botschaft richtet, mit der *Intention* der Verständigung. Erst die *Reziprozität* in Sinne des Gebens und Nehmens ermöglicht ‚erfolgreiche' Kommunikation. *Jürgen Habermas* unterscheidet kommunikatives Handeln von strategischem und instrumentellem. *Kommunikatives Handeln* findet immer in einer „Triangulation von Sprecher, Hörer und Welt statt." (Brunkhorst/Kreide/Lafont 2009, 334) Es hängt „von der ungezwungenen, rational motivierten Zustimmung aller Beteiligten ab. Genau deshalb ist kommunikatives Handeln eine besondere Art sozialen Handelns, die nicht auf strategisches Handeln [...] reduziert werden kann." (ebd., 335) Strategisches Handeln ist nur auf die Verfolgung eines Ziels ausgerichtet, das die Interessen Anderer nicht in Betracht zieht.

1.3 Kommunikation als Begegnung und Beziehung

Neben pragmatischen Klärungen von Kommunikation erscheinen interpersonale Bezüge, gerade im Hinblick auf ein theologisch-religionspädagogisches Kommunikationsverständnis, zumindest ebenso bedeutsam. *Martin Buber* beschreibt die Beziehungsgestalt menschlicher Kommunikation als *Begegnung*. Begegnung ist nur für jene Interaktionen reserviert, in denen nicht ein verdinglichtes ‚Es', sondern ein ‚*Du*' vom Subjekt (Ich) berührt wird.

Emmanuel Lévinas radikalisiert in kritischer Auseinandersetzung mit *Buber* den Beziehungsaspekt von Kommunikation, indem er von grundsätzlich *asymmetrischen Beziehungen* zwischen dem *Ich* und dem *Anderen* ausgeht. Das Ich geht nicht mehr dem Du voraus, wie er das bei *Buber* kritisiert: Der Andere muss in seiner *Alterität* erhalten werden; das ‚*Antlitz des Anderen*' wird zur zentralen Metapher. In diesem Sinne ist Kommunikation immer eine „Sprache vor der Sprache", eine unmittelbare Beziehung „von vorne und von-Angesicht-zu-Angesicht" (Lévinas 1993, 111), während die gesprochene Sprache nur eine mittelbare Beziehung herstellt.

Paul Ricœur plädiert in seinem Letztwerk „Wege der Anerkennung" (ders. 2006) dafür, die originäre Asymmetrie, von der auch er explizit ausgeht, in die *Wechselseitigkeit* aufzunehmen. Er spricht bewusst nicht von Theorien, sondern von *Wegen* der Anerkennung, die mit dem Erkennen und Wiedererkennen im *Anerkanntsein* münden. Letzteres ist vom Menschen nicht selbst herstellbar. Vielmehr geht es dabei um die *Bitte* um Anerkennung bzw. um den *Dank* dafür, die im Anerkanntwerden erfüllt werden. Der Kommunikationsweg des Menschen verläuft für *Ricœur* über „annehmen, für wahr halten (das ist das Stadium des Erkennens als Identifizierung eines Objekts), einräumen, gestehen (das ist die Epoche des ethisch verantwortlichen und seiner Schuld bewussten Subjekts, des Ich), verpflichtet sein (dem Anderen) und *danken* (als Folge der wechselseitigen Anerkennung)." (Hilberath/Scharer 2012, 137)

1.4 Ausblendungen eines primär pragmatischen Kommunikationsverständnisses

Aus dem Gesagten wird deutlich: Die im Anschluss an die sprach-, kommunikations- und handlungstheoretische Theoriebildung gewonnenen, sehr bekannten Perspektiven von Kommunikation erschließen nicht umfassend genug, was menschliche Kommunikation bedeutet. Das Wissen darüber, *wer* (Subjekte) *was* (Inhalte) *wo* und *unter welchen Umständen* (Orte und Kontexte) *wie* (Medien und Texte) *wozu* (Intentionen und Ziele) kommuniziert (vgl. Theobald 2007, 61f.), erfasst noch nicht in ausreichender Weise die anthropologisch-theologische Tiefendimension des Kommunikationsgeschehens selbst. Erst auf der Grundlage eines *Möglichkeitsverständnisses*, das Kontingenzanerkennung und -begegnung (vgl. Wuchterl 2011, 12) in dem Sinne einschließt, dass wir im Kommunikationsgeschehen selbst ein „Jenseits" berühren, „das sich der menschlichen Einsicht und Verfügbarkeit entzieht" (ebd.), kann die Tiefe und Bedeutung von Kommunikation erfasst werden. Wenn wir als Menschen kommunizieren, werden wir von einer Wirklichkeit berührt, in der nicht nur die/der Andere in seiner radikalen Andersheit, sondern das *Geheimnis des Lebens* schlechthin aufleuchtet. Erst das Wissen um das *Unverfügbare* im Kommunikationsgeschehen schlägt eine Brücke zu einem theologischen Kommunikationsverständnis, in dem das Unverfügbare auch benannt und bedacht wird. So ist der Mensch in seiner relationalen Grundstruktur, die als Ausdruck seiner Geschöpflichkeit, Gottebenbildlichkeit und Freiheit interpretiert werden kann, letztlich ein *von Gott angesprochenes Wesen*, das in Freiheit antworten, aber sich auch verweigern kann.

2 Rezeption

Auf der Grundlage des dargestellten Profils von Kommunikation stehen vor allem zwei theologisch-religionspädagogische Rezeptionsstränge zur Debatte.

2.1 Vom kommunikativen Handeln zur Religionstheologie

Im theologischen Kontext wird am häufigsten auf die Rezeption der bereits erwähnten Theorie kommunikativen Handelns von *Habermas* durch *Helmut Peukert* (1976) zurückgegriffen. Bei ihm radikalisiert sich das Kommunikationsverständnis angesichts einer Kommunikationsgemeinschaft, für die Gott als rettende Wirklichkeit eintritt und die in christlicher Hoffnung auch die Toten einschließt. Auf *Habermas* und *Peukert* bezieht sich *Edmund Arens* in vielen Arbeiten zu einem theologischen Kommunikationsverständnis. In den letzten Jahren hat er eine „kommunikative Religionstheologie" (ders. 2007) vorgelegt. Sie will deutlich machen, „dass Religion zuallererst eine kommunikative und praktische Angelegenheit darstellt, etwas das geschieht, getan bzw. performativ vollzogen wird, um dann im Nachhinein beobachtet und bedacht, reflektiert und kritisiert und gegebenenfalls transformiert werden zu können." (ebd., 11) *Arens* arbeitet heraus, was Religion „mit Kommunikation und Handeln zu tun hat." (ebd.) Für ihn ist Religion nicht so sehr eine „Weltanschauung", sondern eine „kommunikative und praktische Weise der Welt- und Lebensbewältigung" (ebd., 16), die mit den bekannten pragmatischen Kommunikationsperspektiven (vgl. 1.4.) verstanden werden kann.

2.2 Von der Themenzentrierten Interaktion zur Kommunikativen Theologie

Eine andere Rezeptionslinie stellt die Kommunikative Theologie dar, die sich ursprünglich auf das Kommunikationsverständnis von *Ruth C. Cohn* (vgl. u.a. dies./ Farau 2008) bezieht, das sie im Rahmen der Themenzentrierten Interaktion (vgl. Cohn 2009) entwickelt hat. *Cohn*, die – in Berlin geboren und aufgewachsen – dem Holocaust entkommen konnte, sah im ‚Lebendigen Lernen' einen Weg aus der Unmenschlichkeit. Ihr humanistisch geprägtes, auf Axiomen und Postulaten gründendes Kommunikationsverständnis hat eine gewisse Nähe zu dem *Bubers*; die Kommunikative Theologie arbeitet an einer ständigen Differenzierung und Erweiterung unter den im Profil angesprochenen Autoren wie *Buber, Lévinas, Ricœur*, die sich auf ein relational-dialogisches Kommunikationsverständnis beziehen.

Kommunikative Theologie reflektiert nicht nur *auf* die kommunikative Praxis von Religion/en. Kommunikative Theolog/innen gewinnen ihre Erkenntnisse auch daraus, dass sie, wie das auch die Befreiungstheolog/innen tun, immer wieder *in* das kommunikative Geschehen mit den Betroffenen gehen und das unmittelbare Erleben und die darin gewonnen Erfahrungen reflektieren. Kommunikative Theolog/innen changieren zwischen dem unmittelbare Erleben (u.a. in Gruppen), der Erfahrungs- und (primären) Deutungsebene und der wissenschaftlichen Diskursebene.

So findet Kommunikative Theologie eine Möglichkeit, kommunikative Praxis mit dem wissenschaftlichen Diskurs so zu vernetzen, dass ein ganzheitlicheres Kommunikationsverständnis zum Tragen kommt. Dies geschieht unter der Rücksicht, dass die subjektiv-biografische Perspektive (Ich) mit der kommunikativen (Wir), der symbolisch-inhaltlichen (Es) und der kontextuellen (Globe) differenziert vernetzt werden.

Kommunikative Theologie, die sich den loci-theologici-Ansatz zunutze macht, geht davon aus, dass in den genannten Perspektiven und im Kommunikationsgeschehen selbst ‚göttliche Selbstmitteilung' aufleuchtet, ohne dass Gott darin aufgeht oder die grundlegende Differenz zwischen Gott und Mensch, die speziell mit dem Geheimnis Gottes ausgesagt ist, aufgehoben wäre.

3 Potenzial

Das Potenzial des Kommunikationsterminus in der Katechetik und Religionspädagogik ist nicht hoch genug einzuschätzen, stellt ‚Kommunikation' doch einen Schlüsselbegriff in der Wissens- und Informationsgesellschaft dar. Hier steht freilich die schnelle Datenübermittlung im Zentrum des Kommunikationsinteresses, die durch immer noch effizientere technische Möglichkeiten der virtuellen Kommunikation vorangetrieben wird. Vom ‚Erfolg' solcher Kommunikation hängt nicht nur die globalisierte Wirtschaft ab, er wirkt auch tiefgreifend in die Vorstellungen von Bildung und Lernen hinein und verändert sie. Die Schule, die sich traditionell als Bildungsinstitution vor allem für Kinder und Jugendliche verstanden hatte, wird durch die digitale Wissenskommunikation entscheidend herausgefordert und langfristig verändert. Der universale Zugriff auf Wissen als Information ermöglicht den Vernetzten ein Ausmaß an Wissenszugängen, wie es für traditionelle Bildungssysteme in keiner geschichtlichen Epoche auch nur annähernd möglich war. Auch die sogenannte ‚Wissensproduktion' an Forschungseinrichtungen beschleunigt und verändert sich durch die Möglichkeiten virtueller Kommunikation.

Die virtuelle Kommunikation löst aber nicht nur enorme gesellschaftliche Entwicklungen aus, sondern verändert auch das individuelle menschliche Kommunikationsverhalten und die Kommunikationsmöglichkeiten erheblich. Die Frage, ob wir in einer „schönen neuen Kommunikationswelt" leben oder das „Ende der Privatheit" (Grimm/Zöllner 2012) angebrochen ist und wir „unsere Kinder um den Verstand bringen" (Spitzer 2012), wird kontrovers diskutiert.

Ein theologisch-religionspädagogisch reflektiertes Kommunikationsverständnis wird speziell dort kritisch wirksam sein, wo es Religion und Religionserschließung, aber auch grundlegende Fragen des Menschenverständnisses, der Menschenwürde, der Freiheit und Verantwortung, also implizite und explizite Weltanschauungsfragen berührt. Ebenso notwendig sind aber auch, etwa in der theologischen und religionspädagogischen Aus- und Weiterbildung, Übungsfelder, in denen grundlegende Kompetenzen im Hinblick auf eine menschengerechte Kommunikation, wie Planungs- und Leitungs-, Konflikt-, Methoden- und Medienkompetenz eingeübt werden können (vgl. Scharer 2013).

Papst *Franziskus* scheint das Potenzial von Kommunikation zu erkennen, wenn er in *Evangelii Gaudium 87* „die größeren Möglichkeiten der Kommunikation als größere Möglichkeiten der Begegnung und der Solidarität zwischen allen" sieht. „Wenn wir diesen Weg verfolgen könnten, wäre das etwas Gutes, sehr Heilsames, sehr Befreiendes, eine große Quelle der Hoffnung!"

Literatur

Arens, Edmund (2007), Gottesverständigung. Eine kommunikative Religionstheologie, Freiburg/Br. – Bauer, Joachim ([12]2008), Das Gedächtnis des Körpers. Wie Beziehungen und Lebensstile unsere Gene steuern, München – Blanz, Mathias (2014), Definitorische und deskriptive Aspekte von Kommunikation, in: ders. u.a. (Hg.), Kommunikation. Eine interdisziplinäre Einführung, Stuttgart, 13-37 – Brunkhorst, Hauke / Kreide, Regina / Lafont, Cristina (Hg.) (2009), Habermas-Handbuch, Stuttgart – Burkart, Roland ([4]2002), Kommunikationswissenschaft. Grundlagen und Problemfelder. Umrisse einer interdisziplinären Sozialwissenschaft, Wien u.a. – Cohn, Ruth C. ([16]2009), Von der Psychoanalyse zur themenzentrierten Interaktion: Von der Behandlung einzelner zu einer Pädagogik für alle, Stuttgart – Dies. / Farau, Alfred ([4]2008), Gelebte Geschichte der Psychotherapie. Zwei Perspektiven, Stuttgart – Grimm, Petra / Zöllner, Oliver (Hg.) (2012), Schöne neue Kommunikationswelt oder Ende der Privatheit? Die Veröffentlichung des Privaten in Social Media und populären Medienformaten, Stuttgart – Hilberath, Bernd Jochen / Scharer, Matthias (2012), Kommunikative Theologie. Grundlagen – Erfahrungen – Klärungen, Ostfildern – Luhmann, Niklas (1971), Sinn als Grundbegriff der Soziologie, in: Habermas, Jürgen / Luhmann, Niklas, Theorie der Gesellschaft oder Sozialtechnologie: Was leistet die Systemforschung?, Frankfurt/M., 25-100 – Lévinas, Emmanuel ([2]1993), Totalität und Unendlichkeit. Versuch über die Exteriorität Freiburg/Br. – Peukert, Helmut (1976), Wissenschaftstheorie – Handlungstheorie – Fundamentale Theologie. Analysen zu Ansatz und Status theologischer Theoriebildung, Düsseldorf – Ricœur, Paul (2006), Wege der Anerkennung: Erkennen, Wiedererkennen, Anerkanntsein, Frankfurt/M. – Scharer, Matthias (2013), Lebendigen Lernprozessen trauen, Kompetenzen fördern, in: ÖRF 21 (2013) 63-70 – Spitzer, Manfred (2012), Digitale Demenz. Wie wir uns und unsere Kinder um den Verstand bringen, München – Theobald, Christoph (1997), Glauben im *modus conversationis*. Zum Ansatz einer theologischen Theorie der Moderne, in: Arens, Edmund (Hg.), Kommunikatives Handeln und christlicher Glaube. Ein theologischer Diskurs mit Jürgen Habermas, Paderborn, 33-70 – Watzlawick, Paul / Beavin, Janet H. / Jackson, Don D. ([12]2011), Menschliche Kommunikation. Formen, Störungen, Paradoxien, Bern – Wuchterl, Kurt (2011). Kontingenz und das Andere der Vernunft. Zum Verhältnis von Philosophie, Naturwissenschaft und Religion, Stuttgart

C Fokus ,Welt und Wirklichkeit' – kontextuelle Strukturbegriffe der Religionspädagogik

C1 – Empirie

Georg Ritzer

1 Profil

Der Begriff ,Empirie' ist untrennbar mit der Bedeutung von griech. ἐμπειρία (Erfahrung, Kenntnis) verbunden. Empirie im wissenschaftlichen Sinn geht jedoch über alltägliche Erfahrungen hinaus, indem sie explizite wissenschaftliche Methoden anwendet und vorausgehende Fragestellungen bzw. Vorannahmen offenlegt. Im Standardwerk für empirische Forschung von *Jürgen Bortz* und *Nicola Döring* wird demnach empirische Forschung einleitend definiert als Suchbewegung „nach Erkenntnissen durch systematische Auswertung von Erfahrungen" (dies. 2006, 2).

In den religionspädagogischen Bezugsdisziplinen der Psychologie und der Soziologie ist empirische Forschung etabliert. Erste Untersuchungen, die als empirische Forschungen angeführt werden können, sind der Soziologie zuzurechnen (zur Geschichte der empirischen Forschung vgl. Fleck 2007). In der Pädagogik ist diese Entwicklung nicht so eindeutig. Das hat damit zu tun, dass sich die akademische Psychologie eher den Naturwissenschaften zugehörig sieht, während „die Verwissenschaftlichung der Pädagogik mit der Philosophie als Leitdisziplin" (Gräsel 2011, 20) verlief. Im Spanungsfeld hermeneutischer und empirischer Methoden stehen sowohl die Pädagogik (vgl. z.B. Benner 2013) als auch die Religionspädagogik, jedoch ist die Anwendung empirischer Methoden in der Pädagogik deutlich stärker verankert.

Wenn im Folgenden von ,Religionspädagogik' die Rede ist, wird die häufig zitierte und konsensfähige Begriffsbestimmung herangezogen, wie sie im Neuen Handbuch religionspädagogischer Grundbegriffe vorgestellt ist: „Religionspädagogik befasst sich mit der wissenschaftlichen Reflexion und Orientierung religiöser Lernprozesse." (Bitter u.a. 2002, 14) Mit *Hans-Georg Ziebertz* kann empirische Religionspädagogik – die beiden Begriffsgrößen zusammenführend – als jene Art der wissenschaftlichen Reflexion und Orientierung religiöser Lernprozesse definiert werden, der „es direkt um die Erhebung und Interpretation von Erfahrungswissen geht, und zwar unter systematischer Anwendung entsprechender empirischer Untersuchungsmethoden. Die Empirische Religionspädagogik ist damit notwendig inter- bzw. intradisziplinär ausgerichtet." (ders. 2001, 1746)

2 Rezeption

Nimmt man die oben angeführten Begriffsbestimmungen als Grundlage, so können die Anfänge der empirischen Religionspädagogik bereits zu Beginn des 20. Jahrhunderts verortet werden. Erste systematische Annäherungen findet man in der so genannten frühen Chicago School (vgl. van der Ven 1990, 4-37). Auch wenn dieser Ansatz nicht dezidiert religionspädagogisch ist, ist er im weiteren Feld der Praktischen Theologie anzusetzen. Da die Fächer der Praktischen Theologie in den 1920er Jahren noch nicht in der heutigen Form ausdifferenziert waren, kann mit *Anton A. Bucher* (2000a, 12) die Zeit um die Publikation von „Theology as an Empirical Science" (Macintosh 1919) als Beginn der empirischen Religionspädagogik angesehen werden.

In keiner Abhandlung über empirische Religionspädagogik darf der viel zitierte Aufsatz „Die empirische Wendung in der Religionspädagogik" von *Klaus Wegenast* (1968) fehlen. *Wegenast* will mit der Stärkung des empirischen Ansatzes in der Religionspädagogik in erster Linie der Krise entgegnen, in der sich die Religionspädagogik Ende der 1960er Jahre befand. Dabei hatte er hauptsächlich den Religionsunterricht im Blick. *Wegenast* weist „auf eine bisher noch kaum gesehene Möglichkeit, die Krise des Religionsunterrichts wenigstens in den Griff zu bekommen", hin: „auf die empirische Tatsachenforschung" (ebd., 118). Auch wenn in der heutigen Diskussion weniger von ‚Tatsachenforschung' die Rede ist, da empirische Ergebnisse immer auf zahlreichen Vorannahmen beruhen und nicht mehr als einen Interpretationshorizont eröffnen (vgl. Ritzer 2008, 329-332), muss dieser Aufsatz als Meilenstein in der empirischen Religionspädagogik angesehen werden.

Literaturüberblicke zu empirischer Forschung in der Religionspädagogik (z.B. Bucher 2000a; ders. 2000b; Heil 2003; Arzt/Porzelt/Ritzer 2010) zeugen von den zahlreichen Themenfeldern, mit denen sich diese Richtung der Religionspädagogik seit dem Einläuten der empirischen Wende bereits beschäftigt hat und derzeit befasst. So kann zwischen empirischen Metatexten und empirischen Untersuchungen unterschieden werden. In empirischen *Metatexten* werden theoretische Grundlagen für empirische Forschung in der Praktischen Theologie bzw. der Religionspädagogik bereitet oder methodische Grundlagen für empirisches Arbeiten an die Hand gegeben. Die empirisch erforschten Themenfelder betreffen nahezu alle Fragestellungen der Religionspädagogik, wobei *Untersuchungen* zu Religiosität und Spiritualität neben Studien im schulischen Kontext am häufigsten zu finden sind. Aktuell ist eine intensive Forschungstätigkeit zur Pluralitätsthematik zu verzeichnen.

Die Frage der Methodenwahl in der empirischen Forschung richtet sich grundsätzlich nach der Art der Fragestellung. Wie jegliche Forschungsvorhaben stehen und fallen somit besonders empirische Untersuchungen mit der Formulierung präziser Forschungsfragen. Grundsätzlich kann zwischen qualitativen und quantitativen Untersuchungsmethoden unterschieden werden. Die *qualitativen* Zugänge, die sich in der Regel mit verbalisierten oder schriftlichen Daten befassen, sind in der Religionspädagogik in der Überzahl. Die qualitative Forschungsmethode bringt es mit sich, dass Zugänge zu Fragestellungen noch variabler gestaltet werden können und müssen, als dies mit quantitativen Designs vorgesehen ist. Qualitative Erhebungs- und Auswertungsmethoden sind je auf den spezifischen Forschungsvorgang hin zu ‚fitten'.

Quantitative Untersuchungen in der empirischen Religionspädagogik stützen sich meist auf Fragebogenuntersuchungen im paper-pencil Format, jedoch sind auch Online-Erhebungen zu finden. Online-Befragungen sind zeit- und finanzökonomisch, jedoch z.B. aus Gründen zu bezweifelnder Anonymität kritisch zu hinterleuchten. Bezüglich Auswertungen herrschen im quantitativen Bereich Methoden der klassischen Testtheorie vor.

Vielfach wird als Königsweg die *Triangulation* angesehen. Dabei wird einer Fragestellung durch die Verbindung mehrerer Methoden nachgegangen. In unserem Kontext sind es meist qualitative und quantitative Zugänge, die entweder additiv oder durch Mehrfachmessung oder durch Transformation verknüpft werden (vgl. Ziebertz 2000, 36f.).

Erwähnt sei noch der Forschungsansatz der *Aktionsforschung* (action research nach Lewin 1948), welcher sich nicht in qualitativ oder quantitativ einordnen lässt. In diesem Ansatz reflektieren Lehrpersonen den eigenen Unterricht oder berufliche Situationen systematisch, um konkrete Verbesserungen zu erreichen. Aktionsforschung kommt in publizierter Form – wenn überhaupt – in der Aus-oder Fortbildung von Religionslehrer/innen vor (vgl. Biewald 2003).

3 Potenzial

Es scheint in der scientific community derzeit einen Konsens darüber zu geben, dass Ergebnisse empirischer Forschung in der Religionspädagogik unabdingbar sind. Diese Erkenntnis hat jedoch noch nicht die nötigen Konsequenzen nach sich gezogen. So ist es an den meisten Studienorten noch immer nicht verpflichtend, dass es in der praktisch-theologischen Ausbildung eine Auseinandersetzung mit empirischen Methoden gibt. Müssen Studierende beim Erstellen von Qualifikationsarbeiten im methodischen Bereich immer bei ‚Null' anfangen, so stellt dies einen Wettbewerbsnachteil gegenüber Kolleg/innen anderer Fachrichtungen dar und ist dem Verfassen empirischer Qualifikationsarbeiten nicht zuträglich. Damit in Zusammenhang steht, dass naturgemäß der eine oder die andere Betreuer/in von Qualifikationsarbeiten selbst noch nie wissenschaftlich empirisch gearbeitet hat. Dies hat bisweilen zur Folge, dass Dissertant/innen in Forschungsvorhaben ‚geschickt' werden, die aufgrund ihres Umfangs kaum bewältigbar sind. Eine grundlegende Verankerung empirischer Forschung in der Ausbildung könnte den von *Burkard Porzelt* (2011) markierten Gefahren des Dilettantismus, des Empirismus und einer einseitigen Instrumentalisierung empirischer Forschung entgegenwirken.

Das zukunftsweisende Potenzial der Religionspädagogik ist um vieles geringer, wenn empirische Forschung vernachlässigt wird. Dies hängt auch damit zusammen, dass sich empirische Forschung nicht auf positivistische Standpunkte zurückzieht. Sie ist Teil des Dreischrittes ‚Sehen – Urteilen – Handeln'. Erst wenn um Umstände gewusst wird, kann man diese interpretieren, danach urteilen und handeln. In einem evaluativen Prozess muss das Handeln und dessen Konsequenzen wiederum untersucht werden.

Das Betreiben von Wissenschaft hat sich auch Forschungsrealitäten zu stellen. So ist zu unterscheiden, ob es sich um eine Qualifikationsarbeit einer einzelnen Person oder um großangelegte – drittmittelsubventionierte – Projekte forschungserfahrener Personen handelt. Die Präzisierung und Abgrenzung von Forschungsfragen hängt wiederum mit der Fähigkeit von Betreuer/innen zusammen, die Eingrenzung von Themenfeldern und Fragestellungen zu begleiten. So ist auf der einen Seite die Forderung nach bewältigbaren Einzeluntersuchungen zu stellen, die für einen klar eingegrenzten Bereich aussagekräftige Ergebnisse bringen. Neben dieser Forderung nach kleinen, abgegrenzten, soliden Arbeiten steht jedoch auch die Forderung nach Anstrengungen, die in größerem Zusammenhang stehen. Forschungsprojekte, die national und international angelegt sind, sind nur teilweise zu finden, Längsschnitt- bzw. Replikationsstudien mit aussagekräftigen Ergebnissen zu Entwicklungszusammenhängen findet man kaum. Um auf verlässliche Daten zurückgreifen zu können, sind auch größer angelegte Studien nötig, die longitudinal und in Kooperationen durchgeführt werden.

Empirie in der Religionspädagogik ist eine conditio sine qua non. Ein Rückschritt hinter die ‚empirische Wende' ist undenkbar. Die Religionspädagogik würde sich ihrer Sinnesorgane berauben. Es gilt jedoch diese Sinnesorgane fortwährend zu schärfen. Die empirische Sozialforschung entwickelt sich in ihren Methoden ständig weiter. Diese Weiterentwicklungen dürfen nicht verschlafen werden.

Wie anders als durch systematisch ausgewertete Erfahrungen sollen religiöse Lernprozesse verantwortet beschrieben und reflektiert werden? Vom Selbstverständnis der Religionspädagogik her ist ‚Empirie' wichtiger integraler Bestandteil derselben und in diesem Band zu Recht als religionspädagogischer Strukturbegriff aufgenommen.

Literatur

Arzt, Silvia / Porzelt, Burkard / Ritzer, Georg (2010), Empirisches Forschen in der aktuellen Religionspädagogik. Projekte aus der AKRK-Sektion „Empirische Religionspädagogik" – ein Literaturüberblick über das vergangene Jahrzehnt, in: RpB 65/2010, 43-55 – Benner, Dietrich (2013), Wohin geht die empirische Bildungsforschung? Statement zu einem erziehungswissenschaftlichen Streitgespräch, in: Müller, Hans-R. / Bohne, Sabine / Thole, Werner (Hg.), Erziehungswissenschaftliche Grenzgänge. Markierungen und Vermessungen. Beiträge zum 23. Kongress der Deutschen Gesellschaft für Erziehungswissenschaft, Opladen u.a., 135-144 – Biewald, Roland (2003), Eine Religionsunterrichts-Stunde – kommentiert von Lehrerinnen und Lehrern. Aktionsforschung im Rahmen von Lehrerfortbildung, in: Fischer Dietlind / Elsenbast, Volker / Schöll, Albrecht (Hg.), Religionsunterricht erforschen. Beiträge zur empirischen Erkundung von religionsunterrichtlicher Praxis, Münster u.a., 243- 260 – Bitter, Gottfried u.a. (2002), Einführung, in: NHRPG, 13-18 – Bortz, Jürgen / Döring, Nicola (⁴2006), Forschungsmethoden und Evaluation für Human- und Sozialwissenschaftler, Heidelberg – Bucher, Anton A. (2000a), Geschichte der empirischen Religionspädagogik, in: Porzelt, Burkard / Güth, Ralph (Hg.), Empirische Religionspädagogik. Grundlagen – Zugänge – Aktuelle Projekte, Münster, 11-20 – Bucher, Anton A. (2000b), Literaturbericht zur aktuellen empirischen Religionspädagogik, in: ebd., 21-28 – Fleck, Christian (2007), Transatlantische Bereicherungen. Zur Erfindung der empirischen Sozialforschung, Frankfurt/M. 2007 – Gräsel, Cornelia (2011), Was ist empirische Bildungsforschung?, in: Reinders, Heinz u.a. (Hg.), Empirische Bildungsforschung. Strukturen und Methoden, Wiesbaden, 13-27 – Heil, Stefan (2003), Empirische Unterrichtsforschung zum Religionsunterricht – Stand und Entwicklungsgeschichte, in: Fischer, Dietlind / Elsenbast, Volker / Schöll Albrecht (Hg.), Religionsunterricht erforschen. Beiträge zur empirischen Erkundung von religionsunterrichtlicher Praxis, Münster u.a., 13-35 – Lewin, Kurt (1948), Aktionsforschung und Minderheitenprobleme, in: ders., Die Lösung sozialer Konflikte. Ausgewählte Abhandlungen über Gruppendynamik, Bad Nauheim, 278-298 – Macintosh, Douglas C. (1919), Theology as an Empirical Science, New York – Porzelt, Burkard (2011), Weder Empirismus noch Dilettantismus noch Instrumentalisierung. Wegmarken einer empirisch fundierten Religionspädagogik, in: RpB 66/2011, 71-77 – Ritzer, Georg (2008), Praktisch-theologische Empirie. Überflüssig wie ein Hühnerauge oder wichtiges Sinnesorgan?, in: ders. (Hg.), „Mit euch bin ich Mensch ...", Innsbruck – Wien, 327-340 – van der Ven, Johannes A. (1990), Entwurf einer empirischen Theologie, Weinheim – Wegenast, Klaus (1968), Die empirische Wendung in der Religionspädagogik, in: EvErz 20 (3/1968) 111-125 – Ziebertz, Hans-Georg (2000), Methodologische Multiperspektivität angesichts religiöser Umbrüche. Herausforderungen für die empirische Forschung in der Praktischen Theologie, in: Porzelt, Burkard / Güth, Ralph (Hg.), Empirische Religionspädagogik. Grundlagen – Zugänge – Aktuelle Projekte, Münster, 29-44 – Ziebertz, Hans-Georg (2001), Empirische Religionspädagogik, in: LexRP, 1746-1750

C2 – Lebenswelt[1]

Michael Wermke

1 Profil

Im Begriff ‚Lebenswelt' artikulierte sich im Übergang des 19. zum 20. Jahrhundert eine – insb. von der Lebensphilosophie formulierte – grundsätzliche Kritik an den Modernisierungsprozessen der Gesellschaft: die „Krise der Moderne und die Entdeckung der Lebenswelt als konkretes Apriori" (Brand 1971, 3). Von *Edmund Husserl* wurde der Begriff in die Philosophie eingebracht und später von der Soziologie und Pädagogik rezipiert. Nach *Husserl* verbindet sich mit dem Empfinden einer Krise der Moderne die Vorstellung einer wissenschaftlichen Kolonialisierung aller Lebensbereiche resp. der Umwandlung der Welt zur modernen technischen Welt durch die Naturwissenschaften, die sich dadurch selbst in die Krise geführt hat: „Die Ausschließlichkeit, in welcher sich in der zweiten Hälfte des 19. Jahrhunderts die ganze Weltanschauung des modernen Menschen von den positiven Wissenschaften bestimmen [...] ließ, bedeutete ein gleichgültiges Sichabkehren von den Fragen, die für ein echtes Menschentum die entscheidenden sind." (ders. nach ebd., 7) Die Möglichkeit der Überwindung dieser Krise sah *Husserl* in der Rückbesinnung auf die *Lebenswelt*, die er zugleich als universelle Vorgegebenheit der Welt und damit auch der Wissenschaften wie auch als die (vorwissenschaftliche) Alltagspraxis deutete, der sich mit Methoden der Phänomenologie wissenschaftlich zu nähern sei, um das Selbstverständliche verständlich zu machen. Der Begriff ‚Lebenswelt' gehört seit *Husserls* Werk „Die Krisis der Europäischen Wissenschaften und die transzendentale Phänomenologie" (1936) zu den Leitbegriffen der modernen Philosophie (vgl. Janssen/Mühlmann 1980). So hat *Hans Blumenberg* zuletzt für eine Unterscheidung zwischen der Selbstverständlichkeit der Lebenswelt und der keineswegs selbstverständlichen Alltäglichkeit plädiert (vgl. ders. 2010).

Über *Alfred Schütz* und *Thomas Luckmann* fand der Begriff ‚Lebenswelt' Eingang in die Soziologie und schließlich in die Pädagogik (vgl. Lippitz 1993). So verstehen *Schütz* und *Luckmann* den Begriff Lebenswelt als „Inbegriff einer Wirklichkeit, die erlebt, erfahren und erlitten wird" (dies. 1984, 1), wobei sich die Lebenswelt in verschiedene Wirklichkeitsbereiche differenziert. Hierbei ist „im Verhältnis zu anderen Wirklichkeitsbereichen geschlossener Sinnstruktur [...] die

---

1 Bei dem vorliegenden Beitrag handelt es sich um die Überarbeitung eines Auszugs aus Wermke/Rothgangel 2006.

Lebenswelt des Alltags die Vorzugsrealität." (dies. 1979, 62) Jedoch umgreift die Lebenswelt mehr als die alltägliche Lebenswelt. So kann z.b. die Traumwelt oder die Welt religiöser Erfahrungen und Wissenschaft als ein Aspekt von Lebenswelt bestimmt werden.

Vertiefende Einsichten zur Verhältnisbestimmung von Lebenswelt und Wissenschaft lassen sich aus wissenschaftstheoretischer Perspektive gewinnen. Ausgehend von der alltäglichen Lebenswelt als vornehmlichem Wirklichkeitsbereich kann zwischen Alltag einerseits und Wissenschaft andererseits unterschieden werden (vgl. Luckmann 1981, 92f.). Eine wesentliche Funktion von alltäglichem Wissen besteht in der Handlungsorientierung, während wissenschaftliches Wissen als eine Form von Sonderwissen bestimmt wird, das im Kontext moderner Gesellschaften zunehmend spezialisiert und theoretisch ausgedeutet wird (vgl. ebd., 100f.).

In Anbetracht der unterschiedlichen Funktionen von handlungsorientierendem Alltagswissen und wissenschaftlichem Sonderwissen kann diese Differenz jedoch nicht so aufgehoben werden, dass wissenschaftliches Wissen das alltägliche ersetzen oder beherrschen kann; z.b. muss die orientierende Funktion des Alltagswissens jeder alltäglichen Lebenssituation gewachsen sein.

Bemerkenswert ist auch, dass weder durch wissenschaftliche Denkweisen geformtes Alltagswissen noch die routinemäßige alltägliche Verwendung technischer Geräte letztlich zu einer wissenschaftlichen Rationalisierung des Alltagswissens führt. Daraus ziehen *Schütz* und *Luckmann* die Konsequenz, dass die alltägliche Lebenswelt sowie ,die Welt' der Wissenschaft jeweils geschlossene Sinngebiete darstellen. Deren jeweilige Geschlossenheit beruht „auf der Einheitlichkeit des ihm [des Sinngebietes] eigenen Erlebnis- bzw. Erkenntnisstils" (dies. 1979, 49). Es ist somit nicht möglich, ein geschlossenes Sinngebiet auf ein anderes zurückzuführen. Vielmehr ist dies nur durch einen ,Sprung' möglich, d.h. durch „das Vertauschen eines Erlebnisstils mit einem anderen" (ebd., 50).

Allerdings wird zu Recht kritisiert, dass *Schütz* und *Luckmann* nur unzureichend die Gemeinsamkeiten zwischen alltäglichem und wissenschaftlichem Wissen in den Blick nehmen. Im Sinne einer dialektischen Verhältnisbestimmung können nämlich auch Zusammenhänge angeführt werden, die ungeachtet der genannten Unterschiede bestehen. Zum einen können sich alltägliches und wissenschaftliches Wissen auf einen gemeinsamen Erkenntnisgegenstand beziehen, nämlich den sozialen Handlungsraum. Zum anderen geht der Sinnbereich der Wissenschaft aus dem des Alltags hervor und bleibt auf ihn bezogen. Befreit vom unmittelbaren Handlungsdruck des Alltags kann Wissenschaft „in der Analyse des Alltagsverstandes und der gesellschaftlichen Konstruktion der Wirklichkeit" (Soeffner 1983, 42) auf noch ungenützte alternative Möglichkeiten verweisen.

2 Rezeption

Im religionsdidaktischen Diskurs wird diskutiert, wie die Spannung zwischen einem wissenschaftspropädeutisch und zugleich lebensweltlich orientierten Religionsunterricht konzeptionell überwunden werden kann (vgl. Wermke/Rothgangel 2006). Im Mittelpunkt steht die Frage nach dem didaktischen Verhältnis von ‚gelebter' und ‚gelehrter' Religion, die nicht in der Weise beantwortet werden kann, dass der Religionsunterricht einseitig kognitiv ausgerichtet ist und elementare religiöse Handlungen grundsätzlich ausgeblendet werden (vgl. Dressler 2007). Die Konsequenzen einer wiederum einseitig lebensweltlich orientierten Religionsdidaktik deuten sich in der theologischen Kritik der 1994 erstellten Lehrpläne für den Religionsunterricht in Baden-Württemberg an, die vor einer „Verharmlosung" und einer ‚Selbstsäkularisierung' des christlichen Glaubens durch eine ‚Anpassung an den Zeitgeist' dringlich warnt (vgl. Rupp/Schmidt 2001). Bereits *Wolfgang Klafki* bezeichnete es als die didaktisch zentrale Frage, inwiefern „wissenschaftliche Erkenntnisse notwendig [sind], um diese ‚Lebenswelt' durchschaubar, verstehbar und den sich entwickelnden Menschen in ihr urteilsfähig, kritikfähig, handlungsfähig werden zu lassen" (ders. 1996, 166). Damit sind für ihn die wissenschaftliche und die lebensweltliche Orientierung von Unterricht untrennbar aufeinander bezogen: „Wissenschaftsorientiertes Lernen wird vom Schüler im allgemeinen nur dann produktiv, verstehend, interesseweckend, weiterwirkend vollzogen werden, wenn es von ihm als sinnvoll, als bedeutsam für die Entwicklung seines Selbst- und Wirklichkeitsverständnisses, seiner Urteils- und Handlungsfähigkeit erfahren werden kann." (ebd.) So weist auch *Ingrid Grill* anhand einer Befragung von Pfarramts- und Lehramtsstudierenden nach, dass zwar der wissenschaftliche Touch des Religionsunterrichts in der Oberstufe das Interesse am Theologiestudium in einem hohen Maße geweckt, jedoch der Religionsunterricht es offenbar nicht geschafft habe, „den jungen Leuten einen einigermaßen ‚haltbaren' Vorrat an Deutungs- und Orientierungsmodellen mitzugeben, mit denen sich's denken, streiten und vor allem: leben ließe" (dies. 2003, 2). Der wissenschaftsorientierte Unterricht hat sich demzufolge an der Lebenswelt der Schüler/innen zu orientieren, zugleich aber auch über diese Lebenswelt hinauszuweisen. „Es geht zum einen um die gegenwärtige, jugendliche ‚Lebenswelt' [...] der Schüler (‚Schülerorientierung' i.e.S.), zum anderen aber immer auch um die Orientierung der Schüler auf ihre künftigen individuellen und gesellschaftlichen Möglichkeiten und Aufgaben." (Klafki 1996, 166) Dem kann insoweit zugestimmt werden, als Wissenschaftsorientierung als Korrektiv eines einseitig lebensweltlich ausgerichteten Unterrichts zu fungieren hat: Sie zielt darauf ab, „die lebensgeschichtlich und damit immer auch gesellschaftlich bedingten, subjektiven Horizontbegrenzungen aufzuklären und aufzulockern und Anregungen zur Horizont*erweiterung* zu geben." (ebd., 167) In einem in dieser Weise verstandenen wissenschaftsorientierten Unterricht geht es damit primär um eine zu vermittelnde „Lebensorientierung"" (ebd., 166), die jedoch ohne eine Wissenschaftsorientierung nicht zu denken ist.

Schon in den 1960er Jahren lassen sich in der Religionspädagogik vereinzelte Stimmen vernehmen, die eine Berücksichtigung der Lebenswirklichkeit von Kindern, Jugendlichen und Erwachsenen in der religionspädagogischen Diskussion fordern. *Werner Loch* spricht von der „Verleugnung des Kindes" in der evangelischen Religionspädagogik (1964) und *Klaus Wegenast* mahnt eine „empirische Wendung" (1968) an. Obwohl in der Folgezeit Etiketten wie Problem-, Schüler-, Subjekt- und Erfahrungsorientierung eine konzeptionelle Berücksichtigung der Lebenswirklichkeit von Schüler/innen im Religionsunterricht signalisieren, wurde lange Zeit die ‚empirische Wendung' als ein Desiderat angemahnt. Nur schrittweise vollzieht sich in der Religionspädagogik eine zunehmende Hinwendung zu empirischen Fragestellungen.

Vor dem Hintergrund der verstärkten religionspädagogischen Rezeption des Wahrnehmungsbegriffs in den 1990er Jahren wird von Autoren wie *Hans-Günther Heimbrock* die Auffassung vertreten, dass sich die Religionspädagogik als Wahrnehmungswissenschaft zu verstehen habe. Dies impliziert eine Hinwendung der Religionspädagogik zur Phänomenologie und damit verbunden eine wiederzuerlangende gegenseitige Wahrnehmung von Religionspädagogik und Praktischer Theologie. Pointiert bringt dies der Untertitel einer entsprechenden Publikation von *Heimbrock* zum Ausdruck: „Von der empirischen Wendung zur Lebenswelt" (ders. 1998). Im Anschluss an Überlegungen von *Peter Biehl* könnte sich ein integrativer Ansatz als weiterführend erweisen, in dem „phänomenologisch orientierte Methoden in ein sachgemäßes Verhältnis zu empirischen, hermeneutischen und ideologiekritischen Forschungsansätzen zu setzen" (ders. 1998, 37) sind.

Der in Entsprechung zu gesellschaftlichen Prozessen greifbare Gestaltwandel von Religion hin zu pluralisierten und individualisierten Ausdrucksformen stellt einen subjekt- und lebensweltorientierten Religionsunterricht vor besondere Herausforderungen. Religionslehrer/innen können nicht von standardisierten, kirchlichreligiösen Normalbiographien ausgehen, vielmehr müssen sie in ihrer Lerngruppe mit den unterschiedlichsten religiösen und auch a-religiösen Einstellungen und Vorstellungen rechnen. Gerade aufgrund dieser unhintergehbar pluralen Situation kann eine konstitutive Berücksichtigung der Lebenswelt und individuellen Religiosität der Schüler/innen nur dann gelingen, wenn nicht nur Ergebnisse religionssoziologischer und -phänomenologischer Studien rezipiert werden, sondern Religionslehrer/innen zugleich methodische Kompetenzen erlernen, um ihre Lerngruppen in ihren Besonderheiten differenziert wahrnehmen zu können (vgl. Rose/Wermke 2014).

3 Potenzial

Bereits *Peter L. Berger* hat auf die zunehmende Pluralisierung der Lebenswelten
verwiesen (vgl. ders./Berger/Kellner 1987): Der Mensch befindet sich nicht nur
in seinen eigenen unterschiedlichen privaten und öffentlichen Lebenswelten, sondern sieht sich auch durch andere Lebenswelten unmittelbar und (durch Medien)
mittelbar konfrontiert, die sich aus politischen, sozialen, religiösen, kulturellen,
ökonomischen etc. Gründen von seinen eigenen Lebenswelten unterscheiden und
zu denen er sich zu verhalten hat. Die Vielfalt von möglichen und tatsächlichen
Lebenswelten tritt nicht nur in Konkurrenz zur eigenen Lebenswelt, sondern
Lebenswelten erscheinen zunehmend als machbar und wandlungsfähig. Damit
sind Lebenswelten nicht mehr selbstverständliche und unabänderliche Vorgaben,
sondern Gegenstände eigener Entscheidung und Gestaltung und befinden sich
damit in eigener Verantwortung. Während ‚Lebenswelt' in ihrer ursprünglichen
Bedeutung als Gegenentwurf zu der nicht zuletzt durch die Naturwissenschaften
beförderten gesellschaftlichen Ausdifferenzierung gedacht wurde, ist eine solche
Gegenüberstellung in unserer Gegenwart folglich nicht mehr ohne weiteres vorstellbar. So zeigt sich, dass Lebenswelt außerhalb des philosophischen Binnen-
diskurses auch in der didaktischen Fachsprache als Synonym für unseren durch
und durch technisierten Alltag dient; damit verliert der Begriff freilich auch seine
ihm inhärente modernitätskritische Pointe. In pädagogischer Perspektive ist noch
entscheidender, dass sich mit der Ausdifferenzierung bzw. der Individualisierung
der Gesellschaft zumindest in der Nahsicht ebenfalls die Lebenswelten der Kinder
und Jugendlichen vervielfacht haben: So wenig es ‚die' Religiosität der Kinder und
Jugendlichen gibt, gibt es deren ‚eine' Lebenswelt. Bereits auf der Ebene von Lern-
gruppenanalysen wird man daher auf den Begriff im Singular verzichten müssen.
Andererseits könnte man unter Rückgriff auf *Husserls* Unterscheidung zwischen
Wissenschaft und vorwissenschaftlicher Erfahrungswelt die Differenz der gelebten
und der gelehrten Religion, d.h. zwischen Glaube und Wissen, theologisch aus-
schärfen, um sie i.S. der Initiierung religiöser Bildungsprozesse in ein sich gegenseitig aufklärendes Verhältnis setzen zu können.

Literatur

Berger, Peter L. / Berger, Brigitte / Kellner, Hansfried (1987), Das Unbehagen in der Mo-
dernität, Frankfurt/M. u.a. – Biehl, Peter (1998), Der phänomenologische Ansatz in der
deutschen Religionspädagogik, in: Heimbrock 1998, 15-46 – Blumenberg, Hans (2010),
Theorie der Lebenswelt, Berlin – Brand, Gerd (1971), Die Lebenswelt. Eine Philosophie
des konkreten Apriori, Berlin – Dressler, Bernhard (2007), Blickwechsel. Religionspädagogische Einwürfe, Leipzig – Grill, Ingrid (2003), Elementarisierung im Religionsunterricht
der Oberstufe. Wahrnehmung und Perspektiven, Erlangen – Heimbrock, Hans-Günter
(Hg.) (1998), Religionspädagogik und Phänomenologie. Von der empirischen Wendung
zur Lebenswelt, Weinheim – Janssen, Paul / Mühlmann, Wilhelm Emil (1980), Lebens-

welt, in: HWPh 5, 155-157 – Klafki, Wolfgang (⁵1996), Thesen zur „Wissenschaftsorientierung" des Unterrichts, in: ders., Neue Studien zur Bildungstheorie und Didaktik. Zeitgemäße Allgemeinbildung und kritisch-konstruktive Didaktik, Weinheim u.a., 162-172 – Lippitz, Wilfried (1993), Phänomenologische Studien in der Pädagogik, Weinheim – Luckmann, Thomas (1981), Einige Überlegungen zu Alltagswissen und Wissenschaft, in: Pädagogische Rundschau 35 (2-3/1981) 91-109 – Rose, Miriam / Wermke, Michael (2014), Konfessionslosigkeit heute. Zwischen Religiosität und Säkularität, Leipzig – Rupp, Hartmut / Schmidt, Heinz (Hg.) (2001), Lebensorientierung oder Verharmlosung. Theologische Kritik der Lehrplanentwicklung im Religionsunterricht, Stuttgart – Schütz, Alfred / Luckmann, Thomas (1979), Strukturen der Lebenswelt Bd. 1, Frankfurt/M. – Dies. (1984), Strukturen der Lebenswelt. Bd. 2, Frankfurt/M. – Soeffner, Hans-Georg (1983), Alltagsverstand und Wissenschaft. Anmerkungen zu einem alltäglichen Mißverständnis, in: Zedier, Peter / Moser, Heinz (Hg.), Aspekte qualitativer Sozialforschung. Studien zu Aktionsforschung, empirischer Hermeneutik und reflexiver Sozialtechnologie, Opladen, 13-50 – Wermke, Michael / Rothgangel, Martin (2006), Wissenschaftspropädeutik und Lebensweltorientierung als didaktische Kategorien, in: Wermke, Michael / Adam, Gottfried / Rothgangel, Martin (Hg.), Religion in der Sekundarstufe II. Ein Kompendium, Göttingen, 13-40

C3 – Kultur(geschichte)

Harald Schwillus

1 Profil

„Es gibt nichts, was nicht auch unter dem Aspekt der Kultur betrachtet werden könnte." (Lüddemann 2010, 7) Diese Aussage *Stefan Lüddemanns* illustriert deutlich, dass in den vergangenen Jahrzehnten der Kulturbegriff und die mit ihm verbundene Kulturgeschichte zu einem Schlüssel öffentlicher Selbstwahrnehmung und -deutung geworden ist. Dies belegt nicht zuletzt auch die Fülle einschlägiger Veröffentlichungen zur Bedeutung von ‚Kultur' von fachwissenschaftlichen Analysen bis hin zu eher populärwissenschaftlich oder essayistisch abgefassten Texten, die ihre Leser/innen in die Welt der kulturell kontextualisierten philosophischen und historischen Überlieferungen – und damit letztlich auch in die theologischen Deutungs- und Konstruktionsverfahren – einführen wollen (vgl. Richter 2004, 10). Kulturgeschichte versteht sich in diesem Zusammenhang als „eine der vielfältigen Verständigungs- und Reflexionsweisen, in denen sich die gegenwärtig lebenden Menschen widerspiegeln und entwerfen." (Daniel 2004, 19) Sie ist „die

symbolische Form, in der sich die individuelle und kollektive Selbstvergewisse-
rung und Selbst-in-Frage-Stellung im Umgang mit Geschichte vollzieht." (ebd.)
Der Begriff ‚Kultur' besitzt in der philosophischen Diskussion eine doppelte
Ausrichtung: Einerseits wird er in einem engeren Sinne als Beschreibung eines
*Teil*systems des Lebens der Gesellschaft verstanden und umfasst dann Bereiche
wie Kunst, Literatur, Museen, Kirchen und Religionsgemeinschaften, aber auch
Kulturpolitik oder -industrie. Andererseits wird mit ‚Kultur' der *gesamte* Kommu-
nikations- und Deutungshorizont einer Gesellschaft gebündelt und bezeichnet
damit das für ihre Lebensform Typische – man spricht dann etwa von der ‚abendländischen Kultur', der ‚deutschen Kultur', aber auch von der ‚Kultur des politischen Lebens' oder der ‚Kultur einer Konfession oder Religion' (vgl. Biehl 2001,
1134). Hinzu kommt eine weitere Doppelgesichtigkeit von ‚Kultur' als die „einer
Tätigkeit wie eines Resultats, als Hinwendung zu individuellen Entwicklungs-
prozessen wie als Abhängigkeit von einer kollektiven Gegebenheit" (Lüddemann
2010, 7). Der Kulturbegriff besitzt so eine materiale wie formale Bezogenheit, die
ihn für verschiedenartige Konzeptionen anschlussfähig macht. Er kann in materi-
alorientierter Weise den Blick auf die (Kultur-)Objekte und die mit ihnen verbundenen gesellschaftlichen Subsysteme legen – wie etwa Wissenschaft, Kunst, Politik
oder Ökonomie. In diesem Zusammenhang steht ‚Kultur' gegen ‚Natur' und beschreibt die vom Menschen hervorgebrachten Objektivationen seines Welt- und
Selbstbezugs. Der Kulturbegriff kann aber auch in formalorientierter Weise als
Grundstruktur verstanden werden, die eine Vernetzung der einzelnen systembezo-
genen Objektivationen menschlicher Produktion überhaupt erst ermöglicht und
begründet. ‚Kultur' ist dann nicht mehr Gegenstand der Produktion oder Rezeption, sondern deren Grundlegung (vgl. Richter 2004, 11f.). In dieser Doppelung
ist Kultur als eine (re-)konstruktive Leistung des Menschen angesichts aktueller
Fragestellungen für die Religionspädagogik interessant.

2 Rezeption

Die gestiegene Bedeutung von ‚Kultur' blieb nicht ohne Konsequenzen für die
Rezeption von ‚Religion' im öffentlichen Diskurs. So führte das Aufstreben der
Cultural Studies zum sogenannten Cultural Turn, in dessen Gefolge die Sozialwissenschaften, die sich bislang führend mit dem Religionsphänomen beschäftigten,
zunehmend von den Kulturwissenschaften ‚überholt' wurden. Diese Akzentver-
schiebung bewirkte, dass die wirklichkeitskonstituierenden und -rezipierenden
Kategorien nunmehr v.a. durch die Cultural Studies zur Verfügung gestellt werden. Rekonstruierten die Sozialwissenschaften ‚Religion' vorzugsweise als ein soziales Phänomen, so wird sie jetzt „als Teil einer größeren, grundlegenden Kultur
verstanden: Religion ist so gesehen zuerst ein kulturelles Phänomen, das sich dann

nachfolgend in verschiedenen sozialen Formen konkretisiert. Ein normativer Kulturbegriff ist von einem weiten deskriptiven Kulturbegriff abgelöst worden, wenn man so will: von einem demokratisierten Kulturbegriff." (Schöttler 2013, 109) Der gegenwärtige Cultural Turn und die mit ihm verbundenen veränderten religiösen und kirchlichen Verhaltens- und Denkweisen der Gläubigen werden in der theologischen Diskussion um den Umgang mit ‚Kultur' durchaus kritisch begleitet. Dies äußert sich bisweilen im Vorwurf, dass sich eine ‚City-Religion' mit negativ konnotierten synkretistischen Zügen ausbreite. Nicht selten geschieht dies im Rahmen einer Kulturdiagnose, die einen zunehmenden Verfall christlicher Werthaltungen und Praxis konstatiert (vgl. Heimbrock 2001, 269f.). In diese Richtung weisen auch theologische Interpretationen der Gegenwartskultur als einer marktbestimmten Lebensform, der sich das Christentum – und mit ihr die religiöse Bildung – nicht gleichmachen dürfe. Stattdessen sei einzig die Kommunikation der Fremdheit des Christentums in der ‚Welt' der zeitgemäße religiöse Bildungsauftrag (vgl. Ruster 2000). Solche Sichtweisen lassen die notwendige kulturelle Verwobenheit aller Glaubensäußerungen jedoch außer Acht, ohne die ‚Religion' überhaupt nicht als Kommunikationsgegenstand in der kulturellen Öffentlichkeit wahrgenommen werden könnte (vgl. Hoff 2005, 109).

Anders als diese Ansätze berücksichtigte bereits im 19. Jahrhundert der *Herbartianismus* den Kulturbezug der Religion. Als Erziehungsziel strebte er eine durch die Verbindung von Religion und Kultur geprägte christliche Sittlichkeit an, bei der jedes Individuum im Laufe seiner Entwicklung die Kulturentwicklung der Menschheit durchlaufe (vgl. Ziller 1884). In der zweiten Hälfte des 20. Jahrhunderts stellte dann die biblisch-hermeneutische Religionspädagogik der 1950/60er Jahre in Übereinstimmung mit den geisteswissenschaftlichen Strömungen der Allgemeinen Pädagogik den Kulturbezug zunächst des evangelischen Religionsunterrichts heraus. Das von *Alfred Läpple* und *Fritz Bauer* herausgegebene Unterrichtswerk „Christus – die Wahrheit" belegt diese Entwicklung auch in der katholischen Religionspädagogik (vgl. dies. 1968).

Bei der Neubegründung des Religionsunterrichts durch den Würzburger Synodenbeschluss *Der Religionsunterricht in der Schule* von 1974 gewann neben der anthropologischen und gesellschaftlichen Argumentation die kulturgeschichtliche ein besonderes Gewicht und sicherte seine Stellung als Schulfach. Die sich parallel entwickelnde und für die folgenden Jahre bestimmende Korrelationsdidaktik nahm diese Akzentuierung in den *Zielfelderplänen* auf, spitzte sie aber eher auf eine Inbeziehungsetzung von Religion auf der einen und von gesellschaftlich-individueller Lebenswelt der Schüler/innen auf der anderen Seite zu. Dezidiert kulturgeschichtliche Implikationen traten in den Hintergrund. Der *Grundlagenplan* von 1984 beinhaltet zwar ein Lernfeld „Leben in Gesellschaft und Kultur", doch ist auch dessen Zielsetzung eher ethisch orientiert und nimmt kulturelle Phänomene nur mittelbar in den Blick. Die kulturelle Entfremdung zwischen dem Glauben der Kirche und der Lebenswelt der Lernenden konnte nur wenig überbrückt werden. Dies nahm zunächst die Symboldidaktik mit der Feststellung auf, dass kulturell geprägte religiöse Symbolsysteme nicht mehr verstanden werden. Unter den neueren religionsdidaktischen Entwürfen kann insbesondere das Theologisieren mit Kindern bzw. Jugendlichen als eine Kulturtechnik interpretiert werden, die die Erschließung der religiösen Dimension der Wirklichkeit ermöglicht.

Seit einiger Zeit nimmt sich die Religionspädagogik auch der Kommunikation von Religion außerhalb des kirchlichen und schulischen Bereichs in der kulturellen Öffentlichkeit an (vgl. Hemel 1986, 42ff.). Diese kulturelle Präsenz von Religion in Filmen, Videoclips, Büchern, Comics, Musik, Werbung, Gebäuden, Museen, Ausstellungen usw. wird dabei nicht nur als Teilaspekt der gesellschaftlichen Umgebung religiöser Lernprozesse verstanden, sondern als eigenes religionspädagogisches Handlungsfeld begriffen (vgl. Gräb 2002). Hoch- und popularkulturell vermittelte Religion wird so ausdrücklich zum Reflexionsgegenstand (vgl. Ziebertz 2002, 209-213; Fechtner 2005). In diesen Zusammenhang gehören auch religionspädagogische Überlegungen zum interkulturellen und interreligiösen Lernen, die seit den 1990er Jahren eminent an Bedeutung gewonnen haben. Noch einen Schritt weiter geht *Hans-Günter Heimbrock*, wenn er vorschlägt, Religionspädagogik insgesamt als Kulturpädagogik zu verstehen. Im Religionsunterricht wäre Religion dann „als Medium zum Verständnis kultureller Traditionen" (ders. 2004, 170) und als „Integrations- und Konfliktlösungsinstanz" (ebd., 171) zu erschließen.

3 Potenzial

Auch wenn man so weit nicht gehen mag, werden kulturelle Zugänge zu Religion und Glaube in religionspädagogisch begleiteten Kommunikationsprozessen und insbesondere im Religionsunterricht weiter an Bedeutung gewinnen. Der Religionsunterricht profiliert sich so aufs Neue als Schulfach, in dem auch kulturelle Kompetenzen erworben werden können. Dazu gehören die Entwicklung einer religiösen Lesefähigkeit als angemessener Umgang mit konstitutiver Rationalität ebenso wie die Kompetenz zur „Wahrnehmung der Veränderungen an Weltbildern und Religionen" (Heimbrock 2004, 174) und zur „Kultivierung von Differenz" (ebd.). Das vom interkulturellen Lernen einerseits zu unterscheidende, andererseits jedoch mit ihm verbundene interreligiöse Lernen dürfte damit ebenfalls eine Bedeutungssteigerung erfahren.

Hierbei wird darauf zu achten sein, dass Religion zwar deutlich kulturell konnotiert ist, aber nicht vollständig in Kultur aufgeht. Dies zu verdeutlichen ist eine zentrale Aufgabe einer theologisch verorteten Religionspädagogik, die die religiöse Bildungsdomäne als ihr Proprium herausstellt. Einer solchen Betrachtung entspricht nicht zuletzt auch die von *Jürgen Baumert* getroffene Unterscheidung unterschiedlicher Modi der Weltbegegnung im Bereich der Bildung, die nicht wechselseitig austauschbar sind. Ausdrücklich zählt dazu der Bereich der konstitutiven Rationalität, auf die neben der Philosophie auch die Religion zugreift. Ihr ist damit ein eigener Rationalitätsbereich zugewiesen, der nicht etwa in der ästhetisch-expressiven Rationalität aufgeht, die sich auf die ‚typischen' Kulturfelder wie Literatur, Musik, Kunst, Sprache, Malerei usw. bezieht (vgl. ders. 2002). Zur Selbstreflexion der wissenschaftlichen Religionspädagogik unter den Bedingungen des beginnenden 21. Jahrhunderts gehört gerade wegen dieser notwendigen Differenzierungen die Erkenntnis, dass sie selbst Teil der kulturellen Wirklichkeit ist und damit an deren kulturellen und kulturgeschichtlichen (Re-)Konstruktionsleistungen teilhat (vgl. Ziebertz 2002, 212). Im Bildungs- und Kulturbereich jenseits schulischer und katechetischer Bemühungen eröffnen sich damit neue Kommunikationsfelder für eigene religionspädagogische Profilierungen, die im Austausch mit anderen Wissenschaften stehen: Dazu zählen u.a. die Tourismuswissenschaft, das Kulturmanagement oder die Museumspädagogik. Zukünftig dürfte daher das „Verhältnis zur Öffentlichkeit" (Schweitzer 2004, 41) – und damit zur Kultur – immer mehr zur „Grundsignatur neuzeitlicher Religionspädagogik" (ebd.) werden.

Literatur

Baumert, Jürgen (2002), Deutschland im internationalen Bildungsvergleich, in: Killius, Nelson / Kluge, Jürgen / Reisch, Linda (Hg.), Die Zukunft der Bildung, Frankfurt/M., 100-150 – Biehl, Peter (2001), Kultur, in: LexRP, 1133-1139 – Daniel, Ute (⁴2004), Kompendium Kulturgeschichte. Theorien, Praxis, Schlüsselwörter, Frankfurt/M. – Fechtner, Kristian u.a. (Hg.) (2005), Handbuch Religion und Populäre Kultur, Stuttgart – Gemeinsame Synode der Bistümer in der Bundesrepublik Deutschland (1976), Beschluß: Der Religionsunterricht in der Schule, in: Bertsch, Ludwig u.a. (Hg.) (1976), Gemeinsame Synode der Bistümer in der Bundesrepublik Deutschland. Offizielle Gesamtausgabe I: Beschlüsse der Vollversammlung, Freiburg/Br. u.a., 123-152 – Gräb, Wilhelm (2002), Sinn fürs Unendliche. Religion in der Mediengesellschaft, Gütersloh – Heimbrock, Hans-Günter (2001), City-Religion, Synkretismus und kontextuelle Theologie – Praktisch-theologische Notizen zur Wahrnehmung von Religion in kultureller Vielfalt, in: Witte, Markus (Hg.), Religionskultur – zur Beziehung von Religion und Kultur in der Gesellschaft, Würzburg, 269-294 – Heimbrock, Hans-Günter (2004), Religionsunterricht im Kontext Europa. Einführung in die kontextuelle Religionsdidaktik in Deutschland, Stuttgart – Hemel, Ulrich (1986), Religionspädagogik im Kontext von Theologie und Kirche, Düsseldorf – Hoff, Gregor Maria (2005), Theologische Herausforderung. Religiöse Bildungsarbeit im Horizont postmodernen Denkens, in: Englert, Rudolf / Leimgruber, Stephan (Hg.), Erwachsenenbildung stellt sich religiöser Pluralität, Gütersloh – Freiburg/Br., 109-125 – Läpple, Alfred / Bauer, Fritz (⁶1968), Christus – die Wahrheit. Lehrbuch für den katholischen Religionsunterricht für 14- bis 16-jährige Schüler, München – Lüddemann, Stefan (2010), Kultur. Eine Einführung, Wiesbaden – Richter, Cornelia (2004), Die Religion in der Sprache der Kultur. Schleiermacher und Cassirer – Kulturphilosophische Symmetrien und Divergenzen, Tübingen – Ruster, Thomas (2000), Der verwechselbare Gott. Theologie nach der Entflechtung von Christentum und Religion, Freiburg/Br. – Schöttler, Heinz-Günther (2013), „… ein zu vollendendes Werk" (U. Eco). Kultur als bedeutungsgenerativer Ort der biblischen Botschaft, in: Lindner, Konstantin u.a. (Hg.), Erinnern und Erzählen. Theologische, geistes-, human- und kulturwissenschaftliche Perspektiven, Berlin, 107-121 – Schweitzer, Friedrich (2004), Religionspädagogik im öffentlichen Diskurs – oder: Warum Religionspädagogik über sich selbst hinausdenken muss, in: ders. / Schlag, Thomas (Hg.), Religionspädagogik im 21. Jahrhundert, Gütersloh – Freiburg/Br., 36-52 – Ziebertz, Hans-Georg (2002), Gesellschaft und Öffentlichkeit, in: Schweitzer, Friedrich u.a., Entwurf einer pluralitätsfähigen Religionspädagogik, Gütersloh – Freiburg/Br., 204-226 – Ziller, Tuiskon (²1884), Grundlegung zur Lehre vom erziehenden Unterricht, Leipzig

C4 – Pluralität

Guido Meyer

1 Profil

Moderne westliche Lebenswelten sind komplex und plural. Sie bieten eine Vielfalt an Ausdrucks- und Wahlmöglichkeiten. Menschen agieren in einer Vielzahl von klar voneinander abgegrenzten gesellschaftlichen Segmenten mit jeweils unterschiedlichsten Anforderungen. Die Heterogenität der Milieus und Stile prägt das Lebensgefühl der Menschen. Einheitliche und vor allem verbindliche Ziele und daraus abgeleitete Lebensmuster sind heutzutage kaum noch denkbar und darüber hinaus vielfach verpönt. Unter dem Signum eines alles dominierenden Individualismus ist eine Vielzahl der Optionen und Artikulationen selbstverständlich. Wahrheit, so tönt es von allen Seiten im öffentlichen Raum, gibt es im Medienzeitalter nur im Plural.

Die Pluralität der Meinungen und Einstellungen hat sich im Kontext der Postmoderne zu einem entscheidenden Kennzeichen des gängigen Wirklichkeitsverständnisses entwickelt. Ebenso auf der Makroebene, auf der eine Gesellschaft sich als komplexes Ganzes mit ihren Werten und Normen zu beschreiben versucht, wie auf der Mesoebene der Institutionen und Organisationen, bis hin zur Mikroebene der Individuen mit ihren Ansprüchen und Bedürfnissen, gilt die Pluralität der Erscheinungen und Einstellungen als das formgebende und beinahe nicht zu hinterfragende Grundprinzip.

Weit ab von dem einstigen griechischen und mittelalterlichen Ideal einer verborgenen Einheit, die vermeintlich hinter den Dingen wohnt, sind Wirklichkeit, Denken und Sprache nunmehr nicht mehr von einem einzigen Prinzip her zu deuten. Die Wirklichkeit ist von Grund auf vielfältig und je mehr wir sie mittels unterschiedlicher Methoden erforschen, desto heterogener erscheint sie uns. Von *Jean-François Lyotard* haben wir gelernt, dass die Metaerzählungen, die eine Gesellschaft legitimierten, die Wirklichkeit deuteten und dem Leben einen umfassenden Sinn gaben, zerbrochen sind (vgl. ders. 1979). An ihre Stelle sind eine Reihe kleiner Erzählungen getreten, die der Einzelne sich weitestgehend selber erschließen muss und auf deren Basis fortan jeder, wie *Paul Ricœur* dargelegt hat, seine ‚narrative Identität' entwickeln muss (vgl. ders. 1990).

2 Rezeption

Die monotheistischen Religionen in der westlichen Hemisphäre dürfen mit *Lyotard* als Metaerzählungen verstanden werden. Sie deuten die Wirklichkeit, erschließen Sinn und legitimierten über Jahrhunderte die vorgegebene gesellschaftliche Ordnung. Unter den Vorzeichen der Moderne gerät jedoch vor allem die christliche Religion in ihrer institutionalisierten Form von der einstigen Mitte der Gesellschaft zunehmend an den Rand in ein fest begrenztes Segment. Die geistigen Bezugspunkte hatten sich in der Neuzeit grundlegend verändert. Ihr umfassendes Sinnangebot greift nicht mehr. Der ‚Große Andere', die alles begründende und legitimierende symbolische Macht, nach der sich seit der Antike alle Gesellschaften ausrichteten und der im Grunde alle kulturellen Artefakte gewidmet waren und die das christliche Mittelalter bestimmte, wurde nun, in der Neuzeit, zugunsten einer Mehrzahl von ‚Großen Anderen' ersetzt (vgl. Dufour 2005). Mehr und mehr ging dementsprechend die Legitimationskraft des einen ‚Großen Anderen' zurück. Um den Ursprung der Welt zu erklären, das Innere des Menschen zu deuten und einen Staat zu begründen, bedurfte es im Kern nunmehr keines ‚Großen Anderen' mehr. Wenngleich im Laufe der Neuzeit immer wieder neue weltliche Verkörperungen des ‚Großen Anderen' auftreten, wie etwa der König in Frankreich, die Nation, die Arbeiterklasse im Marxismus oder die Rasse im Nationalsozialismus, so hat sich in der Moderne, nochmals unterstützt durch die schrecklichen Kriegsereignisse des 20. Jahrhunderts, die Erkenntnis durchgesetzt, dass letzten Endes kein ‚Großer Anderer' dem Menschen in seinen individuellen Anlagen und Wünschen gerecht werden kann. *Dany-Robert Dufour* bezeichnet aus diesem Grund die Postmoderne als ein Zeitalter, das sich vom ‚Großen Anderen' abgewandt hat. Wenn überhaupt, dann ist in der Postmoderne nur noch eine gleichwohl unsichtbare Variante der ‚Großen Anderen' übrig geblieben, der Markt mit seinen Gesetzen. Das kapitalistische Gesellschaftssystem, das dem Markt untergeordnet ist, richtet sich nach seinen Gesetzen aus, aufgrund seiner ‚unsichtbaren Hand' jedoch fehlt ihm die Sichtbarkeit. Aus diesem Grund erfüllt der Markt im Gegensatz zu seinen Vorgängern nicht die symbolisch-rahmengebenden Aufgaben, die die Verkörperungen des ‚Großen Anderen' vor ihm erfüllten.

So weit, so bekannt, könnte man meinen. Nunmehr stellt sich allerdings ebenso für den Erziehungswissenschaftler wie für den Religionspädagogen die Frage, wie denn unter den postmodernen Bedingungen des ausfallenden ‚Großen Anderen' zu erziehen, zu bilden und zu vermitteln ist. Woraufhin erziehen wir? Welche Bildungsziele verfolgen wir? Gibt es noch etwas zu vermitteln? Ohne eine „Dritte Dimension"' (Meyer 2012) ist der Mensch nicht nur auf sich selbst zurückgeworfen, als geistiges Wesen, das in der Lage ist, eine extrinsische Positionalität zu beziehen, braucht er, um zu einer vorläufigen Identität zu finden, einen ‚Großen Anderen'. Wer kann, fragt *Dufour*, in postmodernen Gesellschaften diese Funktion übernehmen? Für ihn, den Atheisten, sind Religionen dazu nicht mehr in der Lage, in dieses geistig-strukturelle Vakuum postmoderner Gesellschaften zu treten. Kunst und Ästhetik bieten sich seines Erachtens als die letzten Spiegelmetaphern an, in denen der Mensch sich in seiner condition humaine gegenübertritt. Innerhalb der Religionspädagogik wirft die so konturierte radikale Pluralität neue philosophisch-anthropologische Fragen auf. Pluralität erscheint fortan nicht mehr als eine ausschließlich gesellschaftlich bedingte Folge von Funktionalisierungs-, Säkularisierungs- und Individualisierungsbestrebungen. Pluralität wird hier zu einem strukturell-anthropologischen Problem. Ist der Mensch als homo symbolicus, als ein Wesen, das sich als Geistwesen symbolisch-verweisend sein Wirklichkeitsverständnis aufbaut, überhaupt in der Lage, ohne einen – wie immer zu definierenden – ‚Großen Anderen' zu einer ihn tragenden Identität zu kommen, die Denken, Sprache und Wirklichkeit nicht auseinanderbrechen lässt und die ihn weiterhin befähigt, in eine allgemeinverständliche Kommunikation zu treten? Noch pointierter: Ist der Mensch für die neuen pluralen Lebenswelten überhaupt gemacht? In postmodernen Lebenswelten zeigt sich vielerorts, wie schwer es dem Menschen fällt, zu einer ihn tragenden Identität zu finden.

Für die Religionspädagogik stellt die Pluralität eine vielschichtige Herausforderung dar (vgl. Englert 2002, 31ff.), mit der sich zahlreiche einschlägige Publikationen beschäftigen (vgl. insb. Schweitzer u.a. 2002). Konsens besteht darin: Der religiöse Pluralismus muss immer in einem direkten Zusammenhang mit dem gesamtgesellschaftlichen Pluralismus verstanden werden. Hier stoßen wir auf einen oftmals verkannten Widerspruch: Während der soziale Pluralismus nicht nur akzeptiert, sondern positiv konnotiert wird, wird der religiöse Pluralismus zwar anerkannt, führt allerdings deutlich seltener zu einer bejahenden Grundhaltung oder gar zu einer synkretistischen Aneignung. Mehr noch: Der religiöse

Pluralismus führt zu einer verschärften Wahrnehmung des Konfliktpotenzials der unterschiedlichen religiösen Traditionen. Wie unter anderem der *Religionsmonitor 2013* aufdeckt, wird die religiöse Vielfalt in Deutschland und in zahlreichen weiteren Ländern weniger als Bereicherung, denn als beunruhigende Herausforderung gesehen (vgl. Pollack u.a. 2014). Vor allem das medial geformte Bild eines gewaltverhafteten Islam macht Angst und stellt die Religionen insgesamt unter Generalverdacht. Pluralität wird hier zu einem Lippenbekenntnis, dessen Ansprüche an der medial bestimmten Alltagswirklichkeit scheitern. Aus diesem Grund braucht Pluralität ein vertieftes Toleranzverständnis. Pluralität verkommt zu einer Allzweckideologie und verkümmert als Oberflächenphänomen, genährt von Einheitssehnsüchten, die eine komplexe und segmentierte Gesellschaft produziert. Die Pluralitätsforderung reduziert sich oftmals auf einen nahezu beschwörenden Aufruf zur Toleranz.

Eine bildungsrelevante Pluralität muss demgegenüber die zahlreichen gesellschaftlichen Problemfelder benennen und die neuen Ausdifferenzierungsprozesse als Chance verstehen (vgl. Englert u.a. 2012). Nach Jahrhunderten der Auseinandersetzung mit den jeweiligen Staaten über die gesamtpolitische Verantwortung verstehen sich die Kirchen seit Jahrzehnten bereits nicht mehr als Ordnungsmacht. Daraus ergeben sich neue Handlungs- und Freiheitsräume, die sie nunmehr, da ihnen jetzt in demokratischen Staaten ein bestimmtes Segment zur Verfügung steht, entsprechend nutzen können (vgl. Schwab 2012). Angesichts der neuen Aufgaben und Herausforderungen verbietet sich hier ein nostalgisches Zurückschauen.

Pluralität meint aus religionspädagogischer Perspektive nicht nur eine philosophische oder theologische Positionierung, sie ist eine Haltung, die auch immer politische und ekklesiologische Konsequenzen mit sich führt. Die aktive Zeitzeugenschaft, zu der das *Zweite Vatikanische Konzil* aufrief, ist bereits im Kern ein Bekenntnis zur Pluralität. Eine aktive Zeitzeugenschaft bedeutet im Geist des Konzils, den antimodernistischen Sichtweisen, die sich einem echten Dialog mit dem gesellschaftlichen Umfeld verweigern, entschieden entgegenzutreten. Und damit auch eine – in religionspädagogischen Kreisen verbreitete – Tendenz einzudämmen, die auf alle sozialen Fragen und Konflikte immer schon eine Antwort parat hat. Plurale gesellschaftliche Wirklichkeiten sind komplex und verlangen nicht minder komplexe Antworten. Eine aktive Zeugenschaft führt dazu, die geistige Grundierung des gesamtgesellschaftlichen Kontextes wohlwollend wahrzunehmen und die pluralen Ausdrucksformen als Emanzipations- und Freiheitsbestrebungen zu verstehen.

3 Potenzial

Betrachtet man nun die Bedeutung dieser Erkenntnisse für die religionspädagogische Praxis, so ist zunächst vor einer bestimmten Überforderung zu warnen. In
einer Zeit, die mit Bedeutungen spielt und experimentiert, fällt es naturgemäß
schwer, eine entsprechende Tiefenschärfe in den Blick zu nehmen. Postmoderne
Denkmuster verzichten auf Festlegungen. Ideologische Annahmen und Verhär-
tungen passen nicht in eine beschleunigte Wirklichkeit, die Flexibilität in quasi
allen Lebensbereichen einfordert. Und auch die individualistische Betonung des
Einzelnen führt dazu, dass ein Perspektivenwechsel hin zu einem einfühlenden
Denken aus der Perspektive des Anderen äußerst schwierig wird.

Dennoch können religionspädagogische Bemühungen nicht auf eine vertiefte
Auseinandersetzung – auch mit der Wahrheitsfrage – verzichten. Dies scheint der
Preis zu sein, den es in der Postmoderne einzulösen gilt, um Menschen pluralitätsfähig zu machen. Pluralität meint eben jene Vielfalt, die es zumindest probeweise und erfahrungsnah zu erschließen gilt. Vonnöten ist ein reflektierter Umgang
mit dem fremden Anderen. Unter dem Einfluss der zahlreichen identitätsfixierten
postmodernen Bilder bleibt der Andere als der mich in Frage Stellende meist un-
berücksichtigt. *Christian M. Rutishauser* hat Recht, wenn er fordert: „Der Mann
muss den Umgang mit der Frau lernen, der Akademiker mit dem Bauarbeiter,
der Millionär mit dem Penner, der Steuerzahler mit dem Sozialhilfeempfänger,
der Einheimische mit dem Ausländer, der Christ mit dem Muslim, der Lebende
und Gesunde mit Krankheit und Tod, der Geist mit dem Körper, der Mensch mit
Gott ..." (ders. 2014, 311) Unsere immer elaborierteren mediengestützten Selbst-
bilder lassen nur wenig Raum für das Anderssein und das Fremde.

Ein religionspädagogisch verantwortetes Pluralitätsverständnis setzt Dialogwillig-
keit voraus, die ihrerseits nicht ohne ein emphatisches Einlassen auf den fremden
Anderen auskommt. Durch die Auseinandersetzung mit dem Fremden weitet
sich mein Verständnishorizont und gleichzeitig dringe ich tiefer in die Gefühls-
und Denkstrukturen meines eigenen Wirklichkeits- und Selbstverständnisses vor.
Ohne ein Gespür dafür, dass der Fremde immer auch ein Teil meines eigenen
Bewussten und Unbewussten ist, ist dem oberflächlichen Pluralismus unserer Zeit
nicht beizukommen. Ohne die Auseinandersetzung mit dem inneren und äußeren Fremden bleiben alle Forderungen nach Toleranz hehre Moral. Sie bleiben in
den Selbstentwürfen des Einen und des Anderen gefangen und verhindern einen
echten Dialog.

Von großer Tragweite ist in diesem Zusammenhang eine Grundhaltung, die die
Vielfalt der religiösen Erscheinungen und Deutungen entsprechend würdigt. Ver-
breitete religiöse Hermeneutiken neigen dazu, hinter den vielfältigen religiösen
Erscheinungen ein und dasselbe Muster sowie ein und dieselbe religiöse Funktion

zu vermuten. Wie richtig diese Vermutung auch sein mag, zunächst verhindert sie, die Vielfalt der Erscheinungen hinreichend wahrzunehmen und anzuerkennen. Funktionale Religionsverständnisse helfen in der Regel, die Vielfalt religiöser Erscheinungen einzuordnen und zu interpretieren. Dabei leisten Sie einen entscheidenden Beitrag nicht nur zu einem besseren und tieferen Verständnis der genuin religiösen Erscheinungen, sondern darüber hinaus helfen sie uns, zivilreligiöse Manifestationen besser zu verstehen und deren Analogie zu religiösen Erscheinungen offenzulegen.

Eine pluralitätsfähige Religionspädagogik braucht mehr als Einsichten in Funktionsweisen der jeweiligen Religion. Ohne ein *materiales* Verständnis von Religion kommt sie nicht aus. Schon um der Dialogfähigkeit im Sinne des gerade Beschriebenen willen bedarf es eines geistigen Standortes. Identität braucht Inhalte und Selbstvergewisserungen. Auch das postmoderne Subjekt braucht Positionen, um sich seiner selbst zu vergewissern. Weiterhin bedarf es der Leidenschaft, die sich im Ringen um Positionen und Wahrheiten bildet. Anders ausgedrückt: Pluralitätsfähig ist nicht der, der es vermag, alle Wahrheitsansprüche zu relativieren, sondern wer mit den Wahrheitsansprüche umzugehen weiß.

In der christlichen Religion hängt die Wahrheitsfrage eng zusammen mit dem Glauben an einen geschichtsmächtigen und personalen Gott. Christen glauben an den ,Ganz Anderen' hinter den vielfältigen Erscheinungen, die in zahlreichen Religionen als göttlich verehrt werden. Dieses jüdisch-christliche Grundverständnis verleiht dem Göttlichen von Anfang an einen besonderen Status: Gott ist hier nicht nur ein Gott unter anderen Göttern, sondern er ist von anderem Status, nicht darstellbar. Er ist der, der sich dem Menschen und seinen Selbstbildern und Projektionen entzieht. Er ist ein Gott, der gesucht werden will und mit dessen Präsenz immer auch Entzug einhergeht. Die Vielfalt der Erscheinungen, auf die Pluralitätsverständnisse zu Recht Bezug nehmen, muss diese jüdisch-christliche Differenzmarkierung ernst nehmen.

Im Gefolge eines materialen Religionsverständnisses muss dieser innere Kern jüdisch-christlichen Selbstverständnisses bedacht werden. Ohne ihn droht das christliche Selbstverständnis in einer falsch verstandenen Diskurspluralität unterzugehen. Religionspädagogik versteht deshalb Pluralität als Freude an der Vielfalt und Unterschiedlichkeit des Anderen und seiner religiösen und kulturellen Traditionen, ohne die damit verbundenen Herausforderungen auszublenden.

Literatur

Dufour, Dany-Robert (2005), On achève bien les hommes. De quelques conséquences actuelles et futures de la mort de Dieu, Paris – Englert, Rudolf (2002), Dimensionen religiöser Pluralität, in: Schweitzer u.a. 2002, 17-50 – Englert, Rudolf u.a. (Hg.) (2012), Welche Religionspädagogik ist pluralitätsfähig? Kontroversen um einen Leitbegriff, Freiburg/Br. – Lyotard, Jean-François (1979), La condition postmoderne, Paris – Meyer, Guido (2012),

Die „Dritte Dimension" und ihre Bedeutung für die religiöse Bildung – Annäherung an Dany-Robert Dufour, in: Keryks 10/2011, 293-312 – Pollack, Detlef u.a. (2014), Grenzen der Toleranz. Wahrnehmung und Akzeptanz religiöser Vielfalt in Europa, Wiesbaden – Ricœur, Paul (1990), Soi-même comme un autre, Paris – Rutishauser, Christian M. (2014), Religion und Aufklärung heute, in: StdZ 232 (5/2014) 303-312 – Schwab, Ulrich (2012), Bilanz im Blick auf den Umgang mit Pluralität in den Kirchen: Vom hehren Anspruch und einer ernüchternden Wirklichkeit, in: Englert u.a. 2012, 213-224 – Schweitzer, Friedrich u.a. (2002), Entwurf einer pluralitätsfähigen Religionspädagogik, Gütersloh – Freiburg/Br.

C5 – Ideologiekritik

Rudolf Englert

1 Profil

Ein frühes Zeugnis ideologiekritischen Bewusstseins ist *Francis Bacons* „Novum Organum Scientiarum" von 1620. Es enthält eine Idolenlehre, in der *Bacon* vor verschiedenen Beschränkungen wissenschaftlichen Denkens durch allerlei ‚Götzenbilder' warnt. Diese Beschränkungen laufen darauf hinaus, den Menschen nicht das erkennen zu lassen, was real ist, sondern ihn das glauben zu machen, was ihm am liebsten ist (vgl. ders. 1978, 52). Nur wenn man sie überwinde, vermöge man in den Raum wissenschaftlicher Rationalität einzutreten, das ist *Bacons* aufklärerische Überzeugung.

Die Ursprünge des *Begriffs* ‚Ideologie' liegen in der Zeit der Französischen Revolution (vgl. Lichtheim 1973, 8ff.; Vierzig 1975, 15ff.). Eine sich selbst ‚Ideologen' nennende Gruppe von Intellektuellen (*Destutt de Tracy, Condorcet, Cabanis* u.a.) will zeigen, dass das menschliche Denken eine Entwicklungsgeschichte durchläuft: Sie versucht in der Geschichte der Ideen eine Logik zu entdecken (eine Ideo-logik) und dabei auch deutlich zu machen, dass religiöse und metaphysische Vorstellungen einer rückständigen Stufe des Denkens angehören. In diesem ursprünglichen Sinne ist ‚Ideologie' also eine positiv gemeinte aufklärerische Ambition.

Eine weitere wichtige Etappe in der Geschichte des Ideologiebegriffs stellt die Position von *Karl Marx* dar. Er verbindet die aufklärerische Intention von *Bacon* mit der naturalistisch-materialistischen Sichtweise der französischen ‚Ideologen'. Einerseits versteht *Marx* Ideologie in der Tradition *Bacons* als ‚falsches Bewusstsein', das man zu überwinden versuchen muss, andererseits sieht er den Einzelnen in der Tradition der Ideologen nur als Exponenten einer das Bewusstsein bestimmenden geschichtlichen Konstellation. Diese doppelte Bedeutung von ‚Ideologie‘ – im Sinne eines (1) durchschaubaren Vorurteilszusammenhangs und einer (2) ‚objektiven‘ Abhängigkeit des Denkens von seinen jeweiligen geschichtlichen und gesellschaftlichen Voraussetzungen – bleibt für die weitere Rezeption des Begriffes bestimmend.

Die erste Bedeutung wird grundlegend für die aufklärerisch-emanzipatorische Strömung des Denkens, wie sie sich seit den 1960er Jahren ausbildet. Die zweite Strömung schlägt sich in geisteswissenschaftlichen Relativitätstheorien nieder, die auf die kontextuelle Bedingtheit allen Denkens abheben und von der Idee eines Erkenntnisfortschritts und der Einlösbarkeit starker Wahrheitsansprüche Abstand nehmen. Während, grob gesagt, die erste Richtung Ideologien ‚aufdeckt‘, um so einer zulänglicheren (wahreren, überlegeneren) Sichtweise zum Durchbruch zu verhelfen, besteht die Pointe der zweiten Richtung darin, die Ambition eines möglichen Erkenntnisfortschritts durch einen Erkenntnisrelativismus abzukühlen oder ganz zu verwerfen (Historismus; Wissenssoziologie u.a.). Bei derartiger Ideologiekritik geht es, in deutlicher Spannung zum Erkenntnisoptimismus der Aufklärung, nicht nur darum, von dieser oder jener bloß vermeintlichen Wahrheit loszukommen, sondern sich von der Idee, wahre Erkenntnis sei möglich, überhaupt zu verabschieden.

Religion nun ist – und zwar für viele Exponent/innen sowohl der aufklärerischen (‚heißen‘) als auch der relativierenden (‚kalten‘) Ideologiekritik – geradezu das Musterbeispiel für falsches Bewusstsein und illusionäre Wahrheitsansprüche. Das beginnt paradigmatisch mit *Ludwig Feuerbach*, der im Gott der Religionen eine Hypostasierung des Menschlichen sieht. Es setzt sich fort mit *Marx*, für den die religiöse Vorstellungswelt „ein gesellschaftliches Produkt ist" (ders. 1976, 140), dessen illusionärer Charakter demaskiert werden müsse. Für *Auguste Comte* sind die Konzepte der Theologie in dem Maße „zu einem immer vollständigeren Verschwinden" (ders. 1978, 160) verdammt, wie rationale Erkenntnis und positive Wissenschaft deren Chimärenhaftigkeit und Leere hervortreten ließen.

Dass der ideologische Charakter der Religion immer evidenter werde, gilt aber nicht nur als zwangsläufige *Konsequenz* gesellschaftlichen Fortschritts, sondern auch als eine wichtige *Voraussetzung* desselben. Auch deshalb wird die Kritik der Religion im Neomarxismus der 1960er und 1970er Jahre mit Schärfe betrieben: Wo ein gesellschaftliches System überwunden werden soll, muss erst einmal dessen „heiliger Baldachin" (*Peter L. Berger*) abgerissen werden.

2 Rezeption

In der Pädagogik führt die Aufnahme neomarxistischer Perspektiven (*Max Hork-heimer, Theodor W. Adorno, Jürgen Habermas* u.a.) zu einer kritischen Ausein-andersetzung mit der hier bis weit in die 1960er Jahre hinein dominierenden geisteswissenschaftlichen Richtung. *Wolfgang Klafki, Klaus Mollenhauer, Herwig Blankertz* u.a. wollen, dass pädagogisches Handeln nicht auf das ‚pädagogische Verhältnis' beschränkt gesehen, sondern im größeren Kontext gesellschaftlicher Voraussetzungen und Interessen wahrgenommen und analysiert wird. Pädagogik erhält damit eine politische Dimension und wird mit einem aufklärerischen und emanzipatorischen Interesse verbunden.

Eine konfessionelle Religionspädagogik gerät in diesem Kontext unter verschärf-ten Ideologieverdacht (vgl. Kaufmann 1971): Dient sie nicht sehr deutlich der Legitimation bestehender Herrschaftsstrukturen (‚Kirche') und der Indoktrinati-on repressiver Überzeugungen (‚Sexualfeindlichkeit')? Und wird für diese Über-zeugungen nicht noch dazu der Anspruch absoluter Wahrheit erhoben? In der Zeitschrift der Humanistischen Union aus dem Jahre 1969 heißt es: „Christliche Erziehung, das heißt Frageverbot, Tabubildung, Vernachlässigung kritischer Re-alitätsprüfung, Gefühlsgehorsam, Setzen von Denkhemmungen und Erziehung zu Stereotypen des Denkens und Handelns" (*Diethelm Damm* nach Kaufmann 1971, 273).

Doch die Religionspädagogik nimmt die aus der Pädagogik und angrenzenden Wissenschaften kommenden gesellschafts- und auch religionskritischen Perspek-tiven ihrerseits rasch auf (vgl. Vierzig 1975, 106-131). Ein Beispiel dafür ist *Gert Ottos* Konzept der Praktischen Theologie als „kritische Theorie religiös vermittelter Praxis in der Gesellschaft" (ders. 1974, 203). Dabei geht es um die Frage, welche Rolle Religion in bestimmten Formen gesellschaftlicher Praxis spielt und ob ihre Funktion, „gemessen am historischen Stand der Auseinandersetzung mit externer und interner Natur, adäquat ist" (ebd., 202). Durch den Ideologieverdacht sieht sich die Praktische Theologie gezwungen, sich jenen Formen von Religion zuzu-wenden, die in der Gesellschaft faktisch anzutreffen sind (*empirisches* Interesse), dabei gerade auch die problematischen Wirkungen dieser Religion aufzudecken (*kritisch-analytisches* Interesse) und schließlich Formen religiöser Praxis auf den Weg zu bringen, die „verstellte Möglichkeiten des Menschen" (ebd., 200) zur Geltung bringen helfen (*emanzipatorisches* Interesse).

Im Verfolgen dieser Interessen wird unübersehbar: Religion war und ist eine am-bivalente Größe. Sie kann der Aufklärung und Emanzipation des Menschen im Wege stehen, diese sehr wohl aber auch voranbringen. *Dieter Stoodt* schreibt: „Re-ligion lenkt nicht nur von den Versagungen ab, die uns auferlegt sind, sondern sie protestiert auch gegen sie; sie kann in die billige Vertröstung einüben, aber auch in kämpferischen Protest." (ders. 1971, 119) Klar erscheint in diesem Zusammenhang: Wenn die Religionspädagogik dazu beizutragen soll, eine system-funktionale, rückwärtsgewandte „Religion 1" zugunsten einer emanzipatorischen und vorwärtsgewandten „Religion 2" (Bahr 1975) zu überwinden, muss sie kon-sequent religionskritische Perspektiven in sich aufnehmen (vgl. Otto/Dörger/Lott 1972, 31). Nur so sei es möglich, „kritische Rationalität, Kommunikation und Mündigkeit als Intentionen des christlichen Glaubens zu erweisen und gegen die Gefährdung durch Systemzwänge, Konsumzwänge und Manipulation durchzu-halten." (Kaufmann 1971, 106)

Die lange Zeit abgeblendeten emanzipatorischen Ressourcen christlichen Glau-bens sollen nun neu entdeckt und in Religionsunterricht und Gemeindearbeit nachdrücklich zur Geltung gebracht werden. Christlicher Glaube und konfessio-nelle Religionspädagogik sollen selbst zu Exponenten religionskritischen Bewusst-seins und ideologiekritischer Aufklärung werden. Auf dieser Linie wird etwa das Konzept eines (ideologie-)kritischen Religionsunterrichts entwickelt (vgl. Vierzig 1975). In ähnlicher Weise kritisch-emanzipatorisch versteht sich auch der An-satz eines sozialisationsbegleitenden Religionsunterrichts (vgl. Stoodt 1977), der Schüler/innen dabei unterstützen möchte, sich den problematischen Wirkungen religiöser Sozialisation zu stellen.

3 Potenzial

Ende der 1970er Jahre verblasst jedoch die Faszination einer emanzipatorischen Pädagogik. Auch in der Religionspädagogik beherrschen nun andere Themen die Tagesordnung als Gesellschafts-, Religions- und Ideologiekritik. Allenfalls in der Rezeption von Konzepten wie *Paulo Freires* ‚Pädagogik der Unterdrückten‘, *Jo-hann Baptist Metz'* ‚politischer Theologie‘ oder Impulsen der lateinamerikanischen Befreiungstheologie kommen ideologiekritische Perspektiven noch stärker zum Tragen (vgl. etwa den religionspädagogischen Ansatz von *Norbert Mette*, z.B. ders. 2007).

Allerdings darf man wohl auch sagen, dass die Religionspädagogik einige jener ideologiekritischen Verdachtsmomente im Laufe der Zeit entschärfen konnte, die ehemals gegen sie angeführt wurden: So hat sie (1) im Zuge der anthropologischen Wende die im christlichen Glauben steckenden befreienden Potenziale stärker ins Licht gerückt und damit dem Verdacht, der Glaube halte Menschen klein, ab-hängig und unmündig, weitgehend den Boden entzogen. Sie hat (2) eine empiri-sche Wendung erst angekündigt (vgl. Wegenast 1968) und dann allmählich auch vollzogen und ist so dem Verdacht, sie rede über Erziehung und Bildung in einer abgehobenen, mit den realen Wirkungen dieses Bemühens nicht vermittelten Art und Weise, entgegengetreten. Schließlich hat sie (3) in Auseinandersetzung etwa mit wissenssoziologischen, postmodernen und konstruktivistischen Theorien ein deutliches Bewusstsein der begrenzten Reichweite religiöser Wahrheitsansprüche entwickelt und von einer Pädagogik des Besser-Wissens Abstand genommen. Während das kritische Interesse, Überzeugungen und Ideologien zu relativieren (,kalte' Ideologiekritik), in der jüngeren Religionspädagogik einen starken Widerhall gefunden hat, ist die Resonanz des aufklärerischen Interesses (,heiße' Ideologiekritik) hier deutlich geringer. In dem Maße, wie die Aufklärung als ein zentrales Programm der europäischen Moderne durch postmoderne Konzepte infrage gestellt und die Unaufhebbarkeit von Pluralität zu einer Art neuen Basisdogmas wurde, scheint vielen die Möglichkeit, für bestimmte Sichtweisen mindestens eine relativ größere ,Wahrheit' zu beanspruchen und gegenüber ,falschem Bewusstsein' geltend zu machen, verloren gegangen zu sein. In der Durchsetzung solcher Relativierungskonzepte (,kalte' Ideologiekritik) ist sicherlich ein wesentlicher Grund für das zunehmende Erlahmen einer Ideologiekritik mit aufklärerischem Impetus (,heiße' Ideologiekritik) zu sehen. Offensichtlich stehen die einstmals miteinander verbundenen Komponenten ideologiekritischen Bewusstseins heute in einem geradezu antagonistischen Verhältnis zueinander, auch in der Religionspädagogik. Allerdings finden sich auch in der gegenwärtigen Religionspädagogik einige Konzepte, die der Tradition aufklärerischer Ideologiekritik zugerechnet werden können. Diese lassen erkennen, welches Potenzial ideologiekritisches Denken gerade auch da haben kann, wo es den Anspruch erhebt, gesellschaftliche Akteure und ihre religiösen Ideen besser zu verstehen als diese selbst es vermögen. Zwei Beispiele seien angeführt:

(1) *Godwin Lämmermann* vertritt eine konstruktiv-kritische Religionsdidaktik. Er sieht die Subjekte, auf die religionspädagogisches Bemühen zielt, in einem Verblendungszusammenhang befangen (vgl. ders. 2012a, 29); daher könnten sie sich ihrer eigentlichen, ,wahren' Bedürfnisse und Interessen gar nicht wirklich bewusst werden. Wer tatsächlich subjekt- und bedürfnisorientiert arbeiten wolle, müsse daher einen ideologiekritischen Sinn für die Deformation der Subjekte und ihrer Bedürfnisse ausbilden (vgl. ders. 2012b, 125ff.).

(2) *Thomas Ruster* fragt in der Tradition der biblischen Unterscheidung von Gott und Götzen, wo überall und auf welche Weise Religion für gesellschaftliche Zwecke funktionalisiert werde; auf dieser Linie kritisiert er auch die bestimmenden Konzepte der gegenwärtigen Religionspädagogik, die sich aus seiner Sicht dazu hergeben, durch die kapitalistische Geldwirtschaft hervorgebrachte (religiöse) Bedürfnisse zu bedienen. Insofern gehöre auch diese Art von Religionspädagogik zum Komplex einer „Religion des Geldes" (ders. 2012, 140).

Derartige Ansätze einer aufklärerischen Ideologiekritik können, ungeachtet dessen, was sich im Einzelnen an ihnen kritisieren lässt, daran erinnern, dass Religionspädagogik bleibend in der Gefahr steht, undurchschauten Interessen dienstbar zu sein und Zwecke zu befördern, die im Lichte christlichen Glaubens und seiner religionskritischen Tradition problematisch sind.

Literatur

Bacon, Francis ([8]1978), Die Idolenlehre, in: Lenk, Kurt (Hg.), Ideologie. Ideologiekritik und Wissenssoziologie, Darmstadt, 50-52 – Bahr, Hans-Eckehard (1975), Ohne Gewalt und Tränen? Religion 1, Religion 2. Integrierende und emanzipierende Funktionen religiöser Sinnvergewisserung in der Gesellschaft, in: Sölle, Dorothee u.a., Religionsgespräche. Zur gesellschaftlichen Lage der Religion, Darmstadt, 31-64 – Comte, Auguste ([8]1978), Von der Metaphysik zur positiven Wissenschaft, in: Lenk, Kurt (Hg.), Ideologie. Ideologiekritik und Wissenssoziologie, Darmstadt, 156-160 – Kaufmann, Hans Bernhard (1971), Religiöse Erziehung unter Ideologieverdacht, in: Stachel, Günter / Esser, Wolfgang G. (Hg.), Was ist Religionspädagogik?, Zürich, 90-114 – Lämmermann, Godwin (2012a), Konstruktivkritische Religionsdidaktik, in: Grümme, Bernhard / Lenhard, Hartmut / Pirner, Manfred L. (Hg.), Religionsunterricht neu denken, Stuttgart, 198-209 – Lämmermann, Godwin (2012b), Zur Pluralität und Ambivalenz religiöser Bedürfnisse – oder des Kaisers neue Kleider beim religionsdidaktischen Discounter, in: Englert, Rudolf u.a. (Hg.), Welche Religionspädagogik ist pluralitätsfähig? Kontroversen um einen Leitbegriff, Freiburg/Br., 117-128 – Lichtheim, Georges (1973), Das Konzept der Ideologie, Frankfurt/M. – Marx, Karl ([11]1976), Thesen über Feuerbach, in: Marx-Engels Studienausgabe (hg. v. Iring Fetscher), Bd. I: Philosophie, Frankfurt/M., 139-141 – Mette, Norbert (2007), „Dass Gott ein Tätigkeitswort werde" (Kurt Marti) – eine religionspädagogische Option, in: ders., Praktisch-theologische Erkundungen 2, Berlin, 263-274 – Otto, Gert (1974), Praktische Theologie als Kritische Theorie religiös vermittelter Praxis – Thesen zum Verständnis einer Formel, in: Klostermann, Ferdinand / Zerfaß, Rolf (Hg.), Praktische Theologie heute, München – Mainz, 195-205 – Otto, Gert / Dörger, Hans Joachim / Lott, Jürgen (1972), Neues Handbuch des Religionsunterrichts, Hamburg – Ruster, Thomas (2012), Religiöse Pluralität schaffen – mit dem Rücken zur Transzendentaltheologie, in: Englert, Rudolf u.a. (Hg.), Welche Religionspädagogik ist pluralitätsfähig? Kontroversen um einen Leitbegriff, Freiburg/Br., 132-145 – Stoodt, Dieter (1971), Das Ziel: Mündigkeit, in: Schneider, Norbert (Hg.), Konflikte und Konzepte, Hamburg, 116-126 – Stoodt, Dieter (1977), Unterricht als Therapie? Am Beispiel des sozialisationsbegleitenden Religionsunterrichts, in: Pflüger, Peter Michael (Hg.), Tiefenpsychologie und Pädagogik. Über die emotionalen Grundlagen des Erziehens, Stuttgart, 178-193 – Vierzig, Siegfried (1975), Ideologiekritik und Religionsunterricht. Zu Theorie und Praxis eines kritischen Religionsunterrichts, Zürich – Wegenast, Klaus (1968), Die empirische Wendung in der Religionspädagogik, in: EvErz 20 (3/1968) 111-125

C6 – Problemorientierung

David Käbisch

Alles Leben sei Problemlösen – folgt man dieser These *Karl Poppers*, dann kann auch das religiöse Leben als eine Form des Problemlösens bezeichnet werden (vgl. ders. 1994). Im Ensemble religionsdidaktischer Strukturen gehört die *Problemorientierung* des Unterrichts daher zu Recht zu den konsensfähigen, in der konkreten Durchführung jedoch umstrittenen Aspekten einer lebensnahen Unterrichtsplanung. Darstellungen eines problemorientierten Unterrichts leiden nicht selten unter der Unschärfe dieses Strukturbegriffs, der in der Lebens- und Technikphilosophie *Poppers* eine andere Bedeutung hat als in der Soziologie, Psychologie, Pädagogik und Theologie. Eine erste Klärung und Profilierung dieses Begriffs ist daher gut beraten, sich an den genannten Bezugswissenschaften der Religionspädagogik zu orientieren.

1 Profil

In seinen *philosophischen* Überlegungen entfaltet *Popper* die These, dass das Wechselspiel von Problem und Problemlösung „die wichtigste Methode der Technologie und des Lernens überhaupt" sei: „In der biologischen Evolution scheint sie die einzige Methode des Fortschritts zu sein. Man spricht mit Recht von der Methode, von Versuch und Irrtum, aber man unterschätzt dabei die Wichtigkeit des Irrtums oder des Fehlers – des fehlerhaften Versuches" (ebd., 256). *Popper* zieht aus dieser Gemeinsamkeit zwischen Evolution und Technik die Konsequenz, dass eine wie auch immer begründete Gegnerschaft zu technischem Fortschritt (z.B. in Teilen der Umweltbewegung der 1980er Jahre) eine „Gegnerschaft gegen das Leben" (ebd., 257) sei. Die Technik sei gerade deshalb lebensdienlich, weil sie wie alles Leben Probleme im Try-and-Error-Verfahren löse.

Ein *wissenssoziologischer* Zugang zum Thema fragt im Unterschied zu lebens- und technikphilosophischen Überlegungen danach, was in einer Gesellschaft überhaupt als Problem kommuniziert wird. Hinter diesem Ansatz steht die Überzeugung, dass es keine ‚natürlichen', sondern nur sozial konstruierte Probleme gibt: Ein Sachverhalt wird immer erst zu einem Problem erklärt, und was für eine einzelne Person ein Problem darstellt, muss nicht auch für alle anderen ein Problem sein. Was ein Problem ist (und was demzufolge in einem problemorientierten Religionsunterricht zum Thema werden sollte), lässt sich also nicht unabhängig von den Personen, Gruppen, Gemeinschaften und Gesellschaften beantworten. In den Blick kommen dabei auch die (schulischen, familiären, medialen etc.) Verbreitungswege von Problemwissen, die sozialen Determinanten des Wissenstransfers (z.b. in unterschiedlichen Milieus), die persönlichen, ökonomischen und evolutionären Selektionsmechanismen bei der Problemwahrnehmung, ferner das Problemwissen in Massen- und Netzwerkmedien und der Umgang mit virtuellen Problemen (vgl. Schetsche 2000).

Der kleinste gemeinsame Nenner *psychologischer* Definitionsversuche eines Problems und einer darauf bezogenen Problemlösestrategie scheint der Begriff der Suche zu sein: Wie kann ich einen (defizitären) Ausgangszustand in einen (erwünschten) Zielzustand überführen, wenn mir die Mittel und Methoden dazu nicht bekannt sind? Für das Beschreiben von Problemlösestrategien lassen sich unter dieser definitorischen Voraussetzung (vgl. Funke 2003, 21) Leitfragen nach den Zielen, Mitteln, Rahmenbedingungen, Operatoren, Repräsentationsformen und Erfolgsaussichten formulieren, z.B.: Was ist der erwünschte Zielzustand? Mit welchen Mitteln kann ich ihn erreichen? Welche Beschränkungen sind zu beachten?

Die genannten Leitfragen lassen sich aus Sicht verschiedener psychologischer Teildisziplinen weiter differenzieren. So beschreibt die *Allgemeinpsychologie* u.a. die hohe Bedeutung von Emotionen im Prozess der Problemlösung, während die *Entwicklungspsychologie* die sich wandelnde Problemlösefähigkeit vom Kindes- bis ins Seniorenalter analysiert. In *sozialpsychologischer* Perspektive geht es nicht nur um die bereits erwähnte soziale Konstruktion von Problemen, sondern auch um die Interaktion beim Umgang mit Problemen in Gruppen, während die *Differenzialpsychologie* Unterschiede in den Problemlösestrategien von verschiedenen Personen zu klassifizieren und pathologische Formen der Problemwahrnehmung und -lösung zu verstehen und ggf. (im Verbund mit der klinischen Psychologie) zu therapieren sucht. In *lernpsychologischer* Perspektive geht es schließlich darum, wie Menschen die Fähigkeit zum Problemlösen erwerben, erweitern und anwenden können (vgl. Funke 2003, 201-236).

In den *Erziehungswissenschaften* hat vor allem die Beschreibung ethischer Schlüsselprobleme in der von *Wolfgang Klafki* ausgearbeiteten Theorie allgemeiner Bildung eine nachhaltige Wirkung erzielt (vgl. ders. 2007, 56-67). Ein gebildeter Mensch unterscheidet sich demnach dadurch von einem ungebildeten, dass er Schlüsselprobleme in der Geschichte und Gegenwart kennt und ethische Handlungsmöglichkeiten für die eigene Gegenwart und Zukunft zu reflektieren weiß. Aus der Vergangenheits-, Gegenwarts- und Zukunftsbedeutung von Schlüsselproblemen ergibt sich auch die von *Martin Rothgangel* (2006, 44f.) zusammengestellte Liste an ethischen Themen für den Religionsunterricht (Frieden/Gewalt, Gerechtigkeit/Ungerechtigkeit, Arbeit/Arbeitslosigkeit etc.).

Eine an Schlüsselproblemen orientierte ethische *Theologie* ist u.a. von *Hans Küng* und seinem Projekt eines gemeinsamen Weltethos der Weltreligionen ausgearbeitet worden (vgl. zuletzt ders. 2012, 119-136). Einen anderen theologischen

Ansatz verfolgte *Paul Tillich* mit seiner Korrelation von Situation und Botschaft, Frage und Antwort bzw. Problem und Problemlösung. Ihm ging es darum, die Situation des Menschen mit seinen existenziellen Fragen und anthropologischen Problemen zu beschreiben, um die Botschaft des christlichen Glaubens als eine lebensdienliche Antwort und eine religiöse Praxis als eine mögliche Form des Umgangs mit Lebensproblemen plausibilisieren zu können (vgl. Kubik 2011, 99-146). Davon zu unterscheiden sind nochmals solche Theolog/innen, die den christlichen Glauben und eine darauf bezogene religiöse Praxis als eine Lebensform verstehen, mit nicht lösbaren Lebensproblemen (z.b. dem Zufall der eigenen Geburt) umzugehen. Religion wird hier nicht als ein den Menschen verfügbares Reservoir an Antworten und Problemlösungen, sondern als eine Form des (symbolischen, rituellen etc.) Umgangs mit Unverfügbarkeit verstanden. Im Mittelpunkt steht hier nicht die Beschäftigung mit lösbaren Problemen, sondern die religiös artikulierbare Einsicht, dass „das Leben nicht nur im Aktivismus von Problemlösungen bestehen kann und soll" (Dressler 2012, 24).

2 Rezeption

Die Rezeption des Strukturbegriffs der Problemorientierung in der Religionspädagogik kann unter drei Gesichtspunkten systematisiert werden: Welche ‚Problemtheorien' wurden in den Konzepten eines problemorientierten Religionsunterrichts rezipiert? Wie wurden diese Konzepte in der akademischen Fachwelt aufgenommen und diskutiert? Und inwieweit haben die Konzepte Eingang in die Aus-, Fort- und Weiterbildung von Religionslehrkräften, in Curricula, in Lehrbücher und in die Unterrichtspraxis gefunden?

Ein wichtiger theologischer Bezugsautor in Konzepten des problemorientierten Religionsunterrichts ist *Tillich* mit der von ihm ausgearbeiteten systematischen (!) Methode der Korrelation. So war für *Horst Gloy* (1969) und *Siegfried Vierzig* (1971) „von entscheidender theologischer Bedeutung, religiöses Lernen über den Existenzbezug des Lernens in einen Weltbezug einzubinden und über die Humanisierung inneren Lebens zu einer humanen politischen Umgestaltung von Wirklichkeit zu gelangen" (Knauth 2003, 194), wofür jeweils *Tillich* – wenn auch in unterschiedlicher Ausprägung – Pate stand (vgl. ebd. 224). Die weitere *Tillich*rezeption in der Religionspädagogik macht jedoch deutlich, dass sich Befürworter und Kritiker des problemorientierten Ansatzes sowohl zustimmend als auch ablehnend auf *Tillich* berufen haben und die Grenzen zur Korrelations- und Symboldidaktik fließend sind (vgl. Kubik 2011, 99-145). Darüber hinaus ist von einer hohen Kontinuität mit texthermeneutischen Ansätzen in der Initialphase des problemorientierten Religionsunterrichts auszugehen: Dieser habe insbesondere bei *Hans Bernhard Kaufmann* (1966) und *Nipkow* (1971) als der Versuch begonnen, das „Anliegen des hermeneutischen Religionsunterrichts nun endlich stärker *didaktisch* zu bedenken" (Knauth 2003, 154), wie sich auch sonst Vorformen u.a. bei *Otto Eberhard* und *Hans Schlemmer* in den 1920er Jahren finden (vgl. Kling-de Lazzer 1982, 150-182). Hinzuweisen ist in diesem Zusammenhang auch auf die englischen Wurzeln des problemorientierten Unterrichts, die bislang kaum erforscht wurden.

Der Begriff der Problemorientierung ist aus den genannten Gründen nicht dazu geeignet, eine zeitlich oder sachlich abgrenzbare ‚Phase' oder ‚Konzeption' in der Geschichte der Religionsdidaktik zu benennen. Der Begriff steht vielmehr für *eine* unverzichtbare didaktische Struktur neben der Bibel-, Traditions-, Lebenswelt- und Erfahrungsorientierung (vgl. Biehl/Rothgangel 2006, 192-199). In der Bibeldidaktik gilt die Problemorientierung heute ebenfalls als eine Dimension der Unterrichtsplanung neben exegetischen, rezeptionsgeschichtlichen, symboldidaktischen etc. Zugängen zu biblischen Texten und Themen. Der problemorientierte Religionsunterricht, der aus der Kritik an einer didaktisch unterbestimmten Mittelpunktstellung der Bibel im Religionsunterricht erwachsen ist (vgl. Kaufmann 1966), favorisiert einen bestimmten Umgang mit der Bibel. Die gelegentlich konstruierte Alternative zwischen einem problem- oder bibelorientierten Unterricht ist daher unsachgemäß.

Zahlreiche Anliegen des thematisch-problemorientierten Religionsunterrichts sind heute unstrittig, darunter das komplementär (und nicht alternativ) zu verstehende Verhältnis von Bibel- und Lebensauslegung bzw. Tradition und Situation in Bildungsprozessen; auch die geforderte thematische Lehrplan-Strukturierung (in Abgrenzung zu einer chronologischen oder am akademischen Fächerkanon orientierten Lehrplanstruktur) ist in heutigen Kerncurricula selbstverständlich, auch wenn die Kompetenzorientierung über die damaligen curricularen Grundsätze hinausgeht; zu erwähnen ist schließlich die interdisziplinäre Ausrichtung der Unterrichtsthemen, die auch die Religionspädagogik als Ganze stärker interdisziplinär anschlussfähig gemacht hat (dazu Nipkow 2001 und umfassend resümierend Rickers/Schröder 2010).

3 Potenzial

Konfessionen und Religionen haben ein Problemlösungspotenzial, das im Religionsunterricht zum Tragen kommen sollte. Zudem bieten sie Lebensformen (Gebete, Rituale etc.) an, um Probleme – darunter auch die individuell, gesellschaftlich oder prinzipiell nicht lösbaren – in einer lebensdienlichen Weise artikulieren, deuten und begleiten zu können. Darüber hinaus ist aber auch an solche Probleme und Konflikte zu nennen, die Konfessionen und Religionen überhaupt erst verursachen. Der eigenen Botschaft von Frieden und Versöhnung zum Trotz geraten Religionen und Konfessionen immer wieder in Unvereinbarkeitskonflikte, was keineswegs nur Konfessionslose und Kirchenkritiker monieren. Das Problemlösungspotenzial der Konfessionen und Religionen beim Aufbau eines gemeinsamen Weltethos (*Küng*) oder bei der Bearbeitung epochaltypischer Schlüsselprobleme (*Klafki*) kann also kaum zum Tragen kommen, wenn nicht zugleich auch deren Konflikt- und Problemverursachungspotenzial religionsdidaktisch bedacht wird (vgl. Käbisch 2014, 121-140).

Ein problemorientierter Religionsunterricht wird sein Potenzial erst dann entfalten können, wenn er tatsächlich die empirisch zu beschreibenden Probleme der Kinder und Jugendlichen thematisiert. So ist die Kritik am problemorientierten Religionsunterricht weniger einem konservativen, traditionsorientierten Roll-Back in der Religionspädagogik geschuldet (so der Tenor bei Knauth 2003), sondern aus der Beobachtung erwachsen, dass die oft von Erwachsenen postulierten Probleme (Atomkrieg, Arbeitslosigkeit, Älterwerden etc.) gerade nicht die Probleme der Kinder und Jugendlichen in ihrer Lebensphase sind.

Eine weitere Entwicklungsaufgabe eines problemorientierten Religionsunterrichts besteht darin, die eingangs genannten philosophischen, soziologischen, psychologischen, pädagogischen und theologischen Distinktionen in evidenzbasierte Aufgaben zu überführen, die für das Lernen im Religionsunterricht geeignet sind. Eine theologisch verantwortete Problemlösekompetenz muss dabei auch das Wissen einschließen, dass das Leben mehr als eine technisch beherrschbare Form des Problemlösens im Try-and-Error-Verfahren ist: Denn Leben und Lernen bedeutet immer auch, mit nicht lösbaren Problemen leben zu lernen.

Literatur

Biehl, Peter / Rothgangel, Martin (2006), Konzeptionen und Strukturen, in: Wermke, Michael / Adam, Gottfried / Rothgangel, Martin (Hg.), Religion in der Sekundarstufe II. Ein Kompendium, Göttingen, 183-218 – Dressler, Bernhard (2012), Kompetenzorientierung als Chance für den Religionsunterricht, in: Sajak, Clauß-Peter (Hg.), Religionsunterricht kompetenzorientiert. Beiträge aus fachdidaktischer Forschung, Paderborn, 17-26 – Funke, Joachim (2003), Problemlösendes Denken, Stuttgart – Gloy, Horst (1969), Die religiöse Ansprechbarkeit Jugendlicher als didaktisches Problem dargestellt am Beispiel des Religionsunterrichts an der Berufsschule, Hamburg – Käbisch, David (2014), Religionsunterricht und Konfessionslosigkeit. Eine fachdidaktische Grundlegung, Tübingen – Kaufmann, Hans Bernhard (1966), Muß die Bibel im Mittelpunkt des Religionsunterrichts stehen?, in: Loccumer Protokolle 12 (1966) 37-39 – Klafki, Wolfgang (⁶2007), Grundzüge eines neuen Allgemeinbildungskonzeptes. Im Zentrum: Epochaltypische Schlüsselprobleme, in: ders., Neue Studien zur Bildungstheorie und Didaktik. Zeitgemäße Allgemeinbildung und kritisch-konstruktive Didaktik, Weinheim, 43-82 – Kling-de Lazzer, Marie-Luise (1982), Thematisch-problemorientierter Religionsunterricht. Eine historisch-systematische Untersuchung zur Religionsdidaktik, Gütersloh – Knauth, Thorsten (2003), Problemorientierter Religionsunterricht. Eine kritische Rekonstruktion, Göttingen – Kubik, Johannes (2011),

Paul Tillich und die Religionspädagogik. Religion, Korrelation, Symbol und protestantisches Prinzip, Göttingen – Küng, Hans (2012), Handbuch Weltethos. Eine Vision und ihre Umsetzung, München – Zürich – Nipkow, Karl Ernst (1971), Problemorientierter Religionsunterricht nach dem ‚Kontexttypus‘, in: ders., Schule und Religionsunterricht im Wandel. Ausgewählte Studien zur Pädagogik und Religionspädagogik, Heidelberg, 264-279 – Ders. (2001), Problemorientierter Religionsunterricht, in: LexRP, 1559-1565 – Popper, Karl R. (1994), Alles Leben ist ein Problemlösen [1991], in: ders., Alles Leben ist ein Problemlösen. Über Erkenntnis, Geschichte und Politik, München, 255-263 – Rickers, Folkert / Schröder, Bernd (Hg.) (2010), 1968 und die Religionspädagogik, Neukirchen-Vluyn – Rothgangel, Martin (2006), Schlüsselprobleme: Begründung und Auswahl, in: Lachmann, Rainer / Adam, Gottfried / Rothgangel, Martin (Hg.), Ethische Schlüsselprobleme. Lebensweltlich – theologisch – didaktisch, Göttingen, 38-46 – Schetsche, Michael (2000), Wissenssoziologie sozialer Probleme. Grundlegung einer relativistischen Problemtheorie, Wiesbaden – Vierzig, Siegfried (1971), Das Bedürfnis nach Religion, in: Schneider, Norbert (Hg.), Religionsunterricht – Konflikte und Konzepte. Beiträge zu einer neuen Praxis, Hamburg – München, 23-32

D Fokus ‚Christlichkeit' – theologische Strukturbegriffe der Religionspädagogik

D1 – Glaube(n)

Alexander Schimmel

1 Profil

1.1 Etymologie und Frage der Bezugswissenschaft

Das Wort ‚glauben' lässt sich etymologisch auf althochdeutsch ‚gilouben' zurückführen, was so viel wie ‚vertraut machen' – auch i.S. von ‚Tiere zutraulich machen' – bedeutet. Im heutigen Sprachgebrauch bezeichnet ‚Glaube(n)' Akt und Zustand des Für-wahr-Haltens bzw. Vertrauens und kann sowohl zwischenmenschlich (jemandem glauben) als auch intellektuell bezogen auf (i.d.R. nicht evidente) Aussagen (etwas glauben) verstanden werden. ‚Glaube' wird hierbei sowohl im *profanen* als auch *religiösen* Sinn verwendet und kann verschiedene Grade an Bedeutsamkeit für den Glaubenden zum Ausdruck bringen, also sowohl ein oberflächliches ‚Meinen' (‚glauben, dass es regnen wird') als auch zentrale Überzeugungen (der Glaube an bestimmte Ideen, Werte, die eigene Person…). Die verbreitete Formel ‚Glauben heißt nicht wissen' bringt – mit i.d.R. abwertender Intention – die epistemische Unsicherheit zum Ausdruck, die für den religiösen Glauben fundamentaltheologisch zu konstatieren ist (vgl. Loichinger 1999, 410), kognitivistisch verengend unterschlägt sie jedoch den für das Verständnis wesentlichen affektiven Bedeutungsgehalt und eignet sich daher nicht als Definition.

Im religiösen Sinn hat ‚Glaube' seinen Ort im theistischen Kontext und meint hier das Vertrauen in und auf Gott bzw. Götter und die damit verbundene Pflege der Gottesbeziehung. Als Zentralbegriff christlicher Theologie wird ‚Glaube' von früh an (und bis heute in der Differenzierung von *Augustinus*) in der doppelten Bedeutung als Glaubens*akt* (‚fides *qua* creditur') und Glaubens*inhalt* (‚fides *quae* creditur') aufgefasst. In bewusster begrifflicher Absetzung hierzu untersuchen sozial- und humanwissenschaftliche Disziplinen (Religionssoziologie, -psychologie,

-wissenschaft) Phänomene im Bereich des persönlichen bzw. kulturellen Glaubens in den Kategorien von ‚Religion‘ und ‚Religiosität‘. In dieser Perspektive lässt sich ‚Glaube‘ einordnen als „Religiosität, die sich innerhalb einer bestimmten Glaubensgemeinschaft mit positivem Bezug auf deren Bekenntnis und deren religiöse Praxis vollzieht" (Schimmel 2011, 78). Bislang wenig beachtet ist der Vorschlag, religiösen Glauben gemeinsam mit profanen Glaubensvorgängen als ‚Creditionen‘ zu fassen, die als psychologisches Phänomen neben Kognitionen und Emotionen angesiedelt werden (vgl. Angel 2009).

1.2 Christlich-theologischer Glaubensbegriff

Der theologische Glaubensbegriff steht in unauflösbarer Verwiesenheit von glaubensauslegender Theologie und theologisch gefasstem Glauben. Wie Henne und Ei sind Glaube und Theologie unterscheidbar, doch nicht sinnvoll voneinander trennbar. Beide begegnen als bekenntnishafte Größen und stehen im Kontext einer bestimmten konfessionellen Erschließung. So bedeutet ‚Glaube‘ in allen theistischen Religionen Gottesglaube, also kognitiv die Auffassung von der Existenz eines Gottes (bzw. mehrerer Götter) sowie affektiv die hierauf gerichtete vertrauende Beziehung.

Christliche Theologie versteht ‚Glaube‘ trinitarisch als Glaube an den biblisch und kirchlich bezeugten Gott Vater, den Weltschöpfer, Gott Israels, den „Gott, der Jesus von den Toten auferweckt hat" (Simon 1991, 44), als „Glaube an Jesus als den ‚Christus Gottes‘" (ebd.) sowie als Glaube an den Heiligen Geist, dessen Teilhabe die Nachfolge Jesu ermöglicht und dessen Frucht die Liebe ist (Gal 5; vgl. Bitter 1986, 350).

Im Glauben stehend lässt sich Glaube als gnadenhafte *Wirkung Gottes* deuten, die dem menschlichen Tun vorausgeht (Joh 6,44), und zwar:

- schöpfungstheologisch-anthropologisch: Gott stattet den Menschen mit einer Fähigkeit zum Glauben aus, wohl auch zu einer religiösen Suche;
- heils- bzw. religionsgeschichtlich: Gott offenbart sich dem Volk Israel und in der Person und Botschaft Jesu Christi;
- spirituell: Gott begegnet dem glaubenden Individuum in einer wie auch immer gearteten Erfahrung und ruft dieses zum Glauben.

1.3 Komplexität des Glaubensbegriffs

Neben seiner konfessionell-religiösen Ladung weist der Glaubensbegriff eine hohe *Komplexität* auf: Zwar lassen sich analytisch verschiedene Aspekte differenzieren, doch stehen diese zueinander stets in „sachlogische[r] Interdependenz" (Schmidt-Leukel 1999, 74). ‚Glaube‘ rekurriert auf Glaubensinhalte *und* auf den Gott vertrauenden Akt – das Begriffspaar ‚fides quae‘ und ‚fides qua‘ zeigt dies ebenso wie die Unterscheidung kognitiver und non-kognitiver (*Perry Schmidt-Leukel*) bzw.

fiduzieller und doxastischer (*Franz von Kutschera*) Glaubensdimensionen (vgl. Schimmel 2011, 21). Zur Konturierung eines ausgewogenen Glaubensbegriffs bedarf es vieler in Spannung zueinander stehender Aspekte, die sich nicht einseitig auflösen lassen: ‚Glaube‘ meint sowohl den Glauben der Einzelnen als auch den der Kirche, wobei der individuelle Glaube in seinem „Vollzug […] gemeinschaftsorientiert" (Bitter 1986, 355) ist und am gemeinschaftlichen Wahrheitsanspruch partizipiert. Aufgrund seiner Rezeptivität eignet ‚Glauben‘ ein Widerfahrnischarakter, aufgrund der für sein Zustandekommen nötigen Entscheidung bleibt er Willensakt und stets unabgeschlossene Aufgabe. Dass jemand zum Glauben kommt, setzt sowohl das Bekanntsein mit einer Glaubenstradition auf Wegen sozialer Kommunikation als auch persönlich-individuelle Glaubenserfahrung voraus, es erfordert das mutig-vertrauende Ergreifen einer wirklichkeitskonstituierenden ‚Option‘ (*William James*) und für dauerhaften Bestand konfessorische Treue (vgl. Schimmel 2011, 21-43).

2 Rezeption

2.1 Glaubenlernen im Spiegel systematisch-theologischer Denkhorizonte

Einer Rezeption im Sinne der Aufnahme ursprünglich fremden Gedankenguts in die Religionspädagogik bedurfte es nicht, da Glaube der Sache und dem Begriff nach konstitutiv jeder christlich-religionspädagogischen Praxis und Theorie vorgegeben war und ist. In der Geschichte des Christentums gerieten freilich verschiedene Dimensionen von Glauben in den Fokus glaubenstradierender Bemühungen (vgl. Simon 1991, 49-53; Porzelt 2013, 111-119). Zwei Beispiele aus dem 20. Jahrhundert seien herausgegriffen.

(1) Die Bedeutung des Glaubensverständnisses für die religionspädagogische Konzeptionierung von Lernprozessen im Glauben oder auf Glauben hin zeigt sich im sog. *Lehrbarkeitsstreit*, der mit großem Gewicht in der evangelischen Theologie – in minderem Ausmaß auch in der katholischen Theologie – geführt wurde (vgl. Englert 2007, 198-206; Lachmann 2002). Im frühen 20. Jahrhundert führte eine Krise des schulischen Religionsunterrichts zur Frage, ob Glaube überhaupt lehrbar sei. Vertreter der skeptischen Position konnten auf eine reiche theologische Tradition zurückgreifen, die beginnend bei *Paulus* über *Augustinus* und *Martin Luther* Glaube als gnadenhaftes Geschehen profiliert; prominente Referenzen für die Position boten zudem die Lehren *Friedrich Schleiermachers* und *Søren Kierkegaards*, die die personal-affektiv-volitionale Seite des Glaubens betonen und Glaubens- bzw. Lehrinhalte dahinter zurücktreten lassen. Als rezeptionsgeschichtlich bedeutsamster Vertreter der Gegenposition gilt der von liberaler Theologie

geprägte *Richard Kabisch*, der v.a. allgemeinpädagogisch und lernpsychologisch argumentierend die Lehrbarkeit sowohl der objektiven als auch der subjektiven Religion behauptete, wobei er die Lehre der objektiven Religion im Dienst einer Lehre der subjektiven sah. Die Unverfügbarkeit des Glaubens betonte demgegenüber die Dialektische Theologie, an die das nach dem Zweiten Weltkrieg wirkmächtig gewordene Unterrichtskonzept der *Evangelischen Unterweisung* anschloss: Unterrichtsziel war nicht mehr die in ihrer Möglichkeit in Frage geratene Erziehung zum Glauben, vielmehr sollten die Schüler/innen der Selbstmächtigkeit des Gotteswortes ausgesetzt werden.

(2) Der Wandel religionspädagogischen Denkens über das Ob und Wie des Glaubenlernens wurde maßgeblich vom jeweils vorherrschenden *Offenbarungsverständnis* bestimmt. Das in der neuscholastischen Theologie des 19. Jahrhunderts entwickelte und im *I. Vaticanum* auf die Spitze getriebene extrinsezistische Verständnis von Offenbarung als Mitteilung übernatürlicher Wahrheiten betrachtete Glaube konsequent als das aufgrund der Autorität der kirchlichen Tradenten anzunehmende Wissen dieser Wahrheiten. Glaubensvermittlung bedeutet demzufolge die Belehrung in dogmatisch gefassten Wahrheiten, wie sie in Lehrstückkatechismen wie dem 1955 herausgegebenen und vielfach übersetzten *Grünen Katechismus* zum Ausdruck kommt. Völlig andere systematisch-theologische Weichen stellt dagegen das *II. Vaticanum* mit seinem Verständnis von Offenbarung als Selbstmitteilung Gottes in Jesus Christus: Glaube wird hiernach als Beziehungsgeschehen verstanden und dabei die freiheitliche Entscheidung für (bzw. gegen) den Glauben auch in didaktischen Kontexten hervorgehoben und wertgeschätzt.

2.2 Betonung der Erfahrungsdimension in der nachkerygmatischen Religionsdidaktik

Der als anthropologische Wende bezeichnete Wandel in der Systematischen Theologie zieht eine anthropologisch gewendete Religionspädagogik nach sich, die nach den „Bedingungen des Glauben-Könnens heute" (Bitter 1995, 283) fragt und zu einer Vielzahl neuer religionsdidaktischer Konzepte führt. Diese verbindet die Abkehr von der Vermittlung eines Gehorsamsglaubens hin zur Erschließung eines Verstehensglaubens, mehr aber noch zur Eröffnung eines Erfahrungsglaubens: Nicht mehr die Rezeption von Inhalten, sondern das Erfahrungmachen mit Gott wird anvisiert. Als didaktisches Bindeglied zwischen tradiertem Glauben und individueller Lebenswelt fungiert der – auf evangelischer Seite von *Paul Tillich* bzw. auf katholischer Seite von *Edward Schillebeeckx* – systematisch-theologisch gefasste Begriff der Korrelation: Glaube selbst wird als Deutung existenzieller Lebenserfahrung und damit strukturanalog zur Alltagserfahrung betrachtet, womit die beiden Erfahrungswelten korrelierbar werden (vgl. ebd., 281; Baudler 2002, 448).

Im Zuge der Aufnahme theologischer Impulse des *II. Vaticanum* und nicht zuletzt unter dem Eindruck steigender Abmeldezahlen vom Religionsunterricht nimmt der Synodenbeschluss *Der Religionsunterricht in der Schule* (1974) eine rezeptionsgeschichtlich überaus bedeutsame Grenzziehung und klärende Aufgabenzuweisung vor: Glaubensweitergabe ist innerkirchliche Aufgabe und hat ihren Ort in der gemeindlichen Katechese, der schulische Religionsunterricht an staatlichen Schulen dagegen strebt eine Befähigung der Schüler/innen zur verantworteten individuellen Entscheidung an, die unabhängig ihres Ausgangs respektiert wird, und will so einen bildenden Beitrag zum besseren Verständnis der eigenen Person, von Welt und Kultur leisten (vgl. Simon 2005; ders. 2014).

Auch die evangelische Religionsdidaktik hebt die Erfahrungsdimension des Glaubens hervor, einerseits im Konzept des *problemorientierten Religionsunterrichts*, dann nochmals im bis heute in der Fachdidaktik beider Konfessionen fruchtbar gemachten Modell der *Elementarisierung*, das von *Karl Ernst Nipkow* in Aufnahme der didaktischen Analyse *Wolfgang Klafkis* entwickelt und später insb. von *Friedrich Schweitzer* weiterentwickelt wurde. Schließlich kehren die in den 1980er und 1990er Jahren entwickelten *Symboldidaktiken* (etwa von *Georg Baudler*, *Peter Biehl* oder *Hubertus Halbfas*), die Sinnlichkeit und kommunikative Dimension von Glauben heraus.

2.3 Zurücktreten des Glaubensbegriffs hinter die Begriffe ,Religion' und ,Religiosität'

Die anthropologische Wende sowie die von *Klaus Wegenast* schon 1968 geforderte empirische Wendung in der Religionspädagogik brachten eine Öffnung und Orientierung an den Human- und Sozialwissenschaften. Die entwicklungspsychologischen Stufentheorien von *Jean Piaget*, *Lawrence Kohlberg* und *Erik H. Erikson* aufnehmend zeitigt diese Interessensweitung die innovative Erarbeitung religiöser Entwicklungstheorien durch *James W. Fowler* sowie *Fritz Oser* und *Paul Gmünder*, die – stärker in der Religionspädagogik als auf Seiten der Psychologie – beachtliche Prominenz erlangten. *Fowlers* auf *Wilfred C. Smith* zurückgehende Unterscheidung von ,*faith*' als sinnstiftendem Vertrauen und ,*belief*' als Fürwahr-Halten von (u.a. religiösen) Aussagen legt den Akzent auf faith und verortet diesen lebenspraktisch. Im Deutschen gelingt diese Aufspaltung in Affekt und Kognition weniger gut und so verwundert es kaum, dass es *Oser* und *Gmünder* vielmehr um die *religiöse* Entwicklung des Menschen als um die Entwicklung von Glauben geht.

Mit der beschriebenen Wende lässt sich ein Bedeutungsverlust des Glaubensbegriffs in der wissenschaftlichen Religionspädagogik zugunsten des (weniger belasteten) Religionsbegriffs, seit den 1990er Jahren aber auch zunehmend zugunsten des Religiositätsbegriffs beobachten, der wiederum seit Beginn des 21. Jahrhunderts vom nochmals weiter gefassten Spiritualitätsbegriff abgelöst zu werden scheint. Das erste ökumenisch verfasste „Handbuch der Religionspädagogik" legt eine „Theorie der religiösen Bildung und Erziehung" (Feifel u.a. 1973, 67) vor und begründet so auch den Religionsunterricht im Begriff der Religion, die es – verstanden als gesellschaftlich-kulturelle wie auch anthropologische Gegebenheit – im Rahmen des schulischen Bildungsauftrags zu erschließen gilt. Der Blick in sich anschließende Standardwerke zeigt einen ähnlichen Befund: Zwar fehlt der Glaubensbegriff nicht gänzlich, der Religionsbegriff stellt diesen jedoch deutlich in den Schatten.

Neben der Anschlussfähigkeit an die Sozialwissenschaften mag dieser Befund auch an dem (verglichen mit ‚gläubig') bedeutungsweiten Adjektiv ‚religiös' liegen, das als Attribut zur Bildung neuer Zentralbegriffe genutzt wird (z.B. ‚religiöse Erfahrung', ‚religiöse Kompetenz(en)', ‚religiöse Erziehung und Bildung'), die sich auch auf sich nicht als gläubig verstehende Personen beziehen lassen. Dagegen rekurriert der Glaubensbegriff auf das kirchliche Bekenntnis als Referenzrahmen und steht in Verbindung mit dem auf den Glaubensinhalt bezogenen Wahrheitsanspruch; er dient daher eher der kirchlich-binnensprachlichen Kommunikation und begegnet so weit häufiger in kirchlichen Verlautbarungen als in wissenschaftlichen Abhandlungen. Die häufig begegnende Paarung „Religion und Glaube" ist nicht selten Ausdruck einer ungeklärten Vermengung der beiden konstitutiv und doch spannungsvoll aufeinander bezogenen Begriffe; sie dient der ‚Verlinkung' in die Bezugswelten beider Begriffe (Sozialwissenschaften und philosophische Anthropologie einerseits, kirchliche Tradition und Theologie andererseits).

3 Potenzial

3.1 Zeitloser Zentralbegriff und jüngere Akzente

Trotz der allmählichen Aufmerksamkeitsverschiebung zum Religions- bzw. Religiositätsbegriff bleibt der Glaube unstrittig zentrales Gut und seine Erschließung fundamentales Anliegen der Religionspädagogik; ihrer pädagogischen Bemühung setzt er einen „umfassenden Sinn- und Motivationshorizont" (Simon 2001, 201). Exemplarisch zeigt sich die Aktualität des Glaubensbegriffs in den Ansätzen des *mystagogischen Lernens* und des *performativen Religionsunterrichts*: Während der erste – mit größerem Respekt vor der Unverfügbarkeit religiös-performativer Handlungen – die Gottesbeziehung (als Akt und zentralen Inhalt des Glaubens) fokussiert, zielt der zweite auf den probehaften, eigenleiblichen Vollzug von religiösen Haltungen und Ritualen. Beide verbindet die Hervorhebung von Erfahrung und Ausdruck, deren Erschließung als notwendig für die Entwicklung eines kompetenten Verstehens von Glauben bzw. Religion betrachtet wird.

Neben diesen stärker die affektive Seite von Glauben erhellenden Ansätzen sind aber auch Anzeichen für eine erneute Zuwendung zu seiner kognitiv-intellektuellen Seite erkennbar. Der Glaubensinhalt wird zum Thema religionsdidaktischer Suchbewegungen, auf dieser Linie liegt etwa das Bemühen um den Aufbau ‚konfigurierten‘ Wissens (Englert 2013, 56), das am besten auf dem (über Jahrzehnte verpönten) Weg fachlicher Instruktion zu gewährleisten ist. Mit seinem Vorstoß einer Lehrstückdidaktik könnte *Rudolf Englert* eine Gegenbewegung befördern, die *Gottfried Bitter* (1995, 283) unter dem Befund eines „Ungleichgewicht[s] von fides quae und fides qua" zuungunsten tradierter Inhalte anmahnte. Die von *Bitter* mit Blick auf die 1970er bis 1990er Jahre festgestellte „allmähliche Emigration des Glauben-Lernens aus dem schulischen Religionsunterricht [...] – sowohl in der Theorie wie in der Praxis" (ebd.) – dürfte kaum zu stoppen sein. Glauben-Lernen sucht also auch weiterhin einen adäquaten Ort. Bei dieser Suche kann sich die Mehrdimensionalität des Glaubensbegriffs als hilfreich erweisen, da er geistige und geistliche Herausforderung verbindet und in seinem unauflösbaren Bezug von Inhalt und Akt produktive Spannungen erhält.

3.2 Begriffspotenziale in Theorie und Praxis

Der Charakter des Glaubensbegriffs, seine Doppelbedeutung als System- und Verhaltensbegriff, sein Wahrheitsanspruch sowie der Beziehungs- und Bindungsaspekt machen ihn kantig und können Verständigungsprozesse insb. im außertheologischen Kontext erschweren; sie machen jedoch auch seinen Bedeutungsreichtum aus und entbinden sein Potenzial sowohl für den Bereich religionspädagogischer Theorie als auch Praxis.

(1) Wissenschaftlich verfügt der Glaubensbegriff über hohes Diskriminierungsvermögen und ist widerständig gegen die Gefahr inhaltlicher Entleerung etwa in Form eines intellektuell haltlosen Gefühlsglaubens. Seine performative Dimension hilft, Theologie vor Einseitigkeiten zu bewahren, etwa vor dogmatisch-affirmativer Überbordung oder dem Versuch der Entledigung vermeintlich äußerlicher Hüllen. Eine Kombination dieses reichen Profils mit weltanschaulicher Voraussetzungsarmut ermöglicht der Begriff ‚Einstellung gegenüber Glauben‘: Der Einstellungsbegriff fungiert hier als sozialpsychologische klar definierter Rahmen, über den jede Person verfügt und der sich auch in (religions-)didaktischer Hinsicht (etwa bzgl. entsprechender Ziele und geeigneter Inhalte und Methoden) mit Gewinn durchbuchstabieren lässt (vgl. Schimmel 2011).

(2) Auch in der praktischen Bildungsarbeit bietet der Begriff der Einstellung gegenüber Glauben Potenziale, lässt sich doch anhand der Einstellung die je *eigene* Sicht (in ihrer kognitiven, affektiven und verhaltensrelevanten Dimension) betrachten. V.a. zugangserschwerende Auffassungen von Jugendlichen zum Glauben lassen sich so in den Blick nehmen, inhaltlich anfragen und zur Fortentwicklung

stimulieren. So bietet die wachsende Fremdheit gegenüber dem Glaubensbegriff auch Chancen: Überraschend lassen sich nicht nur semantisch enge Beziehungen etwa zu den Begriffen ‚credibility' und ‚commitment' aufzeigen, die der Zielgruppe attraktiv scheinen. Dass ‚Glaube' nicht Meinung, sondern Erfahrung und Haltung meint, ist eine von vielen Spuren, die eine die religiöse Entscheidung von Jugendlichen achtende Religionspädagogik verfolgen kann und soll.

Literatur

Angel, Hans-Ferdinand (2009), Verstehen wir Glaubensprozesse?, in: rhs 52 (1/2009) 16-29 – Baudler, Georg (2002), Korrelation von Glaube und Leben, in: NHRPG, 446-451 – Bitter, Gottfried (1986), glauben/vertrauen, in: HRPG, 347–356 – Ders. (1995), Ansätze zu einer Didaktik des Glauben-Lernens, in: Ziebertz, Hans-Georg / Simon, Werner (Hg.), Bilanz der Religionspädagogik, Düsseldorf, 276-290 – Englert, Rudolf (2007), Religionspädagogische Grundfragen. Anstöße zur Urteilsbildung, Stuttgart 2007 – Ders. (2013), Religion gibt zu denken. Eine Religionsdidaktik in 19 Lehrstücken, München – Feifel, Erich u.a. (Hg.) (1973), Handbuch der Religionspädagogik. Bd. 1, Gütersloh u.a. – Lachmann, Rainer (2002), Lehr- und Lernbarkeit des Glaubens, in: NHRPG, 435-439 – Loichinger, Alexander (1999), Ist der Glaube vernünftig? Zur Frage nach der Rationalität in Philosophie und Theologie, München – Porzelt, Burkard (²2013), Grundlegung religiöses Lernen. Eine problemorientierte Einführung in die Religionspädagogik, Bad Heilbrunn – Schärtl, Thomas (2004), Wahrheit und Gewissheit. Zur Eigenart religiösen Glaubens, Regensburg – Schimmel, Alexander (2011), Einstellungen gegenüber Glauben als Thema des Religionsunterrichts. Didaktische Überlegungen und Anregungen für die gymnasiale Oberstufe, Ostfildern – Schmidt-Leukel, Perry (1999), Grundkurs Fundamentaltheologie. Eine Einführung in die Grundfragen des christlichen Glaubens, München – Simon, Werner (1991), Glauben lernen? Modelle und Elemente einer Begleitung auf dem Lernweg des Glaubens, in: ders. / Delgado, Mariano (Hg.), Lernorte des Glaubens. Glaubensvermittlung unter den Bedingungen der Gegenwart, Berlin – Hildesheim, 44-68 – Simon, Werner (2001), Im Horizont der Geschichte. Religionspädagogische Studien zur Geschichte der religiösen Bildung und Erziehung, Münster – Ders. (2005), „Katechetische Dimension" des Religionsunterrichts?, in: KatBl 130 (2/2005) 151-154 – Ders. (2014), „Eine gediegene und erstaunlich lange gültige Klärung". Anmerkungen zur Wirkungsgeschichte des Synodenbeschlusses „Der Religionsunterricht in der Schule" (1974), in: RpB 71/2014, 57-65 – Wegenast, Klaus (2001), Glauben, Glaubenserziehung, in: LexRP, 716-720

D2 – Mystagogie

Mirjam Schambeck

1 Profil

Der Begriff ‚Mystagogia' (aus griech. μυστικός – geheimnisvoll / ἄγειν – führen) verweist auf die Antike und stammt aus den sog. Mysterienreligionen. Er galt als Ausdruck für die Einweihung Interessierter in die heiligen Geheimnisse der jeweiligen Religion (vgl. H. Rahner 1989, 52; Schambeck 2006, 7f.). Von da aus nahm er seinen Weg in die christliche Literatur der Antike und avancierte dort zum Schlüsselbegriff. Die patristische Forschungsliteratur wurde dem facettenreichen Phänomen der Mystagogie in der Antike lange Zeit nicht gerecht, insofern sie die Praxis von Mystagogie in der Alten Kirche auf die Einführung in die Sakramente reduzierte. Mystagogie ist aber schon in der Antike umfassender zu verstehen: Sie steht für die Frage insgesamt, wie der Mensch Gott begegnen kann, wie das vorstellbar ist und welche Möglichkeiten es gibt, den Menschen dafür zu disponieren. So gesehen kann man die Vätertheologie in Gänze als Mystagogie verstehen. Die Wiederentdeckung von Mystagogie verdankt sich v.a. dem Aufruf *Karl Rahners* zu einer ‚neuen Mystagogie' (vgl. ders. 1966, 269-271). Mit diesem warb er dafür, die Gottrede weder auf eine überholte Formelsprache zu reduzieren noch Glauben auf ein Für-Wahr-Halten von Glaubensaussagen zu begrenzen. Die ‚neue Mystagogie' steht für eine Auseinandersetzung mit Gott, die die Uneinholbarkeit des Einzelnen in seiner Beziehung zu Gott als Fundament noch vor jeder doktrinären Ausgestaltung der Gottrede anerkennt. Diese Akzentuierung wurde von unterschiedlichen theologischen Disziplinen auf je eigene Weise aufgenommen und konkretisiert. Das war einer der Gründe für die unterschiedlichen Verstehensweisen von Mystagogie, die zu nicht wenigen Missverständnissen im Zuge der Diskussion über Mystagogie und das mystagogische Lernen im Bereich der Religionspädagogik beigetragen haben. Kennzeichnend in all ihren unterschiedlichen Verstehensweisen bleibt, dass die Gottrede den Dreh- und Angelpunkt von Mystagogie (vgl. Simon 1998, 571) markiert.

2 Rezeption

In der religionspädagogischen Theoriebildung lassen sich drei grundlegende Weisen herausarbeiten, das mystagogische Anliegen zu verstehen: eine liturgisch-sakramentale, eine katechetische und eine transzendentale Mystagogie (vgl. Schambeck 2006, 217-280).

(1) *Liturgisch-sakramentale Mystagogie*: Bei den Repräsentanten der liturgisch-sakramentalen Mystagogie sind zwei unterschiedliche Richtungen zu unterscheiden. Beide wurden inspiriert durch die Anstöße der Liturgischen Bewegung um *Romano Guardini* und später durch *Arno Schilson,* welchen die Orientierung an einem Mystagogiebegriff gemeinsam ist, wie er in der Literatur des ausgehenden vierten Jahrhunderts allmählich zu Tage trat und im Zusammenhang der so genannten mystagogischen Katechesen bekannt wurde. Diese wurden entweder vor oder nach dem Empfang der Initiationssakramente gehalten. Autoren, die der *engeren* Richtung angehören (*Ralph Sauer, Franz-Peter Tebartz-van Elst* u.a.) begrenzen Mystagogie ausschließlich auf den liturgischen Vollzug. Sie schränken Mystagogie auf die Einführung in die Glaubensgeheimnisse ein, verstanden als Einführung in die Sakramente. Vertreter der *weiteren* Richtung (*Otto Betz* u.a.) verstehen Mystagogie als Möglichkeit, auf die Sakramentalität der Wirklichkeit aufmerksam zu machen.

(2) *Katechetische Mystagogie*: Anders als vor allem die weite Richtung einer liturgisch-sakramentalen Mystagogie betonen Vertreter/innen einer katechetischen Mystagogie die Fremdheit des Glaubens gegenüber den Erfahrungen des Menschen (*Ingrid Schoberth, Thomas Ruster* u.a.). Mystagogie wird als Glaubenlernen konturiert, das in die fremde Welt des Glaubens einführt und zumindest zu ‚Probeaufenthalten' in der Deutewelt des Glaubens anstiftet. Dadurch soll das eigene Selbst- und Weltbild mittels des christlichen Glaubens neu perspektiviert werden. Mystagogie ereignet sich als katechetischer Prozess, und zwar auch am Lernort des schulischen Religionsunterrichts. Eine Unterscheidung von Gemeindekatechese und religiösem Lernen im Religionsunterricht fällt in dieser Lesart weitgehend aus.

(3) *Transzendentale Mystagogie*: Eine dritte Lesart entwickelt Mystagogie auf der Grundlage der Theologie *Karl Rahners.* Ausschlaggebend für alle unterschiedlichen Aktualisierungen einer transzendentalen Mystagogie ist der Gedanke, dass Gott dem Menschen schon immer zuinnerst ist und nicht erst andoziert werden muss. Der Mensch wird vielmehr als „Hörer des Wortes" (ders.) verstehbar, dem die Bedingungen der Möglichkeit, Gott zu vernehmen, qua Menschsein zu Eigen sind. Auch wenn eine transzendentale Mystagogie Formen des Gebets, des selbstlosen Einsatzes für Andere, der Einführung in den Glauben qua Sakramentenkatechese etc. umfasst, wird Mystagogie in der Religionspädagogik fast ausschließlich in eins gelesen mit dem mystagogischen Lernen, auf das deshalb im Folgenden das Augenmerk gerichtet wird (*Werner Simon, Mirjam Schambeck* u.a.).

Das *(transzendentale) mystagogische Lernen* denkt die Kommunikation der Gottesfrage von einer wechselseitigen, kritisch-produktiven und damit korrelativen Beziehung von Gottesfrage und Subjekten. Um das mystagogische Lernen verstehen zu können, gilt es deshalb, alle drei Momente kurz zu beschreiben und für religiöse Bildungsprozesse auszuloten.

Die Gottesthematik aufseiten der Lernenden erkunden: So wichtig die Deutung der Gottesfrage im Rahmen der jüdisch-christlichen Tradition für das mystagogische Lernen ist, so bedeutsam ist es ebenso, die Gottesfrage von den Zuschreibungen her zu konturieren, die die lernenden Subjekte ihr beimessen. Das gilt für die Fragen, ob Gott überhaupt existiert (Gottesglauben), wie sie die Gottesfrage verstehen (Gotteskonzepte) und was Gott für sie bedeutet (Gottesbedeutung) (in Variation zu Stögbauer 2011, 21). Für Kinder sieht dies anders aus als für Jugendliche, für Menschen in Krisensituationen anders als für Menschen, denen es gut geht. Außerdem macht es einen Unterschied, wo gelernt wird: ob im Religionsunterricht, in der Gemeindekatechese, in Veranstaltungen der Erwachsenenbildung oder nebenbei, wenn etwa in der Peer-Group über das Thema Gott gesprochen wird. Um die Eintragungen, die die Subjekte in die Gottesfrage vornehmen, besser zu kennen und zu verstehen, braucht es empirische Forschungen genauso wie subjektorientierte Lernsettings.

Der Gottesfrage wohnen ‚zwei Zirkel' (Karl Rahner) *inne*: Anfangs wurde deutlich, dass das mystagogische Lernen sowohl durch die subjektiven Eintragungen in die Gottesfrage als auch durch die objektiven, das heißt von Seiten der Tradition vorgenommenen Eintragungen bedingt wird. *Rahner* differenziert diesen Befund noch weiter, indem er die Gottesfrage in zwei grundlegenden Ebenen, Wegen bzw. Zirkeln denkt: der existenziellen Dimension der Gottesfrage sowie ihrer Ausdrucksdimension (vgl. ders. 1970, 507). Der erste Zirkel der Gottesfrage ist nach *Rahner* die *Erfahrung Gottes*. Gott zeigt sich dem Menschen. Er gibt sich ihm zu erkennen. Das wird im Leben, Sterben und Auferstehen Jesu Christi ausdrücklich. Die Gottesfrage zu thematisieren heißt also in diesem ersten Sinne, ihre existenzielle Dimension ins Spiel zu bringen, also das persönliche Angesprochensein des Menschen durch Gott zu thematisieren. Die Erfahrung Gottes drängt christlich verstanden schon immer auf einen *Ausdruck*. Damit ist der zweite Zirkel angesprochen. Gotteserfahrung will reflektiert, will gedeutet sowie ins Handeln und Verhalten übersetzt werden. Die Gotteserfahrung auszudrücken, geschieht in drei voneinander unterscheidbaren, wenn auch aufeinander verwiesenen ‚Spielarten': (1) der Ästhetik, (2) der Kognition und (3) dem Handeln und Verhalten.

Das mystagogische Lernen will die Gottesfrage auf beiden Ebenen – der Erfahrungs- und der Ausdrucksdimension – in religiösen Bildungsprozessen zur Geltung bringen. Damit ist es schon immer mit der Frage konfrontiert, ob es überhaupt möglich ist, die Erfahrungsdimension der Gottesfrage in Bildungsprozessen anzuspielen. Diese Grenze ist unverbrüchlich aufgerichtet, weil jede tiefe Begegnung letztlich Geschenk bleibt. Zugleich zielt die Betonung der Erfahrungsdimension, der *Rahner* den ersten Platz einräumt, in Korrektur der Neuscholastik darauf, den personalen Charakter der Gottesfrage als fundamental anzuerkennen. Die Beziehung Gottes zum Menschen ist der Grund des Glaubens und nicht das Dogma, die Verkündigung oder der praktizierte Kult. Diese sind vielmehr

Ausdeutungen dafür, dass Gott sich dem Menschen gezeigt hat. Auch wenn biografisch gesehen das verkündete Wort, das Nachdenken über theologische Fragen oder die Begegnung mit christlicher Praxis vermutlich häufiger zum Anlass werden, tiefer zu suchen und nach dem Grund zu fragen, der dies alles bewirkt, so markiert das Prae der Gotteserfahrung, dass Glaube an erster Stelle ein Begegnungsgeschehen ist. Umgekehrt gilt freilich auch, dass die Begegnung Gottes mit dem Menschen nicht im luftleeren Raum stattfindet. Das verkündete Wort, die Riten und Rituale, konkret gelebtes Christentum prägen die Atmosphäre und beeinflussen insofern die Erfahrung des Menschen mit Gott. Beides, Erfahrung und Ausdruck dieser Erfahrung, sind unvertretbar und aufeinander bezogen.

Mystagogisches Lernen als produktive Auseinandersetzung von ‚subjektiven' und ‚objektiven' Eintragungen in die Gottesfrage: Um in ein produktives Gespräch über die Gottesfrage einzutreten, gilt es in mystagogischen Lernprozessen entsprechend dem Duktus des Korrelationsdenkens, die ‚subjektiven' Eintragungen in die Gottesfrage genauso wie die durch die Tradition des christlichen Glaubens gewonnenen ‚objektiven' Eintragungen zu thematisieren, deren Ertrag füreinander zu prüfen und zu fragen, wo z.B. subjektive Eintragungen Überkommenes aktualisieren, verändern oder auch weiter entwickeln können und umgekehrt. Gerade dieser produktive Dialog ist das Schwierigste beim mystagogischen Lernen; denn auch wenn der Gottesglauben beispielsweise von vielen Jugendlichen weitgehend bejaht wird, wird er jenseits christlicher Tradition gedeutet und letztlich als irrelevant für das eigene Leben eingestuft (vgl. Stögbauer 2011, 22-55). Entsprechende Anknüpfungspunkte auszumachen, gehört zu den sensiblen und fragilen Momenten bei der Planung mystagogischer Lernprozesse. Es geht darum, ‚Chiffren' zu finden, die diskursiv und/oder existenziell sowohl in der Lebenswelt als auch im Horizont der jüdisch-christlichen Tradition aussagekräftig sind (vgl. Schambeck 2014, 248-250). Das kann z.B. bedeuten, die Sinnfrage auf ihr Potenzial für die Frage nach dem Eigentlichen und Tragendem abzutasten oder die Frage nach Glück als Frage nach dem, was Leben gelingen lässt (Soteriologie), zu formulieren. Wichtig ist, weder Lebenswelt noch Glaubenswelt einseitig zu vereinnahmen, sondern beide in ihrer Verschiedenheit anzuerkennen und auf ihre *mögliche* Prägekraft füreinander zu befragen.

3 Potenzial

Versteht man das mystagogische Lernen in dieser Konturierung, kann es auf folgende für religiöse Lern- und Bildungsprozesse wichtige Momente hinweisen und dadurch auch für andere Aktualisierungen von Mystagogie (Katechese, Einführung ins Gebet etc.) fruchtbar werden:

- Beim mystagogischen Lernen geht es darum, die Gottesfrage als Zentrum christlichen Glaubens überhaupt zu thematisieren und explizit an den unterschiedlichen religiösen Lernorten zur Geltung zu bringen. Damit bekommt das Unverfügbare in der religiösen Bildungsarbeit seinen unaufgebbaren Raum und hilft, Bildung, Leistung, Kompetenzen und andere Qualifikationsmaßstäbe immer wieder von daher anzufragen, was sie für den Menschen, das Gelingen seines Lebens und eine gerechte Gesellschaft austragen.
- Mystagogisches Lernen setzt darauf, die Vieldimensionalität der Gottesfrage im Blick zu behalten, d.h., dass die Gottesfrage sowohl in ihrer existenziellen als auch in ihrer Ausdrucksdimension, nämlich in Ästhetik, Kognition und Praxis zu thematisieren ist. Das bedeutet nicht, dass bspw. Schüler/innen im Religionsunterricht Erfahrungen mit Gott machen müssen. Dies liegt jenseits planerischer Prozesse, überstrapaziert Unterricht und Schule und wird weder den Menschen noch Gott gerecht. Hier ist zwischen Präsentationsformen (des Themas) zu unterscheiden, die der Vieldimensionalität der Gottesfrage Rechnung tragen müssen, und den Aneignungsformen (der Lernenden), die eben auch abhängig sind vom Lernort bzw. in unterschiedlicher Intensität erfolgen.
- Mystagogisches Lernen versteht sich im Duktus des Korrelationsgedankens als Auseinandersetzung mit der Gottesfrage, die deren ‚objektive‘ und ‚subjektive‘ Eintragungen so zur Geltung bringt, dass es zu einem kritisch-produktiven Dialog kommt, in dem die Lernenden befähigt werden, ihre eigene Position zur Gottesfrage begründet auszusagen. Insofern nimmt das mystagogische Lernen an den Chancen und Schwierigkeiten korrelativer Lernprozesse teil und spitzt sie auf die Frage nach der angemessenen Weise der Gotteskommunikation an den jeweiligen Lernorten zu.
- Vor diesem Hintergrund macht das mystagogische Lernen bewusst, dass Theologie und Glauben leer bleiben, wo sie nicht von den religiösen Artikulationen der Subjekte her transformiert werden. Es formuliert damit Aufgaben insbesondere an die Systematische Theologie und fordert sie auf, sich um eine lebenssatte Theologie zu bemühen, die den *sensus fidelium* ernst nimmt und als *locus theologicus* für das Erschließen des Gottesgedankens fruchtbar macht. Insgesamt wird deutlich, dass das mystagogische Lernen einen Beitrag dazu leisten will, wie das Kerncurriculum des Religionsunterrichts und religiöser Bildung allgemein, nämlich die Gottesfrage, in einer kriteriengeleiteten Weise in Unterrichts- bzw. Bildungsprozessen zur Geltung kommen kann.

Mystagogisches Lernen ist also kein Globalentwurf von religiöser Bildung oder Religionsunterricht, sondern konzentriert sich auf die Thematisierung der Gottesfrage. Es hat dezidierte Grenzen (Frage, wie die existenzielle Dimension der Gottesfrage angesichts der Rahmenbedingungen von Schule verantwortet angespielt werden kann), ist aber andererseits ein Beitrag, die Gottesfrage aufgrund ihrer

Komplexität, die sich angesichts postmoderner Bedingungen nochmals zugespitzt hat, nicht einfach zu übergehen, sondern lebensstiftend zu entfalten.

Literatur

Bitter, Gottfried (1995), Ansätze zu einer Didaktik des Glaubens-Lernens, in: Ziebertz, Hans-Georg / Simon, Werner (Hg.), Bilanz der Religionspädagogik, Düsseldorf, 276-290 – Fricke, Michael (2007), Von Gott reden im Religionsunterricht, Göttingen – Guggemoos, Claudia (2012), Mystagogisch begleiten. Empirische Analysen von Gesprächen mit Pastoralreferentinnen und Pastoralreferenten der Diözese Rottenburg-Stuttgart und der Erzdiözese Freiburg, Ostfildern – Haslinger, Herbert (1991), Sich selbst entdecken – Gott erfahren. Für eine mystagogische Praxis kirchlicher Jugendarbeit, Mainz – Rahner, Hugo (³1989), Griechische Mythen in christlicher Deutung, Basel – Rahner, Karl (1966), Die grundlegenden Imperative für den Selbstvollzug der Kirche in der gegenwärtigen Situation, in: HPTh 2/1, 256-271 – Ders. (1970), Gotteserfahrung heute, in: ders., Schriften zur Theologie 9, Einsiedeln u.a., 161-176 – Schambeck, Mirjam (2006), Mystagogisches Lernen. Zu einer Perspektive religiöser Bildung, Würzburg – Dies. (2014), Reli-Lehrer/in sein zwischen Lehre und Leere? – Wie eine korrelative Theologie das Verhältnis von Theologie und Spiritualität klären könnte. Auch eine Frage nach der Beziehung von Lehramt und Glaubenssinn, in: Knapp, Markus / Söding, Thomas (Hg.), Glaube in Gemeinschaft. Autorität und Rezeption in der Kirche, Freiburg/Br., 241-258 – Simon, Werner, (1991), Glauben lernen? Modelle und Elemente einer Begleitung auf dem Lernweg des Glaubens, in: ders. / Delgado, Mariano (Hg.), Lernorte des Glaubens. Glaubensvermittlung unter den Bedingungen der Gegenwart, Berlin – Hildesheim, 44-68 – Simon, Werner (1998), Mystagogie. Religionspädagogisch und praktisch-theologisch, in: LThK³ 7, 571f. – Stögbauer, Eva Maria (2011), Die Frage nach Gott und dem Leid bei Jugendlichen wahrnehmen. Eine qualitativ-empirische Spurensuche, Bad Heilbrunn

D3 – Katechese (als Grundform religiösen Lernens)
Monika Jakobs

1 Profil

1.1 Etymologie

κατηχεῖν hat im Griechischen die Doppelbedeutung von ‚entgegentönen' und ‚belehren'. Im Neuen Testament bedeutet das Wort sowohl „Kunde von etwas geben" wie „Kunde erhalten", bei *Paulus* verengt sich der Begriff auf „Unterricht über den Glaubensinhalt geben" (Beyer 1967, 639). Ab dem 4. Jahrhundert ist ‚Katechese' der terminus technicus für die christliche Unterweisung.

1.2 Katechese im Kontext religiöser Sozialisation

Katechese als intendierte und systematische Aneignung von Glaubensinhalten und Glaubenspraxis ist Teil religiöser Sozialisation, welche durch das mehr oder wenige bewusste Hineinwachsens in die Denk- und Lebensweise der Bezugsgruppe (Familie, soziokulturelles Umfeld) geprägt ist. Ziel der Katechese ist die Tradierung des Glaubensgutes und die religiöse Individuation für Taufbewerber (Katechumenen) und die nachwachsende, bereits getaufte Generation. Katechetisches Lernen ist ein vielschichtiger, reziproker Interaktionsprozess, bei dem religiöse Individuation und Einführung in die Glaubensgemeinschaft sich gegenseitig bedingen. Lernende übernehmen dabei nicht nur vorgegebene Inhalte, Normen und Praktiken, sondern vollziehen eine individuelle, subjektiv stimmige Adaptation. Insofern hat Katechese nicht nur tradierendes, sondern auch erneuerndes Potenzial.

1.3 Katechese im Kontext kirchlicher Vollzüge

Katechese ist Martyria (Verkündigung) in der Form eines gezielten Lernprozesses. Tradierung ist aus kirchlicher Sicht zentraler Aspekt der Katechese; nicht selten steht sie deshalb im Zentrum kirchlicher Zukunftshoffnungen bzw. Dekadenzszenarien.

Die *Gemeinsame Synode* (1971-1975) hat Katechese demgegenüber ausdrücklich diakonisch profiliert: „Das oberste Ziel der Katechese besteht darin, dem Menschen zu *helfen* [Hervorhebung M.J.], daß sein Leben gelingt, indem er auf den Zuspruch und den Anspruch Gottes eingeht." (dies. 1977, 41) Damit wird hervorgehoben, dass Katechese vorrangig dem Interesse der Menschen zu dienen hat. Diese notwendige Profilierung kann jedoch paternalistisch missverstanden werden, wenn Diakonie und Katechese einfach gleichgesetzt werden, indem Katechese apriori als individuell bedeutsam und lebensförderlich postuliert wird: ‚Wir haben die Wahrheit. Sie ist für dich gut.' Diese Gleichsetzung unterschlägt das Selbsterhaltungsinteresse der Kirche an der Katechese und wird dem Wesen der Diakonie als Umsetzung universaler christlicher Gottes- und Nächstenliebe ohne Erwartung einer Gegenleistung – wie etwa kirchliches Engagement – nicht gerecht.

Eine weitere zentrale Verhältnisbestimmung ist zwischen Katechese und Liturgie zu treffen. Liturgie als der Ort, an dem Glaube nicht nur gefeiert, sondern auch bestärkt und gefördert wird, kann von einer klugen katechetischen Vorbereitung zwar profitieren. Jedoch geschieht liturgisches Lernen vor allem in der Partizipation, im Vollzug der Liturgie, die idealerweise ohne katechetische Erläuterungen auskommt.

Trotz dieser notwendigen Abgrenzungen ist zu betonen, dass die kirchlichen Vollzüge fundamental aufeinander angewiesen sind: Katechese ohne Liturgie steht in der Gefahr, im Unsinnlichen zu verharren; ohne gelebte Diakonie wird die Botschaft der Katechese unglaubwürdig; Liturgie ohne katechetische Einführung kann zu einem unverstandenen Ritus verkommen (vgl. Jakobs 2010, 23-29).

1.4 Katechese im Kontext religiöser Bildung

Bei der religiösen Bildung geht es darum, systematisch religiöses Wissen zu erwerben; der Ort dafür ist in Deutschland vor allem die öffentliche Schule. Schon die *Gemeinsame Synode* betonte, dass sich der konfessionelle Religionsunterricht nicht katechetisch legitimieren kann, sondern seinen Beitrag zu den allgemeinen Bildungszielen aufzeigen muss (vgl. dies. 1976). Bekenntnis ist Gegenstand, nicht aber Ziel des Religionsunterrichts. In den letzten Jahren wird für den Religionsunterricht von kirchlicher Seite verstärkt wieder eine katechetische Komponente eingefordert. Angesichts der Pluralität der Schülerschaft, der Trennung von Schule und gelebter Glaubensgemeinschaft und möglichen Reibungsflächen mit schulpädagogischen Konzepten ist diese Forderung mit Skepsis zu betrachten. Umgekehrt ist festzuhalten, dass Katechese nicht ohne religiöse Bildung auskommt, damit eine eigenständige Glaubensentscheidung möglichst den intellektuellen Herausforderungen unserer Zeit standhalten kann. Insofern kann schulische religiöse Bildung Katechese unterstützen; ist sie nicht vorhanden, muss sie in die Katechese integriert werden.

2 Rezeption

Verständnis, Form und Zielsetzung von Katechese unterliegen kirchenpolitischen, gesellschaftlichen, politischen und kulturellen Rahmenbedingungen. Das lässt sich exemplarisch an einigen historischen Knotenpunkten zeigen.

2.1 Frühe Kirche und Konstantinische Wende

In der christlichen religiösen und teilweise verfolgten Minderheit war hauptsächlich die Hauskirche der Rahmen für die Einführung der Katechumenen. An der Wende zum dritten Jahrhundert machen größere Missionserfolge die systematische Einweisung der neuen Mitglieder notwendig. Die *Traditio Apostolica* des *Hippolyt von Rom* von 215 beschreibt ein aufwändiges, dreijähriges Katechumenat mit der Prüfung der moralischen Eignung, der Unterweisung in ausgewählte Bücher des Alten Testaments und der gestuften Einführung in die Eucharistie, sowie die nochmalige Prüfung der Lebensführung des Bewerbers vor der Taufe an Ostern. Mit den Massenbekehrungen verkürzte sich das Katechumenat bis hin auf den unmittelbaren Zeitraum vor der Taufe. Nach wie vor sind die hauptsächlichen Adressaten der Katechese Erwachsene; ihr Ort die christliche Gemeinde, besonders die Liturgie (vgl. Paul 1993, 38-114). Durch die Entwicklung von der religiösen Minderheit zur Reichskirche wurde die Erwachsenentaufe fast gänzlich durch die Kindertaufe ersetzt. Eine auf die Taufe gerichtete Katechese erübrigte sich somit. Teilweise waren die Paten die Adressaten der Katechese, von einer geregelten Form der Katechese kann man nicht mehr sprechen.

2.2 Reformation und Gegenreformation: die Erfindung des Katechismus

Im sog. christlichen Mittelalter hatten selbst die Kleriker nur wenig Kenntnis über den christlichen Glauben. Die katechetischen Formeln, wie etwa Listen von Geboten, Sünden oder Tugenden (vgl. Paul 1993, 198-214), illustrieren die mündliche Tradierung durch sprachliche Formen, die man leicht auswendig lernen und aufsagen konnte. Erst die reformatorische Bildungsoffensive führte auch in der katholischen Kirche zu einer systematischen und institutionalisierten Katechese, und zwar erstens durch den Katechismus, in dem zentrale Glaubensinhalte klar, konzentriert und lernbar verfügbar waren, zweitens durch die nach dem *Konzil von Trient* (1545-1563) propagierte katholische Christenlehre am Sonntag. *Martin Luthers Kleiner Katechismus* (1529) für die Hand des Hausvaters beinhaltet: Dekalog, Apostolisches Glaubensbekenntnis, Vaterunser, Sakramente (Taufe, Abendmahl), Gebete, Haustafeln, Beichtanleitung. Mit diesem neuen Buchtyp ist die Wende von der Gelegenheitskatechese zu einer systematischen Glaubensunterweisung angestoßen. Das *Konzil von Trient* gab einen Katechismus in Auftrag, der 1566 fertiggestellt war, den *Römischen Katechismus* für Kleriker. Bereits 1555 hatte der Jesuit *Petrus Canisius* seine *Summa Doctrinae Christianae* verfasst, Grundlage für spätere Bearbeitungen, die sich an gebildete Jugendliche richteten. Der *Catechismus Canisi* prägte Jahrhunderte lang die katholische Katechese. Mit dem Katechismus hatte man eine ‚Waffe' in der konfessionellen Auseinandersetzung und erstmals ein standardisiertes Lehrmittel für die Katechese, die in dem neuen Gefäß der Christenlehre stattfinden sollte (vgl. Paul 1993, 105-176). Festzuhalten ist, dass Katechismen *didaktische* Schriften sind, die für ein bestimmtes Publikum das Wesentliche des Glaubens zusammenfassen.

2.3 Von der Katechetik zur Religionspädagogik

Gegen Ende des 19. Jahrhunderts bietet sich ein neues Bild: Die allgemeine Schulpflicht mit staatlicher Schulaufsicht ist vielerorts eingeführt, Religionsunterricht ist ein Fach unter anderen; es wird von Priestern erteilt und selbstverständlich als kirchliche Katechese verstanden, geblieben ist der Katechismus. Doch dieser Unterricht ist in eine Krise geraten, zerrieben zwischen den neuen technologischen und gesellschaftlichen Entwicklungen und der Restauration des *Ersten Vaticanum*

(1869-1870). Von engagierten Katecheten in den Großstädten Wien und München aus entwickelt sich eine katechetische Reformbewegung, die dafür wirbt, die Katechese den Erkenntnissen von Psychologie und Pädagogik entsprechend kindgemäßer zu gestalten. Didaktischer Ertrag ist die *Münchener katechetische Methode*, eine auf den *Herbartschen* Formalstufen basierte Gliederung des Unterrichts, welche sinnvolle adressatenbezogene Lerneinheiten ermöglichen. Neue fachliche Foren des Austauschs entstehen: Katechetenvereine (1887 Münchener Katecheten-Verein, 1899 Wiener Katecheten-Verein), Fachzeitschriften (1875 Katechetische Blätter, 1878 Christlich-pädagogische Blätter) und überregionale Kurse (Salzburg, Luzern). 1902 erscheinen die ersten „Ausgeführten Katechesen" von *Heinrich Stieglitz* nach der neuen ‚psychologischen Methode' mit hohen Auflagen. *Anton Weber* veröffentlicht 1905 die Programmschrift „Die Münchener Katechetische Methode" (vgl. Wegenast 1983, 4-7). Aus heutiger Sicht sind die Unterrichtsvorschläge der damaligen Zeit immer noch sehr am Katechismus orientiert, die Konsequenzen dieses Reformprozesses sind jedoch kaum zu unterschätzen.

Joseph Göttler, Inhaber des 1911 errichteten Lehrstuhls für Pädagogik und Katechetik in München, verwendet 1913 im katholischen Bereich den Begriff ‚*Religionspädagogik*' in Abgrenzung zu dem gebräuchlicheren Ausdruck ‚*Katechetik*' und stellt damit heraus, dass Religionspädagogik *zwei* Bezugswissenschaften hat. Jede religionspädagogische Praxis hat sich nicht nur theologisch, sondern auch pädagogisch zu verantworten. Diese Wende hatte langfristig erhebliche Konsequenzen im Hinblick auf die wissenschaftliche Methodik des Fachs. Nicht nur die Psychologie und Pädagogik, sondern auch die empirischen Zugänge der Sozialwissenschaften werden bedeutsam. Heutige Katechetik ist zu verstehen als Theorie der Katechese und als ein Teilbereich der umfassenderen Religionspädagogik mit ihrer Pluralität der Bezugswissenschaften und Methoden.

2.4 Gemeindekatechese

Die Gemeindekatechese seit den 1970er Jahren bezeichnet einen Paradigmenwechsel, bei dem die Glaubenskommunikation enthierarchisiert wird. Katechese wird als ein Prozess gemeinsamen Lernens verstanden, der in der christlichen Gemeinde verankert ist und ihr dient. Wesentliche Voraussetzung dieser Entwicklung ist die nachkonziliare Gemeindetheologie mit der Aufwertung der Laien. Im Arbeitspapier „Das katechetische Wirken in der Kirche" der *Gemeinsamen Synode* heißt es: „Träger des katechetischen Dienstes sind nicht zuerst die Inhaber bestimmter Ämter, sondern die Gläubigen in ihrer Gesamtheit." (dies. 1977, 49) Im kritischen Rückblick kann man feststellen, dass den Gemeindemitgliedern oftmals mehr zugetraut worden ist, als sie selbst zu geben imstande und bereit waren. Dort, wo Gemeindekatechese erfolgreich umgesetzt wurde, hat sie sich gelegentlich als Herausforderung an das klerikale Amtsverständnis erwiesen. Ein gemeindekatechetisches Konzept erfordert eben auch ein nichtklerikales Konzept von Gemeindeleitung und -verantwortung (vgl. Jakobs 2010, 30-37). Das Mitspracherecht der Laien war begrenzt und letztes Endes von einem von oben gewährten Freiraum abhängig, der bei Umstrukturierungen oder Personalwechseln wieder verloren ging.

3 Potenzial

Die religiöse Pluralität – innerhalb und außerhalb der Kirche – und die abnehmende Akzeptanz kirchlicher Plausibilitäten sind herausfordernde Rahmenbedingungen für derzeitige und zukünftige Katechese. Die Soziologin *Grace Davie* identifiziert zwar eine immer noch große Zustimmung zu kirchlichen Manifestationen wie Kirchenräumen, Kirchenmusik oder Diakonie. Den kirchlichen Akteuren wird diesbezüglich immer noch einiges zugetraut, gleichzeitig wird das Religiöse an sie delegiert, sodass man von *Stellvertreterreligion* sprechen kann (vgl. dies. 2008, 135-157). Gleichzeitig ist eine Kirche, die heute mit Druck oder dem Pochen auf Verpflichtung argumentiert, chancenlos (vgl. ebd., 144), Freiwilligkeit und eine gewisse Konsumhaltung prägen die Ansprüche der Kirchenmitglieder. In katechetischen Situationen, insbesondere um die Initiationssakramente, werden Hauptamtliche und die Kerngemeinde in diesem Sinne als Stellvertreter wahrgenommen und treffen auf Menschen, deren kirchliche Identifikation wesentlich unverbindlicher ist. Hier zeigt sich die Kongruenz von gesellschaftlicher und innerkirchlicher Pluralität ganz deutlich. Innerkirchliche Pluralität stellt Katechese als Mittel von Gemeindebildung massiv in Frage und verlangt nach einem pastoralen, der jeweiligen Situation angepassten Gesamtkonzept, das die widerstrebenden Tendenzen von Individualisierung und Bedürfnis nach Vergemeinschaftung berücksichtigt.

Das Leitbild „*Katechese im Kulturwandel*" (DOK 2009) nennt weitere Herausforderungen für die Katechese: Ökumene, Inklusion von Menschen mit Behinderung, Migration und die damit verbundene Pluralität katholischer Kulturen, und schließlich den selbstverständlichen, aber immer wieder einzufordernden Bezug zur Lebenswelt.

Katechese als Handlungsraum der Kirche muss die sich wandelnden Rahmenbedingungen radikal ernst nehmen und akzeptieren. Zukunftsfähige Katechese braucht innovative, fantasievolle Ansätze und sorgfältige Planung. Sie muss prinzipiell ohne gesellschaftliche Unterstützung (etwa durch den konfessionellen Religionsunterricht) auskommen. Als kirchlicher Vollzug ist sie letztendlich abhängig von der kirchlichen Großwetterlage, insbesondere von der Glaubwürdigkeit der Institution Kirche und der Lokalkirche am Ort.

Literatur

Beyer, Hermann Wolfgang (1967), κατηχέω, in: ThWNT 3, 638-640 – Davie, Grace (³2008), Sociology of Religion, London u.a. – DOK (Deutschschweizerische Ordinarienkonferenz) (Hg.) (2009), Leitbild Katechese im Kulturwandel (www.kath.ch/dok/pdf/sbk_dok_leitbild_katechese_bericht.pdf [02.06.2014]) – Emeis, Dieter / Schmitt, Karl Heinz (1986), Handbuch der Gemeindeskatechese, Freiburg/Br. u.a. – Gemeinsame Synode der Bistümer in der Bundesrepublik Deutschland (1976), Beschluß: Der Religionsunterricht in der Schule, in: Bertsch, Ludwig u.a. (Hg.), Gemeinsame Synode der Bistümer in der Bundesrepublik Deutschland. Beschlüsse der Vollversammlung. Offizielle Gesamtausgabe I, Freiburg/Br. u.a., 123-152 – Gemeinsame Synode der Bistümer in der Bundesrepublik Deutschland (1977), Arbeitspapier: Das katechetische Wirken der Kirche, in: Bertsch, Ludwig u.a. (Hg.), Gemeinsame Synode der Bistümer in der Bundesrepublik Deutschland. Ergänzungsband: Arbeitspapiere der Sachkommissionen. Offizielle Gesamtausgabe II, Freiburg/Br. u.a., 37-97 – Jakobs, Monika (2010), Neue Wege der Katechese, München – Nastainczyk, Wolfgang (2001), Katechese, Katechetik (Katholisch), in: LexRP, 961-966 – Paul, Eugen (1993/1995), Geschichte der christlichen Erziehung, 1. Antike und Mittelalter, 2. Barock und Aufklärung, Freiburg/Br. u.a. – Wegenast, Klaus (Hg.) (1983), Religionspädagogik, 2. Der katholische Weg, Darmstadt

D4 – Kerygma(tik)

Wolfgang Pauly

1 Profil

1.1 Wort und Bedeutung

Das Profil des Begriffs ‚Kerygma' ist oft unscharf. Bezeichnet wird damit einerseits ein „Spezifikum christlicher Verkündigung". Andererseits führt die „Verwirrung dieses Sprachgebrauchs" in der Theologie häufig dazu, dass „nicht wenige Theologen die beinahe undurchschaubare Vielfalt dieses Schlagwortes mit seinen verborgenen Implikationen peinlich meiden" (Rahner/Lehmann 1963, 623).

Im Neuen Testament finden sich für das Substantiv ‚Kerygma' (griech. κήρυγμα) acht Belegstellen: (Mt 12,41 par.; Röm 16,25; 1 Kor 1,21; 2,4; 15,14; Tit 1,3; 2 Tim 4,17). Mit etwa 60 Stellen ist das Verbum ‚kerysso' (κηρύσσω) wesentlich häufiger belegt. ‚Kerygma' bezeichnet den *Vorgang* der Verkündigung, den *Inhalt* der Verkündigung und die *Aufgabe* des Verkündigers. Der häufige Gebrauch des Verbums macht den performativen Charakter deutlich: Es wird nicht eine neutrale Information vermittelt, sondern durch die Verkündigung ereignet sich deren Inhalt selbst. Kerygma wird so zur Vergegenwärtigung. Inhalt ist die jesuanische Botschaft vom Reich Gottes und die Botschaft vom verkündigten Jesus Christus, durch dessen Wort, Tat und Person dieses Gottesreich erfahrbar wurde. Als performativer Akt zielt ,kerysso' auf eine Veränderung der Bewertungs- und Deutekategorien. Die damit angesprochene Umkehr hat ethische Konsequenzen im zwischenmenschlichen Bereich und auch auf der Ebene der Politik und Weltgestaltung. Orte des Kerygmas sind in den Kirchen der Reformation die Wortverkündigung, besonders in der Predigt, und in der katholischen Tradition zusätzlich die Sakramente. Im Wort und im sakramentalen Geschehen vollzieht sich zugleich der Inhalt des Kerygmas und wird so immer neu erfahrbar. Alle christlichen Gemeinschaften verbindet ein Verständnis von Verkündigung, deren Relevanz sich auch im Handeln am Nächsten und Fernsten zeigt.

Kerygmatik als kritische Reflexion über das Kerygma erinnert reflexiv an die vielfältigen Formen der Verkündigung in der Vergangenheit und befragt diese nach Chancen und Grenzen für ein gelingendes Leben in der Gegenwart. Zugleich sucht sie im Kontakt mit Human- und Sozialwissenschaften nach Möglichkeiten, die eigene Botschaft im Kontext einer postmodernen Pluralität in der Zukunft verantwortungsvoll zur Sprache zu bringen.

1.2 Anthropologische Grundlegung

Von Kerygma kann nicht gesprochen werden, ohne den Adressaten dieser Verkündigung im Blick zu haben. Zu oft wurde in der Vergangenheit der kerygmatische Prozess verstanden als Vermittlung feststehender Antworten auf grundlegende Fragen der Menschen – meist ohne diese Fragen ihrerseits zu eruieren. Die Homogenität der Mitglieder der Glaubensgemeinschaften ist in der Moderne aufgesprengt. Die Pluralität der Adressaten erfordert deswegen differenzierte und situationsbezogene Angebote der Verkündigung. Ebenso sind an die Stelle von festgefügten Institutionen in einer ausdifferenzierten Gesellschaft Gemeinschaften getreten, die zunehmend die Notwendigkeit der Reform ihrer institutionellen Formen und der inhaltlichen Plausibilitätsstrukturen erkennen (sollten). Die Identität der Mitglieder orientiert sich kaum noch an festen Vorgaben, die unreflektiert umgesetzt werden. Identität und Persönlichkeit werden vielmehr als ein lebenslanger Entwicklungsprozess verstanden, bei dem Vorgaben zwar Hilfestellung und Orientierung anbieten können, deren Kohärenz sich aber erst im eigenen verantwortungsvollen Lebensprozess und im Dialog mit Anderen erweisen kann. Wenn somit das christliche Kerygma auch unter diesen Bedingungen der Gegenwart verantwortungsvoll Wirklichkeitserschließung und -deutung anbieten und wenn es zur Veränderung des Selbst- und Weltverständnisses beitragen möchte, dann sind auch die jeweils aktuellen empirischen Analysen der Sozialwissenschaften in die Frage mit einzubeziehen, wie die Botschaft vom Reich Gottes als Heilsbotschaft erfahren werden kann. Die Pluralität von Sinnangeboten und Deutungskategorien sollte dazu führen, nicht von ‚religiöser Weltdeutung' oder von ‚religiöser Erfahrung' zu sprechen. Da Menschen auch ohne den Kontext tradierter Religionen immer schon ihre Welt erfahren und deuten, wäre die Rede von ‚religiös deutbarer Welterschließung' und ‚religiös deutbarer Erfahrung' angemessener.

1.3 Kerygma und Dogma

Das spannungsreiche Verhältnis der Verkündigung zu ihrer Versprachlichung im kirchlichen Dogma zeigt sich in der ganzen Theologiegeschichte. *Karl Barth* und *Rudolf Bultmann* machten bei der Wortverkündigung in der Predigt die Erfahrung, dass das reine Wiederholen von biblischen Geschichten oder dogmatischen Lehrsätzen den Lebenshorizont ihrer Hörer nicht erreichte. Die aus dieser Erfahrung insbesondere von *Bultmann* entwickelte ‚kerygmatische Theologie' möchte das Geschehen der Verkündigung selbst zum Ort und zum Modus ihrer Verifikation machen. Öffnet sich der Hörer der Botschaft und erfährt er diese als ‚euangelion' (εὐαγγέλιον), als befreiende Frohbotschaft, dann zeigt sich in dem entsprechenden existenziellen Glaubensvollzug deren Wahrheit. Kein historisches Faktum aus dem Leben Jesu, keines seiner Worte und auch keine überlieferte Wundererzählung liefern als solche einen Glaubensgrund (vgl. Pauly 2013). Grundstrukturen und Grundfragen des Menschen können sich allerdings in den biblischen Texten spiegeln. Der Aufweis der Gemeinsamkeiten genügt allerdings nicht. Es bedarf nach dem jesuanischen Aufruf zur Umkehr des existenziellen Nachvollzuges. In diesem Kontext wird *Bultmanns* viel zitierter Satz verständlich, dass Jesus „ins Kerygma auferstanden" (ders. 1965, 27) sei: Die Bewahrheitung der christlichen Botschaft zeigt sich in der Praxis, im Lebensvollzug der Gläubigen.

Sowohl innerhalb der evangelischen als auch der katholischen Theologie regte sich Widerstand, die Wahrheit des Kerygmas nur im existenziellen Glaubensvollzug zu erweisen. Das „wirklich gelebte irdische Leben und die einmalige Geschichte dieses Jesus von Nazareth selbst" (Rahner/Lehmann 1963, 625) sollten Inhalt und Grund des Glaubensvollzugs bleiben. Die Suche nach einer Begründung des Glaubens außerhalb desselben bleibt allerdings ebenso problematisch wie die Suche nach Gründen der Liebe außerhalb ihrer selbst. Insofern gilt: „Erst das Ausrufen des Jesus-Geschehens macht es zum Christus-Geschehen, zum Heilsgeschehen, und zwar jetzt." (Bitter/Blum 2001, 997) Gegenüber diesem Verständnis von Kerygma als lebendigem Glaubensvollzug ist dann umgekehrt das Dogma zu befragen, ob sich in ihm die Glaubenserfahrung von Menschen in Geschichte und Gegenwart widerspiegelt, ob es neue Glaubenserfahrung ermöglich oder ob es eine geschichts- und erfahrungslose Lehre, ein wohl durchdachtes aber eben doch theoretisches Konstrukt ist.

2 Rezeption

2.1 Problematisches Verhältnis: Religionsunterricht und Verkündigung

Kerygma als die Glaubenswirklichkeit konstituierendes Geschehen vollzieht sich an vielfältigen Orten. Neben der Katechese geschieht dies auf den zahlreichen weiteren Feldern der Religionspädagogik. Eine Sonderbetrachtung verdient der Religionsunterricht an öffentlichen Schulen.

Als Widerstand gegen den Nationalsozialismus, aber auch als Reaktion auf die Orientierungslosigkeit nach der Katastrophe des Zweiten Weltkrieges, entwickelte die evangelische Religionspädagogik das Modell der *Evangelischen Unterweisung* (vgl. Kropač 2010). *Gerhard Bohne, Martin Rang* und *Helmut Kittel* forderten mit starker Unterstützung ihrer Landeskirchen ein Modell schulischen Religionsunterrichts, das sich stark auf die kerygmatische Theologie berief. Die Vermittlung zentraler Inhalte des Glaubens stand im Vordergrund und nicht die Frage der Methoden oder der entwicklungspsychologische Status der Schüler/innen. *Bultmann* widersprach heftig diesem Plan, die Grenzen zwischen schulischem Religionsunterricht und Gemeindekatechese zu verwischen. Schulischer Religionsunterricht habe das Wesen der christlichen Religion und den Sinn des christlichen Glaubens deutlich zu machen und nicht zuletzt eine Sensibilität für die Fragen der Schüler/innen zu entwickeln (vgl. Heumann 2011). Dies kann zwar zu einer späteren Glaubensentscheidung der Schüler/innen führen. Die primären Orte der Verkündigung aber mit all ihren existenziellen Folgen sind Gemeinde und Familie.

Zeitgleich mit der Evangelischen Unterweisung entstand auf katholischer Seite das Modell einer *materialkerygmatischen Glaubensunterweisung*. Unter Rückgriff auf *Hugo Rahners* Ansatz, nach dem jede Theologie Verkündigung sei, und unterstützt durch die Arbeiten von *Josef Andreas Jungmann* entwickelten besonders *Franz-Xaver Arnold* und *Klemens Tilmann* ein Konzept, das schulischen Religionsunterricht letztlich als kirchliche Katechese versteht. Dieser „sollte den kirchlichen Taufunterricht vertiefen und in das kirchliche Leben, auch in Gebet und Kirchengesang einführen. Schülerinnen und Schüler sollten hier gelebte Gemeinde erfahren. Ein solcher Unterricht war also seinem Wesen nach *Kirche in der Schule*." (Kropač 2010, 46; vgl. a. Mendl 2011, 52f.) Der Inhalt der schulischen Verkündigung konzentrierte sich dabei auf die Christologie (vgl. Englert 2001). Umgesetzt wurde dieses Konzept einerseits in dem von den deutschen Bischöfen herausgegebenen und hauptsächlich von *Tilmann* und *Franz Schreibmayr* verfassten *Katholischen Katechismus der Bistümer Deutschlands* (1955). Andererseits findet es sich wieder in dem 1967 erschienenen *Rahmenplan für Glaubensunterweisung in den Schuljahren 1-10*. Wenn sich in der materialkerygmatischen Glaubensunterweisung auch erste Ansätze zeigen, „das Verhältnis zwischen Stoff und Subjekt zugunsten des Letzteren neu zu vermessen" (Kropač 2010, 47), so gilt es doch zu bedenken: „Die lange Phase einer schulischen Katechese, in der das Memorieren von Katechismusfragen und -antworten dominierte, muss man in mentalitätsbedingter Hinsicht als verheerend für die Reputation des Faches bezeichnen" (Mendl 2011, 53).

2.2 Aktuelle Verhältnisbestimmungen: Religionsunterricht und Verkündigung

In der jüngsten Vergangenheit belebte *Hans Mendl* die Diskussion um einen kerygmatisch ausgerichteten Religionsunterricht neu. Seine These sagt, dass „die Schule die kirchliche Gemeinde als wichtigsten Ort religiöser Kommunikation abgelöst hat." (ders. 2008, 18) Auf eigene Erfahrungen religiöser Praxis oder kirchlicher Beheimatung können Schüler/innen kaum zurückgreifen: „Wenn aber Religionsunterricht mehr ist als ‚nur' Religionskunde, dann reicht ein Unterricht ‚über' Religion nicht aus, sondern es muss auch ein Unterricht ‚in' Religion und ‚von Religion aus' erfolgen." (ebd., 26) *Mendls* Konzept eines ‚performativen Religionsunterrichts' möchte die „Deute-Kompetenz" um eine „Partizipationskompetenz" erweitern (ebd., 30). Unter dem Motto „Gott und das Leben feiern" (ebd., 161ff.) sollen zum Beispiel Gebet, Meditation und liturgische Handlungen inszeniert werden, da diese nur durch praktischen Vollzug in ihrem Wesen erkannt werden können. Dabei geht es um „ernsthafte, aber unverbindliche Tastversuche" (ebd., 71).

Früh regte sich Kritik an einem so verstandenen ‚performativen Religionsunterricht'. Insbesondere *Monika Jakobs* (2007) ruft den speziellen Lernort Schule in Erinnerung: „Religion ist im Religionsunterricht in erster Linie Thema und nicht Vollzug" (ebd., 44). Wie die Schule nicht alle Desiderate der Gesellschaft beheben kann, so wenig kann der Religionsunterricht die in der Breite nicht mehr funktionierende Glaubensweitergabe in Familie und Gemeinde ersetzen. Rollenkonflikte der Lehrpersonen, Versetzungsrelevanz der Zeugnisnote, Finanzierung der Schule durch den Staat sind Beispiele für die Grenzen eines performativen Ansatzes in der Schule. Dies schließt nicht aus, dass Elemente wie Stille- und Konzentrationsübungen, Kirchenraumpädagogik und Sensibilisierung der Sinneserfahrung auch hier altersgemäß eingeübt werden können.

3 Potenzial

Verkündigung als Auftrag und Grundvollzug christlichen Lebens kann nur gelingen, wenn dahinter die Grunderfahrung der Verkündigenden steht, dass Leben und Werk Jesu Christi analog der Rede vom ‚Reich Gottes' auch gegenwärtig heilsame Erfahrung erschließen können. Erfahrung ist dabei immer konkret und bedarf der Sensibilisierung und Einübung sowie innerer und äußerer Räume, die dies ermöglichen. Erfahrung wird kommunikativ erschlossen und wird gemeinschaftlich gedeutet. Insofern ist der Ort der Verkündigung die Glaubensgemeinschaft in Pfarrei, Familie und Gruppen, die sich der jesuanischen Botschaft verpflichtet wissen. Schule als Ort der Wissensvermittlung und der Deutung fremder und eigener Erfahrung (vgl. Literatur-Unterricht) ermöglicht zwar auch Erfahrungen. Schüler/innen fühlen sich angenommen oder missverstanden, sie erleben Solidarität oder Ausgrenzung. Schule ist aber nicht primär der Ort, an dem religiös deutbare Erfahrungen gemacht werden. Schule kann pastorale Defizite so wenig ausgleichen wie auch andere gesellschaftliche Desiderate. So wichtig es ist, im Unterricht zum Beispiel über Freundschaft und Liebe zu sprechen, so können diese Vollzüge hier weder eingeübt noch inszeniert werden. Analog gilt dies auch für alle Erfahrungen, die im Kontext der Tradition religiös gedeutet werden können.

Literatur

Bartholomäus, Wolfgang (1983), Einführung in die Religionspädagogik, Darmstadt – Bitter, Gottfried / Blum, Dominik (2001), Kerygmatik, in: LexRP, 996-998 – Bultmann, Rudolf (1965) Das Verhältnis der urchristlichen Christusbotschaft zum historischen Jesus, Heidelberg – Englert, Rudolf (2001), Materialkerygmatik, materialkerygmatische Bewegung, Erneuerung, in: LexRP, 1297-1303 – Heumann, Jürgen (2011), Nach Existenz fragen lernen. Die Religionspädagogik unter dem Einfluss der existentialen Interpretation, in: Theo-Web 10 (2/2011) 367-381 – Jakobs, Monika (2007), Zur religionsdidaktisch-schulpädagogischen Orientierung des Religionsunterrichts, in: RpB 58/2007, 41-52 – Kropač, Ulrich (⁶2010), Die materialkerygmatische Konzeption: Religionsunterricht als Glaubensunterweisung, in: Hilger, Georg / Leimgruber, Stephan / Ziebertz, Hans-Georg, Religionsdidaktik. Ein Leitfaden für Studium, Ausbildung und Beruf, München, 45-47 – Mendl, Hans (2008), Religion erleben. Ein Arbeitsbuch für den Religionsunterricht, München – Ders. (2011), Religionsdidaktik kompakt. Für Studium, Prüfung und Beruf, München – Pauly, Wolfgang (2013), Der befreite Jesus, Oberursel – Rahner, Karl (1977), Grundkurs des Glaubens, Freiburg/Br. u.a. – Ders. / Lehmann, Karl (1963), Kerygma und Dogma, in: Feiner, Johannes / Löhrer, Magnus (Hg.), Mysterium Salutis. Grundriß heilsgeschichtlicher Dogmatik 1, Einsiedeln u.a., 622-707

D5 – Evangelisierung

Thomas Schreijäck

1 Profil

Die Begriffe ‚Evangelisierung', ‚Evangelisation' und ‚Mission' werden in der Geschichte und Tradition von Theologie und Kirche(n) häufig synonym verwendet. Das jeweils damit verbundene Verständnis gründet in der Proklamation des anbrechenden Gottesreiches durch das Leben und Werk Jesu, im damit verbundenen Aufruf zur Buße und Umkehr (Mk 1,15) sowie in den sog. Missionsbefehlen (Mt 28,18-20; Lk 24,44-49; Joh 20,21-22; Apg 1,8) – zunächst an die Zwölf, dann aber an alle Getauften gerichtet – und enthält sowohl das Moment der Seelenrettung (individuell und kollektiv) und des Bekehrungsauftrags als auch des Erlösungsmonopols und die Beauftragung zur Taufe. Während ‚Evangelisation' in der Literatur meist der evangelischen Theologie und Kirchenpraxis zugeordnet wird, erscheint ‚Evangelisierung' eher im katholischen Selbstverständnis der missionarischen Sendung der Kirche (vgl. Drehsen 1988, 324; Rzepkowski 1992). Es wird bisweilen jedoch auch zwischen den verschiedenen Aktivitäten einerseits (‚Evangelisation') und dem Prozess sowie dem Ausmaß der Ausbreitung des Evangeliums andererseits (‚Evangelisierung') unterschieden (vgl. Bosch 1987, 102). Erst spät kann sich die inzwischen beiden Kirchen gemeinsame Überzeugung durchsetzen, dass die eschatologische Botschaft vom Gottesreich, Gottes Heilsplan mit den Menschen und der ganzen Schöpfung, als universale Sendung in der konkreten Geschichte zu verankern ist. Für die Mission der Kirche ist damit eine doppelte Perspektive eröffnet, nämlich (noch) nicht Christianisierte (‚Erstevangelisierung') und inzwischen Distanzierte (‚Re-' bzw. ‚Neu-Evangelisierung') anzusprechen.

Ab der Mitte des 20. Jahrhunderts setzt sich ein neues Verständnis von Evangelisierung durch, das sowohl außer- als auch innerkirchlichen Gründen geschuldet ist. Mit der politischen Neuordnung der Welt nach 1945 und dem Ende des Kolonialismus korrespondieren kirchliche Aufbrüche: die Gründung des *Ökumenischen Rates der Kirchen* (1948) und das *Zweite Vatikanische Konzil* (1962-1965). Die Selbstverpflichtung der Kirche im *II. Vaticanum*, die „Zeichen der Zeit [...] im Licht des Evangeliums [zu erkennen und] zu deuten" (GS 4), führte zu einem grundlegenden Perspektivenwechsel. Besonders in der *Dogmatischen Konstitution über die Kirche* (LG) und in der *Pastoralkonstitution über die Kirche in der Welt von heute* (GS) sowie in den *Dekreten über die missionarische Tätigkeit der Kirche* (AG), *über das Verhältnis zu den nichtchristlichen Religionen* (NA) und *über die*

Religionsfreiheit (DH) wird der kirchliche Sendungsauftrag als Angebot und dialogisches Geschehen ohne Proselytismus und Zwang zur Konversion verstanden. Die Kirche verstand sich fortan als pilgernde Gemeinschaft, als Kirche auf dem Weg, die ihre heilbringende Botschaft allen Menschen anbietet (vgl. Koch 2013, 358).

Zum Durchbruch des Konzilsanliegens verhalf entscheidend das Apostolische Schreiben *Evangelii nuntiandi – über die Evangelisierung in der Welt von heute* (EN), das Papst *Paul VI.* 1975 im Anschluss an die dritte römische Bischofssynode (1974) anlässlich des zehnjährigen Gedenkens an den Abschluss des *II. Vaticanum* veröffentlichte. Mit Nachdruck unterstreicht er einleitend seine zentrale Intention, den modernen Menschen zum Ausgangspunkt und Adressaten der Evangelisierung zu bestimmen und dafür angemessene Methoden zu suchen (vgl. EN 3). Durch diesen Perspektivenwechsel sollte die traditionelle Trennung zwischen Evangelium und Kultur bzw. zwischen Glaube und Kultur überwunden werden.

Evangelisierung sollte authentisch, lebendig, ganzheitlich, gewaltfrei und befreiend ausgerichtet sein und sich der Religionsfreiheit im vollen Umfang verpflichtet wissen (vgl. EN 29-39). Ihre weltkirchliche Dimension hat sie in der Wertschätzung der verschiedenen Religionen und Kulturen sowie im Einsatz für Gerechtigkeit und Menschenwürde auf der Grundlage der durch Jesus „in Menschengestalt erschienenen Barmherzigkeit Gottes, [...], die frei und lebendig machen will" (Moreno 1996, 800). Evangelisierung bedarf der tätigen Haltung, der Option für die Armen, die zugleich die Evangelisierung *durch* die Armen meint. Die kontextuellen, befreiungstheologischen Ansätze (vgl. Ellacuría/Sobrino 1995/1996) und die Impulse der gesamtlateinamerikanischen Bischofsversammlungen (CELAM) von Medellín/Kolumbien (1968) bis Aparecida/Brasilien (2007) tragen entscheidend zum neuen Evangelisierungsverständnis bei. Integrale befreiende Evangelisierung umfasst gleichermaßen die irdische (personale und gesellschaftliche) wie die transzendente Dimension des Menschen. Die kontextgerechte Erschließung einer authentisch-christlichen Evangelisierungspraxis ist mit der induktiven Methode ‚Sehen – Urteilen – Handeln' verknüpft (vgl. Schreijäck 1995), die bereits den Aufbau der *Pastoralkonstitution* (GS) prägt. „Evangelisieren heißt die Wirklichkeit derart verändern, daß der Andere ein Leben führen kann, das ihm als Mensch und Kind Gottes zusteht" (Moreno 1996, 800), und „wahrhaftig ‚eine gute Nachricht' für die Gekreuzigten unserer Geschichte zu sein" (ebd., 807).

Die neuere missionswissenschaftliche Relecture erkennt in der Gegenüberstellung einer gottlosen Welt und einer Kirche ohne Weltbezug, die sich jedoch als lehrhafte Institution versteht, eine noch immer instruktionstheoretische Ausrichtung in EN (vgl. Bünker 2004, 440f.), der auch die Enzyklika *Redemptoris Missio* (RM) von Papst *Johannes Paul II.* aus dem Jahr 1990 verhaftet bleibt. Zwar werden angesichts der neuen politischen Weltordnung nach dem Fall der Berliner Mauer im Geist von EN die *neuen Subjekte und Ziele* für das missionarische Wirken benannt (vgl. RM 48f.), doch bleibt der Paradigmenwechsel zu einer wirklichen Kontextualisierung aus, der angesichts der Betonung des inkarnatorischen Charakters (erstmals 1979 in *Catechesi Tradendae*) notwendig ist. Bedeutsam für das Verständnis von Inkulturation ist die Öffnung und Bereitschaft zum inter-disziplinären (kultur-, sozial- und humanwissenschaftlichen) sowie interreligiösen und interkulturellen Dialog.

2 Rezeption

In den nachvatikanischen Orts- und Zeitbestimmungen zur Religionspädagogik lassen sich Impulse des Evangelisierungsdiskurses sowohl in den evangelischen als auch in den katholischen Ansätzen ausmachen, die sich trotz unterschiedlicher Schwerpunktsetzungen als gemeinsame Quellen zuerst auf das Evangelium Jesu Christi und in zweiter Linie auf das Apostolische Schreiben *Evangelii Nuntiandi* beziehen (vgl. Schulz 2001, 530). Hinzu kommt der Einfluss der Konzilstexte, die den Dualismus von Kirche und Welt sowie von Glaube und Politik überwin-den, indem das Evangelium vorrangig in der Handlungsperspektive verstanden wird (vgl. Lk 10,25-37). Deshalb setzt eine wirksame und glaubwürdige Evange-lisierung – wie auch das Glauben-Lehren und -Lernen – immer beim konkreten Menschen, in konkreten Situationen, Orten und Lebenswelten an.

Die Beschlüsse der *Würzburger Synode* (1971-1975) heben für die nachkonziliare Situation der Kirche in Deutschland, die sich nun immer auch als Teil der katho-lischen Weltkirche versteht, vor allem im Grundsatzdokument *Unsere Hoffnung* diese Perspektive hervor. „Eine hinsehende und selbstkritische, erneuerungswil-lige Kirche müsse sich immer wieder auf das Zeugnis lebendiger Hoffnung in der Nachfolge Jesu verpflichten, und ihr Zeugnis der Hoffnung könne sie nur in dieser Welt glaubwürdig ablegen. Auch wenn diese immer weniger religiös geprägt sei, wolle sie nicht Gefahr laufen, sich selbstgenügsam vor dieser Welt zu verschlie-ßen. Ihre lebendige Erneuerung könne nicht von außen verordnet, sondern müsse von innen heraus vollzogen werden und sie bedürfe der gemeinsamen und viel-stimmigen Artikulation" (Schreijäck 2012, 419). Das Festhalten an der Einheit von Leben und Glauben bzw. ihre notwendig wechselseitige Durchdringung im Evangelisierungsprozess führte zur Kooperation der Religionspädagogik mit den human- und sozialwissenschaftlichen Bezugswissenschaften und fand im Konzept der Korrelationsdidaktik ihren Niederschlag. „Ziel des korrelationsdidaktisch fun-dierten katholischen Religionsunterrichts war somit nicht nur die Hinführung zur christlichen Überlieferung, sondern auch die bewusste Erschließung der religi-ösen Tiefendimension des Lebens im Blick auf Identitätsfindung und subjektiven Bildungsprozess junger Menschen" (Hemel 2001, 1726).

Die durch die sog. anthropologische Wende angestoßenen bzw. im Kontext einer nachkerygmatischen Religionspädagogik konzipierten religionsdidaktischen Ansätze sind als Versuche zu verstehen, das Postulat der personalen Mündigkeit im Hinblick auf Glaube und Religion ins Recht zu setzen, das vom Subjektsein des Menschen vor dem Angesicht aller Menschen und vor Gott ausgeht und Evangelisieren angesichts der Herausforderungen von Geschichte und Gesellschaft vor das Sakramentalisieren setzt, ohne damit einem einseitigen Individualismus oder Subjektivismus Vorschub leisten zu wollen (vgl. Bitter 1995). Der Glaube bzw. das Glauben-Lernen „ist so gesehen nicht länger ein apartes Wissen über Geheimnisse, die Gott in seiner Offenbarung mitgeteilt hat, sondern ein das ganze Leben umgreifendes heilendes und befreiendes Widerfahrnis, über das der Mensch nicht verfügen kann, sondern das ihm als Geschenk zuteil wird. Religiöse Erziehung und Bildung stehen somit in einem konstitutiven Zusammenhang zur Subjektwerdung und zur menschlichen Gesamtpraxis" (Mette 1994, 244).

Angesichts der aktuellen gesellschaftlichen und kulturellen Veränderungsprozesse und der im Horizont der Globalisierung ausgelösten Transformationen in politischen, ökonomischen und sozialen Kontexten sind über interdisziplinäre Kompetenzen hinaus heute verstärkt (inter-)religiöse und (inter-)kulturelle Kompetenzen notwendig, um friedliche Konvivenz zwischen religiösen und kulturellen Gemeinschaften zu ermöglichen, die von gegenseitigem Respekt, Toleranz und Anerkennung getragen ist. Es gehört zum Evangelisierungsauftrag, soziopolitische, -ökonomische und -kulturelle Analysen sorgfältig durchzuführen, um religiöse Bildungsprozesse adressatengerecht zu initiieren und zu begleiten, und die genannten Kompetenzen immer wieder zu fördern, wobei die zentralen Optionen des Konziliaren Prozesses – Frieden, Gerechtigkeit, Solidarität und Bewahrung der Schöpfung – leitend sind. Nicht zuletzt gilt es, die rasanten Veränderungen im Bereich der Kommunikation durch die neuen Medien angemessen in den Blick zu nehmen und für neue Formen der Evangelisierung und Glaubenskommunikation zu berücksichtigen. Dies trifft umso mehr zu, wenn mit dem Evangelisierungsparadigma das Postulat der Ganzheitlichkeit und die ökumenische, interreligiöse und interkulturelle Dimension mit veranschlagt werden.

3 Potenzial

Eine Volk-Gottes-Theologie und -Ekklesiologie nimmt den Prozess der volkskirchlichen Erosion und die damit verbundene innerkirchliche Segmentierung einerseits und gesellschaftliche Säkularisierungsprozesse andererseits ernst. Sie deutet Säkularität nicht als Bedrohung, sondern als Ort der Evangelisierung. Voraussetzung ist der pastorale Paradigmenwechsel vom ontologischen Vorrang der Universalkirche und einer flächendeckenden Sakramentenversorgung zur Priorität einer Evangelisierung, die „die Präexistenz der Kirche im Heilsplan Gottes als Ziel (Telos) von Schöpfung und Heilsgeschichte" (Suess 2013, 155) erkennt. Im universalen Horizont des Evangelisierungsparadigmas stehen religions- und kulturübergreifende Aufgaben, die im Dienst der Solidarität mit den Schwächeren, des Einsatzes für den Weltfrieden und der Verantwortung für den Planeten Erde als Lebensraum heutiger und nachkommender Generationen stehen und sich als soziales Weltprojekt ohne Ausschluss verstehen. Die Inkulturation des Evangeliums i.S. eines umfassenden Dialog- und Verständigungsprojekts soll Türen in eine Welt aufstoßen, in der der oder das Andere und Fremde einander nahe kommen können, ohne die jeweilige Identität und Autonomie zu verlieren (vgl. ders. 2004, 388f.). Dieses Selbstverständnis von Einheit in der Vielheit hat seine vitalen Quellen in der geschwisterlichen Zuwendung, der Solidarität und Partizipation.

Nicht Re-Evangelisierung, sondern Neu-Evangelisierung ist deshalb das zentrale Anliegen des Apostolischen Schreibens *Evangelii Gaudium* (EG) von Papst *Franziskus* aus dem Jahr 2013, das er zur Erinnerung an das vor beinahe vierzig Jahren entstandene Dokument *Evangelii Nuntiandi* und zugleich als dessen Aktualisierung für den Evangelisierungsauftrag heute veröffentlicht hat. Alle gesellschaftlichen und kirchlichen Akteure sollen zusammenzuwirken und sich an die *Ränder* aufmachen, um dort den *neuen* Subjekten und Adressaten der Evangelisierung (den zu menschlichem „Müll" Degradierten, EG 53) zu begegnen und sich verbeulen, verletzen und beschmutzen zu lassen, doch dabei lebendig und nicht aufgrund von Verschlossenheit und Bequemlichkeit krank zu sein (vgl. EG 49). Seine Vision einer *Globalisierung der Gerechtigkeit* gründet im Habitus der jesuanischen Barmherzigkeit, der „größte[n] aller Tugenden" (EG 37). Pastorale Neuausrichtung heißt Umkehr zu Geduld, Dienstbereitschaft und Engagement, nicht monologisch, sondern in pfingstlicher Vielfalt der Kulturen, hin zu einem globalen „Zustand permanenter Mission" (EG 25).

Literatur

Bitter, Gottfried (1995), Ansätze zu einer Didaktik des Glauben-Lernens – Versuch einer religionspädagogischen Selbstaufklärung, in: Ziebertz, Hans Georg / Simon, Werner (Hg.), Bilanz der Religionspädagogik, Düsseldorf, 276-290 – Bosch, David J. (1987), Evangelisation, Evangelisierung, in: Müller, Karl / Sundermeier, Theo (Hg.), Lexikon missionstheologischer Grundbegriffe, Berlin, 102-105 – Bünker, Arnd (2004), Missionarisch Kirche sein? Eine missionswissenschaftliche Analyse von Konzepten zur Sendung der Kirche in Deutschland, Münster – Drehsen, Volker (1988), Evangelisation, Volksmission, in: ders. u.a. (Hg.), Wörterbuch des Christentums, Düsseldorf, 324-325 – Ellacuría, Ignacio / Sobrino, Jon (Hg.) (1995/1996), Mysterium Liberationis. Grundbegriffe der Theologie der Befreiung, 2 Bde., Luzern – Hemel, Ulrich (2001), Religionspädagogik, in: LexRP, 1716-1728 – Koch, Kurt (2013), Evangelisierung aus der „quellhaften" Liebe heraus, in: Delgado, Mariano / Sievernich, Michael (Hg.), Die großen Metaphern des Zweiten Vatikanischen Konzils, Freiburg/Br., 355-372 – Mette, Norbert (1994), Religionspädagogik, Düsseldorf

– Moreno, Juan Ramón (1996), Evangelisierung, in: Ellacuría / Sobrino1996, 789-808 – Rzepkowski, Horst (1992), Evangelisierung, in: ders., Lexikon der Mission. Geschichte, Theologie, Ethnologie, Graz u.a., 148f. – Schreijäck, Thomas (1995), Religionspädagogik im Kontext befreiungstheologischer Ansätze, in: Ziebertz, Hans-Georg / Simon, Werner (Hg.), Bilanz der Religionspädagogik, Düsseldorf, 222-242 – Schreijäck, Thomas (2012), Das eine Zeugnis und die vielen Zeugen. „Theologie interkulturell" als weltkirchliche Artikulation „Unsere(r) Hoffnung", in: ders. u.a. (Hg.), Horizont Weltkirche. Erfahrungen – Themen – Optionen und Perspektiven, Ostfildern – Schulz, Ehrenfried (2001), Evangelisierung, Evangelisation, in: LexRP, 529-532 – Suess, Paulo (2004), Inkulturation und Dialog. Nachlese und Horizont eines unbequemen Paradigmas, in: Schreijäck, Thomas (Hg.), Werkstatt Zukunft. Bildung und Theologie im Horizont eschatologisch bestimmter Wirklichkeit, Freiburg/Br. u.a., 375-391 – Suess, Paulo (2013), Und sie bewegt sich doch! Wegmarken pastoraler Praxis in Theologie und Kirche Lateinamerikas, Ostfildern

D6 – Diakonie

Martina Blasberg-Kuhnke

1 Profil

1.1 Diakonie als Kern der Bestimmung christlicher Praxis

‚Diakonie' im Kanon der Strukturbegriffe der Religionspädagogik zu verorten, stellt keine Selbstverständlichkeit dar. *Hans-Günter Heimbrock* hat völlig recht, wenn er lakonisch feststellt: „Jeder Kenner der Religionspädagogik des 20. Jahrhunderts wird zugeben müssen, dass diakonische Problemstellungen nicht zu den bevorzugten Themen zählen. Unbeschadet des kirchensoziologischen Befundes, demzufolge die Diakonie – und in einigem Abstand – auch die Lehre als wichtige genuine Aufgaben der Kirche angesehen werden, haben sich beide Felder seit dem 19. Jahrhundert stetig auseinanderentwickelt." (ders. 1990, 51) Hingegen gehört ‚Diakonie' zu den in der Pastoraltheologie zentralen Begriffen, die die Grundfunktionen von Kirche im Dreieck von Liturgie, Kerygma und Diakonie im Gefolge der Theologie der Pastoralkonstitution *Gaudium et Spes* des *Zweiten Vatikanischen Konzils* bestimmen. Christliche Praxis realisiert sich in der „Welt von heute" wesentlich durch die „Wahrnehmung von Not" (Steinkamp 1984; vgl. a. ders. 2012) und ihrer Begegnung in vielfältigen Formen von Seelsorge, Beratung, Hilfehandeln und kommunikativer Praxis. Über die Klammer der Koinonia als Gemeinschaft mit Jesus Christus und – von ihm gestiftet – untereinander (vgl. Kuhnke 1992) stellt sich die Diakonie als zum einen verwiesen auf die Feier des Glaubens und die vielfältigen Formen der Verkündigung der Reich Gottes-Botschaft des Evangeliums dar. Zum anderen ist es die Diakonie, die den Glauben ‚auf die Füße stellt' und die Bewahrheitung des (sonst nur geglaubten) Glaubens in Wort und Tat, zugunsten der „Armen und Notleidenden aller Art" (GS 1) sichert. Während Liturgie und Verkündigung kaum Legitimationsproblemen ausgesetzt sind und auch je für sich als im Kern christliche Praxis wahrgenommen werden, steht Diakonie oft genug unter dem Vorbehalt, erst in Verbindung mit Liturgie und Verkündigung erkennbare christliche Praxis darzustellen. Dagegen steht mit dem Apostolischen Schreiben *Evangelii Nuntiandi* von Papst *Paul VI.* die theologische Überzeugung dafür, dass das „Zeugnis ohne Worte" (EN 21) in der diakonischen Tat Kern und Mitte christlichen Handelns trifft. Diakonie gewinnt evangelisierenden Charakter durch die Rückfrage der Subjekte, die sich in ihrer Not wahr- und angenommen erlebt haben, nach Sinn und Beweggrund von Mitgefühl und Zuwendung. Ihr Modell findet diakonische Praxis in Jesus von Nazareth, der in seiner Person das ‚neue Programm' gewesen ist: Personales Angebot in der Einheit von Wort und Tat, von Kommunikation des Evangeliums als zuwendendem Wort, Begleitung und Unterstützung in Notlagen oder Sicherung von Freiheit und Würde, ist gelebte Christlichkeit, deren Plausibilität auch vielen kirchlich Distanzierten und Nichtglaubenden einleuchtet. Die Diakonie der Kirche ist nachweislich das stärkste Motiv Kirchendistanzierter, ihre Kirchenmitgliedschaft nicht aufzukündigen.

1.2 Diakonie im Bezugsfeld von Praktischer Theologie und sozialer Arbeit

‚Diakonie' stellt mithin einen zentralen Begriff der Praktischen Theologie dar. Neben dieser theologischen Verortung steht sie in Beziehung zu den angewandten Sozialwissenschaften, zur sozialen Arbeit und zur Sozialpädagogik, verlangt doch eine angemessene Wahrnehmung von Not die sachgerechte Entwicklung von Lösungsmodellen und eine hohe Professionalität in den vielen Feldern des Hilfehandelns. Die Struktur der beiden großen christlichen Wohlfahrtsverbände in Deutschland, Caritasverband und Diakonisches Werk, zeigt in ihrer Ausdifferenzierung und Spezialisierung die Komplexität eines angemessenen Umgangs mit individuellen und gesellschaftlichen Problemlagen Einzelner oder von ethnischen, religiösen oder sozialen Gruppen. Insofern diakonisches Handeln an der Klärung und Veränderung von problemschaffenden gesellschaftlichen Bedingungen und nicht nur an der individuellen Hilfe für Betroffene interessiert ist, ist Diakonie stets politisch und parteiisch, trifft die ‚Option für die Armen' und konzipiert sich als „Sozialpastoral" (vgl. Steinkamp 2012, 99-132).

2 Rezeption

2.1 Bildung als Diakonie –
zur Entwicklung eines diakonischen Bildungskonzepts

In den Fokus der Religionspädagogik, und dort zunächst der theologischen Erwachsenenbildung, rückt Diakonie im Kontext des bereits erwähnten Evangelisierungskonzepts Papst *Pauls VI.*, der in *Evangelii Nuntiandi* den „Bruch zwischen Evangelium und Kultur" als „das Drama unserer Zeitpoche" (EN 20) bezeichnet. *Gotthard Fuchs* (1988) bringt ‚*kulturelle Diakonie*‘ in den Kontext der in den 1980er Jahren neu aufgebrochenen Diakoniediskussion ein, als unerlässlichen Schritt der Kirche(n) im Prozess der „Rückkehr [...] in die Diakonie" (Greinacher/Mette 1988, 255).

Angesichts gravierender kultureller Notstände, deren Zusammenhang mit anderen Formen materieller, physischer, psychischer und sozialer Not deutlich zu Tage getreten ist, hat *Fuchs* eine Problemskizze kultureller Diakonie entwickelt, die in ein Verständnis erwachsenenbildnerischen Handelns mündet, das die Verflechtung der Kirchen in gesellschaftliche und weltweite kulturelle Notstände ernstzunehmen gewillt und in der Lage ist (vgl. Blasberg-Kuhnke 2003, 82). Kulturelle Diakonie wendet sich kritisch „gegen die Herrschaft einer nivellierenden Einheits(un)kultur, die den Reichtum authentischer Sinnwelten, regionaler Traditionen und Volkskulturen unterdrückt und vernichtet" (ebd., 83), und setzt ihr die „schöpferische Inkulturation" (ebd.) entgegen. Die neuen sozialen Bewegungen der 1980er und 1990er Jahre fordern eine kulturelle Bildungsdiakonie, die auf die Kompetenz der Betroffenen und gesellschaftliche wie politische Selbsthilfe unter Christ/innen setzt. Auch die organisierte Erwachsenenbildung der Kirchen stellt den Begriff der Diakonie zunehmend in das Zentrum ihrer Leitbilddiskussionen. Kirchliche Erwachsenenbildung wird als „Hilfe und Orientierung" und „Teil kirchlicher Verkündigung und Diakonie" bestimmt, die „wichtige Zielgruppen in Menschen sieht, die sich in Notlagen, ‚Unterbrechungen‘, Lebenskrisen oder in sozialem Engagement befinden. Ihre Mitarbeiterinnen und Mitarbeiter brauchen Kompetenzen, um auf die Bedürfnislagen dieser Menschen eingehen und mit anspruchsvollen Bildungsangeboten antworten zu können" (KEB Niedersachsen 2000, 10, 14).

Um die Jahrtausendwende hat sich in Theorie und Praxis der kirchlichen Erwachsenenbildung Bildung als Diakonie in vier Dimensionen herausgebildet: das diakonische Selbstverständnis kirchlicher Erwachsenenbildung, die Wahrnehmung gesellschaftlicher und globaler Verantwortung, die Erarbeitung eines qualifizierten Lebensweltansatzes und eines eigenständigen Beitrags zu einer kairologischen, an den Problemen und Herausforderungen der Gegenwart orientierten kirchlichen Identität. Erwachsenenbildung hat die „Option für das erwachsene Subjekt in Kirche und Gesellschaft getroffen. Die Ausbildung und Stärkung identitätsbezogener Funktionen der erwachsenen Subjekte, die an Stichwörtern wie ‚Biographieorientierung' und ‚Transformationsorientierung' festzumachen sind, sollen sich gerade auch im Bildungsprozess mit Erwachsenen in Krisen und kritischen Lebensereignissen bewähren. Erwachsenenbildung wird zunehmend zur Krisenbildung, zur Bildung, die die Ressourcen des Subjekts, den Glauben zumal, in Lebenslauf- und Lebensbruchkrisen kommunikativ zur Geltung bringt." (Blasberg-Kuhnke 2003, 85f.) In den Entwürfen von *Rudolf Englert*, der religiöse Erwachsenenbildung als differentielle religiöse Bildung konzipiert (vgl. ders. 1992, 95, 141), und von *Wolfgang Lück* und *Friedrich Schweitzer*, die die vier Motivgruppen „Lebenskrisen und Lebensbewältigung", „Lebensgeschichte, Lebenszyklus, Begegnung der Generationen", „Suche nach Orientierung, Erneuerung und Sinn" und die „persönliche Auseinandersetzung mit Kirche und Theologie" (dies. 1999, 19) benennen, kommt Bildung als Diakonie im Kontext der Erwachsenenbildung zum Tragen.

2.2 Diakonisches Lernen – ein neuer Ansatz in der Religionspädagogik

Neuerdings erfährt Diakonie im Kontext von Erziehung und Bildung im Ansatz des diakonischen Lernens religionspädagogische Aufmerksamkeit. Es geht dabei um „die praktische Aneignung von Wissen und Können im Bereich des diakonischen Handelns bezogen auf die individuelle Persönlichkeitsentwicklung Lernender" (Toaspern 2007, 13).

Diakonisches Lernen ruht auf den beschriebenen Erfahrungen diakonischen Handelns in der Erwachsenenbildung, aber auch in Gemeindekatechese und -pädagogik. Gerade gemeindebezogene pädagogische Projekte in der Sakramentenkatechese von Firmung oder Konfirmation, aber auch Gemeindepartnerschaften oder soziale Aktivitäten haben Lernerfahrungen ermöglicht, die soziale Kompetenz durch diakonisches Lernen entstehen lassen.

Von herausragender Bedeutung ist die diakonische Orientierung des Synodenbeschlusses *Der Religionsunterricht in der Schule*: Die Kirche sieht von Jesus Christus her ihre „ureigene Aufgabe" im „Dasein für andere'" und den Religionsunterricht als „eine der Formen, in denen sie diesen Dienst an jungen Menschen vollziehen kann. Er ist insofern unter diakonischem Aspekt zu sehen." (Gemeinsame Synode 1976, 141)

Zur selben Zeit, und gegenwärtig intensiv diskutiert angesichts der starken Zunahme der Ganztagsschulen, wird soziales Lernen zum unverzichtbaren Teil schulischer Bildung. Gerade im Kontext der ebenfalls an Bedeutung stark zunehmenden Schulpastoral in beiden Konfessionen, oft bereits interreligiös verantwortet, entstehen diakonische Lern- und Handlungsformen, die an der Humanisierung der Schule, der Schulkultur und an einer diakonischen Programmentwicklung ausgerichtet sind, wie Schülercafés, Mediationstrainings-, Konfliktlösungs- und Gewaltpräventionsprogramme, Seelsorgeangebote und Gesprächsgruppen.

Vor allem die diakonischen Lernprojekte, die gerade kirchliche Schulen in ihr Schulprogramm integriert haben, ermöglichen vorbereitetes, begleitetes und evaluiertes diakonisches Lernen. Für katholische Schulen ist ohne Frage die bedeutendste Lernform das Compassion-Projekt; in evangelischen Schulen sind sozialdiakonische Praktika verbreitet. Diakonisches Lernen ist für die katholischen Schulen als „geschlossenes Projekt der Freien Katholischen Schulen in Deutschland" (Toaspern 2007, 28) entwickelt; es existiert seit 1994 seitens der Schulstiftung der Erzdiözese Freiburg, wurde in Modellversuchen wissenschaftlich begleitet (vgl. Kuld/Gönnheimer 2004), prämiert und hat große Strahlkraft in den europäischen Raum entwickelt, auch über Konfessionsschulen hinaus (vgl. Toaspern 2007, 28f.).

Compassion sieht ein zweiwöchiges Praktikum in einer sozialen Einrichtung vor, das alle Schüler/innen, oft der 10. oder 11. Jahrgangsstufe, verbindlich wahrnehmen. Dabei ist die schulische Einbindung, Begleitung und Vertiefung entscheidend (vgl. Kuld 2004, 90; Toaspern 2007, 29). In vier Dimensionen wird *Lothar Kuld* zufolge die Wirkung diakonischen Lernens entfaltet: (1) politisch, (2) erlebnis- und moralpädagogisch, (3) institutionell sowie (4) religiös. Compassion meint mit *Johann-Baptist Metz* Empfindlichkeit und Sensibilität für das Leid der Anderen (vgl. ders. 2000, 10f.). Christliche Mystik als „Mystik der Compassion" lehrt eine „Mystik der offenen Augen" (Kuld 2001, 294f.). Diese ‚Mitleidenschaft' wird durch das begleitete Compassion-Praktikum geweckt, in dem Schüler/innen Zugang zu Lebenswelten erhalten, „die in der Schule selbst sonst real nicht vorkommen" (ebd., 294).

3 Potenzial

Diakonische Bildung als christliche Haltung und Praxis gelebten Christseins ist möglich – das haben die skizzierten Projekte gezeigt, ebenso aber die Notwendigkeit, Lern- und Erfahrungsgelegenheiten zu schaffen. Wenn *Metz* (2000, 13) recht hat und Compassion tatsächlich „das Schlüsselwort" des Christentum genannt zu werden verdient, mit dem wesentlich zum Ausdruck kommt, „was das Christentum der Welt zu geben habe" (Kuld 2001, 294), kommen religionspädagogische und pastorale Konzepte gleichermaßen und in konzertierter Aktion nicht daran vorbei, sich in Theorie und Praxis immer wieder an diesem Anspruch zu messen. Das 2006 erschienene „Handbuch diakonisch-sozialen Lernens" (Adam u.a. 2003) sowie die Arbeiten von *Huldreich David Toaspern* (2007) und von *Christof Gramzow* (2010) und zahlreiche Sammelbände, oft in ökumenischer Autorenschaft, zeugen davon, dass diakonisches Lernen sich inzwischen als Ansatz etablieren konnte, der durch die wissenschaftliche Religionspädagogik vorangetrieben wird.

Zugleich wachsen der Religionspädagogik und dem Religionsunterricht gegenwärtig durch Inklusion und Integration als pädagogischem Anspruch an die ‚Schule für alle' neue Herausforderungen zu, die den Horizont der vorhandenen Ansätze diakonischen Lernens um jene Dimensionen erweitern, die diakonische Bildung wesentlich ausmachen, mit *Karl Ernst Nipkow* gesprochen, „Veränderungen durch Widerfahrnisse" (ders. nach Toaspern 2007, 20), diakonische Bildung als Lernen im Lebensvollzug durch die Begegnung mit Krankheit, Behinderung, Schwäche oder Alter. Sie findet nicht mehr nur in ausgewählten Projekten statt, sondern wird alltägliche Erfahrung im gemeinsamen Leben und Lernen in der Schule, die im Religionsunterricht (aber keineswegs nur dort!) immer wieder reflektiert werden muss. „Der Dialog zwischen Diakonie und Religionspädagogik kann fruchtbar sein, weil letztere ja seit Jahrzehnten daran interessiert ist, Vollzüge von Lehren und Lernen aus einem verbalistisch missverstandenen Verkündigungsansatz zu befreien und Lern-Wege in ihrer Mehrdimensionalität zu reflektieren und zu entwerfen" (Heimbrock 1990, 57).

Literatur

Adam, Gottfried u.a. (Hg.) (2003), Unterwegs zu einer Kultur des Helfens. Handbuch diakonisch-sozialen Lernens, Stuttgart – Blasberg-Kuhnke, Martina (2003), Bildung als Diakonie. Plädoyer für ein parteiisches Bildungskonzept, in: Pohl-Patalong, Uta (Hg.), Religiöse Bildung im Plural. Konzeptionen und Perspektiven, Schenefeld, 81-95 – Englert, Rudolf (1992), Religiöse Erwachsenenbildung. Situation – Probleme – Handlungsorientierung, Stuttgart – Fuchs, Gotthard (1988), Evangelisierung in und durch Katholische Akademien? Theologische Überlegungen zur kulturellen Diakonie, in: PThI 8 (1/1988) 146-156 – Gemeinsame Synode der Bistümer in der Bundesrepublik Deutschland (1976), Beschluß: Der Religionsunterricht in der Schule, in: Bertsch, Ludwig u.a. (Hg.), Gemeinsame Synode der Bistümer in der Bundesrepublik Deutschland. Beschlüsse der Vollversammlung. Offizielle Gesamtausgabe I, Freiburg/Br. u.a., 123-152 – Gramzow, Christof (2010), Diakonie in der Schule. Theoretische Einordnung und praktische Konsequenzen auf der Grundlage einer Evaluationsstudie, Leipzig – Greinacher, Norbert / Mette, Norbert (1988), „Rückkehr der Kirchen in die Diakonie" – Vermächtnis und Auftrag, in: Concilium 24 (4/1988) 255-257 – Heimbrock, Hans-Günter (1990), Nicht unser Wollen oder Laufen. Diakonisches Lernen in Schule und Gemeinde, Neukirchen-Vluyn – KEG Niedersachsen (Hg.) (2000), Leitbild der Katholischen Erwachsenenbildung im Lande Niedersachsen, Hannover – Kuhnke, Ulrich (1992), Koinonia. Zur theologischen Rekonstruktion der Identität christlicher Gemeinde, Düsseldorf – Kuld, Lothar (2001), Compassion, in: LexRP, 293-295 – Lück, Wolfgang / Schweitzer, Friedrich (1999), Religiöse Bildung Erwachsener. Grundlagen und Impulse für die Praxis, Stuttgart – Metz, Johann Baptist / Kuld, Lothar / Weisbrod, Adolf (Hg.) (2000), Compassion. Weltprogramm des Christentums. Soziale Verantwortung lernen, Freiburg/Br. – Steinkamp, Hermann (1984), Zum Beispiel: Wahrnehmung von Not. Kritische Anfragen an den gegenwärtigen Entwicklungsstand einer praktisch-theologischen Handlungstheorie, in: Fuchs, Ottmar (Hg.), Theologie und Handeln. Beiträge zur Fundierung der Praktischen Theologie als Handlungstheorie, Düsseldorf, 177-186 – Steinkamp, Hermann (2012), Diakonie statt Pastoral. Ein überfälliger Perspektivenwechsel, Berlin – Toaspern, Huldreich David (2007), Diakonisches Lernen. Modelle für ein Praxislernen zwischen Schule und Diakonie, Göttingen

D7 – Konfession(alität)

Monika Tautz

1 Profil

Umschreibt der lateinische Begriff der *confessio* ursprünglich das Bekenntnis zu Jesus, dem Christus, als Ursprung des christlichen Glaubens, so wird er im 16. Jahrhundert im Gefolge der Reformation im deutschsprachigen Raum „als zusammenfassender Ausdruck für ein bestimmtes Bekenntnis" (Fischer 1990, 426) genutzt. Seit dem 19. Jahrhundert bezeichnet ‚Konfession' einzelne christliche Kirchen und Gemeinschaften bzw. die Zugehörigkeit zu ihnen (vgl. Feige 1997a, 236; Ratschow 1990, 419). Je nach historischem Kontext wird also unter ‚Konfession' das Bekenntnis zu Jesus Christus im Sinne normativer Glaubensregeln verstanden oder der Begriff verweist auf die Unterschiede zu anderen Konfessionen und dient damit zur Abgrenzung der unterschiedlichen Glaubenslehren der jeweiligen Denominationen (vgl. Oberle 2010, 21), wobei hier institutionelle, dogmatische, aber auch rechtliche Konnotationen im Vordergrund stehen (vgl. Hermann/Hornberger-Fehrlen 2012, 155). Wird in diesem Zusammenhang oft von Teilkirchen gesprochen, so versteht sich die römisch-katholische Kirche nicht als Konfession im Sinne einer Teilkirche. Das Attribut ‚katholisch' bedeutet ihr eine „nähere Bestimmung der Kirche als Heilsgemeinschaft für alle Menschen" und wird „als ein alles Umfassendes, alles Umspannendes" (Bitter 2004, 22) verstanden. Dennoch zeigt auch die römisch-katholische Kirche in Abgrenzung zur reformatorischen Lehre in ihrer nach-tridentinischen Fassung „deutlich konfessionelle Züge" (Fischer 1990, 426). Die orthodoxen Kirchen verbinden mit dem Begriff der Konfession in der Regel Rechtgläubigkeit im Sinne des Bekenntnisses zu den altkirchlichen ökumenischen Konzilien, wobei die Liturgie ein zentrales Element der orthodoxen Theologie ausmacht. Für die evangelischen Kirchen ist die Rechtfertigungslehre zentrales Moment der jeweiligen nochmals zu unterscheidenden Konfessionen.

Der Begriff der *Konfessionalität* zeigt gegenüber dem der Konfession eine weitere Bedeutung, wenn darunter eine subjektive Haltung, ein Habitus verstanden wird (vgl. Hermann/Hornberger-Fehrlen 2012, 155). Neben der Zugehörigkeit zu einer geschichtlich gewachsenen (Teil-)Kirche ist damit auch eine entsprechende Beheimatung „in einem bestimmten geistigen Erbe" (Faber 2013, 31) verbunden. Im wissenschaftlichen Diskurs werden beide Begriffe vor allem in den Fächern der Praktischen Theologie bedacht. Dabei konzentrieren sich die Überlegungen unter dem von dem protestantischen Theologen *Ferdinand Kattenbusch* 1892 eingeführten Stichwort der Konfessionskunde – *Martin Schreiner* spricht hier von einer theologischen Teildisziplin (vgl. ders. 2001, 1085) – vor allem auf zwei Aspekte: Zum einen geht es um ein umfassendes Verständnis von Konfession, zum anderen um eine Hin- und Einordnung in die ökumenische Theologie. Mit dem Untersuchungsgegenstand innerhalb der Kirchengeschichte rücken darüber hinaus auch die sich im Zuge der Reformation herausbildenden religiösen christlichen Gruppierungen mit der je eigenen stimmigen Gesamtschau des christlichen Glaubens (vgl. Ratschow 1990, 421) sowie den je spezifischen ‚Milieus' (vgl. Feige 1997a, 236) in ihrer Zeit in den Blick. Wenn allerdings der im Kontext der Reformation entstandene Begriff rückwirkend auf Abspaltungen und Differenzierungen innerhalb der frühen und mittelalterlichen Kirche übertragen wird, führt dies aufgrund unterschiedlicher historischer Konnotationen zu einer begrifflichen Unschärfe (vgl. ebd.). Diese kann nicht nur kirchenhistorisch, sondern auch religionspädagogisch problematisch sein. Wenn nämlich die gesellschaftlichen, politischen und religiösen Gegebenheiten zur Zeit der Reformation nicht (mehr) mit bedacht werden, verliert der Begriff der Konfession schnell an Kohärenz und Konsistenz. In der Religionswissenschaft und den Sozialwissenschaften wird der Konfessionsbegriff „vorwiegend deskriptiv-religionssoziologisch" (Hermann/Hornberger-Fehrlen 2012, 155) definiert.

2 Rezeption

Der gesellschaftliche Wandel im 16. und frühen 17. Jahrhundert, der von kirchlich-religiösen, staatlich-politischen, sozialen und nicht zuletzt Städte und Land unterschiedlich prägenden kulturellen Veränderungen getragen ist, wird mit dem Begriff der *Konfessionalisierung* umschrieben. Hierbei handelt es sich um ein für die unterschiedlichen Konfessionen weitgehend gleiches Paradigma, wenn auch mit je wechselnden Inhalten (vgl. Ganzer 1997, 237). Für den religionspädagogischen Kontext ist es interessant, dass Konfessionalisierung ihre Ursachen nicht allein in religiösen Innovationen und einem je eigenen, klar formulierten Glaubensbekenntnis – abgrenzend gegen die jeweils andere Konfession, in der Betonung der Unterschiede im Ritus und im Bereich der Institutionen bzw. erneuter Formen der Kirchenorganisation – findet, sondern auch in der Monopolisierung von Bildung und damit in konfessionsspezifischen Bildungseinrichtungen (vgl. ebd.). Auf diese Weise entwickeln sich nicht nur „imponierend geschlossene Gesamtinterpretationen" (Ratschow 1990, 421) christlichen Glaubens, sondern auch entsprechende, alle Lebensbereiche umfassende ‚Milieus' (vgl. Feige 1997a, 236). Konfessionell begründete religiöse Lehr- und Lernprozesse sind in der Geschichte der Religionspädagogik damit vielfach in Form von Abgrenzung erfolgt, wobei neben theologischen Begründungen immer auch allgemein-weltanschauliche Argumente, etwa für und wider die Aufklärung, angeführt werden.

Eine solche Abgrenzung wird auch mit dem Begriff des *Konfessionalismus* umschrieben. Er wird in der Mitte des 19. Jahrhunderts als Fremdbezeichnung für Bestrebungen verwandt, die allein *Luthers* Position und die Bekenntnisse des 16. Jahrhunderts gelten lassen (vgl. Feige 1997b, 237; Fischer 1990, 426f.). Konfessionalistische Einstellungen finden sich aber auch heute noch. Sie erwachsen häufig der Erfahrung, dass bisher als selbstverständlich wahrgenommene Glaubensvorstellungen im Raum einer pluralen Gesellschaft kritisch angefragt werden (vgl. Feige 1997b, 237; Schreiner 2001, 1085), sodass ein Gefühl der (Glaubens-)Sicherheit nur im Rückbezug auf das Eigene und in der abwertenden Abgrenzung zum Anderen möglich erscheint.

Im 20. Jahrhundert führt eine Rückbesinnung auf die ursprüngliche Bedeutung von *confessio* zu Versuchen, die *Einheit der Kirche Jesu Christi konfessionsübergreifend* in den Blick zu nehmen. Unter dem Stichwort der *Ökumene* entsteht ein interkonfessioneller Dialog, der in Form einer ökumenischen Erziehung dazu beitragen möchte, dass „die Mitglieder einer konfessionellen Gemeinschaft als mündige Christen zur aktiven Teilnahme am ökumenischen Prozess" (Oberle 2010, 29) befähigt werden. In der Mitte des 20. Jahrhunderts wird der Prozess der Ökumene durch Migration aufgrund des Zweiten Weltkrieges, aber auch durch Mobilität in Folge der Lebens- und Arbeitsbedingungen vorangetrieben, da damit konfessionell geschlossene Territorien aufgelöst und konfessionelle ‚Milieus' mehr und mehr brüchig werden (vgl. Fries 1995, 612). Mit Blick auf die Geschichte ist hier allerdings anzumerken, dass unter den christlichen Denominationen die theologische (vgl. Joh 12,21; 17,21) wie auch die katechetische Bedeutung der Einheit von Kirche immer gesehen wurde. Dies mag auch daran abgelesen werden, dass „den reformatorischen Kirchen die Eigenschaft *katholisch* weiterhin so kostbar [bleibt], dass sie [...] in ihren Bekenntnistexten von der *allgemeinen Kirche* sprechen." (Bitter 2004, 22) Auf Seiten der römisch-katholischen Kirche hat das Konzilsdekret über den Ökumenismus „*Unitatis redintegratio*" die Spaltung der Kirche in verschiedene Konfessionen nicht nur als ein „Ärgernis für die Welt" (UR 1) umschrieben, sondern die Einheit der Kirche im ökumenischen Geist gesucht (vgl. Oberle 2010, 22).

Die sich an der Ökumene orientierende theologische Neuinterpretation von Konfession spiegelt sich auch in der Rolle, die dem *konfessionellen Religionsunterricht* zugesprochen wird. Bis in die 1970er Jahre hinein wird der Religionsunterricht wie selbstverständlich als ein katholischer bzw. evangelischer Unterricht verstanden. Eine Klärung, was genau das Evangelische bzw. das Katholische ausmacht, scheint nicht notwendig (vgl. Ritter 2011, 322). In den 1980er Jahren erwächst ein Interesse am allgemein Christlichen, sodass im Religionsunterricht die Gemeinsamkeiten der Konfessionen ins Zentrum des Diskurses rücken. Zu Beginn des 21. Jahrhunderts ändert sich dies insofern, als nun mehr und mehr der Gedanke einer Ökumene im Sinne einer versöhnten Verschiedenheit leitend wird, sodass die jeweiligen konfessionsspezifischen Profile als Bereicherungen des christlichen Lebens in den Blick rücken. Auf diese Weise kann Ökumene aus den Konfessionen selbst erwachsen, indem die Besonderheiten der verschiedenen christlichen Denominationen hinsichtlich theologischer Schwerpunkte wie auch hinsichtlich des Ritus und des gelebten Christseins im Alltag in lebendiger Form bewahrt bleiben, die Konfessionen aber „ihren kirchentrennenden Stachel" (Fries 1995, 612) verlieren.

In jüngster Zeit erhält die Frage nach der Bedeutung der Konfessionalität für den schulischen Religionsunterricht neue Impulse. Angeregt durch die Einführung eines islamischen Religionsunterrichts ergibt sich für die Kirchen (erneut) die Notwendigkeit, „sich in ihrer eigenen Domäne nach innen zu positionieren und inhaltlich zu profilieren sowie nach außen neu zu legitimieren." (Meyer-Blanck/ Obermann 2013, 213) Mit Blick auf den Religionsunterricht an berufsbildenden Schulen, in denen Religionsunterricht vielfach im Klassenverband erteilt wird – Gleiches gilt im sonderpädagogischen Bereich –, wäre Konfessionalität als eine *didaktische Kategorie* neu zu reflektieren (vgl. ebd., 216f.).

Die Geschichte des Christentums zeigt, dass gesellschaftliche Rahmenbedingungen konfessionelle Profilierung begünstigen und fördern können, allerdings in einem doppelten Sinne, nämlich sowohl als Abgrenzung gegenüber ‚den Anderen‘ als auch im Sinne einer profilierten Ökumene (vgl. Nitsche 2014, 147). Mit Blick auf religiöse Lernprozesse des lernenden Subjekts wird diese Frage in jüngster Zeit auch im Rahmen konstruktivistischer Bildungstheorien bedacht, indem Konfessionalität und Konstruktivismus nicht als Widerspruch, sondern als wechselseitiger Anstoß verstanden werden (vgl. Hermann/Hornberger-Fehrlen 2012). Zu bedenken bleibt hier jedoch, dass eine Ausbildung *konfessioneller Identität* in einer von Pluralität und Säkularisierung geprägten Lebenswelt von einer tiefen Verunsicherung in der Selbstbeschreibung gekennzeichnet ist und unter einem erhöhten gesellschaftlichen Legitimationsdruck steht (vgl. Nitsche 2014, 146).

3 Potenzial

Konfessionalität im Sinne einer Zugehörigkeit zu einer konkreten geschichtlich gewachsenen Konfession hat heute weitgehend an Bedeutung verloren (vgl. Faber 2013, 29; Oberle 2010, 13). Das gilt nicht nur für Kinder und Jugendliche, sondern auch für Erwachsene. Selbst für Studierende der Theologie hat die eigene Konfession an Kontur eingebüßt (vgl. Pemsel-Maier/Weinhardt/Weinhardt 2011). Vorsicht ist allerdings geboten, wenn diese Beobachtung zu schnell „schlechthin als Symptom einer Entchristlichung" (Faber 2013, 30) gedeutet wird. Stattdessen wäre danach zu fragen, was konfessionelle Identität ausmacht und wie sowohl Gemeinschaften als auch lernende Subjekte Konfessionalität ausbilden.

Empirische Forschungen der letzten fünfzehn Jahre belegen, dass zwischen konfessionellen Erfahrungen einerseits und konfessionellem (Selbst-)Bewusstsein andererseits unterschieden werden muss. So konnte nachgewiesen werden, dass Kinder im Grundschulalter und Jugendliche durchaus noch konfessionsspezifische Erfahrungen beispielsweise im Rahmen liturgischer Feiern oder bestimmter Feste machen, dass diese ihnen aber als solche nicht bewusst sind oder nicht mit den entsprechenden Begriffen verknüpft werden können (vgl. Schweitzer u.a. 2002, 73-81; Pemsel-Maier u.a. 2011, 123-144).

Diese Forschungsergebnisse zeigen, dass es wichtig ist, Konfessionsbewusstsein zu stärken, und zwar sowohl um eine Beheimatung in die eigene Konfession zu ermöglichen als auch um eine reife Religiosität angesichts religiös pluraler Lebenswelten ausbilden zu können. Nicht nur für jüngere Kinder (vgl. Schweitzer u.a. 2002, 123-144), sondern auch für Jugendliche, ja Studierende der Theologie und Religionslehrer/innen (vgl. Pemsel-Maier u.a. 2011, 123-144; Ritter 2011, 324) kann eine Konzentration auf konkrete Merkmale, die direkt an Handlungen und rituellen Formen abzulesen sind, beobachtet werden. Weder Kinder noch Erwachsene nehmen diese Merkmale als theologisch relevant wahr. Für Prozesse religiöser Bildung heißt das, dass religiöse Handlungen und rituelle Formen stets auch auf ihre theologische Bedeutung hin reflektiert werden müssen (vgl. Schweitzer u.a. 2002, 77). Wichtig wäre es dabei, dass die Reflexion aus den konkreten Handlungen selbst erwachsen kann. Das gilt für den Religionsunterricht ebenso wie für die Erwachsenenkatechese und die Bildung von Studierenden der Theologie.

Literatur

Bitter, Gottfried (2004), Christsein katholisch, in: Fürst, Walter / Werbick, Jürgen (Hg.), Katholische Glaubensfibel, Rheinbach, 21-25 – Faber, Eva-Maria (2013), Ist Konfessionalität am Ende? Zum Bedeutungsverlust der Konfession, in: ThPQ 161 (1/2013) 29-36 – Feige, Gerhard (1997a), Konfession, in: LThK³ 6, 236 – Ders. (1997b), Konfessionalismus, in: LThK³ 6, 237f. – Fischer, Hermann (1990), Konfessionalismus, in: TRE 19, 426-431

– Fries, Heinrich (1995), Konfession, in: Staatslexikon. Recht – Wirtschaft – Gesellschaft[7] 4, Freiburg/Br. u.a., 609-612 – Ganzer, Klaus (1997), Konfessionalisierung, in: LThK[3] 6, 236f. – Hermann, Stefan / Hornberger-Fehrlen, Bärbel (2012), Konfessionalität und Konstruktion. Multiple Lebenswelten und ihre Chance für den Religionsunterricht, in: Büttner, Gerhard u.a. (Hg.), Jahrbuch für konstruktivistische Religionsdidaktik 3, Lernumgebungen, Hannover, 155-171 – Meyer-Blanck, Michael / Obermann, Andreas (2013), BRU in der Pluralität – Zur Konfessionalität des BRU angesichts des Islamischen Religionsunterrichts in Nordrhein-Westfalen, in: ZPT 65 (3/2013) 207-217 – Nitsche, Bernhard (2014), Konfessionelle Identität und christliche Wahrheit, in: Bremer, Thomas / Wernsmann, Maria (Hg.), Ökumene – überdacht. Reflexionen und Realitäten im Umbruch, Freiburg/ Br., 144-169 – Oberle, Regine (2010), Universitäre Religionslehrer/innen-Ausbildung im Spannungsfeld von Konfessionalität und Ökumene. Eine empirisch-qualitative Untersuchung aus der Sicht der Lehrenden, Frankfurt/M. – Pemsel-Maier, Sabine / Weinhardt, Joachim / Weinhardt, Marc (2011), Konfessionell-kooperativer Religionsunterricht als Herausforderung. Eine empirische Studie zu einem Pilotprojekt im Lehramtsstudium, Stuttgart – Ratschow, Carl Heinz (1990), Konfession/Konfessionalität, in: TRE 19, 419-426 – Ritter, Werner H. (2011), „Konfessionelle Gastfreundschaft". Ein Modell zur Zukunft des konfessionellen Religionsunterrichts, in: ZPT 63 (4/2011) 316-325 – Schreiner, Martin (2001), Konfession, Konfessionalismus, in: LexRP, 1084-1086 – Schweitzer, Friedrich u.a. (2002), Gemeinsamkeiten stärken – Unterschieden gerecht werden. Erfahrungen und Perspektiven zum konfessionell-kooperativen Religionsunterricht, Freiburg/Br.

D8 – Ökumene

Monika Scheidler

1 Profil

Der Begriff ‚Ökumene' stammt vom griech. οἰκουμένη und bedeutet ‚die ganze bewohnte Erde'. In der Bibel kommt der Begriff sowohl wertfrei als auch im negativen Sinn von ‚verdorbene Welt' vor. In kirchlicher Sprache wird das Wort ‚Ökumene' in verschiedenen Bedeutungen verwendet. Als *ökumenische Konzilien* bezeichnet man seit dem 4. Jahrhundert kirchliche Versammlungen, die beanspruchen, die Gesamtkirche zu repräsentieren und allgemeingültige Beschlüsse zu fassen. Seit dem Zerbrechen der institutionellen Einheit der Kirche wird unter ‚Ökumene' die Gesamtheit der verschiedenen Kirchen bzw. christlichen Konfessionen verstanden, „insofern sie in einer mehr oder weniger friedlichen Koexistenz eine fundamentale Gemeinsamkeit im Glauben anerkennen." (Vorgrimler 2000, 463)

Als ‚*ökumenische Bewegung*‘ werden Bestrebungen bezeichnet, die Einheit der Christen im gemeinsamen Glauben auszusprechen, Formen gemeinsamen Zeugnisses und Wirkens im Dienst an der Welt zu finden und auf eine sichtbare Einheit der Kirche hinzuwirken. Im 20. Jahrhundert entstand im Kontext missionarischer Bemühungen eine breite ökumenische Bewegung, die 1948 zur Gründung des *Ökumenischen Rates der Kirchen* (ÖRK) führte, der heute über 330 Mitgliedskirchen hat. Während die Autoritäten katholischerseits meinten, die römisch-katholische Kirche habe die Einheit immer bewahrt und die von ihr getrennten Christen hätten zu ihr zurückzukehren, teilten viele katholische Christ/innen diesen Standpunkt nicht und engagierten sich in einer ökumenischen Bewegung ‚von unten‘, die im *II. Vaticanum* zum Dekret über den Ökumenismus *Unitatis redintegratio* führte. Obwohl die römisch-katholische Kirche dem ÖRK bis heute nicht offiziell beigetreten ist, arbeitet sie in vielen seiner Kommissionen mit. Im Zuge der Erarbeitung eines Verständnisses von Kirchengemeinschaft in Vielfalt unter dem Leitbegriff ‚Koinonia‘, die mit der Realisierung der Universalkirche in vielen Ortskirchen und Teilkirchen verbunden ist (vgl. Neuner 1997, 296), hat eine gemeinsame Arbeitsgruppe der römisch-katholischen Kirche und des ÖRK 1993 eine Erklärung über *ökumenisches Lernen* vorgelegt, das der Förderung von Versöhnung ebenso wie der Anbahnung gegenseitigen Verständnisses dienen soll und in diesem Sinn Beziehung und Gemeinschaft stiften kann (vgl. Oberle 2013, 257f.).

Die ‚*innerchristliche* Ökumene‘, der es um Kooperation, Dialog und Annäherung zwischen den christlichen Konfessionen geht, wird in Anwendungskontexten auch ‚*kleine* Ökumene‘ genannt. Als ‚*abrahamitische* Ökumene‘ bezeichnet man interreligiöse Verständigungsprozesse zwischen Christen, Juden und Muslimen. ‚*Interreligiöse* Ökumene‘ wird der Dialog zwischen den Weltreligionen genannt, der neben den monotheistischen Religionen auch Hinduismus und Buddhismus involviert. In religionspädagogischen Anwendungskontexten nennt man den Denkhorizont der ‚Einen Menschheit‘ ‚*große* Ökumene‘ und meint damit die Vorstellung versöhnter Verschiedenheit aller Menschen unterschiedlicher Weltanschauungen, Religionen, Konfessionen, Hautfarben und kultureller Prägungen. Der Denkhorizont der großen Ökumene ist kompatibel mit einem Verständnis von Kirche, die „Freude und Hoffnung, Trauer und Angst der Menschen“ (GS 1) teilt und als „Zeichen und Werkzeug [...] für die Einheit der ganzen Menschheit“ (LG 1) wirken möchte. Lernprozesse im Horizont der großen Ökumene werden als ‚*globales Lernen*‘ oder ‚entwicklungsbezogene Bildung‘ bezeichnet und sind darauf ausgerichtet, die Zusammenhänge zwischen dem Globalen und dem Lokalen wahrzunehmen, zu verstehen und zukunftsfähig zu gestalten.

2 Rezeption

Religionspädagogisch werden die Anliegen der Ökumene seit den 1970er Jahren unter dem Begriff ‚ökumenisches Lernen' rezipiert und auf verschiedene Lernorte bezogen. Zur Förderung der ökumenischen Dimension des konfessionellen Religionsunterrichts wird in Deutschland seit den 1990er Jahren *konfessionelle Kooperation* praktiziert und wissenschaftlich untersucht. Aktuell werden weitergehende Möglichkeiten konfessioneller Kooperation und ökumenischen Lernens im Religionsunterricht unter dem Stichwort ‚*konfessionelle Gastfreundschaft*' diskutiert. Unter dem Schlagwort ‚*interreligiöse Ökumene*' werden Anliegen ökumenischen Lernens gegenwärtig vermehrt auf interreligiöse Lernfelder übertragen.

Für das Verständnis ökumenischen Lernens ist bis heute die umfassende Definition einer Arbeitshilfe der *Evangelischen Kirche in Deutschland* (EKD) zum ökumenischen Lernen grundlegend, die dieses angesichts seiner Genese in der internationalen ökumenischen Bewegung in den 1970er Jahren als ganzheitlichen Prozess beschreibt, der grenzüberschreitend sowie handlungsorientiert angelegt ist und soziales Lernen ebenso wie interkulturelles Lernen einschließt (vgl. EKD 1985, 17). Ergänzend dazu wurden in den 1990er Jahren Überlegungen zu einer Didaktik der Ökumene bzw. einer ökumenischen Didaktik intensiviert (vgl. Scheidler 1999; Böhm 2001) und direkt auf die Schulpraxis bezogene Modelle ökumenischen Lernens für den Religionsunterricht erarbeitet.

Seit Anfang der 1990er Jahre werden Formate konfessioneller Kooperation und konfessioneller Gastfreundschaft im Religionsunterricht im Sinne kleinschrittiger Reformen des konfessionellen Modells erprobt und reflektiert. 1998 haben die *Deutsche Bischofskonferenz* und die *Evangelische Kirche in Deutschland* eine Vereinbarung zu Formen der Kooperation von evangelischem und katholischem Religionsunterricht veröffentlicht (vgl. DBK/EKD 1998; Simon/Lück 2007). Bei der mittlerweile nicht nur in Baden-Württemberg sondern auch in vielen anderen Bundesländern praktizierten konfessionellen Kooperation im Religionsunterricht (vgl. Rothgangel/Schröder 2009; Boehme 2010) geht es darum, durch die Zusammenarbeit der Fächer evangelische und katholische Religionslehre Gemeinsamkeiten zwischen den Konfessionen zu stärken und Unterschieden gerecht zu werden (vgl. Schweitzer/Biesinger u.a. 2002; Kuld u.a. 2009).

Weitere Reformvarianten des konfessionellen Religionsunterrichts werden gegenwärtig unter dem Schlagwort ‚konfessionelle Gastfreundschaft' diskutiert. In Situationen, in denen für Schüler/innen einer Konfession auch klassen-, jahrgangs- oder schulübergreifend keine eigene Religionsgruppe in der vom Staat vorgesehenen Größenordnung zustande kommt, während die andere Konfession ausreichend große Lerngruppen bilden kann, geht es darum, den Schüler/innen der Minderheitskonfession in gastfreundschaftlicher Weise die Teilnahme am Religionsunterricht der Mehrheitskonfession zu ermöglichen. Ein Religionsunterricht der konfessionellen Gastfreundschaft erschließt das Reservoir des gemeinsamen christlichen Glaubens und respektiert zugleich die Identität der Gastschüler/innen, indem er auch die konfessionellen Unterschiede berücksichtigt (vgl. Schmid 2010, 59; ders./Verburg 2010).

Außerdem werden unter Überschriften wie „ökumenisches Lernen [...] im Horizont der Globalisierung" (Simojoki 2012) Anliegen religionsbezogenen Lernens und des kooperativen Religionsunterrichts zunehmend auf interreligiöse Lernfelder ausgeweitet.

3 Potenzial

Für heutige Kinder und Jugendliche spielt die Zugehörigkeit zu einer Konfession kaum noch eine Rolle und konfessionelle Besonderheiten sind nur wenigen bekannt. Unter solchen Bedingungen lässt sich kaum von konfessioneller Beheimatung und Identität bei Schüler/innen sprechen. Die Studie zum konfessionell-kooperativen Religionsunterricht im Jugendalter von *Friedrich Schweitzer u.a.* zeigt, dass Jugendliche persönlich zwar „keine Einwände gegen eine Kircheneinheit" haben, „aber sie interessieren sich auch nicht besonders dafür. Insofern ist Ökumene kein Thema der Jugendlichen! Ihnen ist es überwiegend ziemlich egal, ob es in Zukunft eine gemeinsame Kirche oder weiterhin zwei oder mehr Konfessionen, gemeinsame Aktionen usw. geben wird" (dies. 2006, 25). Weil religiöse Identitätsbildung und Beheimatung aber wichtige Zielrichtungen religiöser Erziehung und Bildung sind, bleiben Lernprozesse in der Spannungseinheit von Beheimatung im Eigenen und Begegnung mit Anderen zukünftig auch im schulischen Kontext hoch relevant. Durch Begegnungen mit Menschen anderer Konfessionen, Religionsgemeinschaften und Weltanschauungen können Schüler/innen nicht nur Andere/s kennen lernen, sondern auch ihre konfessionelle Herkunft und Prägung differenzierter wahrnehmen und verstehen, sodass ökumenisches Lernen im Horizont der ‚Einen Kirche und Menschheit' auch zukünftig ein erhebliches Lernpotenzial birgt.

Zukünftige Religionslehrer/innen stehen damit in ihrer Ausbildung zunehmend vor der Herausforderung, ihre subjektive Religion in Auseinandersetzung mit den theologischen, berufsfeldbezogenen und auf ihre Persönlichkeitsentwicklung gemünzten Lernangeboten zu validieren, nötigenfalls zu revidieren und zu festigen. Dass Lehramtsstudierende angesichts der Fülle ihrer Lernaufgaben innerhalb des Theologiestudiums „aus der Sicht der Lehrenden in der Regel nur geringe interkonfessionelle Kompetenzen erwerben" (Oberle 2013, 263), ist ein Problem, das es theologiedidaktisch und studiengangsorganisatorisch anzupacken gilt.

Gegenwärtig sind außerschulische Orte religiöser Bildung wie Erwachsenenbildung, Katechese und Gemeindepädagogik zunehmend herausgefordert, lebensrelevante Lernangebote für konfessionsverbindende Paare und Familien (vgl. Bögershausen 2001) ebenso wie für religionsverschiedene Familien zur Förderung ökumenischer bzw. interreligiöser Verständigung zu konzipieren und zu erproben. Ausgehend von lebensweltlichen Fragen der Teilnehmenden geht es dann durchaus auch im Rahmen katechetischer Lernwege zur Erschließung der Taufberufung eines oder mehrerer Familienangehöriger um die Förderung ökumenischer und interreligiöser Kompetenzen (vgl. Scheidler 2011, 144f.). Nicht zuletzt kommt es um der Zukunft unseres Planeten willen entscheidend darauf an, das Verantwortungsbewusstsein aller, die an katechetischen bzw. gemeindepädagogischen Angeboten teilnehmen, für die globale Zivilisation zu stärken und lokal zu konkretisieren.

Unter den Bedingungen zunehmender Globalisierung und ihrer Auswirkungen in der kulturellen und weltanschaulichen Pluralisierung der Lebenswelten ist und bleibt religiöse Bildung im Horizont interkonfessioneller und interreligiöser Ökumene unverzichtbar – an allgemeinbildenden Schulen ebenso wie an außerschulischen Lernorten.

Literatur

Bögershausen, Uwe (2001), Die konfessionsverbindende Ehe als Lernprozeß, Mainz – Böhm, Uwe (2001), Ökumenische Didaktik, Göttingen – Boehme, Katja (2010), Modelle konfessioneller Kooperation in Deutschland in der Praxis, in: Schmid/Verburg 2010, 102-115 – DBK / EKD (1998), Vereinbarung zur Kooperation von evangelischem und katholischem Religionsunterricht, hg. v. Sekretariat der DBK, Bonn – Kirchenamt der EKD (Hg.) (1985), Ökumenisches Lernen. Grundlagen und Impulse. Eine Arbeitshilfe der Kammer der EKD für Bildung und Erziehung, Gütersloh – Kuld, Lothar u.a. (Hg.) (2009), Im Religionsunterricht zusammenarbeiten. Evaluation des konfessionell-kooperativen Religionsunterrichts in Baden-Württemberg, Stuttgart – Neuner, Peter (1997), Ökumenische Theologie. Die Suche nach der Einheit der christlichen Kirchen, Darmstadt – Oberle, Regine (2013), Im Spannungsfeld von Konfessionalität und Ökumene – Eine Untersuchung zur universitären Religionslehrerausbildung in Deutschland, in: Hailer, Martin u.a. (Hg.), Bildung – Religion – Säkularität, Heidelberg, 253-269 – Rothgangel, Martin / Schröder, Bernd (Hg.) (2009), Evangelischer Religionsunterricht in den Ländern der Bundesrepublik Deutschland. Empirische Daten – Kontexte – Entwicklungen, Leipzig – Scheidler, Monika (1999), Didaktik ökumenischen Lernens – am Beispiel des Religionsunterrichts in der Sekundarstufe, Münster – Dies. (2011), Welche Kompetenzen können in der Katechese gefördert werden? in: dies. / Kaupp, Angela / Leimgruber, Stephan (Hg.), Handbuch der Katechese für Studium und Praxis, Freiburg/Br., 130-153 – Schmid, Hans (2010), 10 Thesen zur Zukunft des konfessionellen Religionsunterrichts, in: KatBl 135 (1/2010) 58-60 – Ders. / Verburg, Winfried (Hg.) (2010), Gastfreundschaft. Ein Modell für den konfessionellen Religionsunterricht der Zukunft, München – Schweitzer, Friedrich / Biesinger, Albert u.a. (2002), Gemeinsamkeiten stärken – Unterschieden gerecht werden. Erfahrungen und Perspektiven zum konfessionell-kooperativen Religionsunterricht, Freiburg/Br. – Schweitzer, Friedrich u.a. (2006), Dialogischer Religionsunterricht. Analyse und Praxis konfessionell-kooperativen Religionsunterrichts im Jugendalter, Freiburg/Br. – Simojoki, Henrik (2012), Ökumenisches Lernen – Neuerschließung eines Programms im Horizont der Globalisierung, in: ZPT 64 (2/2012) 212-221 – Simon, Werner / Lück, Christhard (2007), Konfessionalität und ökumenische Ausrichtung des Religionsunterrichts, in: Kappes, Michael u.a., Trennung überwinden. Ökumene als Aufgabe der Theologie, Freiburg/Br., 138-208 – Vorgrimler, Herbert (2000), Ökumene, in: ders., Neues Theologisches Wörterbuch, Freiburg/Br., 463-465

E Fokus ‚Aspekte des Religiösen' – dimensionierende Strukturbegriffe der Religionspädagogik

E1 – Religion

Bernd Schröder

1 Profil

‚Religion' zählt zusammen etwa mit ‚Person' und ‚Tradition' zu den dienstältesten der hier verhandelten Strukturbegriffe. Im Laufe der Begriffsgeschichte wurden ungezählte Definitionen gegeben (vgl. Feil 1986-2007), die sich grob in drei Gruppen einteilen lassen. Eine erste Gruppe umfasst jene Definitionen, die material angeben, was Religion ist (*substanzieller* Religionsbegriff). Dazu gehören beispielsweise das Verständnis von Religion als ‚Rückbindung an Gott', das auf die Antike und die sprachliche Herleitung der ‚religio' von ‚religare' zurückgeht (*Lactantius*, Divinae institutiones 4,28), oder *Friedrich Schleiermachers* Rede von Religion als dem Vermögen, „alle Begebenheiten in der Welt als Handlungen eines Gottes vor[zu]stellen" (ders. 1984, 214). Eine zweite Gruppe besteht aus Bestimmungen, die Religion über Funktionen definieren, die primär von historisch vorfindlichen Religionen erfüllt wurden, etwa Sinnstiftung, endgültige Begründung von Moral, Kontingenzbewältigung oder Stabilisierung von Gemeinschaft (*funktionaler* Religionsbegriff). Exemplarisch lassen sich *Martin Luthers* Erklärung des ersten Gebotes – ‚Gott' als das, „darauf er all sein Herz setzet" (ders. 1524, 561) – und *Niklas Luhmanns* soziologische Religionstheorie so verstehen. Die dritte Gruppe argumentiert metareflexiv; ihr zufolge ist der semantische Hof von ‚Religion' unweigerlich flüssig und deshalb im jeweiligen Kontext von der betreffenden Sprechergruppe auszuhandeln (sog. *diskursiver* Religionsbegriff; vgl. zu prominenten Religionstheorien Drehsen/Gräb/Weyel 2005).

Erschwert wird die Verständigung über ‚Religion' dadurch, dass eine Vielzahl von Wissenschaften nicht nur an der Definition beteiligt, sondern auf den Begriff angewiesen ist: von Theologie und Philosophie über Religionswissenschaft, -soziologie und -psychologie bis hin zu Anthropologie, Ethnologie und Evolutionsforschung. Damit geht einher, dass ‚Religion' permanent in unterschiedliche Bezüge eingezeichnet, nicht zuletzt auch Gegenstand elaborierter Religionskritik wird. Auch angrenzende, bisweilen als Alternative herangezogene Termini wie ‚Spiritualität' oder ‚Theologie' (etwa in ‚Kindertheologie') lösen die semantischen und pragmatischen Probleme nicht. Da eine einhellige Definition nicht zu erreichen ist, muss eine Religionspädagogik, die den Begriff deskriptiv, analytisch oder sogar programmatisch aufnimmt, jedenfalls ausweisen, in welchem Sinne und in welcher Tradition sie dies tut.

Für die Grundlegung und Ausrichtung der Religionspädagogik erwies sich seit der Aufklärung immer wieder die Frage als zentral, ob Religion konstitutiv zum Menschsein gehört. Wenn dies der Fall ist, kann sie daran anknüpfen, wenn nicht, muss sie *ab ovo* für eine religiöse Deutung der Welt (und deren Mehrwert) werben und/oder auf die Selbsterschließung von Religion bzw. ihres Subjektes, Gott, vertrauen.

2 Rezeption

Der Begriff ‚Religion' ist seit dem 3./2. Jh. vor Christus in Gebrauch, doch in den Blick von Pädagogik, Katechetik bzw. Religionspädagogik kommt er erst in der Neuzeit. Intensive Auseinandersetzungen um seine Funktion und Leistungskraft für die Religionspädagogik hat es nur im 20. Jahrhundert gegeben. Kursorisch seien einige Etappen der Begriffsverwendung aufgerufen.

2.1 Mittelalter und frühe Neuzeit: Gleichsetzung von Religion und Christentum

In Theologie und Philosophie des abendländischen Mittelalters wurde der lateinische Begriff ‚religio' über Jahrhunderte mitgeführt, ohne besondere Aufmerksamkeit zu erzielen. Er bezeichnete – darin an die altkirchlichen Theologen anknüpfend, die den Begriff aus dem profanlateinischen Sprachgebrauch aneigneten – das Christentum als *die* ‚religio vera' (im Unterschied zur ‚religio falsa' oder ‚superstitio'). Noch in der *frühen Neuzeit*, im Sprachgebrauch der Reformatoren und römisch-katholischer Reformer des 16. Jahrhunderts klingt dies nach, etwa wenn *Johannes Calvins* Hauptwerk „Institutio christianae religionis" (1536) heißt. Doch im Großen und Ganzen fungiert ‚religio' im 16./17. Jahrhundert als Bezeichnung des Christentums – als Oberbegriff für eine Mehrzahl von Religionen wurde der Begriff kaum einmal in Dienst genommen. Ablesbar wird dies etwa bei *Johann Amos Comenius*; in seinem „Orbis sensualium pictus" (1658) thematisiert er eine Mehrzahl von Religionen (Heidentum, Judentum, Christentum, Islam), doch kommt er ohne den Oberbegriff ‚Religion(en)' aus.

2.2 Aufklärung: Unterscheidung zwischen Religion und Kirche sowie Theologie

Auf breiter Front ändert sich dies in der *Aufklärung*. Vor allem protestantische Theologen wie *Johann Joachim Spalding, Johann Salomo Semler, Johann Gottfried Herder* u.v.a. unterscheiden dem Begriff wie der Sache nach zwischen Religion als Gefühl, privater Religion, natürlicher Religion auf der einen Seite und Theologie, Kirche, Offenbarung auf der anderen Seite.

Auch die philantropischen Katechetiker und Pädagogen des 18. Jahrhunderts beginnen dezidiert von (christlicher) Religion zu sprechen und ziehen eine Unterscheidung ein zwischen dieser und der verfassten Kirche samt ihrer Lehre bzw. Theologie. Diese Differenz erweist sich als konstitutiv für die Genese und das Selbstverständnis Praktischer Theologie und Religions-Pädagogik.

Exemplarisch sei auf *Christian Gotthilf Salzmann* verwiesen, der – lutherisch-orthodox ausgebildet – neologische Schriften rezipiert und selbst „Ueber die wirksamsten Mittel Kindern Religion beyzubringen" (1780) schreibt. Der gesamte erste Abschnitt seiner knapp 200-seitigen Schrift behandelt die Frage „Was Religion sey" (ebd., 1-24); dies allein schon zeigt sowohl die gewachsene Bedeutung als auch die Klärungsbedürftigkeit des Begriffs. „Einem Menschen, der sich als Geschöpf Gottes ansieht, das dazu bestimmt ist, sich selbst immer vollkommener zu machen [...] und unter seinen Mitgeschöpfen Glückseligkeit [...] zu verbreiten, der [...] alles was geschieht, als Gottes Veranstaltung [...] betrachtet, [...] lege ich Religion bey." (ebd., 1f.) Religion ist verbunden mit der „Erkenntniß des wahren Werthes einer Sache" und damit „Gesinnung" (ebd., 2f.). Nicht minder charakteristisch als die Ausrichtung der *Salzmannschen* Überlegungen auf Vervollkommnung bzw. Glückseligkeit des Einzelnen ist der Umstand, dass Religion für ihn nicht ursprünglich mit dem geschichtlich greifbaren Christentum und dessen Lehren zu tun hat, sondern mit „moralische[m] Gefühl" (ebd., 8) und „natürlicher Erkenntniß der Dinge" (ebd., 141). Insofern wird hier ein Grundgedanke aufklärerisch inspirierter, philanthropischer Religionspädagogik erkennbar: Unterricht und Erziehung sollen fortan anknüpfen an natürliche Religion, sie bewusst erleben lassen und nachlaufend reflektieren.

Auch bei *Johann Michael Sailer, Johann Baptist Hirscher* u.a. sind solche Denkfiguren zu erkennen, allerdings ohne den Begriff ‚Religion' exponiert in Gebrauch zu nehmen.

2.3 Wende vom 19. zum 20. Jahrhundert: Religion als Thema der Religionspädagogik

Eine vergleichbare Spannung zwischen Religion und Kirche resp. Theologie wie im späten 18. Jahrhundert kommt *Ende des 19. Jahrhunderts* erneut zum Ausdruck. Gegenüber einer kirchlichen Katechetik, die von der Konsonanz zwischen dem Glauben der Einzelnen und der kirchlichen Lehre ausgeht oder an deren

(Wieder-)Herstellung mit den Instrumenten pastoraler bzw. katechetischer Vermittlung arbeitet, bildet sich zuerst in der Reflexion von Religionslehrenden und Multiplikatoren ein Zugang zum schulischen Unterricht, der sich selbst unter Rekurs auf ‚Religion' definiert (früh schon bei *Adolph Diesterweg*). Während darüber bald, ab den 1890er Jahren, ein religionspädagogischer Zeitschriften- und Publikationsdiskurs entsteht (vgl. Schweitzer/Simojoki 2005), gelingt die Akademisierung dieses nun Religionspädagogik genannten Konzeptes – zunächst an den neu entstehenden Pädagogischen Akademien – erst ab den 1920er Jahren.

Max Reischle, der Systematische Theologe, dem wir nach Lage der Dinge den Begriff ‚Religionspädagogik' verdanken, entwickelt und beschreibt deren Aufgaben im Konzert anderer Disziplinen, die sich allesamt der Erforschung von Religion widmen (vgl. ders. 1889, 88ff.). Mit Ausnahme der Beleihung von (Religions-)Psychologie spielen solche enzyklopädischen Reflexionen für die Konstituierung der Disziplin fortan jedoch kaum eine Rolle; es ist der Begriff ‚Religion', der durchaus absichtsvoll Leitbegriff und Haftpunkt für deren Programm wird. Exemplarisch und scharf – schaut man auf die Vielfalt der formulierten Ansätze, muss man sagen: überscharf – hat dies *Friedrich Niebergall* beschrieben. Er votiert für „eine religions-wissenschaftliche Religionspädagogik" (ders. 1911, 39), die weniger geschichtlich als vielmehr psychologisch verankert ist, „Religion nicht mehr [als] Lehre, sondern [als] Leben" einbringt, „das persönliche Leben […] des religiösen Erziehers" als wichtigsten Erziehungsfaktor wertet und „die Religion des Kindes" zum Ausgangs- und Anknüpfungspunkt bestimmt (ebd., 42). ‚Religion' / ‚religiös' wird hier somit als positiv konnotiertes Attribut bzw. Phänomen gegen all das in Stellung gebracht, von dem man sich abzuwenden wünscht: dogmatische Lehre, verfasste Kirche, katechetischer Unterricht, erstarrende Tradition, memorierorientierte Methode.

Wiederum kommen ähnliche Postulate auch katholischerseits zur Sprache: Die Münchener Katechetische Methode, entwickelt von *Heinrich Stieglitz, Joseph Göttler* u.a., wird zur Vorreiterin und zum Inbegriff entsprechender Reformvorschläge, daneben sind indes Impulse etwa aus Würzburg oder Sachsen nicht zu vernachlässigen (vgl. Simon 2005, 266f.). Allerdings sind erneut recht „eindeutige konfessionsspezifische Profile" (ebd., 262) von Religionspädagogik auszumachen: Auf katholischer Seite wird keine schroffe Bruchlinie zwischen Katechetik und Religionspädagogik gesehen; die Modernisierung betrifft v.a. Methoden, nicht die Inhalte, und nicht zuletzt spielt auch der Religionsbegriff nicht *die* programmatische Rolle, die ihm evangelischerseits zugewiesen wird.

2.4 1920er Jahre: Theologische Religionskritik

Folgerichtig fällt auch die theologische Kritik an diesem pädagogisch-psychologischen, auf Religion rekurrierenden Aufbruch *seit den 1920er Jahren* in der katholischen Version weniger apodiktisch aus, als es in der evangelischen Theologie der

Fall ist. Hier sind es Repräsentanten der Wort-Gottes-Theologie, allen voran *Karl Barth*, die Religion theologisch ächten (indem sie sie als Ausdruck menschlicher Selbstüberhebung interpretieren).

Diejenige religionspädagogische Formation, die sich religionskritisch äußert, die Evangelische Unterweisung, speist sich indes keineswegs nur aus der Dialektischen Theologie, sondern auch aus der *Luther*-Renaissance und anderen Strömungen; die kritische Auseinandersetzung mit der politisch-weltanschaulichen Lage, mit der Indienstnahme auch christlicher Religion und vieler Religionspädagogen durch die Nationalsozialisten, tragen das ihre zu ihrer Genese bei. Während *Gerhard Bohne, Oskar Hammelsbeck* u.a. in bis heute bedenkenswerter Weise über „das Wort Gottes und de[n] Unterricht" (1929) bzw. eine „evangelische Lehre von Erziehung" (1950) nachdenken, stammt die schärfste Positionsbestimmung ausgerechnet von *Helmuth Kittel*, der in seiner eigenen Lebensführung keineswegs zu klaren Unterscheidungen neigte. 1947 schreibt er: „Das ganze Elend wurzelt im Namen ‚Religionsunterricht' […]. Sinnvoll war dieser Name […], solange man ihn selbstverständlich […] auf die christliche Religion bezog. Also solange man darunter verstehen mußte: Unterricht in *der* Religion, die die Religion schlechthin ist." (ders. 1957, 7) Das aber sei seit der Reformation, v.a. seit der Aufklärung nicht mehr der Fall – ‚Religion' sei zusehends zum „Abstraktum" (ebd., 9) geworden, Religionsunterricht de facto „überkonfessionell" (ebd., 10); deshalb: „Evangelische Unterweisung, so heißt die neue uns gestellte Aufgabe – nie wieder Religionsunterricht!" (ebd.)

Bis Mitte der 1960er Jahre waren Begriff und Sache der Religion danach weithin tabu. Allerdings muss man bewusst halten, dass es Vertreter der Evangelischen Unterweisung und der hermeneutischen Religionsdidaktik, etwa *Walter Tebbe* und *Helmut Angermeyer*, waren, die sich mit ‚außerchristlichen Religionen' als Unterrichtsgegenstand zu befassen begonnen.

2.5 1960er Jahre: Grundierung des Religionsunterrichts in Religion?

Die Kritik an Evangelischer Unterweisung und hermeneutischer Religionsdidaktik und damit auch an der Ausblendung von ‚Religion', die *in der „religionspädagogischen Reformdekade"* (Rickers/Schröder 2010, 2) *der 1960er und 70er Jahre* aufbricht, greift auf verschiedene Quellen zurück – das Spektrum reicht von theologischen Strömungen (Vaticanum II, *Jürgen Moltmanns* „Theologie der Hoffnung" u.a.) bis hin zu religionskritischer Philosophie.

Je radikaler die Forderung nach Reform nicht nur der Methoden und Gehalte, sondern auch der organisatorischen Form des Religionsunterrichts ausfiel, desto wichtiger wurde der Begriff der ‚Religion': Durch Rückgriff auf ihn gelang eine beträchtliche Erweiterung des Spektrums möglicher Unterrichtsthemen, konnten Fragen nach Identität, Sinn und Umgang mit Kontingenzen in die Mitte des Religionsunterrichts rücken, ließ sich nicht zuletzt das Fach im Kanon schulischer Bildung legitimieren (beeindruckend: Halbfas 1968). Allerdings kam mit dem Rekurs auf Religion auch ein Gefälle in Richtung eines allgemeinen, eines religionskundlichen oder eines sozialisationsbegleitenden Religionsunterrichts zur Geltung (vgl. Ritter 1982 und Schrödter 1975).

Wird die Unbestimmtheit von ,Religion' als Chance zur Öffnung des Unterrichts und seiner Konzepte wahrgenommen, wird gleichwohl bald schon die prinzipielle Unbestimmbarkeit von ,Religion' kritisch gegen allzu weitreichende Reformen gewendet. Evangelischerseits führt insbesondere das entsprechende Plädoyer von *Karl Ernst Nipkow* zur Abkehr von dem Versuch, Religionspädagogik und -unterricht aus einem allgemeinen Religionsbegriff zu begründen (vgl. ders. 1975, 129-166; vgl. Feifel 1973a und 1973b).

2.6 1980er Jahre: Religion als Gegenstand empirischer Forschung

Seit den 1980er Jahren kommt ,Religion' nach diesem Grundlegungskonflikt anders in den Blick der Religionspädagogik als zuvor: Nicht mehr das Ringen um ihr Gewicht in der religionspädagogischen Theoriebildung spielt die entscheidende Rolle, sondern die *empirische Auslotung* von Religiosität und Religion bzw. ihr Gestaltwandel in der (post-)modernen Gesellschaft.

Diese Auslotung verlangt eigene *methodologische* Reflexionen auf Verfahren und Reichweite empirischer Religionspädagogik; sie verlangt insbesondere weit ausgreifende, sich fein ausdifferenzierende *materiale* Bestandsaufnahmen. Diese richten sich einerseits auf die Religiosität der Einzelnen, sei es mit den Mitteln der Entwicklungs- und Religionspsychologie (diachroner Fokus), sei es mit den Mitteln quantitativer oder qualitativer Religionssoziologie (synchroner Fokus), andererseits auf Religion in der Gesellschaft: Pluralisierung der ,religiösen' Orientierungen von Mitgliedern der christlichen Kirchen, wachsende Präsenz nichtchristlicher Religionen, insbesondere des Islam, Synkretismen und ,schwebende' Religiositäten, mediale und zivilreligiöse Mutationen geschichtlicher Religionen sind wohl die wichtigsten Phänomenbündel, denen Aufmerksamkeit zuteil wird (vgl. Schröder 2012, 284-295 und 308-338). Hintergründig wird dabei stets um die Einschätzung solcher Entwicklungen gerungen: Lassen sie sich als Ausdruck der Säkularisierung oder umgekehrt eher als Ausdruck von Religionsproduktivität interpretieren?

In jedem Fall arbeiten alle empiriegestützten religionspädagogischen Studien und Theorien mit dem Begriff ,Religion' (nicht etwa ,Christentum' oder ,Glaube') – und sie nehmen ihn in einem weiten, nicht inhaltlich finiten Sinne auf.

2.7 Religiöse Pluralität und globale Religion als Kontexte des Religionsunterrichts

Auf dieser Spur von Religion als deskriptiver Kategorie zeichnet sich *in den letzten Jahren* neuerlich eine Horizonterweiterung ab: Denn auch Religionen und Religiositäten sind nach dem Fall des Eisernen Vorhangs kaum mehr nur in einem nationalen Kontext zu verstehen; sie haben teil an europäischen, z.T. sogar globalen Entwicklungen. Diese Einsicht führen römisch-katholische Religionspädagog/innen auf Grund der weltumspannenden Konstitution ihrer Kirche immer schon mit; in protestantischer Perspektive wächst dafür nun die Sensibilität: Das Spektrum der Themen reicht vom interreligiösen Lernen über die Implikationen europäischer Politik für den Religionsunterricht und europäische Studien zur Religiosität Jugendlicher bis hin zur Wahrnehmung „globalisierter Religion" (*Henrik Simojoki*).

Dies bleibt nicht folgenlos für die Religionspädagogik: Nicht nur werden die Daten, die sie verarbeitet, umfänglicher und multipler; auch ihre Konstitution ist betroffen. Denn zum einen wächst ihr eine Aufgabe zu, die vielfach als ‚vergleichende Religionspädagogik' bezeichnet wird; zum anderen wird ihr historischer Kern, die Didaktik bzw. die Handlungsorientierung, abgeschmolzen. Das, was sich im Bereich der Religion hierzulande, erst recht im europa- oder weltweiten Maßstab empiriebasiert beobachten lässt, erfordert nicht nur mehr Wahrnehmungsenergie, sondern es entzieht sich zusehends der Beeinflussung durch Handeln.

3 Potenzial

Der Gebrauch des Begriffs ‚Religion' in der Religionspädagogik wie in anderen Wissenschaften entfaltet kaum klärende, wohl aber *diskursstiftende* Kraft. Seine semantische Offenheit und pragmatische Vielfalt lässt den Begriff *unverzichtbar* erscheinen, um die Grenzen des Gegenstandsbereichs der Religionspädagogik auszuloten. Durch Ingebrauchnahme des Religionsbegriffs wird dieser Bereich einerseits sehr viel weiter gesteckt als beim Rekurs auf alternative Begriffe wie z.B. ‚Christentum', andererseits auch enger gefasst: ‚Religion' bezeichnet, wie auch immer sie im Einzelnen definiert wird, nur eine Teilmenge dessen, was etwa ‚Kultur', ‚Weltanschauungen' oder „Modi der Weltbegegnung" (*Jürgen Baumert*) genannt werden kann. Die Rede von ‚Religion' erfüllt somit *heuristische* Funktionen – sie eignet sich hingegen nicht als ‚identity marker' einer Religionspädagogik, die sich theologisch verortet.

Religionspädagogik hat Religion, Religiosität und religiös relevante Lernprozesse möglichst weit wahrzunehmen, bleibt aber um ihrer theologischen Urteilsfähigkeit und ihrer Handlungsorientierung willen wesentlich auf das Christentum (mutatis mutandis auf Judentum oder Islam) bezogen.

Literatur

Drehsen, Volker / Gräb, Wilhelm / Weyel, Birgit (Hg.) (2005), Kompendium Religionstheorie, Göttingen – Feifel, Erich (1973a), Grundlegung der Religionspädagogik im Religionsbegriff, in: HRP 1, 34-48 – Ders. (1973b), Modelle der Begründung religiöser Erziehung, in: HRP 1, 72-85 – Feil, Ernst (1986-2007), Religio, 4 Bde., Göttingen – Halbfas, Hubertus (1968), Fundamentalkatechetik. Sprache und Erfahrung im Religionsunterricht, Stuttgart – Düsseldorf – Kittel, Helmuth (³1957), Vom Religionsunterricht zur Evangelischen Unterweisung [Wolfenbüttel 1947], Hannover – Luther, Martin (1524), Der Große Katechismus, in: Bekenntnisschriften der evangelisch-lutherischen Kirche, Göttingen ¹⁰1986, 543-733 – Niebergall, Friedrich (1911), Die Entwicklung der Katechetik zur Religionspädagogik, in: Monatsblätter für den evangelischen Religionsunterricht 4 (1911), 1-10.33-43.689-705 – Nipkow, Karl Ernst (1975), Grundfragen der Religionspädagogik. Bd. 1, Gütersloh – Reischle, Max (1889), Die Frage nach dem Wesen der Religion. Grundlagen zu einer Methodologie der theologischen Wissenschaft, Tübingen – Rickers, Folkert / Schröder, Bernd (Hg.) (2010), 1968 und die Religionspädagogik, Neukirchen-Vluyn – Ritter, Werner H. (1982), Religion in nachchristlicher Zeit. Eine elementare Untersuchung zum Ansatz der neueren Religionspädagogik im Religionsbegriff, Frankfurt/M. – Salzmann, Christian Gotthilf (1780), Ueber die wirksamsten Mittel Kindern Religion beyzubringen, Leipzig – Schleiermacher, Friedrich (1984), Reden über die Religion (1799), in: ders., Kritische Gesamtausgabe I/2, (hg. von Meckenstock, Günter), Berlin – New York, 185-326 – Schröder, Bernd (2012), Religionspädagogik, Tübingen – Schrödter, Hermann (1975), Die Religion der Religionspädagogik, Zürich u.a. – Schweitzer, Friedrich / Simojoki, Henrik (2005), Moderne Religionspädagogik. Ihre Entwicklung und Identität, Gütersloh – Freiburg/Br. – Simon, Werner (2001), Im Horizont der Geschichte. Religionspädagogische Studien zur Geschichte der religiösen Bildung und Erziehung, Münster u.a. – Ders. (2005), Einordnung und weitere Forschungsdesiderate aus katholisch-religionspädagogischer Sicht, in: Schweitzer/Simojoki 2005, 261-270

E2 – Tradition

Christian Cebulj

„*Tradition…*!" – Mit diesem Ausruf erlangte er Weltruhm, Tevje, der Milchmann im berühmten Musical „The Fiddler on the Roof" nach dem Roman von *Sholem Alejchem*. Im ukrainischen Schtetl Anatevka der Zarenzeit hadert der verarmte Tevje mit den Heiratswünschen seiner Töchter und wägt in hintergründigen Monologen das Für und Wider der jüdischen Tradition ab. Die Art, wie Tevje gleichzeitig den Stolz auf die Vergangenheit und das Ringen mit der Gegenwart seiner religiösen Tradition besingt, macht ihn zum liebenswürdigen und gleichzeitig tragischen Protagonisten eines post-traditionalen Umgangs mit Tradition, einem Phänomen, das im vorliegenden Beitrag in einigen religionspädagogischen Pinselstrichen nachgezeichnet wird.

1 Profil

Der Stolz und das Ringen des Tevje bestimmen in gewisser Weise auch den gegenwärtigen religionspädagogischen Umgang mit der Tradition. Dabei ist signifikant, dass die aktuellen Debatten nicht so sehr den Stellenwert des Traditionsbegriffs zum Inhalt haben als vielmehr den Umgang mit der *Tradierungskrise*. So fehlt etwa das Stichwort ‚Tradition‘ im renommierten Lexikon der Religionspädagogik, das Stichwort ‚Tradierungskrise‘ hingegen ist vertreten (vgl. Gabriel 2001). Seit den Anfängen der Theologiegeschichte liegt dem Traditionsbegriff ein *kriteriologisches* Interesse zugrunde. Das heißt, dass Tradition nicht nur die mündliche und schriftliche Weitergabe von Glaubensinhalten meint, sondern in traditionalen Zeiten immer auch vom Interesse geprägt war, die Substanz der Glaubensüberlieferung auf normative und autoritative Weise nach außen (Apologetik) wie nach innen (Häresie, Orthodoxie) festzulegen. Was als Tradition anerkannt war, hatte in traditionalen Zeiten verpflichtenden Charakter. Dabei waren Traditionen in einem dreifachen Sinn normativ verbindlich: Sie beanspruchten exklusive Gültigkeit, allgemeine Zustimmung und umfassende Relevanz (vgl. Englert 2008, 96). In posttraditionalen Zeiten haben Traditionen im Kontext weltanschaulicher Pluralität zwar ihren normativen Anspruch verloren, nach *Anthony Giddens* bleiben sie allerdings bedeutsam, man wird sich ihrer Bedeutung in unserer pluralistischen Gegenwart sogar ausdrücklicher bewusst als früher (vgl. ders. 2001). Es gibt zwei etymologische Bedeutungsebenen des lat. ‚tradere‘, die meiner Wahrnehmung nach heute zu schnell getrennt voneinander betrachtet werden. Das Substantiv ‚traditio‘, das ursprünglich aus dem römischen Erbrecht stammt und dort die juristisch geregelte Übergabe eines Gegenstandes von einer Person an eine andere bezeichnet, bedeutet sowohl den *Inhalt* des Übergebenen als auch den *Vorgang* der Übergabe. Hieraus ergeben sich die folgenden vier Dimensionen von Tradition, von denen sich die *semantische*, *performative* und *syntaktische* Dimension (zur ersten und dritten vgl. Englert 2008, 99f.) der Inhaltsebene zuordnen lassen, während die *anamnetische* Dimension mehr die Vorgangsebene betrifft.

(1) *Traditionen sind Texte (Semantik)*: An der Bibel als einem zentralen Traditionselement des jüdisch-christlichen Glaubens wird deutlich, dass Traditionen stark durch die schriftliche Fixierung des Traditionsguts in Gestalt kanonisierter heiliger Schriften geprägt sind. Dabei enthält die semantische Dimension die didaktische Problemanzeige, dass Traditionen wie etwa Texte der Bibel im Zusam-

menhang ihres semantischen Universums gelesen werden müssen, um die Vielfalt ihres Bedeutungsspektrums entfalten zu können. Die hermeneutische Kompetenz einer Lehrperson zeigt sich darin, dass es ihr gelingt, Aspekte dieses semantischen Universums in der religionsunterrichtlichen Praxis lebendig werden zu lassen, auch wenn eine *Tradition im Fragment* notwendigerweise hinter dem semantischen Ideal eines Lernens an intertextuellen Bezügen zurückbleibt.

(2) *Traditionen haben einen Ort (Performanz)*: Die Eigenart der christlichen Religion kann nicht ausschließlich auf kognitiver Ebene erfasst werden, sondern ist „gleichermaßen ein existenziell erfahrenes wie kognitiv gewusstes, sie ist ebenso ein bekenntnishaft geteiltes wie betendes, feierndes und sich auf den Alltag auswirkendes Geschehen." (Porzelt 2005, 23) Die performative Dimension von Tradition versteht Glaubenspraxis als Lebenspraxis und gibt zu verstehen, dass die *gelehrte* Form des Glaubens nicht ohne die *gelebte* Form des Glaubens gelingen kann.

(3) *Traditionen erheben einen Wahrheitsanspruch (Syntax)*: Nach *Giddens* ist Tradition „ein Mittel für den Umgang mit Zeit und Raum, das jede einzelne Tätigkeit oder Erfahrung in das Kontinuum aus Vergangenheit, Gegenwart und Zukunft einbringt" (ders. 1996, 53). Dabei ist festzuhalten, dass Tradition kein Fundus zeitloser, ewiger Wahrheiten ist, sondern „ein Instrumentarium zur Hervorbringung situationsangemessener Reaktionen" (Englert 2008, 100). Im didaktischen Kontext gilt deshalb für die Beschäftigung mit der christlichen Glaubenstradition, dass deren objektive *Wahrheit an sich* zu einer existenziellen *Wahrheit für mich* werden muss (vgl. Nipkow 1982, 191), damit Traditionen tatsächlich das in ihnen angelegte Aktualisierungspotenzial entfalten können.

(4) *Traditionen bilden durch Erinnerung (Anamnese)*: Die Kulturwissenschaften haben der Religionspädagogik vor Augen geführt, dass in unserer hektischen Gegenwart die Kategorie der *Erinnerung* neue Bedeutung gewinnt. In diesem Zusammenhang haben *Jan* und *Aleida Assmann* mit ihrer Theorie vom *kulturellen Gedächtnis* den Traditionsbegriff neu ins Blickfeld gerückt (vgl. J. Assmann 2000). Demnach umfasst das kulturelle Gedächtnis Traditionen, in deren Pflege sich das Selbstbild einer Gesellschaft zeigt. Es entfaltet Erinnerungsräume, die über den Gedächtnisfundus des Einzelnen hinausgreifen und in Erinnerungsfiguren Ereignisse der Vergangenheit bündeln (vgl. A. Assmann 2010). Die Erinnerung an vergangene Ereignisse wird durch kulturelle geformte Tradition (Texte, Riten Denkmäler) und institutionalisierte Kommunikation (Rezitation, Begehung, Betrachtung) wach gehalten. Anamnetisches Lernen an und mit solchen Formen von Tradition leistet einen wichtigen Bildungsbeitrag, denn es lässt das kulturelle Gedächtnis wie einen Generationenvertrag fungieren, der Traditionen der Vergangenheit in der Gegenwart sichert (vgl. Cebulj 2013, 6).

2 Rezeption

Wer vor dem Hintergrund der genannten Dimensionen nach der Rezeption des Traditionsbegriffs fragt, erkennt in den religionspädagogischen Debatten der letzten Jahrzehnte eine permanente Pendelbewegung zwischen den Polen *Subjekt* und *Tradition*. In jüngerer Zeit ist wieder vermehrt zu hören, es sei zwar viel über Subjektorientierung im Religionsunterricht nachgedacht worden, dabei stelle sich aber die Frage, ob nicht auch für die Authentizität und Würde der Tradition etwas mehr getan werden müsste, und zwar durchaus um der Subjekte willen. *Rudolf Englert* hat in diesem Sinne ein neues Nachdenken über Tradition eingefordert: „Während es bis in die 80er Jahre hinein geboten erschien, den Subjekten gegenüber der Übermacht des Überlieferten Raum zu schaffen, scheint es mir heute nötig, der Überlieferung (der ‚Tradition') gegenüber einem sich ihr mittlerweile häufig geradezu herrscherlich gebärdenden Subjekt gewissermaßen Rederecht zu sichern." (ders. 2003, 140)

2.1 Bibel und Tradition als ‚fremde Welten'?

Von diesem „Rederecht" hat *Thomas Ruster* vor Jahren Gebrauch gemacht, als er nicht weniger als eine Neubegründung des Religionsunterrichts und eine Revision des ‚Erfahrungsdogmas' in der Religionspädagogik forderte. Er war der Auffassung, der Erfahrung der Schüler/innen könne nicht mehr getraut werden, vielmehr müsste Bibel und Tradition als ‚fremden Welten' wieder mehr Gewicht gegeben werden (vgl. ders. 2000, 198f.). *Hubertus Halbfas* konnte hingegen glaubhaft zeigen, wie sehr *Rusters* Optionen von gefährlichen Generalisierungen und eindimensionalen Verengungen geprägt waren, die am Ende einen neo-orthodoxen Religionsunterricht als reinen Bibelunterricht zur Folge gehabt hätten (vgl. Halbfas 2000). Die *Ruster-Halbfas*-Debatte, die eine Brücke zum Schlüsselbegriff ‚Korrelation' schlägt, hat gezeigt: Wer sich probeweise auf die Seite der Tradition stellt, muss sich immer auch um schülerorientierte Formen des Verstehens bemühen. Denn erst im Gespräch mit heutigen Erfahrungen erweist sich, ob Tradition etwas zu sagen hat oder nicht.

2.2 Tradition versus Kompetenz?

Neuerlich wurde der Stellenwert der Tradition in der Religionspädagogik wieder im Diskurs um die Kompetenzorientierung zum Thema. In diesem Kontext hat *Katja Boehme* als eine von vielen kritischen Stimmen der Kompetenzorientierung vorgeworfen, für eine „Inhaltsentleerung des Religionsunterrichts" (dies. 2010, 462) mitverantwortlich zu sein. In der Tat ist das Programm der Kompetenzorientierung ambitioniert, denn sie hat sich den Paradigmenwechsel des schulischen Lernens von der Inhalts- zur Kompetenzorientierung, von der Input- zur Outputorientierung, von der Lehrer- zur Schülerorientierung, von der Instruktion zur Konstruktion zum Ziel gesetzt. *Clauß Peter Sajak* und *Wolfgang Michalke-Leicht* haben dem Vorwurf der Inhaltsentleerung widersprochen und betont, dass religionsbezogene Kompetenzen notwendigerweise konkreter Glaubensinhalte bedürften, um entwickelt werden zu können (vgl. dies. 2010, 590). An kompetenzorientierten Lernarrangements wird mit Recht kritisiert, dass Glaubenstraditionen als Lerninhalte häufig im Sinne von Beispielen verstanden würden, über die die Lehrperson in der Anfangsphase einer Lernsequenz informiert und die dann von den Schüler/innen selbsttätig erarbeitet werden. Der Verdacht der Inhaltsentleerung ist nicht ganz von der Hand zu weisen, wenn man bedenkt, dass die wenigsten Inhalte des Religionsunterrichts Fakten sind, über die man fraglos informieren und die man einfach abrufen oder recherchieren könnte. So können etwa die meisten biblischen Traditionen als Sprachformen jenseits der Information aufgefasst werden, man denke nur an narrative Gattungen wie Gleichnisse und Parabeln, die nicht nur informativ erzählen, sondern immer einen Mehrwert aufweisen und über sich hinausweisen (vgl. Dressler 2012, 18). Solche für den Religionsunterricht zentrale Sprachformen hat *Walter Benjamin* im Kontrast zur Sprachform der Information treffend beschrieben und dabei ihre besondere Qualität deutlich gemacht: „Die Information hat ihren Lohn mit dem Augenblick dahin, in dem sie neu war. [...] Anders die Erzählung; sie verausgabt sich nicht. Sie bewahrt ihre Kraft gesammelt und ist noch nach langer Zeit der Entfaltung fähig. [...] Sie ähnelt den Samenkörnern, die jahrtausendelang luftdicht verschlossen in den Kammern der Pyramiden gelegen und ihre Keimkraft bis auf den heutigen Tag bewahrt haben." (ders. 1977, 391)

So sehr die Errungenschaften der Kompetenzorientierung zu würdigen sind, zeigt sich als Gefahr, dass die Dominanz der Kompetenzen gegenüber den Inhalten auf Dauer zu einem Problem der Kompetenzorientierung werden könnte. Damit die Glaubenstraditionen als zentrale Bezugspunkte des Bildungsgeschehens im Religionsunterricht nicht erdrückt werden, sind deshalb entsprechende Anstrengungen zu unternehmen, um ihnen das ihnen gebührende Gehör zu verschaffen. Hierzu sind die folgende didaktische Grundaufgaben von Bedeutung: Wer *konstruiert*, geht autopoietisch mit Tradition um. Wer *rekonstruiert*, integriert bereits Bekanntes in seine Konstruktion von Tradition. Wer *instruiert* wird, bekommt Wissen vermittelt, das die Rekonstruktion von Tradition ermöglicht. Und wer *dekonstruiert*, enttarnt Konstruktionen von Tradition und öffnet sie für Veränderungen (vgl. Cebulj 2010, 102).

3 Potenzial

Als *Anthony Giddens* meinte, Traditionen behielten auch in posttraditionalen Zeiten eine wichtige Funktion, knüpfte er diese Einschätzung an die Bedingung, dass sie auf nicht-traditionale Weise bewahrt werden: durch kritische Auseinandersetzung, immer wieder neue Interpretation, kontroverses Gespräch, kreative Transformation und eine große Portion Rationalität (vgl. ders. 2001, 61). Wenn ich angesichts dieser Kriterien die jüngsten religionsdidaktischen Bemühungen im Bildungskontext Schweiz betrachte, im Rahmen des *Lehrplans 21* einen bekenntnisunabhängigen Religionsunterricht für alle einzuführen, dann werden im Lernbereich „Ethik – Religionen – Gemeinschaft" die von *Giddens* genannten Kriterien erfüllt. Die besondere didaktische Chance besteht darin, dass nicht religiös sozialisierten Schülern/innen Chancen des nicht-traditionalen Umgangs mit Tradition angeboten werden, die mitten im Kulturwandel *Erinnerungsräume* für Judentum, Christentum und Islam eröffnen. Wenn Tradition dann als „auf Dauer gestellte kulturelle Konstruktion von Identität" (A. Assmann 1999, 90) ihren Beitrag zur religiösen Identitätsentwicklung von Kindern und Jugendlichen leisten kann, hat sie ihr bleibendes Potenzial unter Beweis gestellt.

Literatur

Assmann, Aleida (1999), Zeit und Tradition. Kulturelle Strategien der Dauer, Köln – Dies. (⁵2010), Erinnerungsräume. Formen und Wandlungen des kulturellen Gedächtnisses, München – Assmann, Jan (2000), Religion und kulturelles Gedächtnis. Zehn Studien, München – Benjamin, Walter (1977), Der Erzähler. Betrachtungen zum Werk Nikolai Lesskows, in: ders., Illuminationen. Ausgewählte Schriften 1, Frankfurt/M., 385-410 – Boehme, Katja (2010), Erhebliche Gefährdungen – Der Religionsunterricht und seine Probleme, in: HK 64 (9/2010) 460-464 – Cebulj, Christian (2010), Wege aus der Theologenfalle. Eine Spurensuche im Feld konstruktivistisch orientierter Bibeldidaktik, in: Büttner, Gerhard u.a. (Hg.), Jahrbuch für konstruktivistische Religionsdidaktik. Bd. 1: Lernen mit der Bibel, Hannover, 98-108 – Cebulj, Christian (2013), Vergiss es (nicht)! Zur Dialektik von Erinnern und Vergessen aus religionspädagogischer Sicht, in: reli. Zeitschrift für Religionsunterricht 42 (4/2013) 6-9 – Dressler, Bernhard (2012), Kompetenzorientierung als Chance für den RU – eine erste Bilanz, in: Sajak, Clauß Peter (Hg.), Religionsunterricht kompetenzorientiert. Ergebnisse aus der fachdidaktischen Forschung, Paderborn, 17-26 – Englert, Rudolf (2003), Vom Umgang mit Tradition im Zeichen religiöser Pluralität. Ein katholischer Beitrag, in: ZPT 55 (2/2003) 137-150 – Ders. (²2008), Was haben wir an unserer religiösen Tradition?, in: ders., Religionspädagogische Grundfragen. Anstöße zur Urteilsbildung, Stuttgart, 81-121 – Gabriel, Karl (2001), Tradierungskrise, in: LexRP, 2137-2139 – Giddens, Anthony (1996), Konsequenzen der Moderne, Frankfurt/M. – Ders. (2001), Tradition, in: ders., Entfesselte Welt. Wie die Globalisierung unser Leben verändert, Frankfurt/M., 51-67 – Halbfas, Hubertus (2000), Thomas Rusters „fällige Neubegründung des Religionsunterrichts". Eine kritische Antwort, in: rhs 44 (1/2001) 41-53 – Nipkow, Karl Ernst (1982), Elementare Wahrheiten – Elementarisierung als Gespräch zwischen Leben und geschichtlichem Prozeß, in: ders., Grundfragen der Religionspädagogik. Bd. 3, Gütersloh, 191-204 – Porzelt, Burkard (2005), Die Religion (in) der Schule. Eine religionspädagogische und theologische Herausforderung, in: RpB 54/2005, 17-29 – Ruster, Thomas (2000), Der verwechselbare Gott. Theologie nach der Entflechtung von Christentum und Religion, Freiburg/Br. – Sajak, Clauß-Peter / Michalke-Leicht, Wolfgang (2010), Bitte nüchtern bleiben. Ein Plädoyer gegen die Überforderung des Religionsunterrichts, in: HK 64 (11/2010) 588-591

E3 – Symbol

Silvia Arzt

1 Profil

Im Ringen um eine Definition des Symbolbegriffs greift die Religionspädagogik auf eine Fülle von Begriffen und Zugängen zurück, vor allem aus der Theologie, Religionswissenschaft, Philosophie und Psychologie, die selbst wieder differenzierte und kontroverse Debatten darüber führen (zum Folgenden vgl. Halbfas 1982, 86-104; Bucher 1990, 33-367; Biehl 1991, 13-72).

In der *Theologie* ist vor allem *Paul Tillich* mit dem Symbolbegriff verbunden. Die mythisch-symbolische Sprache könne nicht einfach durch philosophisch-theologische Begrifflichkeiten ausgetauscht werden, denn die Sprache des Glaubens sei die Sprache des Symbols und das Symbol bleibe ein „unersetzliches theologisches Erkenntnismedium" (Bucher 1990, 323).

In der *Religionswissenschaft* geht *Mircea Eliade* von archaischen Symbolstrukturen aus, die sich in den Religionen in immer neuer Weise und in Variationen zeigen. Er will in der geschichtlichen Vielfalt der Symbole diese Grundmuster rekonstruieren. Die neuere Religionswissenschaft hingegen betont die Bedeutung der Kontextualiät von Symbolen, da diese nicht zeitlos gültig und geschichtlichen Wandlungen unterworfen seien – Symbole könnten auch erlöschen, untergehen, aber auch wiederbelebt werden bzw. neu auftauchen (vgl. Gerlitz 2001).

In der *Psychologie* stehen sich *Carl Gustav Jung* und *Sigmund Freud* gegenüber. Für *Jung* sind Symbole die Artikulation psychischer Vorgänge, die archetypische Strukturen aufgreifen und verarbeiten. *Freud* betrachtet Symbole als die Sprache des Unbewussten und des Verdrängten. Durch die Bewusstmachung der hinter den Symbolen stehenden Wünsche kann Symbolbildung und Symbolgebrauch überwunden und können die Menschen von „kollektiven Zwangsneurosen"

(Halbfas 1982, 87) wie der Religion befreit werden. Die Neopsychoanalyse modifiziert dieses Symbolkonzept allerdings aufgrund der Annahme, „daß Symbole an der Entwicklung des Bewußtseins und an der Anthropogenese konstitutiv beteiligt sind." (Bucher 1990, 183) „Symbole werden „nicht mehr als ‚Stellvertretungen für verdrängte Inhalte des Unbewußten' angesehen, sondern [...] als die ‚Entdecker' und ‚Repräsentanten' der Realität begriffen, ohne die es ‚keine äußere und innere Erkenntnis' gibt." (ebd., 189 mit Bezug auf *Frederick J. Hacker*) Die Entwicklungspsychologie in der Tradition *Jean Piagets* begreift symbolisches Verstehen als Grundlage der Erkenntnis, betont die Beteiligung des Subjekts an der Symbolbildung und macht deutlich, dass sich Symbolverständnis erst entwickeln muss.

Aus der *Philosophie* werden vor allem die Philosophische Ästhetik und die Philosophie des Symbolismus rezipiert, die herausstellen, dass Erkenntnis von der sinnlichen Wahrnehmung abhängig sei. Wesentliche Impulse für die Philosophie des Symbolismus gibt *Ernst Cassirer*, der davon ausgeht, dass die Wirklichkeit nicht ‚an sich', sondern nur ‚durch die Vermittlung der symbolischen Formen' zu erfassen sei – gerade der Symbolbesitz zeichne den Menschen, als „animal symbolicum" (Halbfas 1982, 93) aus. Einen wesentlichen Beitrag leistete *Susanne K. Langer* mit ihrer Unterscheidung zwischen *diskursivem* und *präsentativem* Symbolismus. Damit wird „die Intelligenz nicht einseitig auf Diskursivität festgelegt und jede andere Vorstellung in ein irrationales Reich des Gefühls und Instinkts verbannt" (dies. 1987, 145). Diese Theorie des Symbolismus „läßt die Vorstellungskraft und den Traum, den Mythos und das Ritual ebenso zu ihrem Recht kommen wie die praktische Intelligenz." (ebd.) Auf beiden Wegen könne man zu einer „Theorie des Verstehens" gelangen – Wurzel beider „ist das menschliche Grundvermögen der symbolischen Transformation. Der einen Wurzel entwachsen verschiedene Blüten." (ebd.)

2 Rezeption

Eine intensive Debatte um den Symbolbegriff fand in der Religionspädagogik vor allem in den 1980er und 1990er Jahren statt, und zwar im Kontext der Auseinandersetzungen um die Entwicklung von symboldidaktischen Konzepten. Exemplarisch werden im Folgenden die Zugänge zum Symbolbegriff von *Hubertus Halbfas, Anton Bucher* und *Peter Biehl* dargestellt.

(1) *Halbfas* rezipiert in seiner Auseinandersetzung mit dem Symbolbegriff religionswissenschaftliche, psychoanalytische, soziologische, philosophische, theologische und sprachwissenschaftliche Zugänge und betrachtet das Symbol als *den* Erkenntnisweg am Beginn der Menschheit, in einer vorgedanklichen Existenzweise.

In dieser Zeit der Verschmelzung des einzelnen Menschen mit der Welt und der Gruppe entstanden elementare Symbole. Diese sind „heute noch so lebendig wie zur Urzeit, sie haben ihren Ort nicht nur in Kunst und Religion, sondern auch im lebendigen Geschehen der Einzelseele, im Traum und in der Phantasie." (*Erich Neumann* nach Halbfas 1982, 107) Überzeitliche Gültigkeit besitze jedoch nicht der Inhalt der Symbole, sondern „ihre strukturellen Dispositionen, von C.G. Jung Archetypen genannt [...]. Die Sonnenscheibe Atons, ein Tibetisches Mandala, die Olympischen Ringe ... alle diese Symbole partizipieren an der archetypischen Struktur und ihrer kategorialen Bedeutung, und dennoch ist jedes einzelne Symbol geschichtlich vermittelt und Ausdruck einer spezifischen Geisteswelt." (ebd.) Die einzige Sprache der Religion sei der symbolische Ausdruck. „Im Symbol ist die Religion präsent, darin verleiblicht sie sich, wird interagierend erfahrbar. Und weil die Sprache des Symbols allgemein ist, ebenso wenig an Zeiten wie an Völker und Grenzen gebunden, ist eine Alphabetisierung innerhalb ihres Vokabulars eine fundamentale Zugangsbedingung für jegliche Begegnung mit Religion." (ebd., 110) Der Weg des Symbols sei der einzige, der es ermöglicht, die komplexe Wirklichkeit zu erfassen: „Symbole allein vereinen das Bewußte und das Unbewußte, das Gegenständliche und das Spirituelle, das Sichtbare und das Unsichtbare, Konkretes und Allgemeines, das Gesonderte und das Ganze, Gott, Mensch und Welt. Symbole vermitteln zwischen den Zeiten, zwischen dem, was gewesen ist, und dem, was sein kann; zwischen tradierter Erfahrung und eigenem Leben; zwischen dem objektiven Zeugnis der Glaubensgemeinschaft und der existentiellen Mühsal des Einzelnen, zwischen Sprache und Schweigen, individuellen Träumen und kollektiven Utopien ... Diese Vermittlungsfunktion ist dem Symbol aufgrund seiner eigenen Struktur immanent. Es gibt überhaupt keine andere Kategorie, die alternativ in Betracht käme, metaempirische Erfahrungen zu erschließen." (ebd., 122f.) Dem Symbol stellt *Halbfas* die Theologie gegenüber, die mit ihrer diskursiven Sprache Aussagen über Religion treffe, und er bedauert die Intellektualisierung der Bildung, die den „symbolischen Kosmos" (ebd., 113) vernichtet. Die Folge sei „eine Verkarstung der eigenen Seele, so daß die innere Unbehaustheit wächst." (ebd.) Die Sprache der Religionen, des Volkes, der eigenen Seele werde immer weniger beachtet, verloren gehen dabei der innere Raum und die innere Zeit – gerade die Welten, die das Symbol zugänglich machen könnte (vgl. ebd., 114). Die Religionspädagogik sollte eine kritische Symbolanalyse erarbeiten, die danach fragt, welche Symbole heute lebendig und welche untergegangen, zu Zeichen denaturiert, zu Klischees geworden seien. Dies sollte aber nicht im Religionsunterricht geschehen, in dessen Mittelpunkt stehe „die Stiftung des Symbolsinns, die (Wieder-)Eröffnung des Zugangs zum Symbol, die Vermittlung eigener Erfahrungen im Umgang mit Symbolen." (ebd., 128)

(2) *Bucher* will eine „integrative Theorie" (ders. 1990, 73) des Symbolischen entwerfen, die verschiedene Modalitäten und Funktionen von Symbolen benennt.

Vor allem die Zugänge aus der Entwicklungspsychologie bringt er in die Debatte um den Symbolbegriff ein und verweist darauf, dass auch schon *Cassirer* Bezüge zur kindlichen Entwicklung rezipiert hat. Weniger sei von vorgegebenen Objekten und ihren Bedeutungen auszugehen als von den Aktivitäten von Kindern und Jugendlichen, denen zugetraut wird, „daß sie fähig und willens sind, symbolische Bedeutungen und Formen hervorzubringen." (ebd., 105) Die Philosophie der symbolischen Formen, speziell des mythischen Denkens, sei „eine Sehschule für die Andersartigkeit des kindlichen Bewußtseins" (ebd., 106): „Sofern Cassirers Analytik des mythischen Denkens richtig ist, verfügt der mythische Mensch noch nicht über Symbole im Sinne reflektierter Objektivationen von Bedeutung sondern begegnet ihnen unmittelbar. Wenn darüber hinaus die Annahme richtig sein sollte, daß das kindliche Denken dem mythischen Bewußtsein weitgehend entspricht, ist impliziert, daß auch Kinder noch nicht über Symbole *als* Symbole verfügen." (ebd., 86f.) Vor allem auch das Konzept des präsentativen Symbolismus sei im Blick auf Kinder wichtig, da sich in präsentativen Symbolen „Bedeutung ‚zeigt‘ oder zu hören ist, ohne daß diese aber diskursiv artikuliert werden könnte bzw. müßte." (ebd., 131) Die „Wahrnehmungsaktivität und die symbolbildende Tätigkeit des Kindes" (ebd.) in den Mittelpunkt zu stellen, folge auch aus der Symboltheorie *Langers*. In der Religionspädagogik sei ein breiter und elementarer Symbolbegriff „als Grundlage sinnlich-ästhetisch geprägter religiöser Bildungsprozesse heranzuziehen, die jeweils beim Konkreten ansetzen und beim Kind nur wenig voraussetzen, ihm aber immer schon zumuten, daß es, sofern die pädagogische Umgebung anregend genug ist, Symbole selber neu hervorbringt." (ebd., 505) Deutlich grenzt *Bucher* sich von *Jung* ab: „Wir erachten es weder als theoretisch plausibel, noch für erforderlich, auf die Analytische Psychologie C.G. Jungs zurückzugreifen, um Symboldidaktik theoretisch-psychologisch zu fundieren. Nicht nur erachten wir die Theorie als nicht stimmig, die zentralen Konstrukte ‚Archetyp‘ und ‚Symbol‘ als nicht valide: darüber hinaus erweist sich dieser Ansatz als didaktisch kaum operationalisierbar" (ebd., 182).

(3) *Biehls* Verweis auf die Wortbedeutung von συμβάλλειν als *Zusammensetzung von Bruchstücken*, versinnbildlicht im antiken Brauch des Zerbrechens einer Tonscherbe beim Abschied von Freunden (und Freundinnen vermutlich auch) und dem Zusammensetzen der Bruchstücke beim Wiedersehen nach einer langen Trennung, ist jene Umschreibung des Symbols, die als religionsdidaktisches Standardbeispiel bezeichnet werden kann und auch einen Minimalkonsens in der Debatte darstellt. Auch *Biehl* unterscheidet zwischen einem *weiteren* und einem *engeren* Symbolbegriff. „Prinzipiell kann jedes Ding, Ereignis oder jede Person zum Symbol *werden*. Ob ein Phänomen *faktisch* zum Symbol wird, hängt davon ab, ob es affektiv bzw. religiös besetzt ist und zugleich übergreifende Erfahrungen der Zeit oder einer Gruppe zum Ausdruck bringt. Durch dieses *weite* Symbolverständnis lassen sich Symbole der Jugendkultur erfassen: Songs, Turnschuhe,

Jeans, ein Liebesbrief, Fußball, Poster, Stars, Motorräder, Computer, v.a. Musikerlebnisse." (ders. 2001, 2076) Symbole im *engeren* Sinn werden in Interaktionen konstituiert: Erst der symbolische Umgang mit einem Zeichen macht dieses zum Symbol. *Biehl* spricht daher auch von „Symbol-Zeichen" (ebd.) und betont die Aktivität des Subjekts: „Ein Subjekt kann im angebotenen Symbol-Zeichen Sinn nur vorfinden, wenn es ihn zugleich selber erst schaffen kann" (ebd., 2077). Religiöse Symbole zeichnet das Merkmal der *Repräsentation* aus: „Im symbolischen Umgang mit dem Symbol-Zeichen wird das Repräsentierte *verkörpert und verbürgt*. Es lässt Nicht-Anwesendes *gegenwärtig* sein. Das Vergegenwärtigte ist nicht nur indirekt oder uneigentlich da, es ist vielmehr so da, wie es überhaupt nur da sein kann. Es handelt sich um ‚*Realpräsenz*' im Sinn der Abendmahlslehre Luthers." (ebd.) Den Ansatz *Biehls* führt *Michael Meyer-Blanck* weiter indem er noch deutlicher die Semiotik (v.a. nach *Umberto Eco*) einbringt: „Es gibt Symbole und Zeichen nur ‚in usu', im Kommunikationsprozeß zwischen Zeichen und Rezipient." (Meyer-Blanck 1998, 14)

3 Potenzial

Die Religionspädagogik bezieht sich in ihren Annäherungen an den Symbolbegriff auf theologische, religionswissenschaftliche, psychologische, philosophische und sprachwissenschaftliche Theorien, in denen verschiedene Aspekte verhandelt werden: vom in sich wirkmächtigen, überzeitlichem Bild bis zum Symbol, das erst durch den Rezeptionsprozess selbst eines wird; vom Symbol als der ‚eigentlichen Sprache' der Religion bis zur Symbolisierungsfähigkeit als Grundvoraussetzung der Erkenntnis überhaupt. Einigkeit besteht in der Religionspädagogik, dass Symbole unverzichtbarer Bestandteil religiöser Bildungsprozesse sind und dass darüber, was denn nun ein Symbol sei, mehr oder weniger heftige Debatten zu führen sind – wobei noch wenig geklärt ist, welcher Symbolbegriff zu welcher Symboldidaktik führt und vor allem welche Unterschiede sich in der tatsächlichen symboldidaktischen Arbeit in den religionspädagogischen Handlungsfeldern (im Religionsunterricht, aber auch darüber hinaus) daraus ergeben. Wenig ist auch bekannt darüber, mit welchen Symbolbegriffen eigentlich jene umgehen, die an der Schnittstelle von Theorie und Praxis stehen (Religionslehrer/innen, Katechet/innen, Erwachsenenbildner/innen, …). Notwendig ist sicherlich auch eine weitere Arbeit am Symbolbegriff, in welcher – gerade in der katholischen Religionspädagogik – eine breitere Rezeption der Semiotik herausfordernd wäre (vgl. Bucher 2002, 318). In den Blick zu nehmen wären dann verstärkt auch die Kinder- und Jugendkultur und die Symbole bzw. Symbolisierungsprozesse, die hier wahrgenommen werden können.

Literatur

Biehl, Peter ([2]1991), Symbole geben zu lernen. Einführung in die Symboldidaktik anhand der Symbole Hand, Haus und Weg, Neukirchen-Vluyn – Ders. (2001), Symboldidaktik, in: LexRP, 2074-2078 – Bucher, Anton A. (1990), Symbol – Symbolbildung – Symbolerziehung. Philosophische und entwicklungspsychologische Grundlagen, St. Ottilien – Ders. (2002), Was tat sich in den neunziger Jahren in der Symboldidaktik? Eine Literaturauswahl in bilanzierender Absicht, in: Simon, Werner (Hg.), meditatio. Beiträge zur Theologie und Religionspädagogik der Spiritualität, Münster, 305-321 – Gerlitz, Peter (2001), Symbol II. Religionsgeschichtlich: in: TRE 32, 481-487 – Halbfas, Hubertus (1982), Das dritte Auge. Religionsdidaktische Anstöße, Düsseldorf – Langer, Susanne K. (1987), Philosophie auf neuem Wege. Das Symbol im Denken, im Ritus und in der Kunst, Frankfurt/M. – Meyer-Blanck, Michael (1998), Vom Symbol zum Zeichen. Plädoyer für eine semiotische Revision der Symboldidaktik, in: Dressler, Bernhard / Meyer-Blanck, Michael (Hg.), Religion zeigen. Religionspädagogik und Semiotik, Münster, 10-26

E4 – Ästhetik

Stefan Altmeyer

„Ästhetik ist der Widerspruch der Philosophie gegen die Totalitätsansprüche des rationalen Denkens." (Schüller 2013, 9) An diesem programmatischen Statement wird unmittelbar deutlich, warum Begriff und Gegenstand der Ästhetik durchweg polarisieren: Zum einen scheint sich hier wie in einem Auffangbecken alles Unbehagen gegenüber den Rationalisierungs- und Funktionalisierungslogiken der (spät-)modernen Denk- und Lebensweise zu sammeln. Zum anderen regt sich dort ein umgekehrtes Unbehagen, wo das Vermissen einer nicht nur rationalen und funktionalen Welt und von zweckfreiem Tun in die Gegenbewegung antirationaler, entpolitisierter und unverbindlicher, eben ‚ästhetisierender' Lebensentwürfe und Denkmuster umschlägt. Ästhetik steht genau in dieser polaren Spannung zwischen Versprechen und Verdacht, die sich im Bereich des Religiösen strukturanalog wiederholt. Denn auch Religion lässt sich verstehen als eine Zeichen- und Ausdruckskultur für die transzendenzbezogenen Dimensionen des Lebens, als Platzhalter für die Unverfügbarkeit der Existenz, als Versprechen des Unbedingten, das jedoch stets unter dem Verdacht von Projektion und Weltflucht steht. Das Religiöse und das Ästhetische berühren sich sowohl in ihrem Versprechen von Sinntiefe und Ganzheit wie in dem steten Verdacht, als bloße Oberflächenphänomene entlarvt zu werden.

1 Profil

Begriff und Gegenstand. Das Wort ‚Ästhetik' ist eine Neuschöpfung des 18. Jahrhunderts in Anlehnung an das griech. αἰσθάνεσθαι („durch die Sinne wahrnehmen, empfinden, fühlen'). *Alexander Gottlieb Baumgarten* fordert erstmals 1735 die Einführung eines neuen philosophischen Traktats namens ‚Ästhetik' (vgl. Ritter 1971). Das zentrale Anliegen der schon wenige Jahrzehnte später fest etablierten Disziplin ist es, der sinnlichen Erkenntnis einen Eigenwert neben der Erkenntnis durch den Verstand zuzuordnen und so die im Zuge von Humanismus und Aufklärung sich emanzipierende Kunst als eigenständige Darstellung und Deutung von Welt zu denken. Sie sieht es als ihre Aufgabe, die Wahrheit, wie sie im Schönen in Kunst und Natur empfunden wird, mit der philosophischen Wahrheit, wie sie vom Verstand erschlossen wird, zu versöhnen bzw. wenigstens deren Verhältnis zu bestimmen. Moderne Ästhetik hat sich seither vor allem innerhalb des hier gesteckten dreifachen Bezugsrahmens entfaltet: als Reflexion des Schönen, der Kunst und (als Grundlagenflexion) der rezeptiven und produktiven sinnlichen Erkenntnistätigkeit des Menschen.

Philosophische Ästhetik. Die Ursprünge des Begriffs wie auch der Sache liegen in der griechischen Antike. Von Bedeutung ist vor allem die polare Konstellation bei *Platon* und *Aristoteles*, die sich wie ein Urbild der ästhetischen Spannung ‚Verdacht-Versprechen' lesen lässt. *Platon* unterscheidet erstmals zwischen Sinneswahrnehmung (αἴσθησις) und Denken, wobei er die wahren Ideen nur dem Denken zugänglich sieht und daher Wahrnehmung nicht zur Erkenntnis, sondern zur Meinung (δόξα) rechnet. Dem entspricht sein Ziel, die Kunst unter die Kontrolle des Denkens und der politisch-ethischen Ordnung zu bringen. *Aristoteles* hingegen lässt sich als Vertreter einer positiven Theorie der sinnlichen Erkenntnis lesen, denn in der sinnlichen Wahrnehmung beginnt für ihn alles Wissen, das nicht im Gegensatz zur rationalen Erkenntnis steht, sondern darin verallgemeinernd weitergeführt wird. Insofern kann auch Kunst insbesondere in ihrer reinigenden Funktion (κάθαρσις) zu einer besseren Verwirklichung des Guten und zur Erkenntnis der Wahren führen. Die philosophische Ästhetik entsteht in einer Art Wiederkehr dieser Konstellation vor dem Hintergrund moderner Subjektivität. In dem Maße, wie sich *René Descartes'* Diktum ‚Ich denke, also bin ich' als subjekttheoretische Grundformel durchsetzt, entsteht ein „Absolutismus des logischen Intellekts" (Schüller 2013, 9), der Sinnlichkeit und Empfinden sowie in gleichem Maße auch Religiosität und Glaube einem grundlegenden Zweifel unterzieht. Ästhetik entsteht aus dem Unbehagen gegen diese reduktive Sichtweise und ist die Reflexion auf die Leerstellen der modernen Trennung zwischen denkendem Subjekt und stummem Objekt. Als wissenschaftliche Disziplin versucht sie den Primat des begrifflichen Denkens in der Form des Denkens selbst zu kritisieren. Oder überspitzt formuliert: Im Ästhetischen erhebt das ‚Ich empfinde, also bin ich' Einspruch gegen die Vorherrschaft des Begrifflichen über das Nicht-Begriffliche: „Wo das Schöne zum Ding, der heilige Hain zu Holz, der Tempel zu Klötzen und Steinen" werden, fragt Ästhetik nach „dem Zusammenhang der Entzweiung" (Ritter 1971, 564).

Pädagogische Ästhetik und ästhetische Bildung. Schon um 1800 ist Ästhetik ein Schlüsselthema der Diskurse innerhalb der noch jungen pädagogischen Wissenschaft (vgl. Parmentier 2004, 11). Dies hängt damit zusammen, dass das Programm der modernen Subjektivität an sich selbst schon ein Bildungsprojekt darstellt. Insofern bilden die erkenntnistheoretischen Pole des ‚Ich denke' und ‚Ich empfinde' auch das entscheidende Spannungsfeld pädagogischer Ästhetik. Die in dieser Zeit entstehende Idee der ästhetischen Bildung geht daher auch weit über Kunsterziehung hinaus und ist vielmehr gerade der Versuch, beide Pole im Ideal des gebildeten Menschen miteinander zu versöhnen, wie es sich paradigmatisch bei *Friedrich Schiller* ablesen lässt: Im Umgang mit dem Schönen in Kunst und Natur, in der Übung des Empfindens und Gestaltens sowie in der Schulung des Geschmacksurteils (im Sinne *Immanuel Kants*) als des vernunftmäßigen Umgangs mit ästhetischen Empfindungen sollen sich rationale wie moralische Fähigkeiten zu einer je individuellen Einheit vereinigen, die im gesellschaftlichen Ganzen zur Entstehung einer vernünftigen und deshalb humanen Ordnung beitragen kann. Auch wo ein solcherart emphatischer Bildungsbegriff heute skeptisch gesehen wird, ist doch die kritische Pointe von bleibender Relevanz, nämlich die Vorstellung eines im Ästhetischen aufgehobenen Widerstands gegen alle Versuche, Bildung auf Zwecke und Funktionen zu reduzieren.

Theologische Ästhetik lässt sich als durch die moderne Subjektivität gestellte Aufgabe verstehen, das ‚Ich denke' und ‚Ich empfinde' mit dem ‚Ich glaube' ins Verhältnis zu setzen. Noch im unmittelbaren Entstehungskontext der Ästhetik gelingt es *Friedrich D.E. Schleiermacher*, Theologie in das Denken der Zeit zu übersetzen, indem er das Religiöse innerhalb ästhetischer Kategorien wie Anschauung, Geschmack, Gefühl, Ergriffenheit reformuliert und damit sehr nahe am ästhetischen Empfinden verortet. Anders in der katholischen Theologie des 20. Jahrhunderts, wo im Gegensatzpaar einer theologischen Ästhetik *von oben* oder *von unten* die alte *Platon-Aristoteles*-Konstellation wiederkehrt. *Hans Urs von Balthasar* will mit kritischem Blick auf die moderne Subjektivität aufdecken, wie die Welt als „Transparent" (ders. 1988, 538) der Herrlichkeit Gottes gedacht und in einem kontemplativen Sinn geschaut werden kann. Hier wird Ästhetik zur theologischen Schlüsselkategorie, um die Offenbarung Gottes als der Erfahrung des Menschen zugänglich zu begründen, ohne zuerst den Weg der philosophischen Vernunftreflexion zu gehen: Das ‚Ich glaube' grenzt sich im Sinne einer theologischen Ästhetik ‚von oben' scharf ab vom ‚Ich denke', indem es eine ganz eigene Form des ‚Ich empfinde', das „Glaubenslicht" (ebd., 123), postuliert. Von daher ist die Oppositionsstellung mit *Karl Rahner* verständlich, in dessen transzendental-anthropologischer Denkweise sich theologische Ästhetik ‚von unten' als Reflexion der sinnlichen Erkenntnistätigkeit des Menschen in Annäherung an das göttliche Geheimnis zu entfalten hat. Ihr Gegenstand ist die Wahrnehmbarkeit Gottes in der Begegnung mit Welt und Mitmensch (vgl. Viladesau 1999, 37). Fragen der ästhetischen Bildung werden somit zur theologischen Schlüsselfrage.

2 Rezeption

Die in der Aufklärung zutage tretende, durchaus ambivalente ‚Familienähnlichkeit' zwischen dem Ästhetischen und dem Religiösen lässt sich auch im Bereich religiöser Sozialisation und Bildung entdecken, deren Wurzeln in einer ‚vormodernen' Praxis des Glaubens und Lernens liegen, in der beide Bereiche aufs Engste miteinander verwoben sind: Religiöses Lernen ist über Jahrhunderte hinweg „vielsinniges Lernen" (Schröder 2012, 64), seine Form ist nicht der intentional geleitete Unterricht, sondern das selbstverständliche Mitleben und Mitfeiern als Enkulturation in eine durch und durch christlich geformte Lebenswelt. Von daher spielen ästhetische Gegenstände (Kirchenraum, Bilder, Figuren) und Praktiken (szenische Spiele, Riten, Liturgie, Lieder) eine entscheidende Rolle. Noch vor der Entstehung intentionaler Unterrichtsformen und deren systematischer Reflexion ist also von einer ästhetischen Praxis religiösen Lernens zu sprechen, von der aus die seit dem 19. Jahrhundert dominierende Ausrichtung auf Unterricht als „eine Engführung" (ebd.) erscheint.

Aus gegenwärtiger Perspektive lassen sich drei Formen unterscheiden, in denen sich eine ausdrückliche religionspädagogische Rezeption der Ästhetik vollzieht, und zwar:

(1) *Religiöses Lernen an ästhetischen Gegenständen:* Mit didaktischem Schwerpunkt geht es hier um die Rolle ästhetischer Objekte in religiösen Lernprozessen. Wie lassen sich Lieder und Musik, Plastik, Film usw. sowie – mit deutlicher religionsdidaktischer Vorliebe – Bilder im Sinne der Ziele religiösen Lernens einsetzen? Herrscht in Katechismen und Kinderbibeln bis in die zweite Hälfte des 20. Jahrhunderts noch ein illustrativer Umgang mit Bildern vor, hat sich nicht zuletzt durch die Religionsbuchentwicklung und bilddidaktische Forschungen (vgl. Lange 1995; Gärtner 2011) eine breite religionsunterrichtliche Bildkultur entwickelt. Kunstwerke fungieren als „‚Türöffner' für religiöse Themen und einen sensibel wahrnehmenden Blick auf die Welt." (Burrichter/Gärtner 2014, 11) Einen Schwerpunkt legen bisherige Zugänge auf einen *rezeptiven* Umgang mit Kunst, *produktive* ästhetische Tätigkeiten treten demgegenüber in den Hintergrund. Inzwischen vorliegende erste empirische Erkenntnisse lassen erkennen, dass allzu optimistische Erwartungen an die Wirksamkeit der Arbeit mit Bildern im Re-

ligionsunterricht zugunsten einer realistischeren Einschätzung revidiert werden müssen (vgl. Gärtner 2013).

(2) Ästhetik *als Dimension von Religion und Bildung:* In dieser Rezeptionslinie wird Ästhetik nicht zuerst auf bestimmte Objekte bezogen, sondern als eine Dimension der infrage stehenden Praxen verstanden. In diesem Sinne spricht *Joachim Kunstmann* (2002) von einer „ästhetischen Signatur" von Religion und Bildung und rückt in der Tradition *Schleiermachers* religiöse und ästhetische Bildung aufs Engste zusammen: „Religion wird *durch ihre Wahrnehmung* gelernt" (ebd., 370), also im Umkehrschluss weniger durch Unterricht und reflektierende Distanz als „durch Religion" (ebd., 435) selbst. Anders als in diesem kulturtheologischen Ansatz argumentiert *Stefan Altmeyer* (2006) im Sinne einer korrelativen Theologie. Das Ästhetische soll hier nicht mit Religion und Lernen ineinsfallen, sondern als Dimension verstanden werden, die neben der inhaltlichen, intersubjektiven und kontextuellen an jeder Praxis des Glaubens und Lernens beteiligt ist: als Wahrnehmungs- und Ausdrucksfähigkeit. Diese ‚religiös-ästhetische Kompetenz' ist nicht nur im Umgang mit ästhetischen Gegenständen im engeren Sinn, sondern für jeden Gegenstand religiöser Bildung von Bedeutung.

(3) *Ästhetik als wissenschaftstheoretischer Leitbegriff:* Für das dritte Rezeptionsmuster ist *Rudolf Bohren* wegweisend, der bereits früh den Vorschlag gemacht hat, Praktische Theologie insgesamt „als theologische Ästhetik" (ders. 1975) zu entwerfen und damit das Theorie-Praxis-Verhältnis neu zu denken. Gegen ein instrumentell verstandenes Handlungsmodell votiert er dafür, Praxis als „Schön-Werden Gottes in der Welt" (ebd., 93) zu verstehen. Religiöse und kirchliche Praxis kann man dann nicht ‚optimieren' wollen, sondern sie ist theologisch kritisch danach zu befragen, ob in ihrer Gestalt das „Praktisch-Werden Gottes" (ebd.) erfahrbar wird. Diesen Impuls aufnehmend und ergänzt um eine systematische Rezeption philosophisch-ästhetischer Positionen entwirft *Albrecht Grözinger* eine Praktische Theologie als „Kunst der Wahrnehmung" (1995), die sich als Gegenmodell handlungstheoretischer Konzepte versteht.

3 Potenzial

Nach einem beachtlichen Höhepunkt der Diskussion über eine mögliche „ästhetische Wende der Religionspädagogik" (Altmeyer 2009) um die Jahrtausendwende ist der Diskurs heute weitgehend zur Ruhe gekommen. Zumindest scheinen die großen programmatischen Entwürfe, Praktische Theologie insgesamt als Ästhetik und religiöse Bildung als eigentlich ästhetische Bildung zu denken, nach breiter und differenzierter Kritik ausdiskutiert zu sein. Stattdessen richtet sich die Aufmerksamkeit inzwischen auf konkretere didaktische Fragestellungen und den

Versuch, die Dimension des Ästhetischen innerhalb des religiösen Lernens auch empirisch zu erfassen und zu evaluieren. Das entscheidende Potenzial liegt in der Idee einer *integralen ästhetischen Bildung in Sachen Religion* (vgl. Bitter 2006, 234), die sowohl nach konkreten ästhetischen Gegenständen wie nach der ästhetischen Wahrnehmungs- und Ausdrucksfähigkeit der Lernenden fragt und diese in eine kritisch-produktive Beziehung zu bringen versucht. Nicht zuletzt die geschichtliche Entwicklung der Ästhetik in ihrem spannungsvollen Verhältnis zur Erkenntnislehre hier und zur Theologie dort lässt die bleibende Aufgabe einer solchen integralen Bildung erkennen: Das ‚Ich denke' wie das ‚Ich empfinde' und schließlich das ‚Ich glaube' sind in ihrem jeweiligen Eigenwert für die Entwicklung reflektierter Subjektivität anzuerkennen und aufeinander zu beziehen, ohne einem dieser Pole eine vorrangige oder exklusive Stellung einzuräumen. Bildung wäre dort, wo Welt und Leben als *Deutungsaufgabe* erscheinen, die rationale, ästhetische und religiöse Zugänge gleichermaßen in Anspruch nimmt.

Literatur

Altmeyer, Stefan (2006), Von der Wahrnehmung zum Ausdruck. Zur ästhetischen Dimension von Glauben und Lernen, Stuttgart – Ders. (2009), Ästhetische Wende der Religionspädagogik?, in: TThZ 118 (4/2009) 356–366 – Balthasar, Hans Urs von ([3]1988), Herrlichkeit. Eine theologische Ästhetik. Bd. 1: Schau der Gestalt, Einsiedeln – Bitter, Gottfried ([2]2006), Ästhetische Bildung, in: NHRPG, 233–238 – Bohren, Rudolf (1975), Daß Gott schön werde. Praktische Theologie als theologische Ästhetik, München – Burrichter, Rita / Gärtner, Claudia (2014), Mit Bildern lernen. Eine Bilddidaktik für den Religionsunterricht, München – Gärtner, Claudia (2011), Ästhetisches Lernen. Eine Religionsdidaktik zur Christologie in der gymnasialen Oberstufe, Freiburg/Br. – Dies. (2013), Wie pädagogisch ist das Ästhetische und wie ästhetisch ist die Religionspädagogik?, in: Altmeyer, Stefan / Bitter, Gottfried / Theis, Joachim (Hg.), Religiöse Bildung – Optionen, Diskurse, Ziele, Stuttgart, 115–126 – Grözinger, Albrecht (1995), Praktische Theologie als Kunst der Wahrnehmung, Gütersloh – Kunstmann, Joachim (2002), Religion und Bildung. Zur ästhetischen Signatur religiöser Bildungsprozesse, Gütersloh – Lange, Günter (1995), Ästhetische Bildung im Horizont religionspädagogischer Reflexion, in: Ziebertz, Hans-Georg / Simon, Werner (Hg.), Bilanz der Religionspädagogik, Düsseldorf, 339–350 – Parmentier, Michael (2004), Ästhetische Bildung, in: Benner, Dietrich / Oelkers, Jürgen (Hg.), Historisches Wörterbuch der Pädagogik, Weinheim, 11–32 – Ritter, Joachim (1971), Ästhetik, ästhetisch, in: HWP 1, 555–580 – Schröder, Bernd (2012), Religionspädagogik, Tübingen – Schüller, Marco (2013), Texte zur Ästhetik. Eine kommentierte Anthologie, Darmstadt 2013 – Viladesau, Richard (1999), Theological aesthetics. God in imagination, beauty, and art, New York

E5 – Performanz

Michael Domsgen

Mit dem Begriff der Performanz tritt die Frage nach dem Verhältnis zwischen Inhalt und Form, Gehalt und Gestalt von Religion in das Blickfeld des Interesses. Dabei verdichtet sich die religionspädagogische Rezeption im Diskurs um den performativen Religionsunterricht.

1 Profil

Der Performanzbegriff wird vielfach verwendet und ist dabei keineswegs eindeutig bestimmt. Sein Ursprung liegt in der Sprechakttheorie. *John L. Austin* hatte zwischen konstativen und performativen Sätzen unterschieden. Letztere waren für ihn Äußerungen, mit denen nicht nur etwas gesagt, sondern auch getan wird. Allerdings lässt sich die dichotome Unterscheidung zwischen ‚konstativ' und ‚performativ' nicht durchhalten, weshalb bereits *Austin* eine triadische Differenzierung zwischen lokutionären (Vollzug einer Handlung, dass man es sagt), illokutionären (Vollzug einer Handlung, indem man etwas sagt) und perlokutionären (kürzere oder längere Kette von Wirkungen) Akten vornahm. Auf dieser Grundlage wurden im sprachphilosophischen Diskurs die funktionalen Bedingungen der Möglichkeit des kommunikativen Gelingens thematisiert.

Eine eigene Akzentuierung im Umgang mit dem Performanzbegriff zeigt sich im Feld der Kulturwissenschaften, wobei mit *Uwe Wirth* (2002, 42) drei Tendenzen auszumachen sind, nämlich (1) eine „Tendenz zur *Theatralisierung*" (die „Schnittstelle zwischen Ausführen und Aufführen" wird thematisiert), (2) zur „*Iteralisierung*" (das „Problem des Zitierens" rückt ins Blickfeld der Aufmerksamkeit) des Performanzbegriffes und (3) – durch die gemeinsame Fragestellung der Verkörperungsbedingungen – die Tendenz zur „*Medialisierung* des Performativen". Während also „die sprachphilosophische Fragerichtung die kommunikative Funktion der Sprechakte thematisierte [...], untersuchen die kulturwissenschaftlichen Performanzkonzepte die Wirklichkeit der medialen Verkörperungsbedingung." (ebd.)

2 Rezeption

Diese unterschiedlichen Schwerpunktsetzungen spiegeln sich auch im religionspädagogischen Gebrauch des Performanzbegriffes wider, wie die Diskussion um
den performativen Religionsunterricht zeigt. Zunächst einmal war mit diesem
Terminus der Versuch verbunden, „so etwas wie ein einigendes Band" um neuere „Ansätze eines erfahrungseröffnenden religiösen Lernens zu legen" (Englert
2002, 32). Die dabei vorgenommene Grundlegung korrespondiert mit dem
Performanzgedanken. In der religionspädagogischen Rezeption meint er „nicht
mehr und nicht weniger als ein leibräumliches Vorzeigen: z.b. *vor*lesen (eine Zei-
chenfolge in Lautgestalt bringen), *vor*spielen (eine Satzfolge in eine Handlung
übersetzen), *vor*singen (ein Notentext wird zum klingenden Wortlaut), *vor*malen
(eine Vorstellung wird visualisiert) usw. Es geht um elementare leib-räumliche
Deutungsakte." (Dressler/Klie 2008, 218)

Religion kann „ohne ihren Vollzugssinn nicht verstanden" werden, weil „religiöse Semantik nicht getrennt von der Inszenierung ihrer kommunikativen Modi"
(Dressler/Klie/Kumlehn 2012, 9) erschlossen werden kann. Zentral dabei ist, dass
Religion nur dann zu lernen gibt, wenn ihre Formen ernst genommen und entsprechend wahrgenommen werden. Insofern ist auch neu über die dem Religiösen
entsprechenden Lernwege nachzudenken. Dies beginnt nicht bei null, sondern
kann sich auf drei grundlegende Diskurse stützen, was auch erklärt, warum an-
fänglich ein breites Spektrum teils divergierender Ansätze unter dem Begriff des
performativen Religionsunterrichts subsumiert wurde.

(1) In besonderer Weise grundlegend ist die Zeichendidaktik, deren Linien besonders durch *Bernhard Dressler*, *Thomas Klie* und *Silke Leonhard* in den Diskurs eingebracht wurden. Anders als die Symboldidaktik, die ontologisch missverstanden
werden kann, setzt sie bei den Zeichendeutungen an, die prinzipiell offen sind.
Ziel eines solchen Unterrichts ist eine „religiöse Zeichenkompetenz" (Leonhard/
Klie 2003, 18), die auch die pragmatische Dimension berücksichtigt. Damit rücken Handlungsformen und -umstände als ästhetische Darstellung von Religion
in den Blick.

(2) An diesem Punkt setzt auch die sog. poststrukuralistische bzw. profane Religionspädagogik an, die maßgeblich von *Dietrich Zilleßen* und *Bernd Beuscher* vertreten wird. Als konstruktivistische Didaktik will sie Manipulationstendenzen von
vornherein wehren. Die prägenden Vokabeln dieses Konzeptes sind deshalb ‚Spiel'
und ‚Experiment'. Der Fokus liegt auf dem Verstummten und Verdrängten, auf
den Uneindeutigkeiten. In ihnen sollen religiöse Spuren aufgedeckt werden.

(3) Deutlich anders positioniert sich hier *Christoph Bizer*, dessen Name für einen
dritten Diskurs steht. Im Sinne der Gestaltpädagogik bedeutet Lernen für *Bizer*
Gestalt hervorbringen. Christliche Religion wird für *Bizer* primär über Begehun-

gen gelernt. Die Schüler/innen betreten einen inszenierten Raum, an dem sie mitbauen. Damit gelangen auch liturgische Verläufe in den Religionsunterricht. Sie unterstreichen, dass christliche Religion in den Bereich der Handlungen, des Tuns und der Lebenspraxis gehört.

Ein verbindender Punkt aller Positionen liegt darin, dass Religion „erfahren, wahrgenommen und gedeutet werden" muss, wenn sie „zu denken und zu handeln geben" soll (Leonhard/Klie 2008, 9). Hier liegt der Fluchtpunkt der Überlegungen. Differenzen ergeben sich im Verständnis religiöser Praxis wie auch religiöser Inszenierung.

Der Terminus ‚performativer Religionsunterricht' kann eine erstaunliche „ökumenische Begriffskarriere" (Klie/Dressler 2008, 234) vorweisen. Offensichtlich ist er in der Lage, gegenwärtige Herausforderungen schulischen Religionsunterrichts aufzunehmen und dabei eine Zielperspektive zu formulieren, die breit kommunizierbar ist. Dabei scheint vor allem der konsequente Bezug auf religiöse Äußerungen anschlussfähig zu sein. Auch die in diesem Terminus angelegte Orientierung am lernenden Subjekt stößt auf positives Echo.

Fundamental ist zudem der von *Dressler* (2002, 13) betonte Einsatz „nach dem Traditionsabbruch". Auch das Christentum ist „für eine wachsende Zahl von Kindern und Jugendlichen eine Fremdreligion geworden" (ebd.). Sein Schluss, dass „christliche Religion nicht *mitgeteilt* werden kann, ohne immer auch zugleich *dargestellt* zu werden" (ebd.), leuchtet unmittelbar ein. Die von ihm avisierte Zielorientierung eines „sachangemessene[n], handlungsorientierte[n] *Verstehen[s] von Religion als einer Praxis*" (ebd., 16) nimmt zudem die Voraussetzungen am Lernort Schule gut auf. Vor diesem Hintergrund verwundert es nicht, dass die Rede vom performativen Religionsunterricht sowohl im katholischen wie auch im evangelischen religionspädagogischen Diskurs breite Berücksichtigung fand. Gleichwohl zeigen sich dabei auffällige Unterschiede, die vor allem das Verständnis religiöser Praxis wie auch die Zielperspektive bei deren Inszenierung betreffen. Im katholischen Raum fällt auf, dass bei der Erfahrungsdimension des Religionsunterrichts „in erster Linie an Erfahrungen kirchlicher Partizipation oder mindestens an Erfahrungen mit Ausdrucksformen kirchlich institutionalisierter Religion" (Englert 2008, 5f.) gedacht wird. Im Blick sind die Einübung und das Wachsen in diesem Glauben. Weil dies Zeit braucht, wird performativer Religionsunterricht als Möglichkeit zur „Verlangsamung" gesehen, „so dass das Lernen wesentlich und vor allem ‚inwendiger' werden kann." (Schmid 2002, 9) Letztlich geht es darum, „Räume und Zeiten zu eröffnen, mit der Wirklichkeit des Glaubens, und das heißt zuletzt mit Gott, Erfahrungen zu machen und diese zu reflektieren." (Schambeck 2007, 72) Der für *Dressler, Klie* und *Leonhard* so grundlegende Aspekt des Probehandelns wird hier ganz als authentischer Religionsakt interpretiert. Auf dieser Linie ist Religionsunterricht ‚Mystagogie'. Dabei lüftet „das Einführen, Anleiten und Einüben [...] nicht den Schleier vor dem göttlichen Mysterium, es lehrt nur den angemessenen Umgang mit ihm und schärft die Sinne, um es überhaupt erst wahrzunehmen und ihm einen Platz in der Welt der anderen Dinge zu verschaffen." (Nordhofen 2007, 10f.) *Englert* (2008, 6) resümiert: „Auf katholischer Seite hat man die Erwartung, dass ein performativer Religionsunterricht die auf Schülerseite in den letzten Jahrzehnten eingetretene Distanz gegenüber gelebter und insbesondere auch gegenüber kirchlich gelebter Religion wenigstens ein kleines Stück weit reduzieren helfen könne. Insofern ist der performative Religionsunterricht hier ein Teil einer Kompensationsstrategie."

Auf evangelischer Seite spielen solche Überlegungen kaum eine Rolle. Der bisweilen eingetragene Vorwurf einer Renaissance der Evangelischen Unterweisung lässt sich schnell ausräumen, wenn man mit *Dressler* die semiotische Grundfigur im Blick hat. Religiöses Lernen zielt nicht auf eindeutige Einsichten, sondern „auf das Verstehen und den Umgang mit Mehrdeutigkeiten" (ders. 2012, 24). Um unterrichtlich Bedeutungen verstehen zu können, müssen „Kommunikationsformen *experimentell in Gebrauch genommen werden* können (‚Teilnahme'), es muss aber jederzeit deutlich sein, *dass* es sich um ein Experiment handelt (‚Beobachtung')." (ebd., 34) Es ist diese Sicht auf die Performanz, die diesen Ansatz in besonderer Weise schultheoretisch anschlussfähig sein lassen. Denn Schule insgesamt ist Raum für Probehandeln. Das gilt für jeden Unterricht. Auch der Religionsunterricht ist davon nicht ausgenommen, so er sich denn in die Binnenlogik schulischer Gegebenheiten einfügen will. Damit ergibt sich ein grundlegender Differenzpunkt zur katholischen Rezeption des Performanzgedankens: „Das von performativer Didaktik grundsätzlich im Blick auf die Artifizialität des Lernraums Schule in Anschlag gebrachte ‚Probehandeln' und ‚Probedenken' kann immer nur eine inszenatorisch gebrochene Authentizität intendieren, die eben ganz im Dienste kognitiver Lerngewinne und nicht erzieherischer Absichten stehen darf." (ebd., 38) Religionsunterrichtliches Probehandeln trägt seinen Sinn in sich selbst und darf nicht als „bildungsbiographische Prolepse des kirchenchristlichen Normalfalls" (Klie/Dressler 2008, 235) erscheinen.

3 Potenzial

Der Performanzbegriff wie er im Zuge der Diskussion um den performativen Religionsunterricht skizziert wurde, birgt einiges Potenzial. Deshalb sollte Religionspädagogik nicht auf ihn verzichten. Einerseits markiert er grundlegende Perspektiven hinsichtlich der Lernbarkeit von Religion. Dass es religiöse Ausdrucksformen sind, die zu lernen geben, ist hier ebenso zu beachten wie der Hinweis auf die Unverfügbarkeit der Bedeutungszuschreibung durch die Lernenden selbst. Außerdem erhöht der Performanzdiskurs die Sensibilität für den performativen Charakter jeglichen Unterrichts. Man kann eben nicht nicht inszenieren.

Andererseits stellen sich aber auch eine Reihe von Fragen, die einer weiteren Reflexion bedürfen. Sie betreffen zum einen das unterrichtliche Handeln selbst und zum anderen die Verhältnisbestimmung von religionsunterrichtlichem und religiös-lebensweltlichem Lernen. So ist beim ersten Punkt zu fragen, ob die auf konzeptioneller Ebene bewusste Absehung von der Authentizität der Sprechenden (vgl. Dressler 2008, 35) empirisch darstellbar und unterrichtspraktisch auch außerhalb einer gymnasialen Oberstufe umsetzbar ist. Auch aus semiotischer Perspektive sind durchaus Zweifel angebracht, weil „hier etwas *probehalber* und um seiner anschließend auswertbaren Erfahrung willen gemacht wird, was an sich als Ernstfall und um seiner selbst willen gedacht ist. Letztlich dürfte es sich im Blick auf die handlungsleitende Intention um eine Variante der in der Kommunikationspsychologie wohlbekannten Sei-spontan-Paradoxie handeln: Wer bewusst *als ob* handelt, kann gerade darum nicht *als ob* handeln." (Lütze 2009, 131) Deshalb ist noch einmal zu fragen, ob religiöse Handlungen wirklich von ihrer Intention getrennt werden können. Aus schultheoretischer Perspektive verstärkt sich dieses Problem noch. Zugleich wird eine Spannung offenbar. Denn Schule reduziert das Lernen in vielen Fächern auf eine Art ‚Als-ob-Lernen' und muss dies auch tun. Wie Ergebnisse empirischer Bildungsforschung zeigen, ergeben sich hier allerdings deutliche Begrenzungen, wo für die Lernenden selbst der Echtheitscharakter zentral ist. Dies scheint in Haupt- und Realschulen deutlich stärker der Fall zu sein als am Gymnasium. Die ‚Künstlichkeit' von Schule fällt dort besonders schwer. Insofern steht der performative Ansatz, so er denn in Gänze realisiert wird, nicht nur in der Gefahr, an einem Grundproblem von Schule zu partizipieren, sondern dies auch noch zu seinem grundlegenden Paradigma zu machen. Deshalb ist nach Alternativen zu suchen, bei denen in pädagogisch reflektierter Weise die schulischen Bedingungen überschritten bzw. erweitert werden, womit der Religionsunterricht im schulischen Kontext nicht allein stünde, wie etwa ein Blick auf den Musik-, Kunst- und in gewissem Grad auch auf den Fremdsprachenunterricht zeigt.

Zumindest sollte es zu einer Ergänzung unterrichtlicher Inszenierungen kommen, zum Beispiel in der beobachtenden Teilnahme gottesdienstlicher Vollzüge. Auf diese Weise tritt Religion nicht nur als Möglichkeit der Welterschließung vor Augen, sondern auch als soziale Tatsache. Vertieft werden könnte dies durch Begegnungen mit authentischen Vertretern, die im Unterricht Rede und Antwort stehen. Vor allem Schüler/innen, die in ihrer Biografie bisher nicht mit expliziter Religion in Kontakt gekommen sind und dies für das ‚Normale' halten, können so besser nachvollziehen, dass Menschen aus religiösen Motiven heraus ihr Leben deuten und gestalten. Überhaupt kann damit die Relevanz von Religion deutlicher zum Tragen kommen. Damit steht auch die Frage nach dem Verhältnis von schulischem und außerschulischem Lernen im Raum. *Englert* (2008, 15) weist zu Recht darauf hin, dass lerntheoretisch gesehen „die Differenz zwischen den stark im episodischen Gedächtnis verankerten lebensweltlichen Partizipationsformen und den eher in Ablagerungen deklarierten Wissens sich niederschlagenden schulischen Partizipationen [...] erheblich" ist. Eine schulische Religionsdidaktik wird daran nicht vorbeisehen können. Trotz aller Notwendigkeit, die schulische Spezifik aufzunehmen, bleibt die Herausforderung, schulisches Lernen ins Verhältnis zum lebensgeschichtlichen Lernen insgesamt zu setzen. Dass dabei auch gängige religionstheoretische Annahmen auf den Prüfstand müssen, insofern zu fragen wäre, ob christliche Religion nicht nur als deutendes sondern auch als wirksames Handeln zu verstehen ist, kann hier nur angerissen werden.

Literatur

Bizer, Christoph (2003), Kirchliches. Wahrnehmungen – sprachlich gestaltet – zum Wahrnehmen, in: Klie/Leonhard 2003, 23-46 – Dressler, Bernhard (2002), Darstellung und Mitteilung. Religionsdidaktik nach dem Traditionsabbruch, in: rhs 45 (1/2002) 11-19 – Ders. (2012), Performative Religionsdidaktik: Theologisch reflektierte Erschließung von Religion, in: ders./Klie/Kumlehn 2012, 15-42 – Dressler, Bernhard / Klie, Thomas (2008), Strittige Performanz. Zur Diskussion um den performativen Religionsunterricht, in: Klie/ Leonhard 2008, 210-224 – Dressler, Bernhard / Klie, Thomas / Kumlehn, Martina (2012), Unterrichtsdramaturgien. Fallstudien zur Performanz religiöser Bildung, Stuttgart – Englert, Rudolf (2002), „Performativer Religionsunterricht!?" Anmerkungen zu den Ansätzen von Schmid, Dressler und Schoberth, in: rhs 45 (1/2002) 32-36 – Ders. (2008), Performativer Religionsunterricht – eine Zwischenbilanz, in: ZPT 60 (1/2008) 3-16 – Klie, Thomas / Dressler, Bernhard (2008), Performative Religionspädagogik. Rezeption und Diskussion 2002-2008, in: Leonhard/Klie 2008, 225-236 – Klie, Thomas / Leonhard, Silke (Hg.) (2008), Performative Religionsdidaktik. Religionsästhetik – Lernorte – Unterrichtspraxis, Stuttgart – Leonhard, Silke / Klie, Thomas (2003), Schauplatz Religion. Grundzüge einer Performativen Religionspädagogik, Leipzig – Dies. (2008), Ästhetik – Bildung – Performanz. Grundlinien performativer Religionsdidaktik, in: Klie/Leonhard 2008, 9-24 – Lütze, Frank (2009), Religiöse Lernprozesse in semiotischer Rekonstruktion, in: Domsgen, Michael (Hg.), Religionspädagogik in systemischer Perspektive. Chancen und Grenzen, Leipzig, 127-140 – Nordhofen, Eckhard (2007), Diskursive und performative Mystagogie. Über das, was man im Religionsunterricht gesagt und das, was nicht gesagt werden kann, in: Informationen für Religionslehrer/innen 36 (1-2/2007) 7-14 – Schambeck, Mirjam (2007), Religion zeigen und Glauben lernen in der Schule? Zu den Chancen und Grenzen eines performativen Religionsunterrichts, in: RpB 58/2007, 61-80 – Schmid, Hans (2002), Mehr als Reden über Religion, in: rhs 45 (1/2002) 2-10 – Wirth, Uwe (2002), Der Performanzbegriff im Spannungsfeld von Illokution, Iteration und Indexikalität, in: ders. (Hg.), Performanz. Zwischen Sprachphilosophie und Kulturwissenschaften, Frankfurt/M., 9-60

E6 – Ethik

Bernhard Grümme

1 Profil

Der Begriff ‚Ethik' ist nur im Hinblick auf den Begriff ‚Moral' zu verstehen. Beide beziehen sich auf das gelebte Leben und bewerten es im Lichte der Kategorien ‚gut' und ‚böse', ‚richtig' und ‚falsch'. In der Philosophie fasst *Jürgen Habermas* unter ‚Ethik' die intersubjektiv vermittelte Bestimmung des Guten, unter ‚Moral' die von universalen Maximen geleitete Reflexion ethischer Lebensorientierungen (vgl. ders. 1991, 100-119). Insgesamt jedoch hat sich in Philosophie und Theologie die gegenteilige Zuordnung etabliert. *Ethik* ist auf die lebensweltlich gelebte Moral als einem Gefüge gewählter Handlungen, Handlungspräferenzen und Handlungsregeln hingeordnet. Sie reflektiert die „Moralität der Moral und überprüft, sucht und entwickelt Gründe für deren Bestätigung oder Kritik, praktische Anerkennung oder Veränderung" (Lutz-Bachmann 2013, 19).

Innerhalb der Ethik, sei sie universalistisch oder partikularistisch, teleologisch oder deontologisch begründet, sind zudem Werte, Normen und Tugenden zu unterscheiden. Während unter *Tugenden* eine bestimmte moralische Haltung des Subjekts zu verstehen ist, sind *Normen* Sollensvorschriften, die das moralische Handeln, Denken und Wollen des Subjekts von außen orientieren. *Werte* dagegen sind subjektgeleitete Ziele der Moral, die nicht eigentlich vom Subjekt selber entwickelt sind, die aber doch das eigene Wünschen ausrichten. Sie entstehen in Prozessen intersubjektiver Erfahrungen „der Selbstbildung und Selbsttranszendenz" (Joas 1999, 10), indem sie das Subjekt ergreifen und auf das Gute hin ausrichten wollen (vgl. Lindner 2012). Eine *theologische Ethik* in katholischer Tradition freilich bringt einen spezifischen Beitrag ein: den Gottesgedanken im Lichte der Botschaft und Praxis Jesu. Theologische Ethik versteht sich deshalb als „Theorie der menschlichen Lebensführung unter dem Anspruch des Evangeliums. Sie fragt nach dem guten Leben und richtigen Handeln in der Perspektive des christlichen Glaubens und bedenkt die Konsequenzen für dieses Leben und Handeln, die sich daraus ergeben, dass die Frage nach seinem letzten Ziel im Lichte einer bestimmten, nämlich einer der biblischen Offenbarung entnommenen Vorstellung menschlicher Erfüllung beantwortet wird." (Schockenhoff 2007, 19f.) Strittig ist innerhalb der katholischen Ethik der Status der biblischen Tradition und der Glaubensüberlieferung.

Die *Glaubensethik* verwurzelt Ethik formal wie material im Glauben selber. Sie sieht das Proprium einer katholischen Ethik in inhaltlich zu fassenden Perspektivierungen und Sinnzusagen aus dem christlichen Glauben heraus. Das Zutrauen in die Kraft autonomer Vernunft würde die Endlichkeit und die Schwächung durch Schuld übersehen. Eine unbedingte Begründung ethischer Urteile sowie die Motivation, ethische Orientierungen auch zu Maximen des eigenen moralischen Handelns werden zu lassen, werde letztlich erst durch göttliche Offenbarung möglich.

Dagegen setzt eine *Autonome Ethik* auf die Vernunft des Menschen. Der Glaube hat hier stimulierende, integrierende und kritisierende Bedeutung. Autonomie meint letztlich eine theonome Autonomie, die durch Gott zur eigenen Urteilsbildung freigesetzt wird (vgl. Ernst 2009, 19). In Fragen der Begründung von Normen, Werten und Tugenden verfügt der christliche Glaube nicht über Einsichten, die über das Potenzial der säkularen Vernunft hinausgeht. „Aber ebenso trifft zu, dass er einen eigenen Entdeckungszusammenhang von Werten und Normen menschlichen Miteinanders und des Sinns menschlichen Daseins konstituieren kann" (Höhn 2014, 175), den eine säkulare Vernunft aus sich heraus nicht zu erreichen vermag (vgl. Kropač 2012). Das Proprium einer katholischen Ethik liegt demnach im umgreifenden Rahmen einer theologischen Anthropologie einer befreiten Freiheit, während protestantische Ethik stärker das Moment einer durch die Sünde dauerhaft versehrten Freiheit betont (vgl. Grümme 2012, 293-350).

2 Rezeption

Diese Spannung des Ethikbegriffs zwischen Glaubensethik und Autonomer Ethik prägt im Wesentlichen dessen Rezeptionsgeschichte innerhalb der Religionspädagogik bis heute. Ethik wird hier auf ganz unterschiedliche Weise und mit divergenter Zielsetzung tradiert und in den diversen religionspädagogischen Handlungszusammenhängen gelernt.

Die lange, seit den Ursprüngen christlicher Erziehung artikulierte, Tradition der christlichen Moralpädagogik kann als Artikulation der *Glaubensethik* begriffen werden. Sei es in der patristischen Pädagogik, sei es bei *Augustinus* oder in mittelalterlichen Kloster- und Bürgerschulen und selbst noch in den neuzeitlichen Schulen der Reformation: Diese Form moralischen Lernens ist auf die Übermittlung der kirchlichen Morallehre an die nachwachsende Generation fokussiert. Nicht das Subjekt, sondern die Botschaft steht im Mittelpunkt (vgl. Paul 1993/1995). Biblische Botschaft und exemplarische Vorbilder geben mit der lebensweltlich wie kulturell unbefragten Autorität kirchlicher Definitionsmacht die materialen wie formalen Maßstäbe moralischen Verhaltens vor. Vorgegebene Muster moralischer Lebensformen und Tugenden werden so von den Heranwachsenden zunehmend internalisiert und sukzessiv in Gebrauch genommen, bis diese eigenständig zu

einer sittlichen Lebensorientierung im Geist des Evangeliums finden (vgl. Zie-
bertz/Roebben 1993, 456). Katechese und Moralerziehung durchdringen einander, wie sich noch zu Beginn des 20. Jahrhunderts am Beispiel der Arbeiten von
Joseph Göttler zeigen lässt (vgl. Mette 1994, 81f.). Freilich bedeutet dies nicht,
dass hierbei pädagogische Einflüsse irrelevant wären. Im Gegenteil: Mit der außer-
ordentlich breiten Rezeption der hier exemplarisch herangezogenen christlichen
Moralpädagogik *Friedrich Wilhelm Foersters* in der katholischen Erzieher- und
Lehrerschaft werden etwa mit dessen ‚induktiver‘ Methode zugleich die weiter-
führenden, die Subjekte in den Blick nehmenden Impulse der Reformpädagogik
rezipiert (vgl. ebd., 82). Eine konkrete empirische Wahrnehmung des Kindes in
seiner Situation soll moralpädagogischen Initiativen vorausgehen, um ihnen Pass-
genauigkeit zu verleihen. *Foerster* setzt bei den Erfahrungen an, konfrontiert diese
sodann mit der christlichen Botschaft. So schlägt er vor, „bei ethischen Bespre-
chungen mit Kindern nicht vom Gebote auszugehen, sondern vom Kinde, ihm
zunächst seine eigenen konkreten Erfahrungen richtig deuten zu helfen [...] und
von dort aus stufenweise zur sittlichen Wahrheit emporzusteigen" (zit. nach Meyer-Ahlen 2010, 74). Diese ist die „reifste Lösung der konkreten Schwierigkeiten
des Lebens selber", die „gründlichste Interpretation der Wirklichkeit, als natürliche Formulierung dessen, was unsere eigene höhere Natur gebieten muss" (ebd.).
Am Ende sei es das Christentum, was allein die Natur des Menschen versteht und
sittliche Orientierung zu geben vermag (vgl. ebd., 73-75). Dies ist eine materiale
Ethik im Kontext eines weitgehend geschlossenen partikularen Werteuniversums,
in das die Kinder und Jugendlichen durch moralpädagogische Impulse vorrangig
der Instruktion und des Vorbildlernens hineingeführt werden. Deshalb kann man
diesen moralpädagogischen Prozess als ‚ethische Erziehung‘ kennzeichnen (vgl.
ebd., 25-29). Deren Ertrag liegt in der lebensweltlichen Verwurzelung dieser Moral, die von dort her Festigung und Motivation erhält. Deren Grenze liegt in der
Unfähigkeit, den Wertepluralismus angemessen zu bewältigen.
Anders dagegen eine an der *Autonomen Ethik* orientierte Form des ethischen Lernens in der Religionspädagogik. Wenn es keine Werte, keine Normengefüge und
Tugenden mehr gibt, die unhinterfragt als materiale wie formale Begründungs-
und Zielhorizonte gelten können, dann gilt es, die Herausbildung ethischer Wer-
torientierungen und deren kritische Reflexion in den Vordergrund zu stellen. Die
kritische Urteilsfähigkeit hinsichtlich kontextuell bedrängender moralischer Probleme steht im Zentrum. Exemplarisch zeigt *Helmut Peukert* die Verwurzelung dieses Zugangs in kommunikationstheoretischen Konzepten einerseits und einer damit korrelativ verbundenen anthropologisch gewendeten Theologie andererseits.
Eine „Ethik der intersubjektiven Kreativität" (ders. 1987, 82) soll unter Rückgriff
auf die eingespielten Impulse jüdisch-christlicher Tradition die Subjekte dazu befähigen, die Herausforderungen der Gegenwart im Dienste ihrer Autonomie zu
bewältigen und dazu sich auch kritisch-transformatorisch mit tradierten und ge-

genwärtig propagierten Wertgefügen auseinandersetzen zu können. Ethische Bildung, nicht ethische Erziehung stehen im Fokus dieses Konzepts, das als „Wertkommunikation" wegen seiner Pluralitätsfähigkeit den religionspädagogischen Ethikdiskurs derzeit dominiert (vgl. Ziebertz 2010, 442). Dies öffnet zugleich die Perspektive auf genetische Aspekte ethischer Bildung. Ein strukturorientierter entwicklungspsychologischer Zugang, wie ihn *Lawrence Kohlberg* entwickelte, ordnet die Genese der moralischen Urteilskompetenz drei unterschiedlichen Niveaus mit jeweils zwei Stufen zu und wird religionspädagogisch als wesentlicher Beitrag einer Theorie der „Wertentwicklung" erörtert (vgl. ebd., 439-443). Dabei ist eine Komplementarität zwischen Wertentwicklung und Wertkommunikation zu berücksichtigen. Einerseits ist eine ethische Autonomie der Heranwachsenden nicht gegeben, andererseits muss das Ziel der Wertentwicklung und der Wertkommunikation den folglich als ‚Sprachschule der Freiheit' (*Ernst Lange*) zu bestimmenden Weg ethischer Bildung selber prägen (vgl. Ziebertz/Roebben 1993, 457).

3 Potenzial

Verstanden als Strukturbegriff religionspädagogischer Selbstkonzeptionalisierung birgt ein solcher Ethikbegriff erhebliches Potenzial in Gegenwart und Zukunft. Grundlegend wird man feststellen dürfen, dass unter den Bedingungen von Wertewandel und der neuen ‚Unübersichtlichkeit' des Wertepluralismus der „Bedarf an Ethik" (Englert 2008, 816) stark wächst. Damit aber steigt ebenso der Bedarf an Ethik als Gegenstand religionspädagogischer Lernprozesse. Ethische Bildung ist massiv gefordert.

Das religionspädagogische Potenzial des Ethikbegriffs liegt vor diesem komplexen Beanspruchungsniveau vor allem auf vier verschiedenen Feldern:

(1) *Verhältnis Ethik und Moral*: Der Ethikbegriff signalisiert den reflexiven Universalitätsüberschuss gegenüber dem Begriff der Moral. In Zeiten der Globalisierung kommt es darauf an, eine begründete wahrheitsfähige Urteilsfähigkeit inmitten der verschiedenen, aus verschiedenen Weltanschauungen und Religionen gespeisten moralischen Selbstverständnisse zu erlangen. Ethische Bildung steht genau dafür ein. Gleichwohl liegt eine nicht geringe Herausforderung darin, die Heranwachsenden mit den motivierenden, kritisierenden und transformierenden Impulsen einer bestimmten Vorstellung des Guten zu konfrontieren, die in christlicher Perspektive auf der biblischen Botschaft basiert. Diese prekäre Spannung inmitten der spätmodernen Pluralität zu bewältigen, wird über die Zukunftsfähigkeit ethischer Bildung in der Religionspädagogik entscheiden.

(2) *Religionspädagogische Konzeptbildung*: Es scheint, als wäre in gegenwärtiger Religionspädagogik die Wucht der prophetischen Botschaft gelegentlich herabtemperiert zur bloßen Perturbation des Anderen im Rahmen konstruktivistischer Religionspädagogik oder zur Frage der Wahrnehmung im Kontext mancher Ansätze ästhetischer Religionspädagogik. Der Ethikbegriff macht hier mit der Notwendigkeit eines Akzentwechsels in der konzeptionellen Ausrichtung vertraut. Um der Wahrheitsfähigkeit der Religionspädagogik willen bleibt er darum unverzichtbar. Dafür ist es freilich erforderlich, ethische, kognitive, ästhetische wie politisch-strukturelle Dimensionen in einem integrativen Bildungsbegriff aufeinander zu beziehen und als Hintergrund zu entfalten.

(3) *Theonomie*: Der Gottesgedanke selbst will das Verhalten und Denken der Menschen prägen. Diese ethische Dimension des Glaubens muss immer wieder neu für den religionspädagogischen Binnendiskurs wie für die Öffentlichkeit gesellschaftlicher Selbstverständigungsprozesse plausibilisiert werden. Dafür steht der Ethikbegriff. Dies aber ist im Lichte des theologischen Wahrheitsanspruches nur möglich, wenn der theonome Charakter des christlichen Ethikbegriffs verdeutlicht wird. Der christliche Gottesglaube impliziert und prägt eine Ethik, ist aber wesentlich mehr als Ethik – auch in der Religionspädagogik.

(4) *Organisation*: Die Debatten um das Profil ethischen Lernens sind für die Diskussionen um einen allgemein verbindlichen Werteunterricht, um das Verhältnis zwischen Ethikunterricht, Religionskunde und konfessionellem Religionsunterricht oder um eine Fächergruppe herausfordernd. Gerade wegen seiner breiten semantischen Verwurzelung in philosophischen, pädagogischen wie theologischen Traditionen vermag der Begriff der Ethik religionspädagogisch eine Brücke zu schlagen, die das jeweilige Profil der Zugänge wie deren Kommunikabilität sichert.

So birgt der Ethikbegriff erhebliches Potenzial für die Religionspädagogik, hat aber wesentliche Herausforderungen noch vor sich.

Literatur

Englert, Rudolf (2008), Die ethische Dimension religiöser Bildung; in: Mertens, Gerhard u.a. (Hg.), Handbuch der Erziehungswissenschaft. Bd. 1: Grundlagen. Allgemeine Erziehungswissenschaft, Paderborn, 815-820 – Ernst, Stephan (2009), Grundfragen theologischer Ethik. Eine Einführung, München – Grümme, Bernhard (2012), Menschen bilden? Eine religionspädagogische Anthropologie, Freiburg/Br. u.a. – Habermas, Jürgen (1991), Erläuterungen zur Diskursethik, Frankfurt/M. – Höhn, Hans-Joachim (2014), Das Leben in Form bringen. Konturen einer neuen Tugendethik, Freiburg/Br. u.a. – Joas, Hans (1999), Die Entstehung der Werte, Frankfurt/M. – Kropač, Ulrich (2012), Ethik im Religionsunterricht? Der Beitrag der christlichen Religion zu ethischer Bildung, in: RpB 68/2012, 19-34 – Lindner, Konstantin (2012), Wertebildung im religionspädagogischen Horizont. Ein Systematisierungsversuch, in: RpB 68/2012, 5-18 – Lutz-Bachmann, Matthias (2013),

Ethik, Stuttgart – Mette, Norbert (1994), Religionspädagogik, Düsseldorf – Meyer-Ahlen, Stefan (2010), Ethisches Lernen. Eine theologisch-ethische Herausforderung im Kontext der pluralistischen Gesellschaft, Paderborn – Paul, Eugen (1993/1995), Geschichte der christlichen Erziehung, 1. Antike und Mittelalter, 2. Barock und Aufklärung, Freiburg/Br. u.a. – Peukert, Helmut (1987), Die Frage nach der Allgemeinbildung als Frage nach dem Verhältnis von Bildung und Vernunft; in: Pleines, Jürgen-Eckardt (Hg.), Das Problem des Allgemeinen in der Bildungstheorie, Würzburg, 69-88 – Schockenhoff, Eberhard (2007), Grundlegung der Ethik. Ein theologischer Entwurf, Freiburg/Br. u.a. – Ziebertz, Hans-Georg / Roebben, Bert (1993), Moralpädagogik, in: LThK[3] 7, 455-458 – Ziebertz, Hans-Georg ([6]2010), Ethisches Lernen, in: Hilger, Georg / Leimgruber, Stephan / Ziebertz, Hans-Georg, Religionsdidaktik. Ein Leitfaden für Studium, Ausbildung und Beruf, München, 434-452

F Fokus ‚Lernermöglichung‘ – didaktische Strukturbegriffe der Religionspädagogik

F1 – Lernen

Hans Mendl

1 Profil

1.1 Vom Lehren zum Lernen

Schulzeugnisse weisen den Lernerfolg vom Lerngegenstand her aus, für die Lerndomäne ‚Religion‘ findet man die Rubrik ‚Religions*lehre*‘, das Fach heißt ‚Religions*unterricht*‘. Wenn hingegen in diesem Beitrag der Strukturbegriff des ‚*Lernens*‘ im Mittelpunkt steht, bezeichnenderweise aber der mit ihm korrespondierende Begriff des ‚*Lehrens*‘ im Buch fehlt, so deutet dies auf einen markanten Perspektivenwechsel hin, der sich in vielfältigen Dimensionen niederschlägt, die im Folgenden skizziert werden sollen. Nicht der Gegenstand und nicht die Lehrenden, sondern die Lernenden sind Ausgangs- und Zielpunkt (religiösen) Lernens. Theologisch korreliert diese Orientierung am lernenden Subjekt mit der anthropologischen Wende in der Theologie, die mit dem *II. Vatikanischen Konzil* grundgelegt wurde.

1.2 Lernen als Veränderung

Mit dem vielschichtigen Begriff des Lernens (vgl. Hilger 2014, 332) befindet man sich auf der Subjektseite des Lehr-Lerngeschehens. Doch was versteht man unter ‚Lernen‘? In den Human- und Bildungswissenschaften sowie in der Psychologie und Neurowissenschaft besteht der definitorisch kleinste Nenner im Begriff der *Veränderung*, wobei unter den Vorzeichen der kognitiven Wende in der Psychologie heute weniger Veränderungen des Verhaltens oder der Verhaltensdispositionen im Vordergrund stehen als vielmehr solche im kognitiven Apparat (vgl. ebd.; Porzelt 2013, 19-23). Wie geschieht Lernen? Lernen ist das Ergebnis von *Erfahrung*.

Das Subjekt lernt über Erfahrungen in der Auseinandersetzung mit seiner Umwelt. Diese erste Annäherung an den Begriff des Lernens erscheint noch als recht formal und inhaltsleer und bedarf deshalb einer genaueren Konkretisierung.

1.3 Dimensionen des Lernens

Als weiterführend erscheint die genauere Bestimmung, in welchen Bereichen einer menschlichen Erkenntnisfähigkeit das Subjekt lernt. *Burkard Porzelt* konstatiert diesbezüglich folgende vier Grunddimensionen des Lernens (vgl. ders. 2013, 32-36):

- *Kognitives Lernen* bezieht sich sowohl auf formale Fähigkeiten konkreter Operationen eines Wissenserwerbs als auch auf die materiale Aneignung von Wissensbeständen.
- *Affektives Lernen*: Lernen ist auch von Emotionen geprägt, die sich auf die Einstellungen, Wertungen und Haltungen auswirken.
- *Aktionales Lernen*: Der Mensch lernt mit dem ganzen Körper.
- *Soziales Lernen*: Subjektorientierte Lerndefinitionen beschränken sich auf die Betrachtung des Individuums an sich, sie blenden aber die soziale Dimension des Lernens aus. Gerade schulisches Lernen vollzieht sich in Gemeinschaft und befähigt zur Teilhabe an der Gesellschaft. Insofern stellt die Dimension des sozialen Lernens mit und an Anderen eine wichtige Ergänzung eines Lernens mit Kopf, Herz und Hand (*Johann Heinrich Pestalozzi*) dar.

Diese Unterscheidung in verschiedene Lerndimensionen ist analytischer Natur; in der Praxis des Lernens sind sie miteinander auf vielfältige Weise verwoben.

1.4 Domänen des Lernens

Von der Bezugsdisziplin der Lernpsychologie her ergeben sich weitere Ausdifferenzierungen, von Wissens- und Kompetenzbereichen, auf die Lernen abzielt (vgl. Mendl 2003). So unterscheidet *Franz E. Weinert* zwischen *intelligentem* Wissen (ein aktiv verfügbares und systemisch vernetztes Wissen), *situiertem* Wissen (dieses umfasst verschiedene Strategien der Wissensnutzung), *metakognitivem* Wissen (ein selbstständig verfügbares ‚Lernen Lernen') und einer Lerndomäne der *Welt-, Wert- und Handlungsorientierung*. Nach *Alexander Renkl* sollte Lernen entgegen einer Anhäufung eines trägen, nicht nutzbaren Wissens stets situiert sein, also personen- und situationsbezogen, und bei Formen eines intelligenten Lernens sollten die beiden Perspektiven eines *deklarativen* Sachwissens und eines *prozeduralen* Anwendungswissens miteinander verschränkt werden. Lernen spielt sich also in verschiedenen Feldern ab und muss deshalb auch mit unterschiedlichen Methoden gefördert werden.

1.5 Lernen im Gehirn

Die lernpsychologischen Vorstellungen darüber, was beim Lernen geschieht, sind derzeit deutlich von den Ergebnissen der Gehirnforschung unterfüttert. Mit Hilfe neurobiologischer Erkenntnisse wird nachzuzeichnen versucht, in welchen Schritten sich Lernen im Individuum vollzieht, wie das Gehirn funktioniert, welche Strukturen beteiligt sind und welche elektrochemischen Prozesse dabei ablaufen (vgl. Hermann 2009). Von besonderer Bedeutung sind dabei die Neuronen, über die die Sinneseindrücke weitergeleitet und verarbeitet werden, und die Synapsen als Schaltstellen und Filter im Gehirn. Erkenntnisse für die Beschreibung von Lernprozessen ergeben sich überdies aus der Erforschung der beim Lernen aktivierten Gehirnregionen, der Vorgänge bei der Verarbeitung von Informationen und der dabei beteiligten emotionalen Bereiche des limbischen Systems, aber auch aus den Untersuchungen zu den Kurz- und Langzeitspeicherprozessen im Gehirn sowie zur Bedeutung des sozialen Lernens über die sogenannten Spiegelneuronen (vgl. Bauer 2010).

1.6 Lernen als aktives Tun

Was die bisher skizzierten wissenschaftlichen Annäherungen an den Lernbegriff eint, ist das Grundverständnis, dass Lernen ein Vorgang ist, der maßgeblich auf der Eigentätigkeit des lernenden Subjekts beruht. Kinder und Jugendliche sind weder einfach passive Adressaten eines vorgegebenen Weltwissens noch automatisch heranreifende Wesen, sondern selbstständige Konstrukteure ihrer Welt. Diese Annahme eines eigenständig die Welt verarbeitende Subjekts, das sich in vielfältigen religionsdidaktischen Konzepten und Theorien widerspiegelt, wird erkenntnis- und lerntheoretisch durch unterschiedliche Ansätze konstruktivistischer Prägung untermauert (vgl. Mendl 2014, 174; Hilger 2014, 333-338; Porzelt 2013, 26-28): Demnach vollzieht sich Lernen als aktiver und dynamischer Prozess des lernenden Subjekts, in den die Lernenden bereits Vorwissen und Einstellungen bezüglich der Lerngegenstände, besonders auch emotionale Voreinstellungen, einbringen. Wenn aber Lernen von individuellen Konstruktionen geprägt ist, ist das Ergebnis von Lernprozessen nur begrenzt vorhersagbar, auch in sozialen Zusammenhängen. Lernen vollzieht sich zwar in Korrespondenz mit einer Außenwelt und im Kontext definierter Lernlandschaften, die Lerngegenstände werden aber nicht unmittelbar im Lernenden abgebildet, sondern im Prozess des Lernens auf vielfältige Weise verändert.

1.7 Religiöses Lernen

Was heißt aber nun Lernen unter den fachspezifischen Vorzeichen der Lerndomäne ,Religion'? Auf einer sehr grundsätzlichen Ebene ist eine unterschiedliche Bezugnahme auf Religion und Glaube möglich: Bei einem „Lernen *über* Religion

[…] rückt die kognitive Dimension des Wissens, Verstehens und Analysierens in den Mittelpunkt." (Hilger 2014, 339) Das ‚Lernen *von* Religion' ist deutlicher affektiv, existenziell und wertend geprägt und das ‚Lernen *in* Religion' bezieht sich auf die pragmatische Ebene eines Wahrnehmens und Ausprobierens von Vollzugs- und Gestaltungsformen (vgl. ebd., 340).

Blickt man in die aktuellen religionspädagogischen Grundlagenwerke (z.b. Hilger/Leimgruber/Ziebertz 2010; Kalloch/Leimgruber/Schwab 2009; Mendl 2014), so kann man feststellen, dass sich die eingangs skizzierte Wende zum Subjekt in Theologie und Religionspädagogik auch in einer dominanten Sprachform niederschlägt: In zahlreichen Überschriften wird dem Hauptwort ‚Lernen' eine fachdomänenspezifische Bestimmung vorangestellt: „interreligiös lernen", „biografisches Lernen", „erinnerungsgeleitet lernen", „ethisches Lernen", „performativ lernen". Kategorial kann man die Konkretisierung des allgemeinen Lernbegriffs auf die aktuellen Prinzipien des Religionsunterrichts (zum Begriff vgl. Mendl 2014, 149f.) so fassen: Es wird ein Bezug zu den Lerngegenständen (z.b. ‚biblisches Lernen'), zu den didaktischen Prinzipien (z.b. ‚konstruktivistisches Lernen') oder zu den Lernenden selbst (z.b. ‚biografisches Lernen') hergestellt. Auch hier gilt, dass die verschiedenen Perspektiven durchaus miteinander verschränkt betrachtet und entfaltet werden können und müssen. Die Stärke einer solchen inhaltlich ausdifferenzierten Bestimmung von ‚Lernen' in Religion besteht darin, dass damit einem reinen Subjektivismus Einhalt geboten und signalisiert wird, dass auch die Fokussierung auf das Subjekt des Lernens immer im Kontext gegenständlicher und didaktischer Bezugsgrößen gesehen werden muss.

Vor dem Hintergrund des bisher Entfalteten kann man den Versuch wagen, eine Definition darzubieten: Religiöses Lernen im Rahmen des Religionsunterrichts bezeichnet einen auf Interaktionen basierenden individuellen und aktiven Prozess in einem sozialen Kontext, der Kognition, Emotion, Motivation und Volition umspannt und im Hinblick auf Religion und Glaube zu einer Veränderung durch die Auseinandersetzung mit einem Lerngegenstand führt. Diese Auseinandersetzung mit dem Lerngegenstand als äußere Einwirkung im Sinne einer ‚produktiven Verunsicherung' bewirkt eine Modifikation von religiösem Vorwissen und Voreinstellungen durch eigene Konstruktionen und Verknüpfungsleistungen und zielt so auf religiös verantwortete Einstellungen, Denk- und Handlungsmöglichkeiten, Fähigkeiten und Fertigkeiten (vgl. Mendl/Stinglhammer 2012, 216).

2 Rezeption

2.1 Epochenspezifische Formen religiösen Lernens in der Geschichte

Was Lernen im Kontext der Christentumsgeschichte bedeutet(e), kann man zunächst einmal großräumig epochenspezifisch betrachten (vgl. Porzelt 2013, 110-119 mit Bezug auf *Rudolf Englert*). Dabei wird deutlich, wie sehr (religiöses) Lernen kontextuell in einem bestimmten gesellschaftlichen, politischen und kulturellen Umfeld situiert ist und immer in konkreten sozialen Bezügen vonstatten geht. In der ersten Phase des Christentums dominierte das Lernmuster der *Konversion*: Durch eine lebensgeschichtliche Umkehr und konkretisiert in der Form der Katechese (die von der Wortbedeutung her als Unterweisung und Einübung zugleich verstanden werden kann) lernte man, Christ zu sein. Als das Christentum zur Mehrheitsreligion wurde, war eine solche individuelle Umkehr nicht mehr erforderlich; über ein ganzes Jahrtausend hindurch erfolgte religiöses Lernen beiläufig, indem man in die mit Kultur und Gesellschaft nahezu deckungsgleiche christianitas hineinwuchs (*Enkulturation*). Die Aufspaltung des Christentums in der Reformationszeit führte zur Notwendigkeit, sich des eigenen, von der anderen Konfession unterschiedlichen Glaubens auch kognitiv und reflexiv zu vergewissern. Dies bedingte eine explizite religiöse Belehrung und Unterweisung, um die *Formation* einer konfessionellen Identität zu erreichen – das war die Geburtsstunde einer Verschulung der Katechese! Freilich wirkten innerhalb der konfessionellen Milieus Prozesse der Enkulturation weiter fort. Und heute? *Englert* charakterisiert für die Zeit des grundlegenden religiösen Wandels, der von der Auflösung konfessioneller Milieus und den Prozessen der Individualisierung und Pluralisierung geprägt ist, religiöses Lernen als eine *Expedition*, als Suchprozess, den jedes Individuum zu vollziehen hat. Aus einer konfessionellen Perspektive bedeutet dies, dass dem Expeditionsteilnehmer Material aus dem reichhaltigen Schatz religiöser Traditionen zur Verfügung gestellt werden muss, damit er aus diesem konfigurierten Wissen (die Wissensbestände einer objektiven Religion) ein individualisiertes religiöses Wissen (die individuelle Aneignung religiöser Tradition) konstruieren kann (vgl. Mendl 2014, 69f.).

2.2 Lernen im Kontext des Katechismusunterrichts

Eine prägnante Gegenfolie zum heute dominanten subjektorientierten Lernbegriff stellt das Verständnis von religiösem Lernen dar, wie es sich in der Tradition des Katechismusunterrichts wiederfindet. Dieser muss eng verbunden mit der eben skizzierten Epoche der Formation betrachtet werden. Nach einer Phase der Pädagogisierung der Katechese im Aufklärungszeitalter war religiöses Lernen bis hin zum *Grünen Katechismus* (1955) in den 1960er Jahren von einem dogmatisch orientierten Katechismus-Konzept geprägt. Im Jahr 1847 erschien der Katechismus des Jesuiten *Joseph Deharbe*, der 1925 in den katholischen Einheitskatechismus mündete und dessen didaktische Reichweite nicht hoch genug eingeschätzt werden kann. Lernen wurde hier verstanden als das Auswendiglernen einer autoritativ vorgetragenen Lehre. Durch ein mehrfaches Wiederholen der Katechismusantworten über die Schuljahre hinweg erwartete man sich einen Prägeeffekt: „Ist die Heilswahrheit nur einmal im Gedächtnisse, so wird sich bald auch Verstand und Herz, Geist und Gemüth damit beschäftigen […,] mag immerhin das Kind mehr mechanisch und gedankenlos aufsagen." (*Johann Michael Benger* nach Paul 1988, 186) Despektierlich bezeichnete *Eugen Paul* dieses ‚Prinzip Hoffnung‘ des Katechismusunterrichts als ‚Sickergrubenpädagogik‘. Eine Abgrenzung von einem solchen Lernverständnis erscheint umso bedeutsamer und aktueller, als es ja innerkirchlich durchaus Strömungen gibt, die erst vor wenigen Jahren mit dem *Youcat* (2011) einen Katechismus präsentiert haben mit Fragen, die so nur wenige Jugendliche stellen, und Antworten, die sprachlich und inhaltlich eine Übersetzung erfordern, um Lernprozesse in der Lerndomäne Religion auslösen zu können (vgl. Werbick 2011).

Wie völlig selbstverständlich und unhinterfragt ein solches rein reproduktives Verständnis von religiösem Lernen war, wurde deutlich, als mit der Münchener Methode (vgl. Paul 1988) eine deutlichere Orientierung an der Entwicklungs- und Lernpsychologie und Allgemeinen Didaktik erfolgte; neuscholastische Kritiker wandten damals ein, man müsse doch den Glauben autoritativ durch eine texterklärende Methode vorlegen, und das Prinzip der Anschauung sei nichts anderes als geistiges Naschwerk (vgl. ebd., 188).

2.3 Lernen im ‚Karussell der Konzepte‘ der 1960er Jahre

Wie sehr das Verständnis von (religiösem) Lernen kontextuell geprägt ist, soll im Überblick noch an weiteren Stationen der Geschichte der Didaktik und der Religionspädagogik gezeigt werden. Im Nachgang betrachtet kann man auch manche didaktischen Konsequenzen der Curriculumtheorie, die an sich einen Quantensprung für die schulische Didaktik bedeutete, durchaus kritisch sehen: So dokumentiert schon der Ausgangspunkt einer Benennung von künftigen Lebenssituationen, auf die hin eine Qualifikation durch schulische Bildung erfolgen soll, ein nicht unproblematisches Lernverständnis (‚Lernen für später‘), und die curricular geprägten unterrichtlichen Planungsmodelle waren im Grundansatz von einem behavioristischen Lernverständnis durchdrungen, das durch die Input- und Output-Prägung der anvisierten Lernziele zu wenig Wert auf die Gestaltung von Lernprozessen legte. Auch die verschiedenen, häufig recht kurzlebigen, Konzepte der 1960er und 1970er Jahre hatten ein spezifisches Verständnis davon, worauf Lernen abzielen sollte: auf ein gründliches Verstehen der Bibel (hermeneutischer Religionsunterricht), auf eine gesellschaftsbezogene Emanzipation (problemorientierter Religionsunterricht) oder auf eine therapeutisch-befreiende Wirkung (schülerorientierter Religionsunterricht).

2.4 Lernen – die Aporie der Empirie

Werner Simon war am umfangreichen Projekt der „Mainzer Dokumentation von Religionsunterricht" in den 1970er Jahren beteiligt (vgl. ders. 1983), mit dem die von *Klaus Wegenast* geforderte empirische Wendung in der Religionspädagogik eine erste Spur fand. Auch alle weiteren empirischen Projekte, die sich auf das mühsame Geschäft einer unmittelbaren Erforschung des realen Unterrichts und der dort wahrnehmbaren Lernprozesse eingelassen haben, wie die von *Eugen Paul* initiierte „Augsburger Arbeitsgruppe Curriculum" oder die Tübinger Gruppe um *Friedrich Schweitzer* oder das Essener Forscherteam um *Rudolf Englert*, legten sehr bald offen, wie sehr sich Lehrerintentionen und faktische Lernprozesse der Schüler/innen unterschieden. So verwundert es nicht, dass das Ergebnis solcher Studien häufig ernüchtert (vgl. Ritzer 2010; Englert/Hennecke/Kämmerling 2014): Was und wie lernen Schüler/innen überhaupt im Religionsunterricht? Das Desiderat weiterer Unterrichtsforschungsprojekte, die vor allem das Lernen der Schüler/innen in den Blick nehmen, besteht auch weiterhin!

3 Potenzial

Mit dem vieldiskutierten Ansatz der Kompetenzorientierung im Kontext der Bildungsstandards wird ein Perspektivenwechsel vom Lehren zum Lernen eingefordert; es gehe darum, „die Schülerinnen und Schüler als verantwortliche Akteure ihres eigenen Lernens ernst zu nehmen." (Michalke-Leicht 2011, 11) Es bleibt abzuwarten, wie weit es gelingen wird, Kompetenzorientierung so didaktisch durchzubuchstabieren, dass in der Praxis religiösen Lernens Schüler/innen tatsächlich zu einer größeren Eigenständigkeit in der Erarbeitung von religiösem Weltwissen, einer individuellen Aneignung von Religion und der Fähigkeit zu selbstreflexiven Bildungsprozessen angeregt werden können. Auf den ersten Blick konträr zu dieser lernorientierten Perspektive erscheint die Rezeption der fulminanten Studie des neuseeländischen Bildungsforschers *John Hattie* (vgl. ders. 2013): Folgt aus der Bedeutung, die hier der Lehrperson zugemessen wird, nicht der Pendelschlag weg vom Lernen und wieder mehr hin zum Lehren? Wer *Hattie* genau liest (z.B. ders. 2014, 6), kommt bei aller Nachdenklichkeit, die die Studie in vielen Aspekten auslöst, zum gegenteiligen Schluss: *Hattie* fordert Lehrer/innen ein, die in der Lage sind, perspektivisch vom Lernen der Schüler/innen aus Lernprozesse zu planen: „Unterricht ist dann erfolgreich, wenn Lehrende das Lernen mit den Augen der Lernenden sehen und Lernende sich selbst als ihre eigenen Lehrerinnen und

Lehrer betrachten" (Terhart 2014, 15). Aber auch das ist didaktisch nicht neu. Schon *Johann Amos Comenius* formulierte programmatisch in der Einleitung zu seiner ‚Großen Didaktik' von 1657: „Erstes und letztes Ziel unserer Didaktik soll es sein, die Unterrichtsweise aufzuspüren und zu erkunden, bei welcher die Lehrer weniger zu lehren brauchen, die Schüler dennoch mehr lernen." (ders. 1970, 9) Auf den Punkt gebracht: Ziel jeglichen Lehrens in das Lernen!

Literatur

Bauer, Joachim ([15]2010), Warum ich fühle, was du fühlst. Intuitive Kommunikation und das Geheimnis der Spiegelneurone, München – Comenius, Johann Amos ([4]1970), Große Didaktik (übersetzt und hg. von Flitner, Andreas), Düsseldorf u.a. – Englert, Rudolf / Hennecke, Elisabeth / Kämmerling, Rudolf (2014), Innenansichten des Religionsunterrichts. Fallbeispiele – Analysen – Konsequenzen, München – Hattie, John (2013), Lernen sichtbar machen, Baltmannsweiler – Ders. (2014), Lernen sichtbar machen für Lehrpersonen, Baltmannsweiler – Hermann, Ulrich (Hg.) ([2]2009), Neurodidaktik. Grundlagen und Vorschläge für gehirngerechtes Lehren und Lernen, Weinheim – Basel – Hilger, Georg (2014), Lernen und Lehren im Religionsunterricht, in: ders. u.a., Religionsdidaktik Grundschule. Handbuch für die Praxis des evangelischen und katholischen Religionsunterrichts, München – Stuttgart, 328-343 – Ders. / Leimgruber, Stephan / Ziebertz, Hans-Georg (2010), Religionsdidaktik. Ein Leitfaden für Studium, Ausbildung und Beruf. Neuausgabe, München – Kalloch, Christina / Leimgruber, Stephan / Schwab, Ulrich (2009), Lehrbuch der Religionsdidaktik. Für Studium und Praxis in ökumenischer Perspektive, Freiburg/Br. – Mendl, Hans (2003), Religiöses Wissen – was, wie und für wen?, in: KatBl 128 (5/2003) 318-325 – Ders. ([3]2014), Religionsdidaktik kompakt. Für Studium, Prüfung und Beruf, München – Ders. / Stinglhammer, Manuel (2012), „Eigentlich hatte ich mir Gott immer ganz lieb vorgestellt", in: KatBl 137 (3/2012) 213-219 – Michalke-Leicht, Wolfgang (Hg.) (2011), Kompetenzorientiert unterrichten. Das Praxisbuch für den Religionsunterricht, München – Paul, Eugen (1988), Die Münchener Methode: Intention – Realisierung – Grenzen, in: KatBl 113 (3/1988) 186-192 – Porzelt, Burkard ([2]2013), Grundlegung religiösen Lernens. Eine problemorientierte Einführung in die Religionspädagogik, Bad Heilbrunn – Ritzer, Georg (2010), Interesse – Wissen – Toleranz – Sinn. Ausgewählte Kompetenzbereiche und deren Vermittlung im Religionsunterricht. Eine Längsschnittstudie, Wien u.a. – Simon, Werner (1983), Inhaltsstrukturen des Religionsunterrichts. Eine Untersuchung zum Problem der Inhalte religiösen Lehrens und Lernens, Zürich u.a. 1983 – Terhart, Ewald (2014), Der Heilige Gral der Unterrichtsforschung – gefunden? Eine Auseinandersetzung mit Visible Learning, in: ders. (Hg.), Die Hattie-Studie in der Diskussion. Probleme sichtbar machen, Seelze, 10-23 – Werbick, Jürgen (2011), Fragen an die Antworten des Youcat, in: KatBl 136 (5/2011) 366-371

F2 – Didaktik

Klaus König

1 Profil

Didaktik (von griech. διδάσκειν – lernen, lehren) umfasst Fragen und Faktoren, die mit beabsichtigten Lern-, Lehr- und Bildungsprozessen verbunden sind. Sie fragt, „wer, was, von wem, wann, mit wem, wo, wie, womit und wozu lernen soll" (Jank/Meyer 2008, 16). Dabei kommt ihr der Rang einer wissenschaftlichen Theorie zu, die sowohl deskriptiv als auch normativ ausgerichtet und auf Praxis bezogen ist.

An Bildungsprozessen sind unterschiedliche Personen sowie viele Einflussgrößen beteiligt. Sie werden durch Didaktik in Beziehung zueinander gesetzt. Da dies mit verschiedenen Akzenten und normativen Implikationen geschieht, entfaltet sich Allgemeine Didaktik in mehreren Konzeptionen und Modellen, z.B.:

- Bildungsprozesse können primär von ihren *Zielen* her gedacht und gestaltet werden. Auf diese Weise erhalten Inhalte eine qualifizierte Ausrichtung. Dabei geht die kritisch-konstruktive Didaktik davon aus, dass Ziele zunächst allgemein zu bestimmen sind, um dann für einzelne Lernvorgänge abgestuft immer konkreter zu werden (vgl. Klafki 2006, 21-25). Auf der Basis einer Analyse von konkreten Ausgangsbedingungen folgen alle weiteren Faktoren eines Lernvorgangs den getroffenen Zielentscheidungen.
- Lernen lässt sich auch als ein *Geschehen* denken, in dem viele unterschiedliche Faktoren und Einflussgrößen gleichgewichtig nebeneinander stehen. Dann akzentuiert Didaktik Lernen und Lehren als ein komplexes Geschehen, für das der wechselseitige Bezug der Faktoren maßgeblich für die Beschreibung, Analyse und Gestaltung von Lernprozessen ist. Das lern- bzw. lehrtheoretische Modell basiert auf dieser Prämisse.
- Geht eine Theorie des Lernens und Lehrens primär von den *Lernenden* aus und betont dabei, dass Lernen ihre eigenständige Konstruktionsleistung ist, werden übergreifende zielorientierte, inhaltliche und methodische Vorgaben deutlich relativiert. Denn eine konstruktivistische Didaktik betrachtet Lernen ganz als Aufbau einer subjektiven Welt durch Selbsttätigkeit der Lernenden und verlangt deshalb ein hohes Maß an Individualisierung von Faktoren, die in anderen didaktischen Konzeptionen noch einen gewissen Allgemeinheitscharakter besitzen.

Schon diese ausgewählten Benennungen didaktischer Denkweisen zeigen, wie die ohnehin bestehende Komplexität einer Theorie des Lernens und Lehrens durch die Integration erziehungswissenschaftlicher, lernpsychologischer, anthropologischer und weiterer Vorannahmen gesteigert wird. Da sich zudem viele Einflussgrößen des Lernens ständig verändern, bleibt Didaktik in Bewegung. In einem allgemeinen Sinn kommt Didaktik ohne einen bestimmbaren Gegenstand, ein spezifisches Aufgabenfeld oder einen benennbaren Bereich aus. Werden sie einbezogen, lässt sich Didaktik u.a. in Fach-, Bereichs- oder Schulartendidaktiken untergliedern. Die speziellen Didaktiken nehmen Fragestellungen und Denkweisen der Allgemeinen Didaktik auf und modifizieren sie, weil sie ein eigenes inhaltliches oder organisatorisches Feld bearbeiten. Für die schulischen Fächer haben sich fachbezogene Didaktiken herausgebildet. Dies gilt auch für das Fach katholische Religionslehre. *Religionsdidaktik* besitzt einen Schwerpunkt in der Schule, sie berücksichtigt aber auch religiöse Lernprozesse in der Gemeinde, dem vorschulischen Bereich oder mit Erwachsenen. Als Fachdidaktik behandelt sie den Gegenstandsbereich Religion im Modus des Lehrens und Lernens. Religion gibt es in verschiedenen Modi, sie erscheint etwa als personaler Glaube, theologische Reflexion, Wahrnehmungsweise für Mensch und Welt, gemeinschaftliche Feier oder sie konkretisiert sich in sozialer Aktion. Die Fachdidaktik Religion nimmt diese Modi unter der Frage auf, wer, was, wozu, warum unter welchen Bedingungen an und mit ihnen lehren und lernen soll. Auf diese Weise verbindet die Fachdidaktik das Fach und die Didaktik: Ihre didaktische Ausrichtung markiert einen spezifischen Umgang mit Religion, der ihr einen eigenständigen Charakter innerhalb jener Wissenschaften gibt, die unterschiedliche Aspekte von Religion zu ihrem Gegenstand machen. Ihr fachlicher Charakter weist sie als eine Didaktik aus, die durch den Gegenstandsbezug – hier: Religion – eigene didaktische Denk- und Handlungsweisen entwickeln muss und so das gesamte Feld des Didaktischen bereichert.

2 Rezeption

Die Entwicklung zur Eigenständigkeit der Religionsdidaktik hat wirkungsvoll erst in der zweiten Hälfte des 20. Jahrhunderts eingesetzt. In den Jahrzehnten zuvor blieb die didaktische Reflexion zunächst auf methodisch-entwicklungspsychologische Aufgaben beschränkt. Da in weiten Teilen religiöser Bildung im katholischen Bereich eine neothomistische Theologie vorherrschte, die im Verbund mit einer humanistischen Bildungsidee von einem festen inhaltlichen Bildungskanon ausging, wurde erörtert, wie die vorgegebenen Inhalte den Lebensjahren zuzuordnen sind und welches methodische Instrumentarium taktvolles Lehren und effektives Lernen ermöglicht (vgl. Simon 1987). Die langsame Auflösung konfessioneller Milieus, theologische Entwicklungen und vor allem schulpädagogische Veränderungen – z.b. curriculares Denken, Gemeinschaftsschule – machten eine umfassende Revision religionsdidaktischer Theorie notwendig.

2.1 Dimensionen der Religionsdidaktik

Die Eigenart einer Religionsdidaktik, die sie nicht zu einem bloßen Anwendungsfall Allgemeiner Didaktik macht, liegt in der Frage, welche Aspekte von Religion intentional lehr- und lernbar sind. Da Religion vielschichtig ist – sie berührt personale Haltungen, Inhalte, Handlungsoptionen, Gefühle und Erfahrungen von Menschen –, bleibt zunächst offen, was davon in den Modus des Lernens einfließen kann und soll. Um das Problem zu verdeutlichen, helfen begriffliche Abgrenzungen:

*Religions*didaktik ist *mehr als* eine ...

... *Glaubens*didaktik, die Wege für die Vertiefung eines subjektiven religiösen Glaubens ebnen will. Religionsdidaktik bezieht – je nach Lernort mit unterschiedlichem Akzent – Aspekte einer Glaubensdidaktik mit ein. Glaubensdidaktik kann aber nur ein Teilbereich der Religionsdidaktik sein, weil die didaktische Bearbeitung von Religion nicht nur von einer Innenperspektive des Glaubens ausgeht, sondern auch reflektierende – z.b. humanwissenschaftliche – Außenperspektiven integriert. Beide Blickwinkel auf Religion eröffnen auf je eigene Weise Bildungschancen für Lernende – so verschieden deren personale Grundeinstellungen zum Glauben auch sein mögen.

... *Christentums*didaktik, die sich auf Lehren und Lernen von Christlichem konzentriert. Das Christentum ist in seinen kulturellen und konfessionskirchlichen Gestalten aus historischen Gründen eine wichtige Bezugsgröße für eine europäisch geprägte Religionsdidaktik. Es wird aber auch das Lehren und Lernen von und in anderen Religionen bedacht. Darüber hinaus nimmt Religionsdidaktik existenzielle Fragen des Menschseins auf, analysiert die vielgestaltigen, kulturell eingebetteten Antworten und Vorstellungen der Lernenden und bringt Fragen und Antworten in einen Dialog mit religiösen Traditionen.

... *Theologie*didaktik, die die wissenschaftlich orientierte Reflexion religiösen Glaubens zum Thema des Lehrens und Lernens macht. Ein bezugs- und fachwissenschaftlicher Hintergrund ist für religiöse Bildungsprozesse unabdingbar, er muss aber angesichts vieler Disziplinen, die sich mit Religion auseinandersetzen, über eine Inanspruchnahme von Theologie hinausgehen. Soziologische, psychologische, philosophische und religionswissenschaftliche Bezüge stehen an der Seite der Theologie. Zudem arbeitet Religionsdidaktik Lernprozesse auf, die beispielsweise eine Vertiefung religiöser Ausdrucks- und Partizipationskompetenzen beinhalten. Sie sind zwar einer theologischen Reflexion zugänglich, gehen aber nicht in dieser auf.

Einbeziehung und Überschreitung glaubens-, christentums- und theologiedidaktischer Aspekte zeigen ansatzweise, wie vielfältig eine Didaktik der Religion unterschiedliche Bereiche religiöser Lernprozesse thematisiert. Dies wird gegenwärtig noch einmal konkretisiert und differenziert, weil sich Religionsdidaktik einerseits als umfassende Konzeption religiösen Lernens primär in der Schule versteht, andererseits auch als Bereichsdidaktik, die partielle Gegenstandsbereiche didaktisch konfiguriert.

2.2 Religionsdidaktik als Konzeption religiösen Lernens in der Schule

„Als religionsdidaktische ,Konzeption' soll eine in sich stimmige Gesamtvorstellung von Begründung und Aufgabe, Anlage und Gestaltung des Religionsunterrichts bezeichnet werden." (Englert 2011, 296f.) Diese Definition einer religionsdidaktischen Konzeption überschneidet sich in hohem Maß mit dem Gegenstandsbereich der Religionsdidaktik insgesamt. Deshalb lassen sich unterschiedliche Konzeptionen als zeitbedingte Umsetzungen von Religionsdidaktik charakterisieren. In der zweiten Hälfte des 20. Jahrhunderts setzt ein konzeptionelles Denken ein, das die bis dahin vorherrschenden, primär methodisch-katechetischen Bemühungen insofern ablöst, als nun Inhalts- und Zielfragen an Bedeutung gewinnen. Die Abfolge der Konzeptionen lässt sich als ein Weg beschreiben, der zunächst Inhaltsfragen aus verschiedenen Perspektiven diskutiert. Als die Konzentration auf Inhaltsfragen didaktisch nicht mehr ausreichte, wurde eine eher formale Konzeption notwendig, die in ihrer Grundgestalt bis in die Gegenwart wirksam ist.

- Inhaltlich blieb zunächst die *religiöse Tradition* der Ausgangspunkt didaktischer Reflexion. Aber der Blick wandelte sich, denn der feste Kanon aus einer übernatürlichen Offenbarungstheologie wurde durch eine Orientierung an Verkündigung ersetzt. Ein weiterer Schritt der konzeptionellen Entwicklung stellte das Verstehen der biblischen Grundlagen des Glaubens in den Mittelpunkt. Religiöses Lernen erhielt eine hermeneutische Struktur.

- Die Bestimmung von Inhalten lässt sich nicht nur aus der Perspektive der religiösen Tradition diskutieren, sie kann auch von den individuellen Fragen und gesellschaftlichen Problemlagen der *Gegenwart* aus erfolgen. Kulturelle, schulpädagogische und kirchliche Entwicklungen in den 1960er Jahren forderten diesen Umschwung. Religiöses Lernen hatte dabei die Aufgabe, spezifische Wahrnehmungs- und Bearbeitungspotenziale von Religion für die Auseinandersetzung mit Schlüsselproblemen und Existenzfragen zu aktivieren.

- Die didaktische Festlegung von Inhalts- und Zielfragen mit dem Schwerpunkt Tradition oder Gegenwart führte zu einer möglichen Vernachlässigung des jeweils anderen Schwerpunkts, sodass eine formale Kategorie der Vermittlung beider Pole nötig wurde. Die Didaktik der *Korrelation* intendiert und beschreibt religiöses Lehren und Lernen als einen Prozess, der die Pole von Tradition und gegenwärtiger Lebenswelt als zwei eigenständige und eigenwertige Größen stetig und in wechselseitiger Kritik aufeinander bezieht (vgl. Hilger/Kropač

2002, 54). Mit Korrelation steht eine religionsdidaktische Basiskategorie bereit, auf die normative Aspekte allgemeiner didaktischer Vorstellungen – von bildungstheoretisch bis konstruktivistisch – aufbauen können (vgl. Hilger/Ziebertz 2010). Sie ist – unter Beachtung des wechselseitig-kritischen Bezugs von Tradition und Gegenwart – für unterschiedliche inhaltliche und intentionale ‚Füllungen' ebenso offen wie für die gesamte Vielfalt von Lern- und Arbeitswegen. Zudem nimmt Korrelation die hermeneutische und die problemorientierte Ausrichtung als Möglichkeit auf, Lernprozesse zu initiieren. Sie müssen dann aber korrelativ durchgeführt werden.

Der formale Charakter der Korrelation führt gegenwärtig auf der Ebene der didaktischen Theorie zu Differenzierungen (vgl. die Übersicht bei Grümme/Lenhard/Pirner 2012). Ein modifizierter Blick richtet sich sowohl auf die Hermeneutik der Lebenswelt durch kinder- und jugendtheologische sowie medienweltorientierte Akzente als auch auf die Tradition, für die ästhetische, symbolische und performativ-praktische Aspekte hervorgehoben werden. Außerdem analysiert Religionsdidaktik die Formen des Dialogs zwischen beiden Polen: Aus der Allgemeinen Didaktik werden z.b. konstruktivistische Lernwege integriert, der abduktive Ansatz fragt, wie vielschichtig Lernende religiöse Semantik in die Lernprozesse einbringen und was daraus für korrelatives Lehren und Lernen folgt.

Insgesamt bietet die didaktische Theorie von Religion gegenwärtig ein Bild von viel Bewegung auf stationärer Basis.

2.3 Religionsdidaktik als Bereichsdidaktik

Religionsdidaktik lässt sich auf einer Ebene unterhalb der alle religiösen Lehr- und Lernprozesse umgreifenden Konzeption in Didaktiken gliedern, die in der Regel inhaltliche Lernbereiche – z.b. biblisches, kirchengeschichtliches, ethisches, interreligiöses Lernen – thematisieren. Die Bereichsdidaktiken, die andere Fachdidaktiken auch kennen, bilden einerseits eigenständige Denkformen, weil sie für einen eingegrenzten Gegenstandsbereich eine praxisorientierte Theorie des Lehrens und Lernens entwerfen. Sie müssen andererseits aber für die übergeordnete Religionsdidaktik anschlussfähig sein, damit religiöses Lehren und Lernen weder konzeptionell noch praktisch in einzelne, unverbundene Teile zerfallen (vgl. Kunstmann 2010, 173). So versteht sich beispielsweise eine Bibeldidaktik als Entfaltung der Korrelation (vgl. Porzelt 2012), ein kirchengeschichtsdidaktischer Ansatz modifiziert abduktives Denken (vgl. König 2011) oder eine Liturgiedidaktik nimmt performative Elemente auf (vgl. Blum 2014). Hier zeigt sich sowohl konzeptionell als auch unterrichtspraktisch, dass in unterschiedlichen Gegenstandsbereichen verschieden akzentuierte Ansätze nebeneinander wirksam werden können, die durch die stationäre Basis der Korrelation prinzipiell verbunden sind.

Bereichsdidaktiken beziehen sich auch auf fachwissenschaftliche Bearbeitungen des Gegenstands. Didaktische Arbeit meint hier nicht, fachwissenschaftliche In-

halte lediglich für den Lernort und die Voraussetzungen der Lernenden zu reduzieren und methodisch ansprechend aufzubereiten. Bereichsdidaktiken fragen
vielmehr, warum welche Inhalte des Gegenstands in einer bestimmten Lernsituation bildungsrelevant sind. Sie übernehmen nicht Inhalte, sondern erschließen sie
durch eine bildungswirksame Perspektive, Frage oder zu bearbeitende Situation.
Dies schließt selbstverständlich eine sachgerechte, durch einen fachwissenschaftlichen Bezug gedeckte Bearbeitung der didaktisch erstellten Gehalte ein.

3 Potenzial

Trotz einer produktiven Integration bisheriger Denkmuster, trotz der Vielfalt an
Ansätzen und trotz einer differenzierten Arbeit an vielen Bereichsdidaktiken hat
die Religionsdidaktik einige Schlagseiten, die für ihre weitere Entwicklung diskus-
sionsbedürftig sind.
Religionsdidaktik hat eine subjektzentrierte Schlagseite. Einer der elementaren
Grundsätze religionsdidaktischer Theoriebildung besteht in der Subjektorientierung. Religiöse Lernprozesse konstituieren sich als Beitrag zur Subjektwerdung der
Lernenden, dies entfaltet sich didaktisch und methodisch. Subjektorientierung
wendet sich gegen ein Lernverständnis, das religiöse Tradition bloß zur Kenntnis
nimmt, und gegen eine kirchliche Glaubenserziehung, die zumindest Religionsunterricht in der Schule nicht leisten kann und darf. Da das Fach Religionslehre Lernbedürfnisse der Subjekte einbezieht, geht es über eine bloße Vermittlung
kirchlicher Tradition hinaus und partizipiert an allgemeiner Bildung. Hinter diese Integrationsleistung führt kein Weg zurück. Es lässt sich aber fragen, ob hier
Religion nicht einseitig von Vollzügen des Subjekts begriffen wird, die sich dem
Wortfeld Glaube, Bekenntnis, Zeugnis, (religiöse) Erfahrung und – auf der theologischen Begründungsebene – Gottebenbildlichkeit und Rechtfertigungslehre
zuordnen lassen. Religion besitzt aber auch eine Ebene, die sich auf zivilisatorische Gegebenheiten auswirkt. Religiöse Traditionen müssen, wenn sie wirksam
werden wollen, zivilisatorische Strukturen ausbilden oder bei ihrer Ausbildung
beteiligt sein, was sich in der Regel durch langfristige Prozesse vollzieht. Religion
besitzt demnach auch eine Zivilisationsorientierung, die der Subjektwerdung vo-
rausliegt und für sie einen wesentlichen Bezugsrahmen darstellt. Die manchmal
eher subkutane, gewordene Mitgestaltung von Politik, Recht, Sozialem, Kultur
und alltäglichen Selbstverständlichkeiten durch religiöse Orientierung sollte nicht
nur als Voraussetzung, sondern auch als Gehalt religiöser Lernprozesse in die religionsdidaktische Arbeit Eingang finden. So könnte das Fach Religionslehre einen
deutlicheren Beitrag zur Reflexion des zivilisatorischen Selbstverständnisses leis-

ten. Dabei wird deutlich, dass Religion mehr als personaler Glaube und binnen-religiöse Gemeinschaftsbildung ist.

Religionsdidaktik hat eine Schlagseite, die sich auf die reflexive Plausibilisierung von Religion bezieht. Der *Würzburger Synodenbeschluss zum Religionsunterricht* (1974) argumentierte auf dem Hintergrund einer sich steigernden weltanschaulichen Skepsis gegenüber Religion. Den Vorbehalten sollte durch eine Didaktik begegnet werden, die Religion als plausibel und reflexiv begründbar zu erweisen hat. Dieses Anliegen war zentral und folgenreich. Gegenwärtig haben sich aber durch die postmoderne Pluralisierung von Plausibilitätsstrategien die didaktischen Anforderungen verschoben: Im Vordergrund steht nun die Frage nach der lebensbedeutsamen Relevanz von Religion (vgl. Sellmann 2012). Jugendliche fragen: ,Was bringt mir die Integration in eine tradierte Religion für mein Denken, Fühlen, Handeln und Erleben?' ,Unterscheide ich mich durch ein religiöses Bekenntnis signifikant von Anderen?' ,Hilft es mir bei der Bewältigung der Anforderungen, die eine liberale Leistungsgesellschaft an mich stellt?' Jugendliche haben bei der Beantwortung der genannten Fragen den Eindruck, dass die Aneignung unterschiedlicher Fähigkeiten aus dem weiten kulturellen Bereich den Anforderungen nach einem Sicherungs- und Distinktionsgewinn eher entspricht als irgendein Bezug zu konfessionskirchlichem Glauben. Ein Wechsel von der Plausibilisierungsintention der *Gemeinsamen Synode* zu einer signifikanten Bearbeitung der Relevanzfrage müsste eine wesentliche Perspektive religionsdidaktischer Theoriebildung sein, die die Beschreibung von Kompetenzen und Inhalten durchdringt. Eine performative Didaktik, die unterschiedliche Praxisformen von Religion inszeniert, kommt diesem Wechsel nicht nach, weil sie religiös ambitionierte Praxis in Lernprozesse hineinholt, um sie als eine wesentliche Seite der Religion darzustellen. Sie bleibt dabei aber häufig den Plausibilitätsstrategien verhaftet, die sich nun auf praktische, performative Akte beziehen. Eine relevanzorientierte Religionsdidaktik hat eine grundsätzliche Schwierigkeit zu bedenken: Wie können Lernende in einer Zivilisation, die von christlichen Motiven mitgeprägt ist, durch einen Bezug zum Christlichen biografische Unterscheidungsmerkmale gewinnen? Wie lassen sich in einer bürgerlichen Gesellschaft Distinktionsgewinne durch eine personale Integration von Christlichem erzielen, wenn die Konfessionskirchen in gleicher Weise verbürgerlicht sind?

Didaktisches Denken entwickelt sein religionspädagogisches Potenzial, wenn es kulturelle und wissenschaftliche Entwicklungen wahrnimmt und für die Gestaltung religiöser Bildungsprozesse theorieförmig und praxisrelevant bearbeitet. Es ist zu erwarten, dass solche Entwicklungen der Religionsdidaktik – über die beiden hier aufgeführten Schlagseiten hinaus – viel zu denken geben.

Literatur

Blum, Dominik (2004), Das (Schul-)Leben ins Gebet nehmen. Chancen liturgischer Bildung in der Schule, in: KatBl 129 (6/2004) 398-406 – Englert, Rudolf (2011), Bloß Moden oder mehr? Ein systematisierender Überblick über die Konzeptionen des Religionsunterrichts der vergangenen Jahre, in: KatBl 136 (4/2011) 296-303 – Grümme, Bernhard / Lenhard, Hartmut / Pirner, Manfred L. (Hg.) (2012), Religionsunterricht neu denken. Innovative Ansätze und Perspektiven der Religionsdidaktik, Stuttgart – Hilger, Georg / Kropač, Ulrich (2002), Ist Korrelationsdidaktik „out"?, in: JRP 18 (2002) 52-62 – Hilger, Georg / Ziebertz, Hans-Georg (⁶2010), Allgemeindidaktische Ansätze einer zeitgemäßen Religionsdidaktik, in: Hilger, Georg / Leimgruber, Stephan / Ziebertz, Hans-Georg, Religionsdidaktik. Ein Leitfaden für Studium, Ausbildung und Beruf, München, 106-119 – Jank, Werner / Meyer, Hilbert (⁸2008), Didaktische Modelle, Berlin – Klafki, Wolfgang (¹²2006), Die bildungstheoretische Didaktik im Rahmen kritisch-konstruktiver Erziehungswissenschaft, in: Gudjons, Herbert / Winkel, Rainer (Hg.), Didaktische Theorien, Hamburg, 13-34 – König, Klaus (2011), Kirchengeschichte als Inkulturationsgeschichte von Christlichem (re-)konstruieren, in: Büttner, Gerhard u.a. (Hg.), Religion lernen (Jahrbuch für konstruktivistische Religionsdidaktik; Bd.2: Kirchengeschichte), Hannover, 38-52 – Kunstmann, Joachim (²2010), Religionspädagogik. Eine Einführung, Tübingen – Porzelt, Burkard (2012), Grundlinien biblischer Didaktik, Bad Heilbrunn – Sellmann, Matthias (2012), Jugendliche Religiosität als Sicherungs- und Distinktionsstrategie, in: Kropač, Ulrich / Meier, Uto / König, Klaus (Hg.), Jugend, Religion, Religiosität. Resultate, Probleme und Perspektiven der aktuellen Religiositätsforschung, Regensburg, 25-55 – Simon, Werner (1987), Joseph Göttler (1878-1935), in: KatBl 112 (5/1987) 341-344

F3 – Kompetenz

Lothar Kuld

1 Profil

In der Pädagogik ist der Begriff der Kompetenz denkbar weit gefasst. Seit den 1970er Jahren kursiert der Begriff von ‚Schlüsselqualifikationen' und mehr oder weniger synonym gebraucht ‚Schlüsselkompetenzen'. Während Qualifikationen im Blick auf Handlungsanforderungen in Lebenssituationen formuliert werden, beschreiben Kompetenzen eher Dispositionen kognitiver, motivationaler und willentlicher Art, die einen Menschen in die Lage versetzen, Lebenssituationen zu bewältigen. Dieses Verständnis von Kompetenz hat sich in der Pädagogik heute durchgesetzt. Die Verfasser/innen der 2003 publizierten Expertise „Zur Entwicklung nationaler Bildungsstandards" verstehen in Anlehnung an *Franz E. Weinert* „unter Kompetenzen die bei Individuen verfügbaren oder von ihnen erlernbaren [nur um solche Fähigkeiten geht es!] kognitiven Fähigkeiten und Fertigkeiten, bestimmte Probleme zu lösen, sowie die damit verbundenen motivationalen, volitionalen [vom Willen bestimmten] und sozialen Bereitschaften und Fähigkeiten, die Problemlösungen in variablen Situationen erfolgreich und verantwortungsvoll nutzen zu können." (Klieme u.a. 2003, 72) Bildungsstandards beschreiben unter dem Zeichen der Kompetenzorientierung „Anforderungen an das Lehren und Lernen in der Schule. Sie benennen Ziele für die pädagogische Arbeit, ausgedrückt als erwünschte Lernergebnisse der Schülerinnen und Schüler." (ebd., 19) Diese Anforderungen ergeben sich aus der Analyse allgemeiner gesellschaftlicher Bildungsziele. Die Standards formulieren daraufhin „Kompetenzen im Sinne von Leistungsdispositionen, die den Schülern bis zu einer bestimmten Jahrgangsstufe vermittelt werden sollten." (Saldern/Paulsen 2004, 67) Diese Standards sind überprüfbar. Was nicht überprüfbar ist, ist kein Standard.

2 Rezeption

In der katholischen Religionspädagogik tauchte der Begriff der Kompetenz erstmals in dem nach der Curriculumtheorie entworfenen *Zielfelderplan für die Sekundarstufe I* (1973) auf. Dort verstand man unter Kompetenzen erlernbare Qualifikationen, die ein Mensch braucht, um das eigene und das fremde Leben sowie Religion und Kirche zu verstehen und aufeinander beziehen zu können. Es ging um Fähigkeiten und Fertigkeiten und den Willen, diese Fähigkeiten und Fertigkeiten in den Domänen von Leben, Religion und Kirche auch einzusetzen. Die für das Verstehen von Religion und für ein religiös verantwortetes Leben vermuteten Kompetenzen und Qualifikationen wurden in Lernziele überführt, auf die hin der Unterricht zu organisieren war. In der Folge sprach man nicht mehr von Kompetenzen, sondern von Lernzielen, bis 2003 die Neuorientierung des Bildungssystems an überprüfbaren Standards, an denen die Leistungsfähigkeit der Schulen zu messen sei, eine Neuorientierung auch der Religionsdidaktik erzwang. Der Wechsel des Bildungssystems von der Input- zur Output-Orientierung und die Umstellung der Bildungspläne auf Kompetenz- und Standardbeschreibungen hat die Religionspädagogik damals ziemlich unvorbereitet getroffen. Sie hatte – sieht man von dem solitären Versuch von *Ulrich Hemel* (1988) ab – keine Kompetenzmodelle und keine Standards, die empirisch abgesichert gewesen wären. Bis heute scheint es schwierig zu sagen, was eine religiöse Kompetenz ist. Die unter den wenigen empirischen Studien zur Entwicklung von Bildungsstandards für den Religionsunterricht breiter rezipierte Studie von *Dietrich Benner u.a.* (2011)

unterscheidet zwischen Deutungs- und Partizipationskompetenz als Bildungsziel. Religiös kompetent ist demnach ein Mensch, der Religion verstehen und interpretieren (Deutungskompetenz) und begründet an Religion und religiösen Diskursen teilhaben oder begründet auch nicht teilhaben (Partizipationskompetenz) kann. Unausgesprochen steht dahinter die Einsicht, dass Religion im Bildungssystem immerzu reflexiv vermittelte Religion ist. Das hat Folgen für die Religion. Sie ist ein Lerngegenstand. Dennoch hat der Religionsunterricht es nicht nur mit den kognitiven Fähigkeiten der Schüler/innen zu tun. Hier beginnen die Probleme. Die religionspädagogische Rezeption des Kompetenzbegriffs in der an Output orientierten Schule war daher zunächst von Abwehr geprägt. Die Einwände lauten im Einzelnen:

1. Religionsunterricht sei mehr, als sich in Kompetenzen und Standards fassen lasse.
2. Kompetenzorientierung sei ein Ausdruck der Ökonomisierung des Bildungssystems.
3. Kompetenzorientierung vernachlässige die Inhalte und gefährde den Religionsunterricht.
4. Kompetenzorientierung suggeriere, es lasse sich alles beherrschen und die Schule liefere die Fähigkeiten dazu.

Der erste Einwand, dass Kompetenzbeschreibungen bei weitem nicht erfassen, was im Religionsunterricht wichtig ist und geschieht, ist theologisch und pädagogisch begründet und hat ein gewisses Pathos. Die *Kirchlichen Richtlinien für die Sekundarstufe I* der deutschen Bischöfe halten fest, dass das Erreichen von Bildungsstandards „nur ein Kriterium" (DBK 2004, 11) für die Beurteilung der Qualität von Religionsunterricht sei. Daraus folge, dass der Prozess der Standardisierung von einer gegenläufigen Bewegung der Entstandardisierung begleitet sein müsse. Diese religionspädagogische Kritik sieht in der Kompetenzorientierung den Ausdruck eines funktionalistischen Bildungsverständnisses, dem entgegengehalten werden müsse, dass Bildung mehr als der Erwerb von Kompetenzen sei. Statt an überprüfbaren und konkret operationalisierbaren Bildungszielen sei der Religionsunterricht primär an Erfahrungen interessiert, wie der Glaube ins Leben kommt. Was diese Erfahrungen sind, kann man sich theologisch denken, messbar sind religiöse Erfahrungen kaum und deshalb hat diese Position mit der Kompetenzorientierung ein Problem.

Der zweite Einwand sieht in der Kompetenzorientierung ein Zeichen der fortschreitenden Ökonomisierung des Bildungssystems. Dieser Einwand hat einen bildungstheoretischen Hintergrund und gibt zu bedenken, dass die Output-Orientierung – ein Begriff aus der Betriebswirtschaftslehre – das Bildungssystem, wenn man nicht aufpasse, „bildungsfremden Zwecksetzungen" (Dressler 2005, 51) ausliefere, aus denen Religion nur beschädigt hervorgehen könne. Religion sei wie Bildung grundsätzlich dysfunktional. Darin seien sich Bildung und Religion affin. Das bedeutet für die Kompetenzdiskussion: Die Kompetenzorientierung ist für die Qualität des Religionsunterrichts ein mögliches Instrument, wenn Bildungsstandards nicht als Leistungsstandards verstanden werden.

Der dritte Einwand lautet: Kompetenzorientierung führe zu einer „Inhaltsentleerung des Religionsunterrichts" (Boehme 2010, 462) und gefährde diesen. Statt dem Religionsunterricht die Möglichkeit zu geben, Defizite in der religiösen Sozialisation der Schüler/innen zu kompensieren, verstärke „seine derzeitige Ausprägung leider die säkularen Tendenzen in der Gesellschaft." (ebd.) Das ist natürlich angreifbar formuliert, problematisiert aber die für den Religionsunterricht wie für jedes Fach tatsächlich wichtige Frage nach den Inhalten (vgl. Schmid 2012). Inhalte kann der kompetenzorientierte Religionsunterricht in seinen Kerncurricula aber durchaus vorweisen. Kompetenzen sind immer fachbezogen. Sie beziehen sich freilich – und das verkennt diese Kritik – nicht auf einen Kanon von Inhalten, der immer etwas Beliebiges hat, sondern auf einen Modus des Weltzugangs und Weltverstehens. Kompetenzformulierungen in den Bildungsplänen für den Religionsunterricht beschreiben, was eine religiöse Weltdeutung ist und was ein Schüler nach zwei, vier oder zehn Jahren Religionsunterricht davon wissen und anwenden können sollte, wenn religiöse Kompetenz gefordert ist.

Der vierte Einwand, die Kompetenzorientierung befördere einen Habitus, alle Probleme des Lebens ließen sich mit den richtigen Kompetenzen schon lösen, wurde prominent von *Rudolf Englert* vorgetragen und bezieht sich auf den *Weinertschen* Kompetenzbegriff, den die Expertise „Zur Entwicklung nationaler Bildungsstandards" übernommen hat und der nun die Bildungspläne leitet. Man müsse sich fragen, meint *Englert*, „ob die in der Begegnung mit religiösen Traditionen ausgebildeten Kompetenzen sich so ohne Weiteres als Voraussetzungen für die Lösung von Problemen begreifen lassen." (ders. 2012, 64) Und weiter: „Missverstehen wir nicht vielleicht die Bedeutung von Religion im menschlichen Leben, wenn wir uns religiöse Kompetenzentwicklung so strikt als die Steigerung von Problemlösungspotential denken?" (ebd.) Das ist in der Tat eine Aporie religiöser Bildung. Sie ist im Sinne einer „Steigerung von Problemlösungspotential" jenseits ihrer Domäne und selbst dort nutzlos. Eben deshalb wird sie von nicht wenigen ja für entbehrlich gehalten.

Radikaler und im Schatten der bisher referierten Kritiken wenig beachtet gibt es in der Religionspädagogik schließlich noch jene Kritik, die den Kompetenzbegriff schlichtweg für einen großen Betrug hält. Er suggeriere, alles ließe sich beherrschen und die Schule vermittle die entsprechenden Fähigkeiten (vgl. Baldermann 2013). Inhalte des Unterrichts würden funktionalisiert, alles drehe sich um den Aufbau von Fähigkeiten zur Bewältigung von Anforderungssituationen, die – in Aufgabestellungen übersetzt – überprüft werden können. Ein solches Bildungssystem sei totalitär, von oben herab verordnet und ohne Sensibilität für das, was sich nicht beherrschen lasse.

Dieser Einwand ist massiv, aber er scheint die Selbstbegrenzung und Selbstbescheidung, die die Vertreter des Kompetenzbegriffs formulieren, zu übersehen. Es geht nur um erlernbare Fähigkeiten, also um das, was in der der Schule gelernt werden kann. Das ist ein bescheidenes Programm, dessen Anwender wissen, dass sie damit nicht alles, was Bildung und Religion ausmacht und im Alltag einer Schule auf sie zukommt, erfasst haben. Und totalitär ist die Kompetenzorientierung wohl auch nicht, denn es geht ja bei dieser Orientierung nicht um die Konditionierung und Überprüfung der Schüler/innen, sondern um die Überprüfung der Leistungsfähigkeit der Schule, also der Institution, mit Hilfe von Standards.

3 Potenzial

Bildungsstandards zeichnen keine „Bilder schöner Welten" (Tenorth 2005, 41), die in der Realität des Bildungssystems gar nicht einlösbar sind, sondern sie sollen nichts anderes als „die Qualität von Unterricht sichtbar und messbar machen und ein Minimum an Einheit in den Leistungen stiften" (ebd., 42f.). Bildungsstandards in dieser Interpretation sind auch für den Religionsunterricht sinnvoll, wenn man qualitativ guten Unterricht erwartet. Freilich ist in der Schule wie im Religionsunterricht nicht alles standardisierbar. Das sagt aber auch schon der Kompetenzbegriff, der hier verwendet ist. Er bezieht sich ausschließlich auf „kontextspezifische, erlernbare und vermittelbare Leistungsdispositionen [...], die für die Bewältigung von Anforderungen in konkreten Domänen erforderlich sind" (Klieme/Leutner 2006, 5). Alles andere ist hier nicht im Blick.

Die Kompetenzorientierung hat das Fach Religion näher an die Schulwirklichkeit herangeführt. Sie zwingt dazu, die Frage, was im Religionsunterricht nachhaltig gelernt wird und welchen Beitrag das Gelernte zur religiösen Bildung der Schüler/innen leistet, genauer unter die Lupe zu nehmen. Die Diskussion um Kompetenzen und Standards hat aber auch das Bewusstsein dafür geschärft, dass vieles, aber nicht alles, in der Sicht von Religionspädagog/innen vielleicht sogar nur weniges, was im Religionsunterricht vermittelt wird, in Kompetenzen und Standards zu beschreiben ist und sich empirisch messen lässt. Religiöse Kompetenz, die im Religionsunterricht erlernt wird, ist reflexiv. Sie ist von Glaubensüberzeugungen und religiösen Vollzügen zu unterscheiden, auf die ein bildender Religionsunterricht immer nur reflexiv Bezug nimmt. Eben dieser reflexive Umgang mit Religion macht Unterricht überhaupt erst möglich und legitimiert Religion als Fach in der Schule.

Literatur

Baldermann, Ingo (2013), Paradigmenwechsel? – Ein grundlegender Einspruch, in: Loccumer Pelikan 3/2013, 115-118 – Benner, Dietrich u.a. (Hg.) (2011), Religiöse Kompetenz

als Teil pädagogischer Bildung. Versuch einer empirisch, bildungstheoretisch und religionspädagogisch ausgewiesenen Konstruktion religiöser Dimensionen und Anspruchsniveaus,
Paderborn u.a. – Boehme, Katja (2010), Erhebliche Gefährdungen. Der Religionsunterricht
und seine Probleme, in: HK 64 (9/2010) 460-464 – Sekretariat der DBK (2004), Kirchliche Richtlinien zu Bildungsstandards für den katholischen Religionsunterricht in den
Jahrgangsstufen 5-10 / Sekundarstufe I (Mittlerer Schulabschluss), Bonn – Dressler, Bernhard (2005), Religiöse Bildung zwischen Standardisierung und Entstandardisierung – Zur
bildungstheoretischen Rahmung religiösen Kompetenzerwerbs, in: Theo-Web 4 (1/2005)
50-63 – Englert, Rudolf (2012), Was bedeutet Kompetenzorientierung für den RU? Neun
kritische Punkte, in: Sajak, Clauß Peter (Hg.), Religionsunterricht kompetenzorientiert.
Beiträge aus fachdidaktischer Forschung, Paderborn u.a., 61-73 – Hemel, Ulrich (1988),
Ziele religiöser Erziehung. Beiträge zu einer integrativen Theorie, Frankfurt/M. u.a. – Klieme, Eckhard u.a. (2003), Zur Entwicklung nationaler Bildungsstandards. Eine Expertise.
(hg. vom Bundesministerium für Bildung und Forschung), Berlin – Ders. / Leutner, Detlev
(2006), Kompetenzmodelle zur Erfassung individueller Lernergebnisse und zur Bilanzie-
rung von Bildungsprozessen. Überarbeitete Fassung des Antrags an die DFG auf Einrichtung eines Schwerpunktprogramms (http://kompetenzmodelle.dipf.de/pdf/rahmenantrag
[31.10.2014]) – Saldern, Matthias von / Paulsen, Arne (2004), Sind Bildungsstandards
die richtige Antwort auf PISA?, in: Schlömerkemper, Jörg (Hg.), Bildung und Standards.
Zur Kritik des „Instandsetzung" des deutschen Bildungswesens (Die Deutsche Schule
5. Beiheft), Weinheim, 66-100 – Schmid, Hans (2012), Drei Fragen zu den Inhalten im
kompetenzorientierten Religionsunterricht, in: Sajak, Clauß Peter (Hg.), Religionsunterricht kompetenzorientiert. Beiträge aus fachdidaktischer Forschung, Paderborn u.a., 47-60
– Tenorth, Heinz-Elmar (2005), Welche Orientierung liefern Tests und Standards dem Bildungssystem (nicht)?, in: Elsenbast, Volker / Götz-Guerlin, Marcus / Otte, Matthias (Hg.),
Wissen – werten – handeln. Welches Orientierungswissen braucht die Bildung?, Berlin,
41-50 – Weinert, Franz Emanuel (2001), Vergleichende Leistungsmessung in Schulen –
eine umstrittene Selbstverständlichkeit, in: ders. (Hg.), Leistungsmessungen in Schulen,
Weinheim – Basel 2001, 17-31 – Zielfelderplan für den katholischen Religionsunterricht
der Schuljahre 5-10 (Sekundarstufe I). Grundlegung, München 1973

F4 – Curriculum

Georg Hilger

Das miserable Abschneiden von deutschen Schüler/innen in den ersten PISA-Studien zur Jahrtausendwende schreckte eine breite Öffentlichkeit auf. Präsentierten sie doch im internationalen Vergleich erhebliche Defizite in wichtig erachteten Wissensdomänen. Schließlich ging es um die Wettbewerbsfähigkeit auf dem globalisierten Weltmarkt und um den ehemals so guten Ruf einer Bildungsnation. Der in den Medien ausgerufene ‚Bildungsnotstand' mobilisierte Bildungspolitik und Schulministerien und führte zu beachtlichen Aktivitäten unter dem Vorzeichen von Bildungsstandards, die eine straffere Steuerung, Kontrollierbarkeit und Vergleichbarkeit des Outputs von Bildungsinstitutionen in den Blick nehmen. Das erinnert an die amerikanische Bildungsoffensive in der Folge des Sputnik-Schocks von 1957. In Deutschland kam es etwas später – Mitte der 1960er Jahre – unter dem Vorzeichen der ‚Bildungskatastrophe' (*Georg Picht*) zu Reformen, welche die ökonomische Wettbewerbsfähigkeit steigern und die Bildungsreserven mobilisieren sollten. ‚Curriculum' war das verbindende Schlagwort für viele aufwändige Forschungs- und Entwicklungsprojekte (vgl. u.a. Frey 1975).

Der folgende Beitrag wird sich auf solche Aspekte der Curriculumentwicklung beschränken, die im Hinblick auf die jüngere Diskussion um Bildungsstandards zu denken geben. Die Erwartung einer effizienteren Steuerung von Unterricht mit überprüfbaren Ergebnissen verbindet beide Reformansätze, die trotz ihrer so unterschiedlichen Komplexität manche Parallelen aufweisen.

1 Profil

Mit seiner Programmschrift „Bildungsreform als Revision des Curriculum" beflügelte *Saul Benjamin Robinsohn* einen in der Bundesrepublik Deutschland so noch nicht gekannten interdisziplinären Reformenthusiasmus, der sich auf eine umfassende Revision der Bildungsziele und -inhalte konzentrierte (vgl. ders. 1967). Der Begriff ‚Curriculum' (lat. Wettlauf, Umlauf, Lauf; im Barock: curriculum scholasticum – Lehrplan) sollte im Anschluss an die internationale Curriculumforschung in den USA, England und Schweden den Anspruch einer wissenschaftlich fundierten Arbeit signalisieren, die einen interdisziplinären Diskurs voraussetzte. Dieser umfasst einen wissenschaftlichen und gesellschaftlichen Bezugsrahmen für das Gesamt der Tätigkeiten der Findung, Beschreibung, Begründung, Konkretisierung und Überprüfung von Lernzielen, -inhalten, und -situationen. Als Kriterien für die Auswahl der Bildungsinhalte gelten nach *Robinsohn* die Bedeutung eines Gegenstands im Gefüge der Wissenschaft, seine Leistung für Weltverstehen sowie seine Funktion in spezifischen Verwendungssituationen des privaten und öffentlichen Lebens (vgl. ebd., 47). Das Curriculum der Schule hat demnach, „bezogen auf Bedingungen personaler und gesellschaftlicher Existenz" (ebd.), Qualifikationen für die Bewältigung von jetzigen und zukünftigen Lebenssituationen zu vermitteln (vgl. Knab 1971, 21). Gefordert wird darum eine fortlaufende Curriculumrevision, welche nach *Doris Knab* auf die interdisziplinäre Bearbeitung von drei Aufgabenbereichen angewiesen ist:

1. Identifizierung und Analyse von *Lebenssituationen*, für deren Bewältigung der Unterricht einen Beitrag leisten kann;
2. Bestimmung entsprechender *Qualifikationen*, die notwendig sind, um Lebenssituationen meistern bzw. gestalten zu können;
3. Entwicklung von qualifizierenden Elementen, die als *Ziele, Inhalte und Prozesse* den Unterricht prägen sollen.

Diese curricularen Aufgabenbereiche verlangen für die Konstruktion und Evaluation von Curricula eine Zusammenarbeit von Sozial- und Humanwissenschaftlern, Fachwissenschaftlern und -didaktikern sowie Lehrkräften.

Die adäquate Erprobung dieses anspruchsvollen Strukturkonzepts war über erste Anfänge nicht hinausgekommen. Nicht zu lösen war u.a. die Aufgabe, Lebenssituationen einigermaßen repräsentativ und überzeugend zu erfassen und sie so zu beschreiben, dass der Zusammenhang von Lernen und Leben (als Verknüpfung von Qualifikationen und Situationen) in einer wertepluralen Gesellschaft begründbar wird. Das Kernproblem der Legitimierung von Curricula betraf ferner Fragen nach angemessenen Verfahren, Instanzen und Organisationsformen für die Bestimmung und Begründung von Zielen und Inhalten sowie für die Entwicklung und Erprobung von Curricula. Es sollte ja ein nachvollziehbarer Zusammenhang von Zielen und deren Begründung (der curricularen Außenstruktur) und den darauf bezogenen Unterrichtselementen (der curricularen Binnenstruktur) hergestellt werden.

Das Bemühen, die qualifizierende Wirkung des Curriculum zu sichern, hat zuweilen die Nachprüfbarkeit bzw. die Operationalisierbarkeit zu dominierenden Auswahlkriterien für die Zielsetzungen (und erst nachgeordnet für die Inhalte) des Unterrichts gemacht. Gerade diese Verkürzung auf überprüfbare Lernziele zeigte die Bedeutung eines komplexen Bezugsrahmens für die Curriculumentwicklung, der die Berücksichtigung *aller* für den Unterricht relevanten Faktoren sowohl der curricularen Außen- als auch der Binnenstruktur fordert.

Dennoch war die Wirkung des Strukturkonzepts in der Spur von *Robinsohn* beträchtlich. In seiner Komplexität bot es sich an für eklektische Konkretisierungen.

So wurde es – trotz aller Hinweise auf die Wechselbeziehung der Curriculument-scheidungen auf den verschiedenen Ebenen der Außen- und der Binnenstruktur – immer wieder als formales Ablaufschema der Curriculumkonstruktion verstanden, wurden bei sog. curricularen Lehrplänen dezisionistisch Ableitungen von Qualifikationen aus angenommenen Situationen und von Lernzielketten aus Qualifikationen versucht.

Die Faszination des Schlagwortes ‚Curriculum' verblasste schon ab Beginn der 1980er Jahre relativ schnell. Die Kluft zwischen den hohen wissenschaftlichen Anforderungen und den Erwartungen aus der Schulpraxis war zu groß und hätte zu ihrer Überwindung mehr Ausdauer und noch aufwändigerer Ressourcen bedurft.

2 Rezeption

Der Religionsunterricht stand Ende der 1960er und Anfang der 1970er Jahre unter einem dramatischen Aktualisierungsdruck. *Karl Ernst Nipkow* beklagte in seinem 1969 erstmals erschienen Beitrag „Curriculumforschung und Religionsunterricht" (zit. nach ders. 1971) u.a. die verschärfte „Dysfunktionalität zwischen Theorie und Praxis, eine schulische Isolierung und theologische Rückständigkeit", hervorgerufen durch eine „undurchsichtige, in sich widersprüchliche und viel zu langsame Lehrplanentwicklung." (ebd., 187) Er forderte eine wissenschaftlich begründete Lehrplanentwicklung, die in Anlehnung an die internationale Curriculumentwicklung sowohl die curriculare Binnenstruktur (Lernziele, -gegenstände, -organisation) wie die curricularen Außenbeziehungen (sources) und die Überprüfung von Wirkungen (evaluation) des Lehrgefüges umfasst und dabei ihre Interdependenz und die Rückkoppelung von Theorie und Praxis beachtet (vgl. ebd., 189f.).

Der beginnenden Curriculumforschung mit ihren noch zu lösenden Fragen korrespondierte – bedingt durch das Krisenbewusstsein und den aktuellen Handlungsdruck – eine eklektizistische Übernahme einiger curriculumtheoretischer Postulate im Hinblick auf eine überfällige Lehrplanrevision für den Religionsunterricht. Aus der mit sozialwissenschaftlichen Verfahren zu identifizierenden Analyse von Situationen im Hinblick auf die gegenwärtige und zukünftige Lebensbewältigung (mit all ihren normativen Implikationen) wurde in der religionspädagogischen Curriculumentwicklung eine ‚Situationsorientierung' unmittelbar auf die Binnenstruktur des Curriculum übertragen. ‚Situation' wurde zur ‚Schülersituation' bzw. zur ‚Ausgangslage der Schüler'. Von angenommenen Lebenssituationen der Schüler her wurden dann – dezisionistisch, bestenfalls konsensuell – Lernziele gesetzt, die ein angestrebtes Verhalten beschreiben und zugleich Möglichkeiten der Überprüfung angeben sollten (vgl. Hilger 1984). So wurde das komplexe curricu-

lumtheoretische Konzept zur Begründung eines schülernahen (bzw. erfahrungs-
oder problemorientierten) Religionsunterrichts herangezogen und unmittelbar in
kurzfristige Entwicklungsvorhaben übersetzt (z.b. bei der Entwicklung von Un-
terrichtsmodellen und Lehrplanentwürfen). Vom curriculumtheoretischen Ansatz
wurden jeweils nur *die* Elemente aufgegriffen und verknüpft, welche zur jeweiligen religionsdidaktischen Position passten und diese begründeten.
Mit der nachvollziehbaren Fokussierung auf die Binnenstruktur des Religionsunterrichts ging in der frühen Phase der religionspädagogischen Curriculumarbeit
eine weitere Engführung einher: Es galt die Annahme, dass ein ‚curricularer‘ Religionsunterricht lernzielorientiert sein müsse. Nach *Günter Stachel* hinge davon
sogar die Zukunft des Religionsunterrichts ab (vgl. ders. 1970, 345). Die Lernziele bekamen zeitweise eine dominierende Bedeutung. So wurde die Kontroll-
möglichkeit, der Output, zu einem entscheidenden Selektionskriterium auch für
Lerninhalte, denen eine nachgeordnete Bedeutung zugewiesen wurde. Lücken des
Curriculumkonzepts – dem es ja primär um die Begründung und Rechtfertigung
von Bildungszielen und -inhalten und nicht um die Kodierung von Unterrichts-
zielen geht – wurden durch ein relativ leicht handhabbares lerntheoretisches System gefüllt, dessen Voraussetzungen anfangs nicht weiter reflektiert wurden. Die
hochstilisierten operationalisierbaren Lernziele waren für die Einen ‚Allheilmittel‘
gegen die Wirkungslosigkeit des Religionsunterrichts und wurden von Anderen
als ‚Gift‘ für Spontaneität, Kreativität, Subjektorientierung und echten Schüler-
bezug bekämpft. Denn wie sollen kontroverse und interpretationsoffene Fragen
kooperativ oder sogar in einem herrschaftsfreien Diskurs im Unterricht bearbeitet
werden, wenn das kontrollierbare Endverhalten schon vorher festgelegt ist? Der
Synodenbeschluss „Der Religionsunterricht in der Schule" aus dem Jahr 1974 stellte
sich dieser drohenden Engführung und forderte ein „offenes Curriculum'" (Gemeinsame Synode 1976, 141) für den Religionsunterricht (zur Diskussion um
die Grenzen und die Möglichkeiten einer sog. Lernzielorientierung und um ‚offene‘ bzw. ‚geschlossene‘ Curricula für den Religionsunterricht vgl. Hilger 1975,
25-82). Für die Lehrplanentwicklung stellte sich in der Folge immer wieder von
Neuem die mit den Genehmigungsinstanzen auszuhandelnde Frage nach dem
Verhältnis von Offenheit und Verbindlichkeit, wobei die Verbindlichkeiten mit
jedem neuen Lehrplan immer stärker gewichtet wurden.
Als bleibende Herausforderung der Curriculumtheorie für die gegenwärtige Lehr-
planentwicklung kann die Erweiterung des curricularen Begründungszusammen-
hangs mit den Determinanten ‚Individuum (Schüler)‘, ‚Gesellschaft/Kirche‘ und
‚Wissenschaften‘ für die Ziel- und Inhaltsfindung und ihre Begründung angese-
hen werden. Die curricular infizierten Lehrpläne in Form der für die damalige
Zeit so innovativen *Zielfelderpläne* (1973 und 1977) als Ergebnisse jahrelanger
Revisions- und Konsensprozesse im Austausch von Schulpraxis, unterschiedlichen
Instanzen und Wissenschaften (vgl. Ott/Miller 1976) zeichnen sich im Vergleich

zu aktuellen Lehrplänen aus durch hohen Begründungsaufwand, versuchte Transparenz der curricularen Entscheidungen und durch ihre Offenheit für fortlaufende Revisionen. Mit ihren Begleitmaterialien war die Anregungsfunktion für diese curricularen Lehrpläne mit überregionaler Reichweite wichtiger als ihre Steuerungsfunktion. Dies galt auch noch für den *Grundlagenplan* von 1984 als Revision des *Zielfelderplans* für die Sekundarstufe I (zur Diskussion vgl. Simon 1985).

3 Potenzial

Im Zusammenhang mit den ‚nationalen Bildungsstandards' rückt neuerdings die Orientierung an zu erreichenden Kompetenzen in den Vordergrund. Flächendeckend werden nun kompetenzorientierte Lehrpläne unter weitgehendem Verzicht auf Transparenz der Kriterien und der Entscheidungswege implementiert. Bei der verordneten Übertragung auf ‚kompetenzorientierte' Religionslehrpläne und -bücher stellt sich nicht nur die in der Religionspädagogik intensiv diskutierte Frage, ob religiöse Bildung nicht mehr umfasst als lediglich überprüfbare Kompetenzen (vgl. u.a. Rothgangel 2012, 329f.). Ich vermisse einen Diskurs zur Legitimierung der verbindlichen Vorgaben. In diesem Zusammenhang macht es Sinn, manche Diskussionen rund um die Curriculumentwicklung in Erinnerung zu rufen: Wie und nach welchen Kriterien und Verfahren lassen sich Verbindlichkeiten legitimieren? Wird überhaupt eine transparente Legitimierungsbedürftigkeit der Lehrplanentscheidungen anerkannt? Nach welchen Kriterien und von wem werden Lehrplankommissionen zusammengesetzt? Welche wissenschaftlichen und praxisbezogenen Kompetenzen sind für die Lehrplanentwicklung unverzichtbar und wie werden sie bei Entwicklungs- und Entscheidungsprozessen ins Spiel gebracht und berücksichtigt? Welche Instanzen und betroffenen Personengruppen sind (bei welchen?) Entscheidungen zu beteiligen? Wie stimmig und nachvollziehbar sind die Deduktionen von Standards hin zu Kompetenzen und den unterrichtlichen Lernerfahrungen? Wie offen sind die neuen Lehrpläne für eine Evaluation und Rückmeldungen aus Praxis und Wissenschaft? Welchen Stellenwert bekommen Wahrheitsfrage und Sachanspruch bei der Begegnung mit theologischen Inhalten? Wie werden die Bedürfnis- und Interessenlage der Schüler/innen und ihre religiöse Entwicklung berücksichtigt?
Was in der Curriculumentwicklung zeitweise mit ‚Lernzielorientierung' verbunden wurde – fast so etwas wie ein Wortfetisch, an den man sich klammerte wie an einem Strohhalm, um den Unterricht in den Griff zu bekommen –, steht in der Nähe zu dem aktuell m.E. überstrapazierten Schlagwort ‚Kompetenzen'. Lehrpläne und Unterrichtsmaterialien haben sich ja als ‚kompetenzorientiert' auszuweisen. Ob sich durch eine Fokussierung auf ‚Kompetenzorientierung' die damit verbundenen Hoffnungen für einen besseren Religionsunterricht einlösen lassen?

Helfen ‚Kompetenzen' mit ihrer Ausrichtung auf Problemlösungssituationen und den ungelösten Fragen ihrer Evaluierung, die Praxisprobleme des Religionsunterrichts in den Blick zu nehmen und zu lösen, oder lenken sie davon ab? Überlagern bildungstechnologische Konstrukte und Begrifflichkeiten die fachlichen Intentionen einer religiösen und subjektorientierten Bildung? Faszinierte und litt die Curriculumtheorie vor fast einem halben Jahrhundert angesichts der Komplexität des oben skizzierten Strukturkonzepts, so scheinen mir die heutigen Vorgaben in Gestalt von Bildungsstandards und Kompetenzen eher unterkomplex, dezisionistisch und mit Legitimierungsdefiziten beladen zu sein. Abgesehen davon, bedarf auch der Kompetenzbegriff mit seiner Ausrichtung auf Problemlösungssituationen noch einer vertieften domänenspezifischen religionspädagogischen Reflexion. Man verzeihe mir die vielen kritischen Anmerkungen. Der Blick in neuere Lehrpläne und in unterrichtliche Vorgaben mit ihrer sog. Kompetenzorientierung fordert mich dazu auf.

Literatur

Frey, Karl (Hg.) (1975), Curriculum-Handbuch (3 Bde.), München – Gemeinsame Synode der Bistümer in der Bundesrepublik Deutschland (1976), Beschluß: Der Religionsunterricht in der Schule, in: Bertsch, Ludwig u.a. (Hg.), Gemeinsame Synode der Bistümer in der Bundesrepublik Deutschland. Beschlüsse der Vollversammlung. Offizielle Gesamtausgabe I, Freiburg/Br. u.a., 123-152 – Hilger, Georg (1975), Religionsunterricht als offener Lernprozeß, München – Ders. (1984), Curriculumtheorie – ein Bezugsrahmen für die Integration verschiedener Determinanten, in: Deutsches Institut für Fernstudien an der Universität Tübingen, Fernstudium Katholische Religionspädagogik. Studienbrief 5/1: Grundlagen des Religionsunterrichts, Tübingen, 95-117 – Knab, Doris (1970), Lehrplanforschung, in: Horney, Walter / Ruppert, Johann Peter / Schultze, Walter (Hg.), Pädagogisches Lexikon. Bd. 2, Gütersloh, 250-256 – Knab, Doris (1971), Ansätze einer Curriculumrevision in der Bundesrepublik Deutschland, in: betrifft: erziehung 1 (2/1971) 21 – Nipkow, Karl Ernst (1971), Curriculumforschung und Religionsunterricht, in: ders., Schule und Religionsunterricht im Wandel. Ausgewählte Studien zur Pädagogik und Religionspädagogik, Heidelberg – Düsseldorf, 187-212 – Ott, Rudi / Miller, Gabriele (Hg.) (1976), Zielfelderplan. Dialog mit den Wissenschaften, München – Robinsohn, Saul Benjamin (1967), Bildungsreform als Revision des Curriculum, Neuwied – Berlin – Rothgangel, Martin (⁷2012), Religiöse Kompetenzen und Bildungsstandards Religion, in: ders. / Adam, Gottfried / Lachmann, Rainer (Hg.), Religionspädagogisches Kompendium, Göttingen, 324-337 – Simon, Werner (1985), Erste Anfragen zur Lehrplanentwicklung, in: KatBl 110 (10/1985) 795-798 – Stachel, Günter (1970), Lernziele und Religionsunterricht, in: KatBl 95 (5/1970) 343-359 – Zentralstelle für Bildung der DBK (Hg.) (1977), Zielfelderplan für den katholischen Religionsunterricht in der Grundschule. Teil I: Grundlegung, München – Dies. (Hg.) (1984), Lernfelder des Glaubens. Grundlagenplan für den katholischen Religionsunterricht im 5.-10. Schuljahr. Revidierter Zielfelderplan, München – Zielfelderplan für den katholischen Religionsunterricht der Schuljahre 5-10 (Sekundarstufe I). Grundlegung, München 1973

F5 – Elementarisierung

Franz-Josef Bäumer

1 Profil

Das Grundmuster der Didaktik der Elementarisierung hat *Wolfgang Klafki* Ende der 1950er Jahre unter dem Leitmotiv des *exemplarischen Lernens* entwickelt (vgl. ders. 1959). Demnach ist Elementarisierung ein didaktisches Prinzip, das es ermöglicht, aus einer Fülle von Bildungsinhalten und einer Fülle von Zukunftsanforderungen, die auf die nachwachsende Generation voraussichtlich zukommen, sowie aus einem fast unüberschaubaren Komplex gesellschaftlicher Gestaltungsaufgaben, spezifischer Lernfähigkeiten und Aneignungsweisen von Schüler/innen die richtigen Bildungsinhalte auszuwählen und Weisen ihrer Vermittlung auszumachen. Zur didaktischen Operationalisierung formulierte *Klafki* drei Fragekomplexe für die Auswahl von Bildungsinhalten unter dem Gesichtspunkt wechselseitiger Erschließung von Person und Sache (vgl. ders. 1996):

1. An welchen einzelnen Lerninhalten wird das Ganze eines bestimmten Inhaltskomplexes in seinen Zusammenhängen ersichtlich?
2. Inwieweit eröffnet sich für Schüler/innen die Möglichkeit und Fähigkeit eigenaktiven, weiteren Lernens?
3. Inwieweit befähigen Inhalte, Vermittlungs- und Aneignungsweisen die Schüler/innen zu selbst bestimmtem und solidarischem Handeln?

Eine konzentrierte Beantwortung dieser Fragen soll zu einer Auswahl überschaubarer Inhalte, zur Berücksichtigung der Lerninteressen der Schüler/innen sowie zur Transparenz und Effizienz von Lehr-/Lernvorgängen führen, und sie macht in ihrer Gesamtheit den Elementarisierungsvorgang aus, ohne dass dabei die didaktischen Begründungen für die Auswahl einem der drei Fragenkomplexe alleine überantwortet würden. Die Begründungskriterien können nämlich „letztlich nur in einem immer wieder neu zu entwickelnden Konsens darüber festgelegt werden, was an Erkenntnissen, Fähigkeiten, Einstellungen für junge Menschen heute und im Vorblick auf ihre vermutliche Zukunft notwendig ist, um ihnen Selbstbestimmung und Solidaritätsfähigkeit, m.a.W. eine humane und demokratische Gestaltung ihrer politischen, sozialen und individuellen Lebensbedingungen, verantwortbare Entscheidungen und die Wahrnehmung offener Lebenschancen zu ermöglichen." (ebd., 153)

Dieses Profil einer Allgemeinen Didaktik der Elementarisierung regte die Religionspädagogik an, ihrerseits über eine Elementarisierung des Lehrens und Lernens von Religion nachzudenken und sie fachdidaktisch zu profilieren.

2 Rezeption

Grundlegende Überlegungen zu einer Elementarisierung des Religionsunterrichts als „Kern der Unterrichtsvorbereitung" stellte zunächst *Karl Ernst Nipkow* an (vgl. ders. 1986, 600). Mitte der 1990er Jahre hat die Rezeption eine fachdidaktisch profilierende Differenzierung erfahren (vgl. Schweitzer u.a. 1995). Unter ausdrücklicher Bezugnahme auf *Klafki* entwickeln *Karl Ernst Nipkow* und *Friedrich Schweitzer* vier Aspekte einer religionspädagogischen Didaktik der Elementarisierung, die sie wiederum eingespannt sehen in den Unterrichtsvorgang selbst. Dieses Elementarisierungsmodell hat auch Eingang in die katholische Religionspädagogik gefunden (vgl. Bahr 2010). Eine programmatische Aufnahme erfolgte in der Konzeptualisierung eines ökumenischen Religionsunterrichts (vgl. Schlüter 2000, 169).

Nach diesem Modell setzt sich eine elementarisierende Didaktik aus vier Aspekten zusammen, die in der Vorbereitung des Unterrichts analytisch getrennt bearbeitet werden, im Unterrichtsgeschehen selbst allerdings ineinander greifen. Die konstitutiven Aspekte sind die der elementaren Strukturen von Unterrichtsinhalten, elementarer Erfahrungen, die in Inhalten zur Sprache kommen, elementarer Zugänge und schließlich elementarer Wahrheiten. Darunter ist genauer zu verstehen (vgl. Bäumer 2012, 5f.):

(1) *Elementare Strukturen*: Dieser Aspekt befasst sich mit der Frage nach dem Kern eines religiösen bzw. theologischen Sachverhaltes und den für ihn typischen Merkmalen. Bezogen auf einen biblischen Text hieße das, neben der theologischen Sinnmitte das für diesen Text Typische herauszustellen. Das didaktisch Elementare am Gleichnis von den Arbeitern im Weinberg (Mt 20,1ff.) bestünde bspw. demnach in der literarischen Form des Gleichnisses und in der theologischen Kernaussage von der Güte Gottes.

(2) *Elementare Erfahrungen*: In dieser Perspektiveneinstellung wird nach den Erfahrungen gefragt, die einem Unterrichtsinhalt zugrunde liegen, und nach korrespondierenden Erfahrungen der Schüler/innen. Diese Perspektiveneinstellung ist nicht nur für die Unterrichtsvorbereitung von Bedeutung, sie hat auch im Unterrichtsprozess selbst präsent zu sein.

(3) *Elementare Zugänge*: Hier ist in der Unterrichtsvorbereitung zu eruieren, welche Verstehens- und Lernvoraussetzungen Schüler/innen für die Aufnahme eines Unterrichtsinhaltes mitbringen. *Nipkow* und *Schweitzer* sehen hier in den Stufenmodellen der religiösen Entwicklung von *James Fowler* sowie von *Fritz Oser* und *Paul Gmünder* eine unschätzbare Hilfe, um herauszufinden, ob Kinder und Jugendliche von ihrer kognitiv psychologischen Entwicklung her überhaupt in der Lage sind, bestimmte Inhalte des Religionsunterrichts zu verstehen und aufzunehmen. Unter diesem Aspekt ist auch zu klären, welche „Lernwege" (Bahr 2010,

504) angesichts der Verstehens- und Lernvoraussetzungen der Schüler/innen und eines Unterrichtsthemas einzuschlagen sind.

(4) *Elementare Wahrheiten*: Damit geht man schließlich der Frage nach, welcher Aspekt des Wahrheitsanspruchs christlichen Glaubens in einem Unterrichtsinhalt greifbar wird, und inwieweit er auf der Seite der Schüler/innen existentielle Wahrheiten berührt (vgl. Kropač 2001, 393).

Eine elementarisierende Planung des Religionsunterrichts hat in der didaktischen Analyse sechs Fragen zu beantworten: Worin besteht der sachliche Kern eines Unterrichtsinhalts? Welche Erfahrungen kommen in diesem Inhalt zum Ausdruck? Welche Erfahrungen bringen Schüler/innen als Verstehensvoraussetzungen für den Inhalt mit? Worin liegen ihre kognitiven Verarbeitungsmöglichkeiten und -grenzen für den Unterrichtsinhalt? Welchen Wahrheitsanspruch christlichen Glaubens enthält ein Inhalt? Welche existentiellen Wahrheiten der Schüler/innen werden damit berührt?

Es ist unschwer zu erkennen, dass es sich hier auch um ein korrelationsdidaktisches Modell der Unterrichtsplanung handelt. Man sieht dies an der Verschränkung von Schüler- und Inhaltsorientierung in den Dimensionen ‚elementare Erfahrungen' und ‚elementare Wahrheiten'.

Unter dem Gesichtspunkt der Planung erfuhr das Elementarisierungsmodell eine Erweiterung über die Berücksichtigung des Unterrichtsgeschehens als eines kommunikativen Beziehungsprozesses und der unterrichtenden Person mit ihrer Einstellung zum Unterrichtsinhalt (vgl. Schweitzer 2007; Bäumer 2012) sowie der Hinzunahme der Frage nach den mit dem Religionsunterricht anzustrebenden Kompetenzen (vgl. Schweitzer 2008).

3 Potenzial

Elementarisierung im bis hierher beschriebenen Sinne ist ein brauchbares Instrument zur Unterrichtsplanung auf einem hohen didaktischen Reflexionsniveau. Der nicht hintergehbare religiöse und weltanschauliche Pluralismus macht es erforderlich, das Lernen von Religion auch auf ein interreligiöses Lernen hin auszulegen. Eine Didaktik der Elementarisierung braucht daher einen elementaren Religionsbegriff, der es ermöglicht, Religionen in ihrer jeweiligen Besonderheit sehen zu können und zeigen zu lassen und von einem gemeinsamen Kern her vergleichend und interreligiös aufeinander zu beziehen. Diesem Zweck dient das im Folgenden vorgeschlagene, in gebotener Kürze skizzierte Religionsverständnis. Religion wird hier als Antwort auf die Erfahrung eines Heilsversprechens (vgl. Riesebrodt 2007) zur Bewältigung der Erfahrung radikaler Endlichkeit als anthropologischer Grundbestimmtheit (vgl. Schrödter 1975; Ebeling/Schrödter

2013, 158-162; Hauser 2004, 45-56) verstanden. Elementare Dimensionen der Erfahrung radikaler Endlichkeit sind das eigene Selbst in seiner psychophysischen Verfasstheit, die Unbeherrschbarkeit der Natur und die Fragilität sozialer Beziehungen. Religion als kollektiv wie individuell vorfindbare Antwort zeigt sich in Formen eigener Sozialbildung, religiöser Praxis (Liturgie, Gebet, Meditation etc.), ethischem Handeln, eigener kognitiver Inhalte (hl. Schriften, Dogmen u.ä.) und der Gestaltung der Beziehung zur nicht zu ihr gehörenden soziokulturellen Umwelt.

Dieses Religionsverständnis umfasst theistische wie nichttheistische Religionsformen. Religion wird hier anthropologisch verortet, aber sie wird nicht anthropologisch fundiert. Das sichert zum einen die Möglichkeit, Religion als elementares Bildungsgut zu begründen und zugleich nichtreligiöse Bewältigungsformen der Erfahrung radikaler Endlichkeit als solche von ihr zu unterscheiden, mit ihnen in einen Diskurs einzutreten und sie mit Religion(en) zu vergleichen. Atheistische Bewältigungsformen der Erfahrung radikaler Endlichkeit sind von diesem Verständnis her nicht als defizitär anzusehen, wie es z.b. das Stufenmodell religiöser Entwicklung von *Oser/Gmünder* nahelegt.

Mit der Unterscheidung von Erfahrung und Antwort werden unterschiedliche Modelle von Religionsunterricht vorstellbar und hinsichtlich ihrer didaktischen Reichweite vergleichbar. Die Differenzierung des Unterrichtens von Religion nach ‚mit', ‚über' und ‚aus' Religion oder ‚Innen' und ‚Außen', wie sie im Kontext der Diskussion um den konfessionellen Religionsunterricht bzw. die Religionspädagogik angesichts religiöser Pluralität geführt wird (vgl. Englert u.a. 2012), wird überflüssig, weil es von dem hier vertretenen Religionsverständnis her keine objektive, religionsneutrale Position gibt, lediglich Perspektiven und Einstellungen sowie Nähe oder Distanzen zu Religion, die artikulierbar und begründbar sein können und müssen. Man kann sich zu Religion nicht nicht verhalten.

Dem konfessionellen Religionsunterricht kommt dabei ein Mehr an didaktischen und methodischen Möglichkeiten zu, denn er kann sowohl religionskritisch als auch im Blick auf die Vermittlung und Aneignung des Wahrheitsanspruchs religionsaffirmativ angelegt werden.

Die unterrichtende Person muss ihre Perspektive und Einstellung zu religiösen Inhalten didaktisch klären. Ihre Einstellungen und Perspektiven sowie Nähe und Distanz zu Religion als Antwort auf die Erfahrung eines Heilsversprechens entscheiden mit darüber, welche Lernwege zu wählen sind und welche Kompetenzen Schüler/innen ausbilden sollen und wollen.

Mit diesem Religionsverständnis können Religionen unter der Voraussetzung, dass sie die ihnen jeweils vorausliegende Erfahrung des Heilsversprechens wechselseitig respektieren, in eine vergleichende, verständigungsorientierte Beziehung zueinander gesetzt werden. Insofern ist auch das interreligiös ausgerichtete Lernen von Religion elementar erfahrungsbezogen sowie konsens- und differenzorientiert.

Für die Weiterentwicklung einer Didaktik der Elementarisierung könnte es lohnend sein, Elementarisierung nicht nur als Modell der Unterrichtsplanung und -vorbereitung, sondern als didaktisches Prinzip des konfessionellen Religionsunterrichts zu entfalten, von dem her angegeben werden kann, was mit welchen Kompetenzzielen auf welchen Lernwegen unterrichtet werden soll, und von dem her dies zugleich bildungstheoretisch begründet werden kann. In diesem Kontext könnte eine weiterführende Forschung zur Elementarisierung eine begriffliche und konzeptionelle Klärung in der Verhältnisbestimmung von Katechese, konfessionellem Religionsunterricht und nichtkonfessionellen Formen, Religion zu unterrichten, herbeiführen.

Elementarisierung als Prinzip könnte die Religionsdidaktik damit offensiv in den Horizont einer pluralen, offenen, demokratischen Gesellschaft stellen, in der und auf die hin auch über Bildungsfragen zur Religion (vgl. Duncker/Sander/Surkamp 2005) diskursiv zu entscheiden ist.

Literatur

Bäumer, Franz-Josef (2012), ‚Religion zeigen'. Elementarisierung als Planungsmodell und als didaktisches Prinzip des Religionsunterrichts, in: RpB 67/2012, 3-15 – Bahr, Matthias (⁶2010), Didaktische Analyse und Elementarisierung: Planung des Unplanbaren, in: Hilger, Georg / Leimgruber, Stephan / Ziebertz, Hans-Georg, Religionsdidaktik. Ein Leitfaden für Studium, Ausbildung und Beruf, München, 498-512 – Duncker, Ludwig / Sander, Wolfgang / Surkamp, Carola (Hg.) (2005), Perspektivenvielfalt im Unterricht, Stuttgart – Ebeling, Klaus / Schrödter, Hermann (2013), Nachdenken über „Religion" – Eine philosophische Begriffsklärung, in: Hauser, Linus / Nordhofen, Eckhard (Hg.), Das Andere des Begriffs. Hermann Schrödters Sprachlogik und die Folgen für die Religion, Paderborn, 155-167 – Englert, Rudolf u.a. (Hg.) (2012), Welche Religionspädagogik ist pluralitätsfähig? Kontroversen um einen Leitbegriff, Freiburg/Br. – Hauser, Linus (2004), Kritik der neomythischen Vernunft. Bd. 1: Menschen als Götter der Erde (1800-1945), Paderborn – Klafki, Wolfgang (1959), Das pädagogische Problem des Elementaren und die Theorie der kategorialen Bildung, Weinheim – Ders. (⁵1996), Exemplarisches Lehren und Lernen, in: ders., Neue Studien zur Bildungstheorie und Didaktik, Weinheim – Basel, 141-161 – Kropač, Ulrich (2001), Biblisches Lernen, in: Hilger, Georg / Leimgruber, Stephan / Ziebertz, Hans-Georg (Hg.), Religionsdidaktik. Ein Leitfaden für Studium, Ausbildung und Beruf, München, 385-401 – Nipkow, Karl Ernst (1986), Elementarisierung als Kern der Unterrichtsvorbereitung, in: KatBl 111 (8/1986) 600-608 – Riesebrodt, Martin (2007), Cultus und Heilsversprechen. Eine Theorie der Religionen, München – Schlüter, Richard (2000), Konfessioneller Religionsunterricht heute? Hintergründe – Kontroversen – Perspektiven, Darmstadt – Schrödter, Hermann (1975), Die Religion der Religionspädagogik. Untersuchung zu einem vielgebrauchten Begriff und seiner Rolle für die Praxis, Zürich – Einsiedeln – Köln – Schweitzer, Friedrich u.a. (1995), Religionsunterricht und Entwicklungspsychologie. Elementarisierung in der Praxis, Gütersloh – Ders. (Hg.) (²2007), Elementarisierung im Religionsunterricht. Erfahrungen, Perspektiven, Beispiele, Neukirchen-Vluyn – Ders. (Hg.) (2008), Elementarisierung und Kompetenz. Wie Schülerinnen und Schüler von „gutem Religionsunterricht" profitieren, Neukirchen-Vluyn

F6 – Religionskunde

Hans-Georg Ziebertz

1 Profil

1.1 Religionsunterricht als Religionskunde

‚Religionskunde' ist kein eindeutig definierter Begriff innerhalb der erziehungs-wissenschaftlichen, theologischen bzw. religionspädagogischen Fachsprache. Wenn man die Merkmale zusammenträgt, die am häufigsten zur Beschreibung der Religionskunde verwendet werden, trifft man auf die Adjektive ‚*neutral*' bzw. ‚*objektiv*', auf ‚*religionswissenschaftlich*' (und den Verweis auf die Bezugsdisziplin Religionswissenschaft bzw. Religious Studies). Weiterhin finden sich vielfach ab-grenzende Bestimmungen, die Religionskunde als *nicht konfessionell, vorausset-zungslos* und *nicht gebunden*, also von konkreten Religionsgemeinschaften *unab-hängig* qualifizieren (vgl. Otto 2001; Lott 2005).

Praktizierte Religionskunde, also ein Religionsunterricht in Unabhängigkeit von religiösen Traditionen, findet man (unter sehr verschiedenen Bezeichnungen) vor allem in den skandinavischen Ländern sowie in England und Wales. Selten wird das Fach aus einer anti-denominationalen Position heraus vertreten und die Gründe, dieses Fach einzurichten, sind vielfältig (vgl. Schreiner 2007; ders. 2012). In Großbritannien haben die Religionsgemeinschaften beispielsweise die Möglichkeit, an dem gemeinsamen Lehrplan mitzuwirken. Sie können darauf re-agieren, ob die wesentlichen Elemente der Religion umfassend und sachgerecht dargestellt werden, also so, wie sich die betreffende Religion selbst versteht. In den skandinavischen Ländern wird ein Religionsunterricht praktiziert, der kirch-lich unabhängig ist und einen informativ-analytischen Auftrag hat. Zwar gelten diese Länder allgemein als stark säkularisiert, aber sie sind kulturell protestantisch geprägt. In Schweden hat das Verbot bekenntnisgebundener religiöser Sprache seine Ursachen in der hoch individualisierten Kultur, in der Fragen des Glaubens als strikte Privatsache gelten und daher kein Gegenstand öffentlicher Diskussion sind. Etwas anders verhält es sich in Finnland. Laut Gesetz ist der Religionsun-terricht auch dort unabhängig, aber gleichzeitig gibt es separate Lehrpläne für 13 unterschiedliche Religionsgemeinschaften und entsprechend getrennte Klassen-gruppen. Diese Differenzierung bedeutet in der Konsequenz, dass es konfessionell homogene Klassen gibt, in denen unproblematisch das ‚Wir' (wir Adventisten, wir Katholiken, usw.) gebraucht werden kann. Der Religionsunterricht hat jedoch religiöse Beeinflussung zu vermeiden.

Auch in den genannten Ländern finden Diskussionen statt, wie das Fach auszugestalten ist. Sollen alle Religionen mit gleichen Anteilen behandelt werden? Sind dann wirklich alle Religionen gemeint, oder nur die großen oder nur die, die in dem jeweiligen Land quantitativ hinreichend repräsentiert sind? Pädagogisch wird das Problem diskutiert, ob *religious literacy* erworben werden kann, wenn es nur die Außenperspektive gibt.

1.2 Religionswissenschaft als Bezugsdisziplin

Die Bezugsdisziplin Religionswissenschaft vertritt wissenschaftstheoretisch den Anspruch, Religion in der Außenperspektive wahrzunehmen, die Theologie hingegen denkt (vornehmlich) in der Binnenperspektive. Die Religionswissenschaft hat viele Gesichter. Das zeigt sich in der methodologischen Ausrichtung (philologisch, empirisch, kultursoziologisch, usw.) und in der institutionellen Einbettung. Es gibt religionswissenschaftliche Institute, die als solche gegründet wurden, aber ebenso religionswissenschaftliche Lehrstühle an theologischen Fakultäten sowie Fakultäten für Religious Studies, die vormals konfessionelle Theologie betrieben haben (und es teilweise parallel noch tun). Entsprechend vielgestaltig sind die Ausbildungskonzepte für Fachlehrer/innen der Religionskunde, wenn sie überhaupt vorhanden sind. Ein durchgehendes Merkmal ist der Anspruch auf *Neutralität*. In der Regel geht es dabei um die Unabhängigkeit von einer Religionsgemeinschaft bei der Auswahl und Systematisierung von Inhalten sowie um die Unabhängigkeit des unterrichtenden Personals von einer Kirche bzw. Religionsgemeinschaft. Neutralität und *Außen-Perspektive* werden als zwei Seiten einer Medaille verstanden. Es ist evident, dass es einen Unterschied macht, über Religion ‚von außen' zu informieren oder Religion ‚von innen' darzustellen, dass beide Formen theoretisch denkbar und praktisch möglich sind und dass beide ihre Berechtigung haben. Nicht zwingend ist jedoch die Position des Entweder-Oder, nach der es nur das Eine oder nur das Andere gibt bzw. geben kann – genauer: geben soll! Ebenso ist ein *Kontinuum* denkbar, das den Perspektivenwechsel von Innen und Außen zur Methode macht. Ein Unterricht, der nur die Innenperspektive kennt, läuft Gefahr, unkritisch und ideologisch zu werden. Ein Unterricht, der nur die Außenperspektive pflegt, dringt unter Umständen nicht in die Tiefe des religiösen Selbstverständnisses einer Tradition ein. Es gibt daher gute Gründe, nicht nur in den Extrempositionen zu denken. Sich in dem Kontinuum zwischen den Polen zu bewegen, ist oftmals bereits Praxis im evangelischen und katholischen Religionsunterricht in Deutschland. Es ist aber auch klar, dass damit die Abgrenzungsanstrengungen von Seiten der Religionskunde schwieriger werden. Für die Profilierung der Religionskunde ist es einfacher, den religiös gebundenen Unterricht auf die Binnenperspektive festgelegt zu wissen. Vorstellbar ist aber auch eine Religionskunde, die sich ebenfalls in diesem Kontinuum bewegt und sich dadurch auszeichnet, dass die Wahrnehmung vom Außenpol ausgeht.

2 Rezeption

2.1 Religionskunde als Alternative zum konfessionellen Religionsunterricht

In der deutschsprachigen Literatur wird Religionskunde häufig in Abgrenzung vom konfessionellen Religionsunterricht thematisiert – und zwar sowohl von Befürwortern der Religionskunde als auch von ihren Gegnern. Demnach scheint ein wichtiges Merkmal der Religionskunde darin zu liegen, dass sie als ein Alternativmodell zum konfessionellen Religionsunterricht in Frage kommt (vgl. Simon 1999).

Gert Otto versteht die Religionskunde in diesem Sinne als „Gegenposition zum konfessionellen Religionsunterricht" (ders. 2001, 1687) und beklagt, dass „in der neueren deutschen religionspädagogischen Diskussion [...] in weiten Kreisen der Begriff ‚Religionskunde' zum obsoleten Unwort geworden" (ebd.) ist und selbst in großen Lexika nicht mehr auftauche. Dafür sieht er drei Gründe: (1) das Problem der Dialektischen Theologie mit dem Thema Religion, (2) die religionspolitischen Machtverhältnisse und (3) bestimmte pädagogische Einschätzungen. Der Verweis auf die Dialektische Theologie ist eher für den Protestantismus relevant. Religionspolitisch identifiziert *Otto* die Machtposition der großen Kirchen als einen wichtigen Grund, dass die Möglichkeit der Religionskunde nicht angemessen reflektiert werde. Aufgrund des politischen Einflusses beharrten die Kirchen auf dem Privileg, durch den Religionsunterricht Zugang zur Schule zu erhalten, und seien nicht interessiert, sich den veränderten gesellschaftlichen Bedingungen von Säkularität und Multireligiosität zu stellen. Im Blick auf die gesellschaftliche Realität sei die Religionskunde angemessener als der konfessionelle Religionsunterricht. Pädagogisch werde der dogmatisch nicht gebundenen Religionskunde unterstellt, sie führe zu Beliebigkeit und praktiziere eine Art ‚Jahrmarkt der Religionen'. *Otto* wendet sich gegen diese Behauptung und macht geltend, dass der Begriff ‚Kunde' für eine fachwissenschaftliche Durchdringung eines Studiengebietes steht, das systematisch erhellt und in seiner Komplexität zugänglich wird. *Otto* meint, wenn „Kunde in der Form von Unterricht erfolgt, gibt es per definitionem weder Standpunktlosigkeit noch Beliebigkeit." (ebd., 1690) Pädagogisch werde eine angemessene Beschäftigung mit der Religionskunde zudem durch die Behauptung verhindert, man müsse erst die eigene Religion kennen und seine eigene religiöse Identität entwickeln, bevor man sich mit fremden Religionen auseinandersetzt. *Otto* kritisiert das dahinter stehende starre Identitätskonzept und verweist darauf, dass in der Auseinandersetzung mit dem Fremden das Eigene selbst zur Frage wird, dass also das Oszillieren zwischen Eigenem und Fremdem produktive Identitätsarbeit sei.

Man wird einräumen müssen, dass der von *Otto* zitierte Umgang mit der Religionskunde eine häufig anzutreffende Argumentationspraxis in der evangelischen und katholischen Religionspädagogik sowie in kirchlichen Texten darstellt. Pädagogische Anfragen lassen sich an jede Unterrichtsform stellen. Ob die unterstellten Defizite der Religionskunde einer eingehenden theoretischen und praktisch-empirischen Überprüfung standhalten, ist eine eigene Untersuchung wert. Entscheidend ist sicher, dass die Kirchen, gestützt von *GG Art. 7.3*, den kirchlich gebundenen Unterricht an der Schule verteidigen, weil, wie *Karl Lehmann* (2005, 5f.) schreibt, „der Religionsunterricht für eine wachsende Zahl von Kindern und Jugendlichen der wichtigste und oft auch einzige Ort der Begegnung mit dem Glauben und der Hoffnung der Kirche ist." Dass die Kirchen den privilegierten Zugang zu allen Kindern und Jugendlichen über zehn bzw. zwölf oder 13 Schuljahre behalten wollen, ist ein durch das *Grundgesetz* geschütztes Recht. Zur Begründung des religiös gebundenen Religionsunterrichts gibt es jedoch eigene Argumente, sodass dessen Anerkennung nicht durch eine unsachgemäße (polemische) Beschäftigung mit der Religionskunde erkauft werden sollte. Insofern moniert *Otto* zu Recht, dass Religionspädagog/innen beider Konfessionen die Qualität ihrer Auseinandersetzung mit der Religionskunde verbessern können.

Schaut man auf die schulische Praxis, findet man im deutschsprachigen Bereich kein Unterrichtsfach mit der Bezeichnung ‚*Religionskunde*‘. Hinzu kommt, dass die Fächer, die religionskundlich angelegt sind, nach Inhalt und Form sehr unterschiedlich sind. Dazu zählen *Lebensgestaltung – Ethik – Religionskunde* (LER) in Brandenburg, *Biblische Geschichte* in Bremen, der *Religionsunterricht für alle* in Hamburg (in evangelischer Verantwortung) oder das Fach *Religion und Kultur* im Kanton Zürich (vgl. Frank/Bochinger 2008; Furer 2012; Kalbheim/Ziebertz 2012).

2.2 Religionskundliche Elemente im religiös gebundenen Religionsunterricht

Insofern die Beschäftigung mit der Religionskunde vornehmlich auf die Abgrenzung zum religiös gebundenen Religionsunterricht gerichtet ist, gerät aus dem Blick, dass sie ebenso ein selbstverständlicher Teil des religiös gebundenen Religionsunterrichts ist (vgl. Ziebertz 2012). Was geschieht im katholischen und evangelischen Religionsunterricht, wenn über die jüdische Bibelumwelt, über die Struktur der synoptischen Evangelien, über den historischen Jesus und den erhöhten Christus oder über Traditionen des Kirchenbaus gesprochen wird? Viele Themen sind nur angemessen zu behandeln, wenn sie Informationen sachlich und systematisch aufbereiten und einen Raum eröffnen, in dem sich Schüler/innen diese Informationen kritisch aneignen können. Selbst dogmatisch aufgeladene Themen werden in aller Regel erklärend behandelt, und zwar so, wie die jeweilige Konfession sie versteht. Wissen und Glauben werden zu Recht unterschieden. Selbst wenn sich die Frage des Glaubens an die Wahrheit dieser Inhalte stellt, tangiert dies nicht die informative Darstellung des Gegenstandes selbst. Wenn die sachliche Information dem Kriterium gerecht wird, dass sie eine religiöse Vorstellung so darstellt, wie sie in der betreffenden Religion selbst verstanden wird, handelt es sich formal um eine religionskundliche Darstellung. Das gilt erst recht, wenn andere Religionen behandelt werden: Islam, Judentum, Buddhismus und Hinduismus. Wurden diese Religionen bis weit ins 20. Jahrhundert hinein durch die Brille der eigenen Konfession betrachtet, ist es seit den 1970er Jahren Schulbuchstandard, sie in ihrem Selbstverständnis zu erfassen. Religionskundliches Arbeiten ist daher ein Prinzip, das auch im religiös gebundenen Religionsunterricht seinen Platz hat.

3 Potenzial

Es fällt auf, dass Religionskunde in höchstens einem Viertel der Länder in Europa angeboten wird, während die meisten Länder eine Form des religiös gebundenen Unterrichts praktizieren. Die politische Ebene in Europa hat in den letzten Jahren Dokumente veröffentlicht, die als Befürwortung einer multireligiös angelegten Religionskunde interpretiert werden können (OSCE 2007; Europarat 2008). In Deutschland gibt es eine Reihe von Gruppen, die sich für Religionskunde und gegen den etablierten konfessionellen Religionsunterricht einsetzen. Dazu zählen laizistische, atheistische und humanistische Verbände, einschließlich der Giordano Bruno Stiftung, die in betont kirchen- und religionskritischer Weise gegen den herrschenden Religionsunterricht polemisieren. Befürworter der Religionskunde finden sich aber auch in politischen Parteien (v.a. Die Linke; Grüne Jugend in Bündnis 90/Die Grünen; FDP; Laizisten in der SPD). Die Auseinandersetzung über die Frage, wie Religion in der Schule unterrichtet werden soll, ist teilweise ideologisch aufgeladen. Jedoch ist die politische Weichenstellung in Deutschland zugunsten des Konfessionalitätsprinzips gefallen. Das zeigt sich in der Entscheidung, parallel zum evangelischen und katholischen einen islamischen Religionsunterricht einzurichten und dazu entsprechende Institute für islamische Theologie an Universitäten zu gründen. Damit gilt in Deutschland das Prinzip der ‚parallelen Konfessionalität‘. Davon unberührt ist die Bedeutung religionskundlichen Arbeitens im konfessionellen Religionsunterricht sowie in anderen Schulfächern, in denen Religionsinhalte bearbeitet werden.

Literatur

Europarat / Council of Europe (2008), White Paper on Intercultural Dialogue: „Living Together as Equals in Dignity", Strasburg (www.coe.int/t/dg4/intercultural/source/white%20 paper_final_revised_en.pdf [07.11.2014]) – Frank, Katharina / Bochinger, Christoph (2008), Religious Education in Switzerland as a Field of Work for the Study of Religions. Empirical Results and Theoretical Reflections, in: Numen 55 (2-3/2008) 183-217 – Furer, Karin (2012), Teaching about religion – Religionskunde im Vergleich, Münster – Kalbheim, Boris / Ziebertz, Hans-Georg (⁷2012), Unter welchen Rahmenbedingungen findet Religionsunterricht statt? Religionsunterricht – Ethik – LER – Religionskunde; in: Hilger, Georg / Leimgruber, Stephan / Ziebertz, Hans-Georg, Religionsdidaktik. Ein Leitfaden für Studium, Ausbildung und Beruf, München, 302-320 – Lehmann, Karl (2005), Vorwort in: Sekretariat der DBK (Hg.), Der Religionsunterricht vor neuen Herausforderungen, Bonn, 5f. – Lott, Jürgen (2005), Religionskunde als allgemein bildendes Schulfach, in: Günther, Ursula u.a. (Hg.), Theologie – Pädagogik – Kontext. Zukunftsperspektiven der Religionspädagogik, Münster, 77-91 – OSCE (2007), Toledo Guiding Principles on Teaching about Religions and Beliefs in Public Schools. Prepared by the ODIHR Advisory Council of Experts on Freedom of Religion or Belief, Warschau (www.osce.org/odihr/29154?download=true [07.11.2014]) – Otto, Gert (2001), Religionskunde, in: LexRP, 1687-1691 – Schreiner, Peter (2007), Religious Education in the European Context, in: Kuyk, Elza u.a. (Hg.), Religious education in Europe. Situation and current trends in schools, Oslo, 9-16 – Schreiner, Peter (2012), Religion im Kontext einer Europäisierung von Bildung, Münster – Simon, Werner (1999), Ethikunterricht – Philosophieunterricht – Religionskunde – Religionsunterricht. Probleme und Differenzierungen, in: ThQ 179 (2/1999) 90-99 – Ziebertz, Hans-Georg (2012), Umgang mit Normativität. ‚Das Andere' und das ‚Mehr' des Religionsunterrichts, in: Englert, Rudolf u.a. (Hg.), Welche Religionspädagogik ist pluralitätsfähig? Kontroversen um einen Leitbegriff, Freiburg/Br., 193-212

Sachregister

Personenregister[1]
(erstellt von *Christina-Maria Hofmann*)

---

[1] In den Literaturverzeichnissen angeführte Namensnennungen wurden nicht berücksichtigt.

Autorenverzeichnis

Altmeyer, Stefan, Dr. theol., Lehrstuhlvertreter für Religionspädagogik, religiöse Erwachsenenbildung und Homiletik an der Katholisch-Theologischen Fakultät der Universität Bonn

Angel, Hans-Ferdinand, Dr. theol., Professor für Katechetik und Religionspädagogik an der Katholisch-Theologischen Fakultät der Universität Graz

Arzt, Silvia, Dr. theol., Assistenzprofessorin für Religionspädagogik an der Katholisch-Theologischen Fakultät der Universität Salzburg

Bäumer, Franz-Josef, Dr. theol., Professor für Praktische Theologie – Religionspädagogik und Didaktik an der Justus-Liebig-Universität Gießen

Benk, Andreas, Dr. theol., Professor für Katholische Theologie und Religionspädagogik (Schwerpunkt Systematische Theologie) an der Pädagogischen Hochschule Schwäbisch Gmünd

Bitter, Gottfried CSSp, Dr. theol., Professor em. für Religionspädagogik und Homiletik an der Katholisch-Theologischen Fakultät der Universität Bonn

Blasberg-Kuhnke, Martina, Dr. theol., Professorin für Praktische Theologie: Pastoraltheologie und Religionspädagogik im Institut für Katholische Theologie der Universität Osnabrück

Bucher, Anton A., Dr. theol., Professor für Religionspädagogik an der Katholisch-Theologischen Fakultät der Universität Salzburg

Cebulj, Christian, Dr. theol., Professor für Religionspädagogik und Katechetik an der Theologischen Hochschule Chur

Domsgen, Michael, Dr. theol., Professor für Evangelische Religionspädagogik an der Theologischen Fakultät der Universität Halle-Wittenberg

Englert, Rudolf, Dr. theol. Dipl.-Päd., Professor für Religionspädagogik am Institut für Katholische Theologie der Universität Duisburg-Essen

Grümme, Bernhard, Dr. theol., Professor für Religionspädagogik und Katechetik an der Katholisch-Theologischen Fakultät der Ruhr-Universität Bochum

Hilger, Georg, Dr. päd., Professor em. für Religionspädagogik und Didaktik des Religionsunterrichts an der Fakultät für Katholische Theologie der Universität Regensburg

Jakobs, Monika, Dr. phil., Professorin für Religionspädagogik und Katechetik an der Theologischen Fakultät der Universität Luzern

Käbisch, David, Dr. theol., Professor für Religionspädagogik am Fachbereich für Evangelische Theologie der Goethe-Universität Frankfurt am Main

Kaupp, Angela, Dr. theol. Dipl.-Päd., Professorin für Praktische Theologie, Religionspädagogik und Fachdidaktik am Institut für Katholische Theologie der Universität Koblenz-Landau, Campus Koblenz

Kießling, Klaus, Prof. Dr. theol. habil. Dr. phil. Dr. h.c. Dipl.-Psych., Leiter des Seminars für Religionspädagogik, Katechetik und Didaktik an der Philosophisch-Theologischen Hochschule Sankt Georgen in Frankfurt am Main

König, Klaus, Akademischer Direktor am Lehrstuhl für Didaktik der Religionslehre, für Katechetik und Religionspädagogik an der Theologischen Fakultät der Katholischen Universität Eichstätt-Ingolstadt

Kropač, Ulrich, Dr. theol. Dipl.-Math., Professor für Didaktik der Religionslehre, für Katechetik und Religionspädagogik an der Theologischen Fakultät der Katholischen Universität Eichstätt-Ingolstadt

Kuld, Lothar, Dr. theol., Professor für Katholische Theologie / Religionspädagogik an der Pädagogischen Hochschule Weingarten

Langenhorst, Georg, Dr. theol., Professor für Didaktik des Katholischen Religionsunterrichts und Religionspädagogik an der Katholisch-Theologischen Fakultät der Universität Augsburg

Mendl, Hans, Dr. theol., Professor für Religionspädagogik und Didaktik des Religionsunterrichts am Department für Katholische Theologie der Universität Passau

Mette, Norbert, Dr. theol. Dr. theol. h.c., Professor i.R. für Religionspädagogik / Praktische Theologie am Institut für Katholische Theologie der Technischen Universität Dortmund

Meyer, Guido, Dr. phil., Professor für Religionspädagogik am Institut für Katholische Theologie der Rheinisch-Westfälischen Technischen Hochschule Aachen

Niehl, Franz W., zuletzt Leiter des Katechetischen Instituts des Bistums Trier

Pauly, Wolfgang, Prof. Dr. phil. Dipl.-Theol., Akademischer Direktor am Institut für Katholische Theologie der Universität Koblenz-Landau, Abteilung Landau

Pirker, Viera, Dr. theol., Studienleiterin am Pädagogischen Zentrum der Bistümer im Lande Hessen

Porzelt, Burkard, Dr. theol. Dipl.-Päd., Professor für Religionspädagogik und Didaktik des Religionsunterrichts an der Fakultät für Katholische Theologie der Universität Regensburg

Reese-Schnitker, Annegret, Dr. theol., Professorin für Katholische Theologie und ihre Fachdidaktik an der Universität Kassel

Ritzer, Georg, Dr. theol., Privatdozent am Lehrstuhl für Religionspädagogik an der Katholisch-Theologischen Fakultät der Universität Salzburg und Religionslehrer

Schambeck, Mirjam sf, Dr. theol., Professorin für Religionspädagogik an der Theologischen Fakultät der Universität Freiburg im Breisgau

Scharer, Matthias, Dr. theol., Professor em. für Katechetik und Religionspädagogik an der Katholisch-Theologischen Fakultät der Universität Innsbruck

Scheidler, Monika, Dr. theol., Professorin für Religionspädagogik am Institut für Katholische Theologie der Philosophischen Fakultät der Technischen Universität Dresden

Schelander, Robert, Dr. theol., ao. Professor für Religionspädagogik an der Evangelisch-Theologischen Fakultät der Universität Wien

Schimmel, Alexander, Dr. theol., Lehrer in den Fächern Katholische Religion und Physik am Otto-Schott-Gymnasium, Mainz

Schreijäck, Thomas, Dr. theol. Dipl.-Päd., Professor für Pastoraltheologie, Religionspädagogik und Kerygmatik am Fachbereich Katholische Theologie der Goethe-Universität Frankfurt am Main

Schröder, Bernd, Dr. phil., Professor für Praktische Theologie mit den Schwerpunkten Religionspädagogik und Bildungsforschung an der Theologischen Fakultät der Universität Göttingen

Schwillus, Harald, Dr. theol., Professor für Religionspädagogik und Katechetik am Institut für Katholische Theologie und ihre Didaktik der Universität Halle-Wittenberg

Tautz, Monika, Dr. theol, Dozentin für Religionspädagogik am Institut für Katholische Theologie an der Universität zu Köln

Theis, Joachim, Dr. theol., Professor für Religionspädagogik mit Katechetik an der Theologischen Fakultät Trier

Wermke, Michael, Dr. phil., Professor für Religionspädagogik an der Theologischen Fakultät der Universität Jena

Ziebertz, Hans-Georg, Dr. theol. Dr. rer. soc., Professor für Religionspädagogik und Didaktik des Religionsunterrichts an der Katholisch-Theologischen Fakultät der Universität Würzburg